"十三五"江苏省高等学校重点教材（编号：2017-1-033）

财务报表分析

（第三版）

主　编　蔡柏良　季　健　邱素琴

副主编　钱　英　纪　峰　陈　莉

扫码申请更多资源

南京大学出版社

图书在版编目(CIP)数据

财务报表分析/蔡柏良,季健,邱素芹主编. —3版. —南京：南京大学出版社,2022.7(2023.7重印)

ISBN 978-7-305-25585-4

Ⅰ. ①财… Ⅱ. ①蔡… ②季… ③邱… Ⅲ. ①会计报表—会计分析—高等学校—教材 Ⅳ. ①F231.5

中国版本图书馆CIP数据核字(2022)第050565号

出版发行 南京大学出版社
社 址 南京市汉口路22号 邮 编 210093
出 版 人 金鑫荣

书 名 财务报表分析
主 编 蔡柏良 季 健 邱素芹
责任编辑 武 坦 编辑热线 025-83592315

照 排 南京开卷文化传媒有限公司
印 刷 盐城市华光印刷厂
开 本 787×1092 1/16 印张 19.25 字数 468千
版 次 2022年7月第3版 2023年7月第2次印刷
ISBN 978-7-305-25585-4
定 价 52.00元

网 址:http://www.njupco.com
官方微博:http://weibo.com/njupco
微信服务号:njuyuexue
销售咨询热线:(025)83594756

前　言

本教材自 2017 年第一次修编再版以来，得到了兄弟高校同仁的关心、支持和肯定，先后被评为江苏省重点教材、江苏省一流教材。但由于会计准则和制度的不断调整以及高等教育高质量发展的新需要，原教材出现了诸多不适应，所以有必要对原教材进行第三次修编再版。本次修编主要突出以下内容：

（1）更新部分内容和典型案例。由于会计准则与制度的不断完善和企业财务会计实务的不断丰富、管理会计的广泛应用，本教材需要调整和更新部分内容和典型案例，使教材内容更加贴近实务，体现教材的时效性和真实性。另外，增加了课堂思考，结合章节内容提出随问随答的知识点问题。

（2）强化思政要求。每部教材都有思政要求和思政元素。本教材以"责任和奉献"为基本思政要求，将企业的三大主要报表演绎成人生的三大报表，诠释人生的资产负债、收入费用和现金流量，培养学生正确的人生观、价值观和世界观。

（3）加强现代信息技术的运用。教材充分考虑线上教学资源的建设，丰富教学内容。设计二维码微课视频、延伸阅读、案例分析、练习题等，供学生扫描，推荐云班课程二维码通过扫描建立移动课程，完成点名、过程评价、在线讨论、在线答疑等增值功能。

（4）做好配套增值性工作。为便于师生使用，在每一章结束后增加本章的习题和案例，并附有参考答案，全书教学用 PPT、配套短视频可扫描扉页二维码申请。

本次修订使教材内容更加实用，体系更加合理，案例翔实新颖。本书可供会计学、财务管理、金融学等专业本科学生作为教学用书，同时也可以作为企业财务管理人员培训教材或自学用书。

本次修订由蔡柏良、季健、邱素芹、钱英、纪峰、陈莉老师共同完成。其中，蔡柏良、季健老师负责修订规划、组织和 1～4 章的修订，邱素芹老师负责 5～9 章和第 14、第 15 章的修订，钱英老师负责第 10、第 11 章的修订，纪峰老师负责第 12、第 13 章的修订，陈莉老师负责与新会计准则与制度相关内容的修订。限于作者水平，本书内容安排和文字表述上可能有不恰当之处，恳请读者批评指正。如果您有其他的意见和建议均可发邮件至 caibl@yctu.edu.cn。

编　者

2022 年 2 月

目　录

第一篇　财务报表分析概述

第二篇　资产负债表分析

第三篇　利润表分析

第四篇　现金流量表分析

第五篇 前景分析

第一篇　财务报表分析概述

第一章　企业基本财务报表

学习目标

- 了解财务报表分析的意义和作用；
- 了解财务报表的组成内容；
- 了解财务报表分析的主体及其对信息的需求；
- 理解财务报表附注的主要内容。

学习重点

- 财务报表的结构、内容；
- 财务报表之间的勾稽关系。

思政要求

- 树立实事求是和责任与奉献的人生态度；
- 正确诠释人生的资产负债、收入费用和现金流量。

第一节　财务报表分析的意义和作用

企业财务报表是以会计特有语言描述企业的基本财务状况、经营成果和现金流量状况的结构性表述。它是一套会计文件，主要由资产负债表、利润表、现金流量表、所有者权益变动表和附表组成。它是企业管理者及其他会计信息使用者理解企业经营管理过程以及结果的重要载体。财务报表分析意在将财务报表所反映的数据信息转换为有助于提高经济决策水平和创造企业价值的有用信息，参与企业价值的创造。然而，不同的会计信息使用者关心企业的目的和侧重点不同，他们往往需要根据自己的目的使用各种技术对财务报表数据进行加工分析。因此，财务报表分析的目的、路径和方法因分析者而异。但不管采用何种技术和方法，就企业财务报表分析的目标而言，基本上都是为了揭示企业的财务状况与经营情况，进而为经济决策和创造企业价值提供线索。

一、财务报表分析的起源

财务报表分析始于19世纪末20世纪初西方银行家对贷款者的信用分析，之后又广泛应用于投资领域与公司内部。当时的财务报表分析仅指资产负债表分析，为了防止对手获得资讯，企业一般不公布损益表。随着经济的快速发展和资本主义大规模生产的出现，企业的融资需求大幅度上升，在这种情况下，银行的地位和作用日益增强。金融机构为了了解借款企业的财务结构和经营业绩，要求企业提交财务报表作为贷款的依据。

1898年2月，美国纽约州银行协会的经理委员会提出议案，要求所有的借款人必须提交由他们签字的资产负债表，以衡量企业的信用和偿债能力。1900年，该协会发布了申请贷款的标准表格，其中包括资产负债表。此后银行开始根据企业资产和负债的质量对比来判断企业对借款的偿还能力和还款保障程度，并且提出诸如流动比率、速动比率等一系列的比率分析指标来评价企业的信用，借以防范贷款的违约风险。当年，美国的汤姆斯出版了《铁路财务报表分析》，书中使用了诸如经营费用与毛利率、固定费用与净收益比率等现代财务分析方法来评价当时的铁路行业经营状况。此后，财务报表分析作为评价财务状况的基础在投资领域越来越盛行。1921年，美国的吉尔曼出版了著名的《财务报表分析》一书，指出不能高估比率分析的作用，因为财务比率和资产负债表之间的关系似乎难以明确，他同时主张应用趋势分析法。

尽管在20世纪初财务报表分析技术出现了许多重大的突破，但直到20世纪50年代财务报表分析才成为一门独立的学科，且该学科的理论与实务一直是在外部市场环境、会计准则和制度的影响下不断加以完善。特别是随着股份制经济和资本市场的发展，债权人和投资者开始系统分析企业的财务报表资讯，关注企业的偿债能力、信用品质和经营成果，从而促进了财务报表分析的发展，使之成为一门独立的、实用性很强的新学科。

二、财务报表分析的意义

财务报表分析的核心意义在于可以为有关各方提供用来作出决策的信息。美国斯坦福大学威廉·H.比弗认为财务报表分析的意义可以从企业内部与企业外部两个不同的方面来理解。

从企业内部来说，财务报表分析所获得的各项结果可作为指示企业管理者进一步加强管理的信号，以确定其原因所在，并作为管理决策的依据。就此而言，财务报表分析的意义在于可以揭示发生问题所在或揭示指标之间差异所在，并进一步追查或分析其产生原因。

从企业外部来说，财务报表分析旨在分析会计信息相互间的关系，以寻求有意义的相关性。就此而言，财务报表分析的意义在于可以提供企业外部信息使用者所需要的决策信息。

综合起来而言，通过财务报表分析可以体现两个方面的意义，即可以评价企业偿债能力和企业获利绩效。评价企业偿债能力在于评定一个企业偿还到期债务能力的强弱。评估获利绩效在于经由股利分配及资本利得的多少，以评定一个企业获利能力的高低。因此，偿债能力分析、获利能力分析构成财务报表分析的核心内容。

三、财务报表分析的主体

财务报表分析的主体是财务报表的使用者，包括企业管理者、投资人、银行等债权人、税务等政府部门、消费者、企业员工和工会组织以及其他相关者等。

（一）企业管理者

企业管理者是指被所有者聘用的、对企业资产和负债进行管理的个人组成的团体，有时称为“管理当局”“管理层”。管理者关心企业经营管理的各个方面，包括企业的营运能力、偿债能力、盈利能力及社会贡献能力的全部信息，以便及时发现问题，采取对策，规划和调整市场定位目标、经营战略，进一步挖掘潜力，为经济效益的持续增长奠定基础。

（二）投资人

投资人是指企业的权益投资人，如股份公司的普通股股东。投资人投资的目的就是为了扩大自己的财富，他们所关心的主要包括收益能力以及风险等。作为投资人，进行财务报表分析就是要搞清楚“公司当前和长期的收益水平如何”“目前的财务状况如何”“公司资本结构怎样”“收益风险与报酬如何”“与其他竞争者相比，公司处于何种地位”等问题。

（三）债权人

债权人是指借款给企业并得到企业还款承诺的人。债权人关心企业是否具有偿还债务的能力。债权人可以分为短期债权人和长期债权人。作为债权人，进行财务报表分析就是要搞清楚“公司是因何原因需要筹集资金”“公司还本付息所需资金的来源是什么”“公司对于以前的短期和长期借款是否按期偿还”“公司偿债能力如何”“公司资金使用效率如何”等问题。

（四）政府部门

政府部门是指对企业承担监督管理的部门，包括税务部门、国有企业管理部门、证券管理部门、会计监管部门和社会保障部门等。作为政府部门，除关注国有企业投资所产生的社会效益外，还必然对投资的经济效益予以考虑。通过财务报表分析就是要搞清楚“企业税法执行情况如何”“国有资本的保值增值率是多少”“会计政策的选择和执行情况如何”等问题。

（五）其他

其他如供应商、企业员工、工会、竞争对手、中介、咨询机构等。供应商关心自己的债权能否收回。企业员工和工会要了解企业的财务状况以维护自身利益。竞争对手希望获取关于企业财务信息及其他信息，借以判断企业间的相对效率。

四、财务报表分析的作用

本教材所指的财务报表分析包括资产负债表、利润表和现金流量表的分析。

（一）资产负债表分析的作用

资产负债表向人们揭示了企业拥有或控制的能用货币表现的经济资源，即资产的总规模及具体的分布形态。由于不同形态的资产对企业经营活动有不同的影响，因而对企业资产结构的分析可以对企业的资产质量做出一定的判断。

1. 可以反映企业的短期偿债能力

通过把流动资产、速动资产与流动负债联系起来分析，计算流动比率、速动比率等财务指标，与行业平均水平、历史水平、其他先进企业水平的相关指标进行比较，可以解释、评价、预测企业的流动性和短期偿债能力，这种能力对企业的短期债权人尤为重要。所谓流动性，主要是指资产转换成现金或负债到期清偿所需的时间，即企业资产变现或负债偿付的速度。

2. 可以反映企业的资本结构、长期偿债能力和资金利用效率

解释、评价、预测企业的资本结构、长期偿债能力和资金利用效率也是资产负债表提供信息的内容。企业的长期偿债能力一方面取决于它的获利能力，另一方面取决于它的资本结构。资本结构是指负债与所有者权益、流动负债与长期负债、投入资本与留存利润等的相对比例。对企业债务规模、债务结构与所有者权益的对比，可以对企业的长期偿债能力及举债能力做出评价。一般而言，所有者权益占负债的比重越大，企业清偿长期债务的能力超强，企业进一步举债的潜力也就越大。也可以对资产负债表与利润表有关项目的比较，评价企业各种资源的利用情况，如可以考察资产利润率、资本报酬率、存货周转率等。

3. 可以反映企业的财务弹性

财务弹性是指企业应对各种挑战、适应各种变化的能力，包括进攻性适应能力和防御性适应能力。所谓进攻性适应能力，是指企业有能力和财力抓住突如其来的获利机会；所谓防御性适应能力，是指企业在各种危机中生存下去的能力。财务弹性强的企业不仅能通过介入有利可图的经营来获取大量资金，而且可以借助债权人的长期贷款和所有者的追加资金扩大经营。财务弹性可以表现为资产流动性、资产变现能力、经营活动的现金流入能力、筹措资金能力等。

（二）利润表分析的作用

利润表是反映企业在一定期间经营成果的财务报表。利润表主要为报表使用者提供企业盈利能力方面的信息，其中心是“收入－费用＝利润”，收入与为取得该项收入所付出的代价之间配比的结果便是利润。收入、费用、利润三个动态会计要素的内容构成了利润表的各个具体项目。所以，利润表就是这一公式的扩展和具体体现。通过对利润表分析，可以得到以下信息。

1. 可以反映企业经营业绩的来源和构成

利润表一般按照利润的形成过程分成营业利润、利润总额和净利润三个部分，详细揭示了企业利润的形成过程和净利润各构成要素之间的内在联系，反映了企业经营业绩的来源和构成。

2. 可以反映企业获利能力

通过利润表与资产负债表相关项目之间的比较分析，可以判断企业净利润的质量及其风险，有助于报表使用者预测净利润的持续性，从而做出正确的决策。通过净利润的实现情况，据以判断资本保值和增值情况，判断企业未来的发展趋势，为改进企业经营管理提供科学依据。

3. 可以预测企业未来盈亏及现金流量

尽管利润表揭示的信息体现了企业过去的经营业绩，但过去与未来绩效间具有一定的关联性，所以利润表可用于预测利润和股利，预计公司股票的价值，也有助于信息使用者对现金流量的大小、时间及不确定性加以预测。

（三）现金流量表分析的作用

现金流量表是以现金为基础编制的反映企业财务状况变动的报表，它反映出企业一定会计期间有关现金及现金等价物的流出和流入的信息。在企业对外提供的三张财务报表中，现金流量表反映企业一定期间现金的流入和流出，表明企业获得现金和等价物的能力。通过对现金流量表的分析，可以得到以下信息。

1. 可以提供可信的企业现金流量信息

现金流量表是按照经营活动现金流量、投资活动现金流量和筹资活动现金流量来编制的，编制的基础是现金，它避免了应计制情况下因营运资金的增减变化而发生的信息操纵，使现金流量这一信息能比较客观地反映企业的资金流转情况。处于不同发展阶段、面临不同发展任务的企业，现金流量的构成是不一样的，对现金流量表的分析可以对企业财务状况做出客观评价，也能够全面说明企业的偿债能力和支付能力。

2. 可以补充提供企业资产流动性和支付能力

传统上企业资产的流动性和支付能力往往是以资产负债表为分析依据的。事实上，不同资产的流动性是各不相同的，如应收账款，若难以从客户收回，纵然金额较大，仍不能说明企业有较强的流动性和支付能力。库存积压的存货也属类似情况，更何况待摊费用等已难以转化为现金。现金流量则是从资金角度很好地补充反映了企业的偿债能力。

3. 可以提供不涉及现金的投资和筹资活动信息

现金流量表附表反映三项内容：第一，不涉及现金收支的投资和筹资活动，这部分活动虽不涉及本期的现金收支，但却是企业的重要理财活动，并且有些活动会对以后各期的现金收支产生重要影响。因此，为便于了解企业的财务状况，应关注报表补充资料中这些相关信息。第二，将净利润调节为经营活动的现金流量。这部分实际上用间接法编制计算的经营活动现金流量，应与主表中的“经营活动产生的现金净流量”数字相等。第三，是利用静态现金期末数与期初数之差来验证主表中三大现金流量的计算结果，即现金期末与期初金额之差应当等于三大现金净流量之和。

课堂思考

1. 有人比喻资产负债表是企业的“底子”，利润表是企业的“面子”，现金流量表是企业的“日子”，你怎么理解？

2. 怎么理解财务报表分析是参与企业价值创造的？

第二节　财务报表的结构与主要内容

一、资产负债表的结构与主要内容

（一）资产负债表的结构

资产负债表可分为表首、表体和附注三部分。表首列明企业名称、编制时间、货币单位和报表编号等内容。表体部分是资产负债表的主体和核心，反映资产负债表的具体内容。表首和表体是资产负债表的两个必要组成部分。附注是为了弥补表体内容的不足而做的一些补充说明。资产负债表的表体部分包括资产、负债和所有者权益三类项目，它们之间存在一定的关系，即“资产＝负债＋所有者权益”，也就是基本的会计恒等式。这一等式表明企业资金来源与资金运用的关系，资产负债表的基本格式也是据此而设计。因此，从某种意义上讲，所谓资产负债表的结构只是会计恒等关系的格式化。

按照会计准则的要求，资产项目至少包括流动资产、非流动资产和流动资产、非流动资产的合计项目，按照企业经营性质不切实可行的除外。负债项目至少包括流动负债、非流动负债和负债项目合计，按照企业经营性质不切实可行的除外。所有者权益类应当包括所有者权益类、所有者权益合计项目。

按资产负债表表体的不同格式可以将资产负债表分为账户式、报告式和营运资金式三类。账户式资产负债表的表体分为左右两方，左方列的是资产项目，右方列的是负债和所有者权益项目。其格式如表1－1所示。

表1－1　账户式资产负债表

资　产	金　额	负债及所有者权益	金　额
流动资产		流动负债	
非流动资产		非流动负债	
		负债合计	
		所有者权益	
		所有者权益合计	
资产合计		负债及所有者权益合计	

报告式资产负债表就内容而言，同账户式资产负债表一样。它只是在形式上由账户式的左右两方调整为上下垂直排列，即报告式资产负债表分成两列，左列为项目，右列为

金额。左列项目包括资产、负债和所有者权益。其格式如表 1－2 所示。

表 1－2　报告式资产负债表

项　目	金　额
流动资产 非流动资产 　　资产合计 流动负债 非流动负债 　　负债合计 所有者权益 　　所有者权益合计 　　负债及所有者权益合计	

营运资金式资产负债表不同于前两者，它突出营运资金的项目，使报表使用者对企业支付能力的大致情况一目了然。这种资产负债表格式并不常见，我国的企业会计制度也没有采用此种格式。其格式如表 1－3 所示。

表 1－3　营运资金式资产负债表

项　目	金　额
流动资产 　减:流动负债 营业资本 　加:非流动资产 　减:非流动负债 股东权益	

按照企业会计准则要求编制的资产负债表中每个项目均有期初、期末两个数据。其中的“年初数”栏内的各项目数字是根据上年年末的资产负债表“期末数”栏内所列数字填列。如果年度内资产负债表的项目有所调整或项目的计算方法有所变化，则应当对年初数进行相应调整后方能填列，以便于信息使用者进行不同时间的比较分析。“期末数”栏内所列数据主要是根据有关账户的记录编制。根据《〈企业会计准则第 30 号——财务报表列报〉应用指南》，一般企业资产负债表的格式如表 1－4 所示。

表 1－4　资产负债表

会企 01 表

编制单位:　　　　　　　　　　年　月　日　　　　　　　　　　单位:万元

资　产	期末余额	年初余额	负债和所有者权益	期末余额	年初余额
流动资产:			**流动负债:**		
货币资产			短期借款		
交易性金融资产			交易性金融负债		

续 表

资　产	期末余额	年初余额	负债和所有者权益	期末余额	年初余额
衍生金融资产			衍生金融负债		
应收票据			应付票据		
应收账款			应付账款		
应收款项融资			预收款项		
预付款项			合同负债		
其他应收款			应付职工薪酬		
其中:应收利息			应交税费		
应收股利			其他应付款		
存货			其中:应付利息		
合同资产			应付股利		
持有待售资产			持有待售负债		
一年内到期的非流动资产			一年内到期的非流动负债		
其他流动资产			其他流动负债		
流动资产合计			流动负债合计		
非流动资产:			非流动负债:		
债权投资			长期借款		
其他债权投资			应付债券		
长期应收款			长期应付款		
长期股权投资			其中:优先股		
其他权益工具投资			永续债		
其他非流动金融资产			租赁负债		
投资性房地产			长期应付款		
固定资产			长期应付职工薪酬		
在建工程			预计负债		
生产性生物资产			递延收益		
油气资产			递延所得税负债		
使用权资产			其他非流动负债		
无形资产			非流动负债合计		
开发支出			负债合计		
商誉			所有者权益(或股东权益)		

续　表

资　产	期末余额	年初余额	负债和所有者权益	期末余额	年初余额
长期待摊费用			实收资本(或股本)		
递延所得税资产			其他权益工具		
其他非流动资产			其中:优先股		
			永续债		
			资本公积		
			减:库存股		
			盈余公积		
			其他综合收益		
			专项储备		
			盈余公积		
			未分配利润		
非流动资产合计			所有者权益(股东权益)合计		
资产合计			负债和所有者权益(股东权益)总计		

法定代表人：　　　　　　　　主管会计工作负责人：　　　　　　　　会计机构负责人：

（二）资产负债表的内容

如表 1－4 所示,资产负债表包括资产、负债和所有者权益三大项内容。

1. 资产

资产是指企业过去的交易或事项形成、企业已拥有或控制的、预期会给企业带来经济利益的资源。符合上述资产定义的资源,只有同时满足以下两个条件,才能确认为资产:第一,与该资源有关的经济利益很可能流入企业;第二,该资源的成本或价值能够可靠地计量。那些符合资产定义但不符合资产确认条件的项目,不应当列入资产负债表。

根据《〈企业会计准则第 30 号——财务报表列报〉应用指南》,资产负债表的资产项目应当分别流动资产与非流动资产列示。资产满足下列条件之一时,应当归为流动资产:其一,预计在一个正常营业周期内变现、出售或耗用;其二,主要为交易而持有;其三,预计在资产负债表日起一年内(含一年。下同)变现;其四,自资产负债表日起一年内,交换其他资产或清偿负债的能力不受限制的现金或现金等价物。流动资产之外的资产应当归为非流动资产,并按其性质分类列示。根据我国会计准则,资产负债表的资产单独列示的主要项目有:

(1) 货币资金。货币资金是指企业在生产经营过程中处于货币形态的那部分资金,主要包括库存现金、银行存款和其他货币资金。其他货币资金包括银行本票存款、银行汇票存款、信用卡存款、信用证保证金存款、外埠存款等项目。

(2) 交易性金融资产。交易性金融资产即以公允价值计量且其变动计入当期损益的金融资产，包括为交易目的而持有的债券投资、股票投资、基金投资、权证投资等和直接指定为以公允价值计量且其变动计入当期损益的金融资产。这些金融资产一般可以随时让渡且预期一年之内变现。持有这些金融资产的目的一般在于利用闲置资金获得收益。

(3) 衍生金融资产。衍生金融资产是与基础金融产品相对应的一个概念，指建立在基础产品或基础变量之上，其价格随基础金融产品的价格(或数值)变动的派生金融产品。这里所说的基础产品包括现货金融产品(如债券、股票、银行定期存款单等)，也包括金融衍生工具。

(4) 应收票据、应收账款、预付款项及其他应收款。应收票据反映企业以摊余成本计量的、因销售商品、提供劳务等收到的商业汇票，包括银行承兑汇票和商业承兑汇票。应收账款反映企业以摊余成本计量的、因销售商品、提供劳务等经营活动应收取的款项。预付款项是指企业按照购货合同规定预付给供应单位的款项等。其他应收款是指企业除应收票据、应收账款、预付款项等，经营活动以外的其他各种应收、暂付的款项。

(5) 应收款项融资。应收账款融资是指企业以自己的应收账款转让给银行并申请贷款，银行的贷款额一般为应收账款面值的50%～90%，企业将应收账款转让给银行后，应向买方发出转让通知，并要求其付款至融资银行。

(6) 存货。存货是指企业在日常经营活动中持有的以备出售的产品或商品、处于生产过程中的在产品、在生产过程或提供劳务过程中耗用的材料和物料等。

(7) 合同资产。合同资产和应收款项都是企业拥有的有权收取对价的合同权利，二者的区别在于，应收款项代表的是无条件收取合同对价的权利，即企业仅仅随着时间的流逝即可收款，而合同资产并不是一项无条件收款权，该权利除了时间流逝之外，还取决于其他条件(如履行合同中的其他履约义务)才能收取相应的合同对价。因此，应收款项仅承担信用风险，而合同资产除信用风险之外，还可能承担其他风险，如履约风险等。

(8) 持有待售资产。持有待售资产是指寿命较长的资产，公司有明确的计划出售该资产，一般具备下列条件：资产必须在目前的情况下可以立即出售，而且出售的可能性很大；资产当前必须以相对于其当前公允价值合理的价格积极销售；销售应在分类之日起一年内完成或预期完成；完成计划出售所需的行动将已完成，该计划不太可能发生重大改变或撤回。由于该项资产将在一年内完成或预计完成销售，所以列入流动资产类。

(9) 债权投资。债权投资即债权性投资，是指为取得债权所进行的投资，如购买公司债券、购买国库券等，均属于债权性投资。企业进行这种投资不是为了获得其他企业的剩余资产，而是为了获取高于银行存款利率的利息，并保证按期收回本息。债权投资如果其目标仅为收取持有债权的利息和债权的本金，而非出售，则该债权投资应以摊余成本进行计量。

(10) 其他债权投资。其他债权投资是指以公允价值计量且其变动计入其他综合收益的长期债权投资。如果是摊余成本计量的金融资产，则属于债权投资。

(11) 长期应收款。长期应收款是指企业租赁资产产生的应收款项和采用递延方式分期收款、实质上具有融资性质的销售商品和提供劳务等经营活动产生的应收款项。

(12) 长期股权投资。长期股权投资指企业持有的对子公司、联营企业和合营企业的权益性投资。

(13) 其他权益工具投资。其他权益工具投资是指企业指定为以公允价值计量且其变动计入其他综合收益的非交易性权益工具投资。

(14) 其他非流动金融资产。其他非流动金融资产反映自资产负债表日起超过 1 年到期且预期持有超过 1 年的以公允价值计量且其变动计入当期损益的非流动金融资产。

(15) 投资性房地产。投资性房地产是指企业为了赚取租金或资本增值，或两者兼而有之而持有的房地产，包括已出租的土地使用权、持有并准备增值后转让的土地使用权及已出租的建筑物。

(16) 固定资产。固定资产是指同时满足下列条件的有形资产：为生产商品、提供劳务、出租或经营管理持有的；使用寿命超过一个会计年度的。

(17) 生产生物资产。生产性生物资产是指为产出农产品、提供劳务或出租等目的而持有的生物资产，包括经济林、薪炭林、产畜和役畜等。

(18) 无形资产。无形资产是指企业拥有或控制的没有实物形态的可辨认非货币性资产，包括专利权、非专利技术、商标权及著作权等。

(19) 递延所得税资产。递延所得税资产是指因可抵扣暂时性差异而导致的应交所得税数额大于所得税费用数额的差额。

2. 负债

负债是指过去的交易、事项形成的现时义务，履行该义务预期会导致经济利益流出企业。符合上述定义的义务，只有同时满足以下两个条件的，才能确认为负债：第一，与该义务有关的经济利益很可能会流出企业；第二，未来流出的经济利益的金额能够可靠地计量。那些符合负债定义但不符合负债确认条件的项目，不应当列入资产负债表。根据《〈企业会计准则第 30 号——财务报表列报〉应用指南》，资产负债表的负债应当分别流动负债和非流动负债列示。负债满足下列条件之一，应当归为流动负债：其一，预计在一个正常营业周期内清偿；其二，主要为交易目的而持有；其三，自资产负债表日起一年内到期应予清偿；其四，企业无权自主地将清偿推迟至资产负债表日后一年以上。流动负债以外的负债应当归为非流动负债，并按性质分类列示。

根据我国会计准则，资产负债表的负债应当单独列示的主要项目有：

(1) 短期借款。短期借款是指从银行等金融机构借入的、偿还期限短于一年(含一年)的借款。

(2) 交易性金融负债。交易性金融负债指企业采用短期获利模式进行融资所形成的负债，比如应付短期债券。作为交易双方来说，甲方的金融债权就是乙方的金融负债，由于融资方需要支付利息，因此，就形成了金融负债。交易性金融负债是企业承担的交易性金融负债的公允价值。

(3) 衍生金融负债。衍生金融负债是指在资产负债表日公允价值计量为负的衍生金融工具。如果资产负债日公允价值计量为正的则属于衍生金融资产。

(4) 应付票据、应付账款、预收款项及其他应付款。应付票据反映以摊余成本计量的、企业因购买材料、商品和接受服务等开出、承兑的商业汇票，包括银行承兑汇票和商业承兑汇票。应付账款反映以摊余成本计量的、企业因购买材料、商品和接受服务等经营活动应支付的款项。预收款项反映企业按照购销合同规定预收的客户的款项。其他应付款反映企业除应付票据及应付账款、预收款项、应付职工薪酬、应交税费等经营活动以外的其他各种应付、暂收的款项。

(5) 应交税费。应交税费是指应交而未交的各种税款,如应交增值税、应交消费税、应交所得税等。不采用预计方式缴纳的税金(如印花税、耕地占用税等)不在本项目列示。

(6) 应付职工薪酬。应付职工薪酬是指应付而未付给职工的报酬。

(7) 持有待售负债。持有待售负债是指持有待售的处置组中的负债。持有待售是指企业主要通过出售(包括具有商业实质的非货币性资产交换,下同)而非持续使用一项非流动资产或处置组收回其账面价值的,应当将其划分为持有待售类别。通俗地说,持有待售负债就是准备“卖”的负债。

(8) 长期借款。长期借款是指从银行等金融机构借入的、偿还期限长于一年(不含一年)的借款。

(9) 长期应付款。长期应付款是指各种期限在一年以上的应付而未付的款项,如应付引进设备款、租赁资产应付款等。

(10) 应付债券。应付债券是指企业发行的一年期以上的债券本金及其应计利息。

(11) 递延所得税负债。递延所得税负债是指因应纳税暂时性差异而导致的应交所得税数额小于所得税费用数额的差额。

(12) 预计负债。预计负债是指因或有负债可能产生的负债。根据或有负债准则的规定,与或有负债相关的义务同时符合以下三个条件的,企业应当确认为负债:其一,义务是企业承担的现时义务;其二,该义务的履行很可能导致经济利益流出企业,这里的“很可能”指发生的可能性为“大于50%,但小于或等于90%”;其三,该义务的金额能够可靠地计量。

3. 所有者权益

所有者权益是指所有者在企业资产中享有的经济利益,其数额为资产总额减去负债总额之后的余额。在整体或抽象意义上,所有者权益与资产相联系,所有者权益包括所有者投入的资本、直接计入所有者权益的利得或损失、留存收益等。

根据我国会计准则,资产负债表的所有者权益应当单独列示的主要项目有:

(1) 实收资本(或股本,下同)。实收资本是指投资者作为资本投入企业的各种财产,是企业注册登记的法定资本总额的来源,它表明了所有者对企业的基本权益。我国企业法人登记管理条例规定,除国家另有规定外,企业的实收资本应当与注册资本一致。股本是指股份公司投资者赎买股票(股份)所支付的款项中相当于所购买股票(股份)面值的部分。

(2) 其他权益工具。其他权益工具是指企业发行的除普通股以外的归类为权益工具的各种金融工具。

(3) 资本公积。资本公积是指企业在盈利以外的公共资本积累,包括资本溢价(股本溢价)和直接计入所有者权益的利得或损失等。这部分资本归属于投资者,但不构成实收资本(或股本),包括可以直接用于转增资本的资本公积和不可以直接用于转增资本的资本公积。前者如资本(或股本)溢价、拨款转入、外币资本折算差额和其他资本公积等,后者如接受捐赠非现金资产准备、股权投资准备和关联交易差价等。

(4) 其他综合收益。其他综合收益是指企业根据会计准则相关规定未在当期损益中确认的各项利得和损失，包括以后会计期间不能重分类进损益的其他综合收益和以后会计期间满足规定条件时将重分类进损益的其他综合收益两类。

(5) 专项储备。专项储备是指高危行业企业按照规定提取的安全生产费以及维持简单再生产费用等具有类似性质的费用。

(6) 盈余公积。盈余公积是指企业根据法规要求或自身发展需要，按照一定比例从税后提取的积累资金。盈余公积可分为法定盈余公积和任意盈余公积。法定盈余公积在其累计提取额未达到注册资本的50%时，均按照企业的税后利润的10%提取。在股份有限公司，除了按规定提取法定盈余公积外，还可在支付优先股股利后，根据公司章程或股东大会决议，提取任意盈余公积。

(7) 未分配利润。未分配利润是指企业历年已实现利润累计尚未分配的结存利润。相对于所有者权益的其他部分而言，企业对于未分配利润的使用和分配有较大的自主权，包括留待以后年度处理的利润和未指定特定用途的利润。

事实上，资产负债表各个项目是按其流动性排列的。流动性强的项目，排在前面(资产负债表的上方)，流动性弱的项目，排在后面(资产负债表的下方)。

思政映射

人生的资产负债表可以有物质和精神层面两种，这里讨论的是精神层面的资产负债表。人生的资产应当是为社会、为单位、为家庭、为他人所履行的责任和奉献，人生的负债应当是从社会、单位、家庭、他人的获得和索取。责任和奉献大于获得和索取，这是我们理应追求的人生价值，也可理解成是对社会的净贡献，也是人生的净资产。

二、利润表的结构与主要内容

利润表是反映企业在一定会计期间的经营成果的财务报表。例如，反映某年1月1日至12月31日经营成果的利润表，它反映的就是该期间的情况。

利润表的列报必须充分反映企业经营业绩的主要来源和构成，有助于使用者判断净利润的质量及其风险，有助于使用者预测净利润的持续性，从而做出正确的决策。通过利润表，可以反映企业一定会计期间收入的实现情况，如实现的营业收入有多少、实现的投资收益有多少、实现的营业外收入有多少等；可以反映一定会计期间的费用耗费情况，如耗费的营业成本有多少、税金及附加有多少及销售费用、管理费用、财务费用各有多少、营业外支出有多少等；可以反映企业生产经营活动的成果，即净利润的实现情况，据以判断资本保值、增值等情况。将利润表中的信息与资产负债表中的信息相结合，还可以提供进行财务分析的基本资料，如将赊销收入净额与应收账款平均余额进行比较，计算出应收账款周转率；将销货成本与存货平均余额进行比较，计算出存货周转率；将净利润与资产总额进行比较，计算出资产收益率等，可以反映企业资金周转情况及企业的盈利能力和水平，便于报表使用者判断企业未来的发展趋势，做出经济决策。

(一) 利润表的结构

与资产负债表相类似，利润表也有表首、表体和附注三个部分组成，其中表体是利润表的核心和关键。根据《〈企业会计准则第 30 号——财务报表列报〉应用指南》,利润表是反映企业在一定会计期间生产经营成果的会计报表。在利润表中,企业应当对收入、费用按照功能进行分类,将其划分为从事经营业务发生的成本、管理费用、销售费用和财务费用等。更广泛地讲,利润表记录企业在某一个时期内所创造的所有收入减去所发生的费用后的余额,即"利润=收入-费用"。利润表的基本结构据此设计。因此,所谓利润表的结构只是利润计算公式的表格化而已。

根据利润表表体的具体格式不同,可以分为单步骤式、多步骤式两种格式。单步骤式是以企业一定时期的全部收入总和减去全部成本费用的总和而一次得出本期收益或亏损的利润表格式,如表 1-5 所示。

表 1-5　单步骤式利润表

项　目	金　额
营业收入	
加:营业外收入	
减:营业成本	
营业外支出	
销售费用	
财务费用	
管理费用	
……	
所得税费用	
净利润	

多步骤式利润表要求通过对当期的收入、费用、支出项目按性质加以归类,按利润形成的主要环节列示一些中间性利润指标,分步计算当期净利润。我国一般采用多步骤式利润表格式,如表 1-6 所示。

表 1-6　多步骤式利润表

项　目	金　额
一、营业收入	
减:营业成本	
税金及附加	
减:销售费用	
管理费用	
财务费用	
……	
二、营业利润	
加:营业外收入	
减:营业外支出	
三、利润总额	
减:所得税费用	
五、净利润	

按照企业会计制度要求编制的利润表中每个项目均有"本月数""本年累计数"两个数

据。其中的“本月数”栏内的各项目数字是根据当期有关损益类账户所记录的数字填列，反映编报当月的损益情况。“本年累计数”栏内所列数据是根据本年度第一个月开始至编报月为止的相应项目数据累计计算填列。根据《〈企业会计准则第30号——财务报表列报〉应用指南》，一般企业利润表的格式如表1-7所示。

表1-7　利润表

编制单位：　　　　　　　　　　年　月　　　　　　　　　　单位：万元

项　目	本月金额	本年累计金额
一、营业收入		
减：营业成本		
税金及附加		
销售费用		
管理费用		
研发费用		
财务费用		
其中：利息费用		
利息收入		
加：其他收益		
投资收益（损失以“—”号填列）		
其中：对联营企业和合营企业的投资收益		
以摊余成本计量的金融资产终止确认收益		
净敞口套期收益（损失以“—”填列）		
公允价值变动收益（损失以“—”填列）		
信用减值损失（损失以“—”填列）		
资产减值损失（损失以“—”填列）		
资产处置收益（损失以“—”填列）		
二、营业利润（亏损以“—”填列）		
加：营业外收入		
减：营业外支出		
三、利润总额（亏损以“—”填列）		
减：所得税费用		
四、净利润（净亏损以“—”填列）		
（一）持续经营净利润（净亏损以“—”填列）		

续 表

项　目	本月金额	本年累计金额
（二）终止经营净利润（净亏损以“—”填列）		
五、其他综合收益的税后净额		
（一）不能重分类进损益的其他综合收益		
1. 重新计量设定受益计划变动额		
2. 权益法下不能转损益的其他综合收益		
3. 其他权益工具投资公允价值变动		
4. 企业自身信用风险公允价值变动		
（二）将重分类进损益的其他综合收益		
1. 权益法下可转损益的其他综合收益		
2. 其他债权投资公允价值变动		
3. 金融资产重分类计入其他综合收益的金额		
4. 其他债权投资信用减值准备		
5. 现金流量套期准备		
6. 外币财务报表折算差额		
7. 其他		
六、综合收益总额		
七、每股收益		
（一）基本每股收益（元/股）		
（二）稀释每股收益（元/股）		

法定代表人：　　　　　　主管会计工作负责人：　　　　　　会计机构负责人：

（二）利润表的主要内容

如表 1－7 所示，利润表应当单独列示的主要项目：营业收入、营业成本、税金及附加、销售费用、管理费用、财务费用、其他收益、投资收益、营业利润、营业外收入、营业外支出、利润总额、所得税费用等。

1. 营业收入

营业收入反映企业主要经营业务和其他业务本期实现的收入总额。该项目应根据“主营业务收入”和“其他业务收入”科目的发生额分析计算填列。

2. 营业成本

营业成本反映企业主要经营业务和其他业务本期发生的成本总额。该项目应根据“主营业务成本”和“其他业务成本”科目的发生额分析计算填列。

3. 税金及附加

税金及附加反映企业经营业务应负担的消费税、城市维护建设税、资源税和教育费附加等。该项目应根据“税金及附加”科目的发生额分析填列。

4. 销售费用

销售费用是指企业在销售商品过程中所发生的费用，包括运输费、装卸费、包装费、保险费、展览费和广告费以及为销售本企业商品而专设的销售机构（含销售网点、售后服务网点等）的职工工资、类似工资性质的费用、业务费等经营费用。销售费用属于期间费用，在发生的当期就计入当期的损益。

5. 管理费用

管理费用是指企业为组织和管理生产经营活动而发生的各项费用，包括企业的董事会和行政管理部门在企业的经营管理过程中发生的或者应由企业统一负担的公司经费（包括行政管理部门职工工资、修理费、材料消耗、低值易耗品摊销、办公费和差旅费等）、工会经费、待业保险费、劳动保险费、董事会费（包括董事会成员津贴、会议费和差旅费等）、聘请中介机构费、咨询费、业务招待费、技术转让费、矿产资源补偿费、无形资产摊销、职工教育经费、研究与开发费、排污费等。管理费用属于期间费用，在发生的当期就计入当期的损益。

6. 财务费用

财务费用是指企业为筹集生产经营资金等而发生的费用，包括利息支出（减利息收入）、汇兑损失（减汇兑收益）以及相关的手续费和其他财务费用，如债券印刷费、担保费等。财务费用属于期间费用，在发生的当期就计入当期的损益。

7. 其他收益

其他收益是指在总额法下与日常活动相关的政府补助以及其他与日常活动相关的补助。

8. 投资收益

投资收益是指企业在一定时期投资所取得的回报。投资收益包括对外投资所分得的股利和收到的债券利息，以及投资到期收回的或到期前转让债权所得的款项高于账面价值的差额等。投资活动也可能遭受损失，如投资到期收回的或到期前转让债权所得款项低于账面价值的差额，即为投资损失。投资收益减去投资损失则为投资净收益。

9. 营业利润

营业利润是企业利润的主要来源，是指企业在销售商品、提供劳务等日常活动中所产生的利润。其内容包括主营业务利润和其他业务利润的之和扣除期间费用后的差额。

10. 营业外收入

营业外收入科目核算企业发生的与其经营活动无直接关系的各项净收入，主要包括罚没利得、与日常活动无关的政府补助利得、确实无法支付而按规定程序经批准后转作营业外收入的应付款项等，企业应按营业外收入项目进行明细核算。

11. 营业外支出

营业外支出科目核算企业发生的与其经营活动无直接关系的各项净支出，主要包括罚款支出、捐赠支出、非常损失等，企业应按支出项目进行明细核算。

12. 利润总额

利润总额是指上缴所得税前企业在一定时期内经营活动的总成果。我国多步骤式利润表的结构是按照企业收益形成的主要环节，通过营业利润、利润总额、净利润和综合收益四个层次来分步骤披露企业收益信息，并详细揭示企业收益的形成过程。

$$\text{利润总额}=\text{营业利润}+\text{营业外收入}-\text{营业外支出} \tag{1-1}$$

$$\begin{aligned}\text{营业利润}=&\text{营业收入}-\text{营业成本}-\text{税金及附加}-\text{销售费用}-\text{管理费用}-\text{研发费用}-\text{财务费用}+\text{其他收益}+\text{投资收益}+\\&\text{净敞口套期收益}+\text{公允价值变动收益}-\text{资产减值损失}-\text{信用减值损失}+\text{资产处置收益}\end{aligned} \tag{1-2}$$

13. 所得税费用

所得税费用是指国家对法人、自然人和其他经济组织在一定时期内的各种所得征收的一类税收。所得税列在企业当期损益中扣除。

14. 净利润

净利润是指企业的税后利润，即利润总额减去所得税费用后的差额。

对于股份有限公司而言，在编制利润表时还必须单独列示基本每股收益和稀释每股收益两个项目。

15. 基本每股收益

基本每股收益是指公司某一时期净收益与股份总数的比率，又称每股税后利润、每股盈余，指企业税后利润与股本总数的比率。它对测定股票投资价值的重要指标之一，是分析每股价值的一个基础性指标，也是综合反映公司获利能力的重要指标。

16. 稀释每股收益

稀释每股收益是以基本每股收益为基础，假设公司所有发行在外的稀释性潜在普通股均已转换成普通股，从而分别调整归属于普通股股东的当期净利润和发行在外普通股的加权平均数计算而得的每股收益。所谓潜在普通股是赋予持有人在报告期或以后期间享有取得普通股权利的一种金融工具或其他合同，如可转换公司债券、期权、认股权证等。如果公司没有潜在普通股或潜在普通股不具有稀释性，那么公司只需要计算基本每股收益，如果存在潜在普通股且具有稀释性，则公司还应当计算稀释每股收益。

思政映射

人生的利润表可以有物质和精神层面两种，这里讨论的是精神层面的利润表。人生的利润表是反映一个时期的叠加数，从社会角度映射出人生经历的高度和厚度。人生的收入应当是指一段时期内责任和奉献的增加数，人生的费用则可理解为获得和索取的增加数，当前者大于后者，人生才是有意义的，也是人生的净利润。

三、现金流量表的结构与主要内容

目前，规范我国企业现金流量表编制的会计准则是《企业会计准则第31号——现金流量表》。现金流量表是反映企业在一定会计期间现金和现金等价物的流入、流出情况的报表。这里的现金是指企业库存现金以及可以随时用于支付的存款。不能随时用于支付的存款不属于现金。现金等价物是指企业持有的期限短、流动性强、易于转换为已知金额现金、价值变动风险很小的投资。期限短，一般是指从购买日起三个月内到期。现金等价物通常包括三个月内到期的债券投资等。权益性投资变现的金额通常不确定，因而不属于现金等价物。

（一）现金流量表的结构

我国的现金流量表分为现金流量表（正表）和补充资料（附注）两部分。一般企业现金流量表格式如表1－8、表1－9所示。

以现金为基础编制的现金流量表，其编制的主要目的是反映企业会计期间内经营活动、投资活动和筹资活动对现金及现金等价物所产生的影响，以反映企业现金流入和流出的全貌。与其他报表一样，现金流量表也由表首、表体和附注构成。现金流量表表体采用报告式的结构，分类反映经营活动产生的现金流量、投资活动产生的现金流量和筹资活动产生的现金流量，最后汇总计算出企业现金及现金等价物净增加额，以此反映企业现金的来龙去脉和现金收支构成，评价企业经营状况、创现能力、筹资能力和资金实力。

表1－8　现金流量表

编制单位：　　　　　　年　月　日　　　　　　单位：万元

项　目	本期金额	上期金额
一、经营活动产生的现金流量		
销售商品、提供劳务收到的现金		
收到的税费返还		
收到的其他与经营活动有关的现金		
经营活动现金流入小计		
购买商品、接受劳务支付的现金		
支付给职工以及为职工支付的现金		
支付的各种税费		
支付的其他与经营活动有关的现金		
经营活动现金流出小计		
经营活动产生的现金流量净额		
二、投资活动产生的现金流量		
收回投资所收到的现金		

续　表

项　目	本期金额	上期金额
取得投资收益所收到的现金		
处置固定资产、无形资产和其他长期资产所收到的现金净额		
处置子公司及其他营业单位收到的现金净额		
收到的其他与投资活动有关的现金		
投资活动现金流入小计		
购建固定资产、无形资产和其他长期资产所支付的现金		
投资所支付的现金		
取得子公司及其他营业单位支付的现金净额		
支付的其他与投资活动有关的现金		
投资活动现金流出小计		
投资活动产生的现金流量净额		
三、筹资活动产生的现金流量		
吸收投资所收到的现金		
借款所收到的现金		
收到的其他与筹资活动有关的现金		
筹资活动现金流入小计		
偿还债务所支付的现金		
分配股利、利润或偿付利息所支付的现金		
支付的其他与筹资活动有关的现金		
筹资活动现金流出小计		
筹资活动产生的现金流量净额		
四、汇率变动对现金的影响		
五、现金及现金等价物净增加额		
加:期初现金及现金等价物余额		
六、期末现金及现金等价物余额		

表 1-9　现金流量表补充资料　　单位:万元

补充资料	本期金额	上期金额
1. 将净利润调整为经营活动的现金流量		
净利润		

续　表

补充资料	本期金额	上期金额
加:资产(信用)减值准备		
固定资产折旧、油气资产折耗、生产性生物资产折旧		
无形资产摊销		
长期待摊费用摊销		
处置固定资产、无形资产和其他长期资产的损失(减:收益)		
固定资产报废损失(减:收益)		
公允价值变动损失(减:收益)		
财务费用(减:收益)		
投资损失(减:收益)		
递延所得税资产减少(减:增加)		
递延所得税负债增加(减:减少)		
存货的减少(减:增加)		
经营性应收项目的减少(减:增加)		
经营性应付项目的增加(减:减少)		
其他		
经营活动产生的现金流量净额		
2. 不涉及现金收支的重大投资和筹资活动		
债务转为资本		
一年内到期的可转换公司债券		
租赁资产		
3. 现金及现金等价物净变动情况		
现金的期末金额		
减:现金的期初余额		
加:现金等价物的期末余额		
减:现金等价物的期初余额		
现金及现金等价物净增加额		

(二)现金流量表的内容

由表1-8、表1-9所示,现金流量表表体包括正表和附表两个部分,其中正表部分是现金流量表的核心,附表部分实质是从另外一个角度对正表所计算结果进行复核,起核对作用。

1. 现金流量正表

正表是现金流量表的主体，企业一定会计期间现金流量的信息主要由正表提供。正表要求采用直接法编制。

正表采用报告式的结构，按照现金流量的性质，依次分类反映经营活动产生的现金流量、投资活动产生的现金流量和筹资活动产生的现金流量，最后汇总反映企业现金及现金等价物净增加额。在有外币现金流量及境外子公司的现金流量折算为人民币的企业，正表中还应单设“汇率变动对现金的影响”项目，以反映企业外币现金流量及境外子公司的现金流量折算为人民币时，所采用的现金流量发生日的汇率或平均汇率折算的人民币金额与“现金及现金等价物增加额”中外币现金净增加额按期末汇率折算的人民币金额之间的差额。

企业所从事的各种经济活动，经常会引起现金流入与流出企业。我国企业通常将现金流量分为三类：经营活动产生的现金流量、投资活动产生的现金流量、筹资活动产生的现金流量。

（1）经营活动产生的现金流量。

经营活动是指企业投资活动和筹资活动以外的所有交易和事项。经营活动的范围很广，它包括企业投资活动和筹资活动以外的所有交易和事项。经营活动主要包括销售商品、提供劳务、短期或低价值租赁、购买商品、接受劳务、广告宣传、推销产品、缴纳税款等。

① 经营活动流入的现金。

a. 销售商品、提供劳务收到的现金。反映企业因销售商品、提供劳务实际收到的现金（含销售收入和应向购买者收取的增值税额），包括本期销售商品、提供劳务收到的现金，以及前期销售和前期提供劳务本期收到的现金和本期预收的账款，减去本期退回本期销售的商品和前期销售本期退回的商品支付的现金。企业销售材料和代购代销业务收到的现金，也包括在本项目中。

b. 收到的税费返还。反映企业收到返还的各种税费，如收到的增值税、消费税、所得税、教育费附加返还等。

c. 收到的其他与经营活动有关的现金。反映企业除上述各项目外，收到的其他与经营活动有关的现金流入，如罚没收入、流动资产损失中有个人赔偿的现金收入等。

② 经营活动流出的现金。

a. 购买商品、接受劳务支付的现金。反映企业购买材料、商品、接受劳务实际支付的现金，包括本期购入材料、商品、接受劳务支付的现金（包括增值税进项税额），以及本期支付前期购入材料、商品、接受劳务的未付款项和本期预付款项。本期因购货退回而收到的现金则从本项目中减去。

b. 支付给职工以及为职工支付的现金。反映企业实际支付给职工以及为职工支付的现金，包括本期实际支付给职工的工资、奖金、各种津贴和补贴等，以及为职工支付的其他费用。不包括支付的离退休人员的各项费用和支付给在建工程人员的工资等。企业支付给离退休人员的各项费用，包括支付的统筹退休金以及未参加统筹的退休人员的费用，在“支付的其他与经营活动有关的现金”项目中反映；企业支付给在建工程人员的工资，在

“购建固定资产、无形资产和其他长期资产所支付的现金”项目反映。

企业为职工支付的养老、失业等社会保险基金、补充养老保险、住房公积金、支付给职工的住房困难补助，以及企业支付给职工或为职工支付的其他福利费用等，应该按照职工的工作性质和服务对象，分别在“支付给职工以及为职工支付的现金”和“购建固定资产、无形资产和其他长期资产所支付的现金”项目中反映。

c. 支付的各项税费。反映企业按规定支付的各种税费，包括本期发生并支付的税费，以及本期支付以前各期发生的税费和预缴的税金，如支付的教育费附加、矿产资源补偿费、印花税、房产税、土地增值税、车船使用税等。不包括计入固定资产价值、实际支付的耕地占用税等，也不包括本期退回的增值税、所得税。本期退回的增值税、所得税在“收到的税费返还”项目反映。

d. 支付其他与经营活动有关的现金。反映企业除上述各项目外，支付的其他与企业经营活动有关的现金流出，如罚没支出、支付的差旅费、业务招待费现金支出、支付的保险费等。

(2) 投资活动产生的现金流量。

投资活动是指企业长期资产的购建和不包括现金等价物范围内的投资及其处置活动。这里所指的长期资产是指固定资产、在建工程、无形资产、其他资产等持有期限在一年或一个营业周期以上的资产。

因此，企业的投资活动主要包括取得和收回投资、购建和处置固定资产、无形资产和其他长期资产等。

① 投资活动流入的现金。

a. 收回投资所收到的现金。反映企业出售、转让或到期收回除现金等价物以外的短期投资、长期股权投资而收到的现金，以及收回长期债权投资本金而收到的现金。不包括长期债权投资收回的利息，以及收回的非现金资产。

b. 取得投资收益所收到的现金。反映企业因股权性投资和债权性投资而取得的现金股利、利息以及从子公司、联营企业和合营企业分回利润收到的现金。不包括股票股利。

c. 处置固定资产、无形资产和其他长期资产而收到的现金净额。反映企业处置固定资产、无形资产和其他长期资产所取得的现金，减去为处置这些资产而支付的有关费用后的净额。由于自然灾害所造成的固定资产等长期资产损失而收到的保险赔偿收入，也在本项目反映。

d. 处置子公司及其他营业单位收到的现金净额。

e. 收到的其他与投资活动有关的现金。反映企业除上述各项目外，收到的其他与投资活动有关的现金流入。

② 投资活动流出的现金。

a. 购建固定资产、无形资产和其他长期资产所支付的现金。反映企业购买、建造固定资产，取得无形资产和其他长期资产所支付的现金，不包括为购建固定资产而发生的借款利息资本化的部分，以及租赁资产的租赁费。借款利息和融资租入固定资产支付的租赁费，在筹资活动产生的现金流量中反映。

b. 投资所支付的现金。反映企业取得的除现金等价物以外的交易性金融资产、债权投资、其他债权投资、其他权益工具投资而支付的现金及其支付的佣金、手续费等交易费用。

企业购买股票和债权时，实际支付的价款中包含的已宣告但尚未领取的现金股利或已到付息期但尚未领取的债券利息，应在投资活动的“支付的其他与投资活动有关的现金”项目反映；收回购买股票和债券时支付的已宣告但尚未领取的现金股利或已到付息期但尚未领到的债券利息，应在投资活动的“收到的其他与投资活动有关的现金”项目反映。

c. 取得子公司及其他营业单位支付的现金净额。

d. 支付的其他与投资活动有关的现金，反映企业除上述各项目外，支付的其他与投资活动有关的现金流出。按照准则的规定，如果其他现金流出金额较大，应该单列项目予以反映。

（3）筹资活动产生的现金流量。

筹资活动是指导致企业资本及债务规模和构成发生变化的活动。

这里所说的资本，包括实收资本（股本）、资本溢价（股本溢价）、与资本有关的现金流入和流出项目，包括吸收投资，发行股票、分配利润等。

这里的“债务”是指企业对外举债所借入的款项，如发行债券、向金融企业借入款项以及偿还债务等。

① 筹资活动流入的现金。

筹资活动流入的现金主要包括：

a. 吸收投资所收到的现金。反映企业收到的投资者投入的现金，包括以发行股票、债券等方式筹集资金实际收到款项净额（发行收入减去支付的佣金等发行费用后的净额）。以发行股票、债券等方式筹集资金而由企业直接支付的审计、咨询等费用，在“支付的其他与筹资活动有关的现金”项目反映，不在本项目内反映。

b. 借款所收到的现金。反映企业举债各种短期借款、长期借款所收到的现金。

c. 收到的其他与筹资活动有关的现金。反映企业除上述各项目外，收到的其他与筹资活动有关的现金流入，如接受现金捐赠等。按照准则的规定，如果其他现金流入金额较大，应该单列项目予以反映。

② 筹资活动流出的现金。

筹资活动流出的现金主要包括：

a. 偿还债务所支付的现金。反映企业以现金偿还债务的本金，包括偿还金融企业的借款本金、债券本金等。偿还的借款利息、债券利息，在“分配股利、利润或偿付利息所支付的现金”项目反映，不包括在本项目内。

b. 分配股利、利润或偿付利息所支付的现金。反映企业实际支付的现金股利，支付给其他投资单位的利润以及支付的借款利息、债券利息等。

c. 支付的其他与筹资活动有关的现金。反映企业除上述各项目外，支付的其他与筹资活动有关的现金流出，如捐赠现金支出、租赁资产支付的租赁费等。

2. 现金流量表补充资料

我国《企业会计准则第 31 号——现金流量表》对一般企业、商业银行、保险公司、证券公司等各类企业的现金流量表补充资料的格式及披露说明做了规定，采用间接法编制。

现金流量表补充资料包括以下三部分内容：第一，将净利润调整为经营活动的现金流量，即按间接法编制的经营活动现金流量，应与正表中的“经营活动产生的现金流量净额”数字相等。第二，不涉及现金收支的投资和筹资活动。这部分活动虽不涉及企业的现金收支，但却是企业的重要理财活动，并且有些会对以后各期的现金收支产生主要的影响，因此为便于工作，了解企业的财务状况，应关注报表补充资料中这些相关信息。第三，现金及现金等价物净增加额应与现金流量表中的现金及现金等价物净增加额应当相等。

思政映射

人生的现金流量表同样可以有物质和精神层面两种，这里讨论的是精神层面的现金流量表。个体服务社会、奉献社会付出的爱心和心血，就是人生现金流量表中的现金及现金等价物。人生的现金流量表反映个体服务社会、奉献社会的总流入与总流出。个体服务社会、奉献社会的付出与回报，就是人生现金流量表中经营活动产生的现金流量净额；个体提升服务社会、奉献社会能力的投入与产出，就是人生现金流量表中投资活动产生的现金流量净额；个体筹措服务社会、奉献社会所需资源的成本与效益，就是人生现金流量表中筹资活动产生的现金流量净额。服务社会、奉献社会，慈心为民、平等相待才是成功的人生。

四、财务报表附注的结构与主要内容

根据《〈企业会计准则第 30 号——财务报表列报〉应用指南》，财务报表附注是在资产负债表、利润表、现金流量表和所有者权益变动表等报表中列示项目的文字描述或明细资料，以及对未能在这些报表中列示项目的说明等。一般情况下，财务报表附注应当按照下列顺序披露：

（1）财务报表编制的基础。

（2）遵循企业会计准则的声明。

（3）重要会计政策的说明，包括财务报表项目的计量基础和会计政策的确定依据等。

（4）重要会计估计的说明，包括下一会计期间内很可能导致资产、负债账面价值重大调整的会计估计的确定依据等。

（5）会计政策和会计估计变更以及差错更正的说明。

（6）对已在资产负债表、利润表、现金流量表和所有者权益变动表中列示的重要项目的进一步说明，包括终止经营税后利润的金额及其构成情况。

(7) 或有和承诺事项、资产负债表日后非调整事项、关联方关系及其交易等需要说明的事项。

除上述规定外,企业应当在附注中披露在资产负债表日后、财务报告批准报出日前提议或宣布发放的股利总额和每股股利金额(或向捐资者分配的利润总额)。对于未在与财务报表一起公布的企业注册地、组织形式和总部地址、企业业务性质和主要经营活动和母公司及集团最终母公司的名称等也应当在附注中披露。

除《企业会计准则第 30 号——财务报表列报》中对财务报表附注做了明确规定和约束外,中国证监会《公开发行证券的公司信息披露编报规则》之《第 15 号财务报告的一般规定》中对上市公司的财务报表附注也做了明确的规定。按此规定,公司财务报表附注主要包括公司基本情况;会计政策、会计估计和合并财务报表的编制方法;税项;控股子公司及合营企业;财务报表项目附注的要求;母公司财务报表有关项目附注;子公司与母公司会计政策不一致对合并会计报表的影响;关联方关系及其交易;或有事项;承诺事项;资产负债表日后事项;其他重要事项等内容。

五、财务报表之间的勾稽关系

资产负债表、利润表和现金流量表结合在一起可以从不同侧面反映企业的财务状况和经营成果,形成一个相辅相成、功能完整的报表体系,使会计信息能公正、合理、客观、真实和全面地反映企业的财务状况和经营成果。财务报表使用者在掌握资产负债表和利润表信息的同时,再阅读现金流量表,可以完整地把握企业的财务状况和经营成果,更准确地对企业的经营业绩进行评判。另一方面,现金流量表提供了一定时期企业经营活动所得现金的资料,揭示了经营活动的所得现金和企业净收益的关系,从而有利于企业管理人员和会计人员正确评价企业收益的质量。财务报表之间的勾稽关系可能表现为等式关系,也可能表现为关联关系,这些勾稽关系在财务报表分析中非常有用。资产负债表、利润表和现金流量表之间的关系可以用图 1-1 表示。

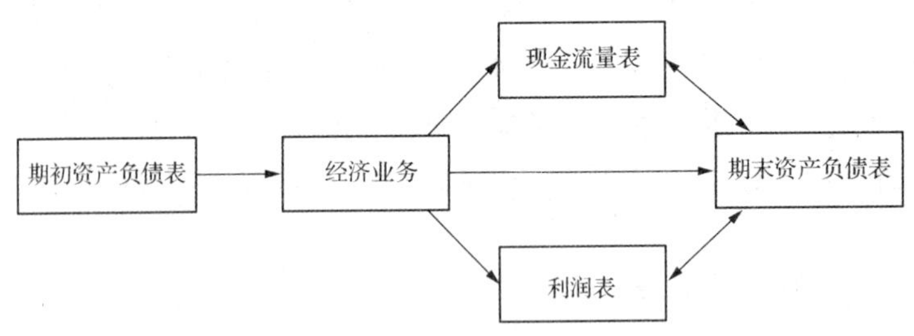

图 1-1　财务报表关系图

实际上,从单纯计算利润的角度看,只要将两期资产负债表进行对比,剔除投资和利润分配因素便可得到当期的利润。这就说明资产负债表与利润表之间存在密切的关系。现金流量表揭示了企业现金从哪里来,到何处去,进一步说明资产负债表的结果。图 1-2 描述了财务报表之间的勾稽关系。

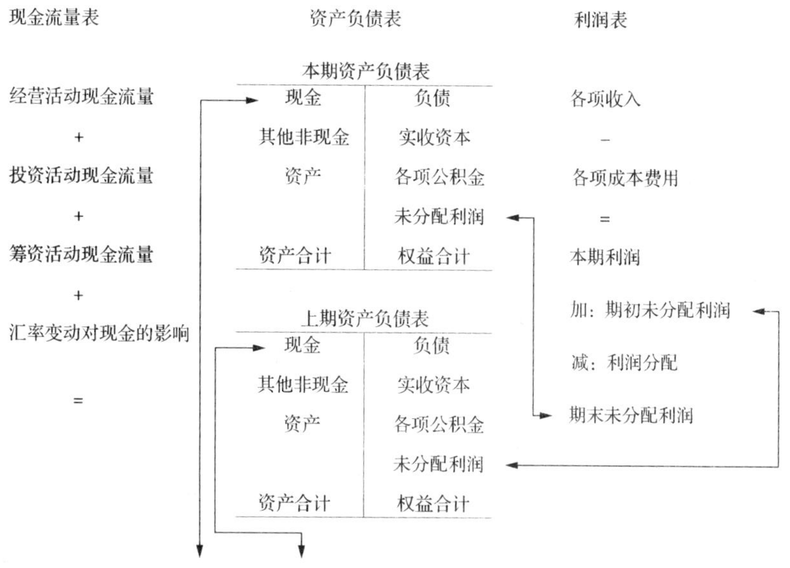

图 1－2　财务报表之间的勾稽关系

财务报表之间的勾稽关系分析具体如下。

（一）表内勾稽关系

在财务报表中，有些勾稽关系是精确的，即各个项目之间可以构成等式，如"资产＝负债＋所有者权益""收入－费用＝利润"。相对于表间关系而言，表内关系是简单的。

（1）资产负债表最重要的一个"勾稽关系"就是资产等于负债加上所有者权益。也就是说，企业现在拥有的一切，不外乎来源于两个方面，一个是本来就是自己的，另一个就是借来的，"自己的"再加上"借来的"，当然就是"现在拥有的一切"。在会计上，目前我拥有的一切就叫资产，而借来的钱就是负债，自己的就叫所有者权益。这就是资产负债表最重要的内部"勾稽关系"。

（2）利润表最重要的一个"勾稽关系"就是收入减去费用等于利润。

（3）现金流量表主要是告诉我们在一段时间里，这个公司收进了多少现金，付出去了多少现金，还余下多少现金。最重要的一个"勾稽关系"就是流入的现金减去流出的现金等于余下的现金或现金净流量。

（二）表外勾稽关系

对于财务报表分析而言，更为重要的另一种不太精确的勾稽关系，即不同报表中的某些项目之间存在勾稽关系，在某些假设前提和条件下可以构成等式。

从反映的区间上看，现金流量表与利润表是一致的，资产负债表是一个时点报表，而利润表和现金流量表是一个时期报表；从核算方法上看，现金流量表与资产负债表和利润表存在差异，前者是收付实现制，后两者是权责发生制。利润表可以与资产负债表建立直接的联系，但如果通过现金流量表，往往能找到一些更直接具体的关系。这里重点探讨三张表的勾稽关系，特别是现金流量表在利润表和资产负债表之间的衔接关系（见表 1－10）。

表 1-10　财务报表编制差异情况表

报表类别	资产负债表	利润表	现金流量表
编制方法	权责发生制	权责发生制	收付实现制
反映区间	时点存量	时区增量	时区增量

1. 资产负债表与利润表之间的勾稽关系

(1) 根据资产负债表中交易性金融资产、债权投资、其他债权投资、长期股权投资、其他权益投资,复核匡算利润表"投资收益"的合理性。例如,关注是否存在资产负债表中没有投资项目而利润表却列有投资收益,以及投资收益大大超过投资项目的本金等异常情况。

(2) 根据资产负债表中固定资产、累计折旧金额,复核匡算利润表中"管理费用——折旧费"的合理性。结合生产设备的增减情况和开工率、能耗消耗,分析主营业务收入的变动是否存在产能和能源消耗支撑。

2. 现金流量表与利润表之间的勾稽关系

现金流量表表面上是说明现金的流转状况,但实质上是从另外一个角度反映损益的质量问题。因此,可以说现金流量表最主要的作用就是认证或辅助说明利润表的利润质量。只有转变成现金的利润才是"真金白银"的利润。具体关系可以从现金流量表的编制方法上看出。

直接法是通过现金收入和支出的主要类别反映来自企业经营活动的现金流量,一般是以利润表中的营业收入为起算点,调整与经营活动有关的项目的增减变动,然后计算出经营活动的现金流量。间接法是以本期净利润为起算点,调整不涉及现金的收入、费用、营业外收支以及有关项目的增减变动,据此计算出经营活动的现金流量,如表 1-11 所示。

表 1-11　经营活动现金流量间接法

起　点	净利润
剔除非经营性损益,恢复到经营性项目	处置固定资产、无形资产和其他长期资产的损失(减:收益)+固定资产报废损失+财务费用+投资损失(减:收益)
调整账务对非付现的处理	计提的坏账准备或转销的坏账+当期计提的固定资产折旧+无形资产摊销+其他不减少现金的费用、损失
调整时间性差异	递延税款贷项(减:借项)+存货的减少(减:增加)+经营性应收项目的减少(减:增加)+经营性应付项目的增加(减:减少)+增值税增加净额(减:减少净额)

例如,利润表中的"营业收入"、现金流量表中的"销售商品、提供劳务收到的现金"、资产负债表中的"应收账款"等项目之间存在勾稽关系;利润表中的"营业成本"、现金流量表中的"购买商品、接受劳务支付的现金"、资产负债表中的"应付账款"等项目之间存在的勾稽关系,等。

3. 现金流量表与资产负债表之间的勾稽关系

资产负债表同现金流量表之间的关系,主要是资产负债表的现金、银行存款及其他货币资金等项目的期末数减去期初数,应该等于现金流量表最后的现金净流量。

(1) 公司经营现金流的各个组成部分反映了现金流量的质量,以现金纯收入和非现金支出费用(如折旧)调整为基础的现金流通常最受到欢迎,而延长应付账款,或者大量提前吸收预付账款,或税收优惠增加的现金流量最终会损害上下游产业链关系,从投资者的角度来看不是一种可持续发展的表现。

(2) 资产负债表中应付职工薪酬期末余额数字为企业已计提尚未支付给职工的现金,现金流量表中的数字为企业本期支付给职工薪酬总额,单纯从资产负债表中看不出两者的勾稽关系,但是目前企业财务报表附注中都要求对应付职工薪酬科目进行详细披露本年发生额、本年计提额。资产负债表中应付职工薪酬本年发生额除了支付与企业经营活动有关人员的现金外,还包含本年支付给在建工程人员的工资。因此,现金流量表中支付给职工以及为职工支付的现金额应小于或等于应付职工薪酬中本年发生额,即应付职工薪酬借方发生额。

(3) 现金流量表中的“现金及现金等价物净增加额”一般与资产负债表中的“货币资金”年末数年初数之差相等,前提是企业不存在现金等价物。同理,现金流量表中的“期初现金及现金等价物余额”“期末现金及现金等价物余额”就分别等于资产负债表中的“货币资金”的年初余额、期末余额。

(三) 勾稽关系具体表现

(1) 资产负债表中期末“未分配利润”=利润表中“净利润”+资产负债表中“未分配利润”的年初数。

(2) 资产负债表中期末“应交税费”=应交增值税(按利润表计算本期应交增值税)+应交城建税教育附加(按利润表计算应交各项税费)+应交所得税(按利润表计算本期应交所得税)。这几项还必须与现金流量表中支付的各项税费项目相等。

(3) 现金流量表中的“现金及现金等价物净额”=资产负债表中“货币资金”期末金额-期初金额

(4) 现金流量表中“销售商品、提供劳务收到的现金”=利润表“营业收入”+按利润表中“营业收入”计算的应交税费[应交增值税——销项税额(参照前面计算方法得到)]+资产负债表中(“应收账款”期初数-“应收账款”期末数)+(“应收票据”期初数-“应收票据”期末数)+(“预收账款”期末数-“预收账款”期初数)-当期计提的“坏账准备”。

(5) 现金流量表中“购买商品、提供劳务支付的现金”=利润表“营业成本”+资产负债表中“存货”期末价值-“存货”期初价值+应交税费[应交增值税——进项税额(参照前面计算方法得到)]+(“应付账款”期初数-“应付账款”期末数)+(“应付票据”期初数-“应付票据”期末数)+(“预付账款”期末数-“预付账款”期初数)。

(6) 现金流量表中“支付给职工及为职工支付的现金”=资产负债表中“应付职工薪酬”期末数-期初数+本期为职工支付的工资和福利总额(包含在销售费用、管理费用里面)。

(7) 现金流量表中“支付的各项税费(不包括耕地占用税及退回的增值税所得税)”=利润表中“所得税”+“税金及附加”+“应交税金(应交增值税-已交税金)(本期利润表中营业收入计算的各项税费)”

(8) 现金流量表中“支付的其他与经营活动有关的现金”=剔除各项因素后的费用:利润表中“管理费用+销售费用+营业外收入-营业外支出”-资产负债表中“累计折旧”

增加额(期末数一期初数)(也就是计入各项费用的折旧,这部分是没有在本期支付现金的)一费用中的工资(已在“为职工支付的现金”中反映)。

(9) 现金流量表中“收回或支付投资所收到或支付的现金”=资产负债表中“交易性金融资产”的期初数和各项长期投资科目的变动数。

(10) 现金流量表中“分得股利,债券利息所收到的现金”=利润表中“投资收益”本期发生额一(资产负债表中“应收股利”期末数一期初数)一(“应收利息”期末数一期初数)。

(11) 现金流量表中“处置或购置固定资产、无形资产及其他资产收到或支付的现金”=资产负债表“固定资产”+“在建工程”+“无形资产”等其他科目变动额(增加了计入收到的现金流量中,减少了计入支付的现金流量中)。

(四) 勾稽关系的破坏与修复

报表分析者需要掌握在何种情况下这些项目之间会构成等式,在何种情况下这些项目之间无法构成等式,在何种情况下这些项目之间的勾稽关系会被破坏(这种破坏,是可以修复的,可以根据具体经济业务具体分析)。分析者应该考察报表中这些相关项目之间的关系,并从报表及报表附注中发现相关证据,进而形成对分析对象的判断。因此,明确和理解相互之间的对应关系显得尤为重要。

课堂思考

财务报表相互之间是有关联的,在分析某一报表或某一项目时必须清楚与关联项目之间的联系,进行横向联动分析。你是否清楚主要报表及其主要项目之间的联系?

【案例 1-1】

一位股票投资者在阅读上市公司年报中发现了一个有趣的问题。在中远海运 2017 年的年报中,利润表中全年营业收入为 23.95 亿元,现金流量表中全年销售商品提供劳务收到的现金为 16.14 亿元。收入与现金流量相差 7.81 亿元,同时在资产负债表中该公司 2017 年年末的应收票据应收账款合计只有 15.68 亿元;报表数据使这位投资者产生了疑惑,近八个亿的收入,为什么在现金流量表和资产负债表中未能体现出来,究竟是该公司的报表存在问题还是另有原因?

这位投资者注意到了三张表之间的勾稽关系,他的基本思路是:对于利润表中所实现的“营业收入”,要么收到现金,则应反映于现金流量表中的“销售商品提供劳务收到的现金”,要么形成应收账款,反映于资产负债表中的“应收账款”和“应收票据”当中,但是正如前面所指出的那样,这种勾稽关系的成立依赖于某些前提条件。导致这种情形出现的常见原因有以下几种情况:

(1) 企业在确认营业收入时,既没有收到现金,也没有确认应收账款或应收票据。例如,企业在确认营业收入时,冲减了“应付账款”;在确认的营业收入时,冲减以前年度的“预收账款”;企业在补偿贸易方式下确认营业收入时,冲减了“长期应付款”;企业以货易货方式进行交易,但不符合非货币性交易的标准(补价高于 25%);等等。

(2) 企业在确认营业收入时，同时确认的应收账款或应收票据，但是其后应收账款或应收票据的余额减少时，企业并非全部收到现金（注意报表中的应收账款项目是应收账款余额扣除坏账准备后的应收账款的账面价值）。例如，对应收账款计提了坏账准备；企业对应收账款进行债务重组，对方以非现金资产抵偿债务或以低于债务面值的现金抵偿债务；企业年内发生清产核资，将债务人所欠债务予以核销；企业利用应收账款进行对外投资；企业将应收账款出售，售价低于面值；企业将应收票据进行贴现，贴现所获金额低于面值；企业给予客户现金折扣，收到货款时折扣部分计入了财务费用；企业委托代销商品按照应支付的代销手续费借记销售费用，同时冲减了应收账款；等等。

(3) 企业合并报表范围发生的变化所导致。例如，企业在年终将年初纳入合并报表的子公司出售（持股比例降至合并要求之下），则在年末编制合并利润表时将子公司出售前的利润表纳入合并范围，但资产负债表并没有纳入，故使得勾稽关系不成立。

因此分析者可以通过阅读报表及相关附注证实或证伪上述三类原因的存在。如果没有发现上述原因及其他特殊原因存在的证据，那么很有可能是该公司的报表存在问题，则分析者需要重点关注该公司的收入确认、应收账款和其他应收款、现金流量的归类等。

通过对**【案例 1－1】**的分析，我们可以看到，基于报表勾稽关系的财务报表分析是一种更为注重对报表结构、报表各项目间关系理解的财务分析思路，它更强调从报表来看企业发生的经济业务，它更注重识别企业财务报表是否存在粉饰和错误。由于在我国现阶段，现实中存在着相当一部分的虚假会计信息，报表粉饰行为盛行，所以应该强调基于报表勾稽关系的财务报表分析。

本章小结

通过本章的学习，我们了解了财务报表分析的意义和作用；财务报表分析的主体——企业管理者、投资人、银行等债权人、税务等政府部门、消费者、企业员工和工会组织以及其他相关者等对信息的需求；财务报表体系——资产负债表、利润表、现金流量表的基本构成；财务报表之间的勾稽关系。理解基本财务报表的格式、内容及报表间的勾稽关系是进一步分析报表的基础。

在了解企业的三大报表的同时也诠释了人生的三大报表，从会计思维的视角来理解资产负债、收入费用和现金流量，树立以“责任和奉献”核心的人生观、价值观和世界观。

练　习

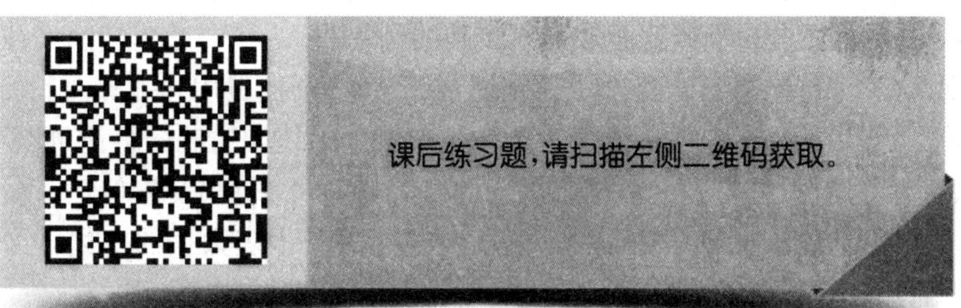

第二章　企业战略分析

学习目标

- 理解在财务报表分析框架中战略分析的重要性；
- 掌握行业分析的基本原理及运用；
- 掌握竞争战略分析的基本原理和运用。

学习重点

- 战略分析与财务报表分析的关系；
- 行业分析、竞争战略分析的基本原理和运用。

思政要求

- 只有国家好企业才会好、个体才会好。国家的发展是人生最大动力；
- 关心国家大事，关注行业趋势。

第一节　行业背景分析

一、识别行业特征

财务报表分析就是要从一系列的财务报表数据中得出各种财务关系，看清财务报表数据背后的业务关系。然而，统领这些财务关系的关键正是行业经济特征。行业经济特征会以各种各样的方式影响财务报表的内在关系以及指标的意义。例如，杂货店行业与制药行业相比，杂货店行业的进入门槛低，新进入者只需要有储存商品的空间并能从分销商进货即可。因此，这个行业竞争非常激烈且产品差异化程度不高，导致相对较低的销售利润率。然而，杂货店只需要有很少的资产就能够形成较高的销售收入，其资产周转速度往往比较快。而制药行业具有较高的进入门槛，必须投入大量的研究和开发费用才能够研制出新产品，新产品上市又要经历漫长的审批和试验过程。高进入门槛往往导致制药行业可以获得较高的销售利润率，但制药行业的替代产品威胁大，财务风险高，债务融资比率低。

因此，识别行业特征的目的就是为了更好地诠释财务报表数据的变化，更好地看清财务报表数据背后的经营和管理状况，从而为企业发展提出意见，参与到企业价值的创造过程。其实，如果财务报表分析者忽略了行业特征，就根本无法理解财务报表数据的经济含义。例如，企业年末100万元的账面利润对企业意味着什么？这个问题的答案取决于该企业所处的行业。只有了解企业所处行业，从而了解其行业特征，才能理解和体会财务报表数据的经济含义。

二、识别行业特征的工具

识别行业特征的工具包括价值链分析、经济特征框架分析和波特五力模型分析。

（一）价值链分析

所谓价值链是指能够增加一个企业的产品或服务的实用性或价值的一系列作业活动的描述，或者说是产品从源头到终点的一系列能够创造价值的环节，即所有能够带来价值增值的活动都是价值链的组成部分。在这个价值链中有若干个企业集成，每个企业都或多或少地参与了价值创造过程。价值创造的难易程度决定了价值空间的高低，决定了企业的盈利能力大小。据此，可以分析识别企业在其行业和整个价值链中的地位，以此为背景来分析企业的财务活动，更能说明企业的财务结构、财务特征和财务数据。例如，处于研发设计环节上的企业与处于销售环节上的企业，分别处于价值链的两端，研发设计往往需要大量的投入，研发费用大，且新产品通常需要测试或审批等过程，导致新产品进入市场前有较大的资金占用，且风险大。销售环节往往需要大量的流动资金，拓展销售渠道、创新销售模式，企业的资产周转速度相对较快。

（二）经济特征框架分析

经济特征框架分析也是一种识别行业特征的有效方法。经济特征框架主要包括以下内容。

1. 需求

这方面需要考虑：顾客对价格是否是高度敏感（如汽车行业），还是不敏感（如软饮料行业）？企业所在行业是增长迅速（如互联网行业），还是相对成熟（如杂货店行业）？需求与经济周期波动相一致（如住房建筑业），还是相对不敏感（如食品行业）？需求是随季节波动（如滑雪设备行业），还是相对平稳（如基本生活用品）？

2. 供给

这方面需要考虑：众多供应商提供产品（如基本生活用品），还是只有少数供应商提供产品（如石油）？进入门槛高（如电力行业），还是新进入者可以轻松进入（如杂货店）？

3. 生产

这方面需要考虑：生产过程是资本密集型（如电力行业），还是劳动密集型（如服务行业），或者是介于两者之间（如汽车制造业和飞机运输业）？生产过程较为复杂且不允许出现差错（如心脏起搏器制造业），还是相对较为简单且可接受一定范围内质量误差的产品（如非机械制造的玩具制造行业）？

4. 市场营销

这方面需要考虑：产品是销给其他企业，从而营销人员起重要作用（如工业用品制造行业)，还是销给消费者，从而广告投放起重要作用(如生活用品制造行业)？具有稳定需要(如基本生活用品制造业)，还是必须不断创造并引导需求(如时尚用品制造业)？

5. 融资

这方面需要考虑：在行业中，企业资产周转周期相对较短，从而需求资产与其短期资金来源相匹配(如商业银行)，还是相对较长，从而要求与长期资金来源相匹配(如电力行业)？企业资产风险相对较小，从而债务融资比例较低，更多地利用权益融资(如制药行业)？企业所处行业现金流量相对稳定且充裕(如高速公路企业)，还是现金流量相对不稳定或短缺(如家用电器制造业)？

上述经济特征框架分析所揭示出来的特征通常会体现在企业财务报表中。或者说，只有理解了企业所在行业的上述特征，才能读懂行业特征与财务报表数据之间的关联关系。

(三) 波特五力分析模型

波特五力分析模型是管理学课程最为重要的内容之一。该模型是由麦克尔·波特(Michael Porter)于 20 世纪 80 年代初提出的用于竞争战略分析的模型，该模型可以有效分析企业所处的竞争环境。五力模型确定了竞争的五种主要来源，即供应商和购买者的讨价还价能力，潜在进入者的威胁，替代品的威胁，以及来自目前在同一行业的公司间的竞争。波特五力模型(见图 2-1)认为：行业现有的竞争状况、供应商的议价能力、客户的议价能力、替代产品或服务的威胁、新进入者的威胁这五大竞争驱动力，决定了企业的盈利能力，并指出公司战略的核心，应在于选择正确的行业，以及行业中最具吸引力的竞争位置。财务报表分析可以借助这一模型了解企业的竞争地位和竞争环境，从而来分析财务报表数据背后的经营和管理情况。

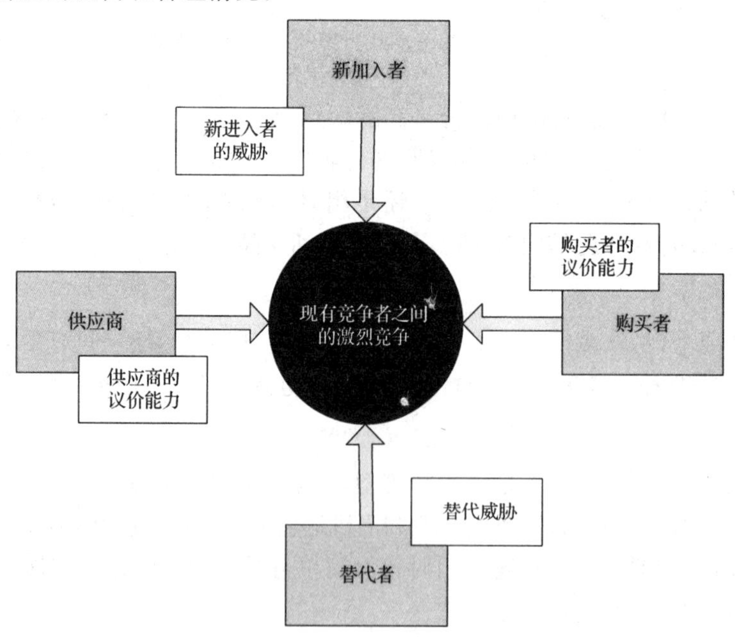

图 2-1　波特五力模型图

资料来源：M. E. Porter. Competitive Strategy: Techniques for Analyzing Industries and Competitors, 1980.

1. 供应商的讨价还价能力

供应商影响一个行业竞争者的主要方式是提高价格(以此榨取买方的盈利),降低所提供产品或服务的质量。一些因素决定了供应商的影响力:供应商所在行业的集中化程度;供应商产品的标准化程度;供应商所提供的产品在企业整体产品成本中的比例;供应商提供的产品对企业生产流程的重要性;供应商提供产品的成本与企业自己生产的成本之间的比较;供应商提供的产品对企业产品质量的影响;企业原材料采购的转换成本;供应商前向一体化的战略意图。

2. 购买者的讨价还价能力

与供应商一样,购买者也能够对行业盈利性造成威胁。购买者可能会抱团形成有力的集体议价能力,就能够强行压低价格,或要求更高的质量或更多的服务。为达到这一点,购买者可能使生产者互相竞争,或者不从任何单个生产者那里购买商品。购买者一般可以归为企业客户或个人客户,购买者的购买行为与这种分类方法一般是不相关的。但如果企业客户是零售商,而零售商可以影响消费者的购买决策,这样,零售商的讨价还价能力就显著增强了。影响购买者集团的议价能力的主要因素有集体购买;产品的标准化程度;购买者对产品质量的敏感性;替代品的替代程度;大批量购买的普遍性;产品在购买者成本中占的比例;购买者后向一体化的战略意图。

3. 新进入者的威胁

一个行业的进入者通常带来大量的资源和额外的生产能力,并且要求获得市场份额。除了完全竞争的市场以外,行业的新进入者可能使整个市场发生动摇。尤其是当有步骤、有目的地进入某一行业时,情况更是如此。新进入者威胁的严峻性取决于一家新的企业进入该行业的可能性、进入壁垒以及预期的报复。其中第一点主要取决于该行业的前景如何,行业增长率高表明未来的盈利性强,而眼前的高利润也颇具诱惑力。对于上述两种威胁,客户需要研究进入壁垒的难易的条件因素,如钢铁业、造船业、汽车工业、规模经济是进入壁垒的重要条件,此外还有产品的差异条件,如化妆品及保健品业产品的差异条件是进入壁垒的主要条件之一。

4. 替代品的威胁

替代品是指那些与客户产品具有相同功能的或类似功能的产品。例如,糖精从功能上可以替代糖,飞机远距离运输可能被高铁替代等。那么生产替代品的企业本身就给客户甚至行业带来威胁,替代竞争的压力越大,对客户的威胁越大。决定替代品压力大小的因素主要有替代品的盈利能力;替代品生产企业的经营策略;购买者的转换成本;行业内现有竞争者的竞争。

5. 行业现有的竞争状况

大部分行业中的企业,相互之间的利益都是紧密联系在一起的,作为企业整体战略一部分的各企业竞争战略,其目标都在于使得自己的企业获得相对于竞争对手的优势,所以,在实施中就必然会产生冲突与对抗现象,这些冲突与对抗就构成了现有企业之间的竞争。现有企业之间的竞争常常表现在价格、广告、产品介绍、售后服务等方面,其竞争强度与许多因素有关。一般来说,下述情况的出现将意味着行业中企业之间竞争的加剧,主要包括行业进入障碍较低，势均力敌竞争对手较多，竞争参与者范围广泛；市场趋于成熟，产品需求增长缓慢；竞争者企图采用降价等手段促销；竞争者提供几乎相同的产品或服务，用户转换成本很低；一个战略行动如果取得成功，其收入相当可观；行业外部实力强大的公司在接收了行业中实力薄弱企业后，发起进攻性行动，结果使得刚被接收的企业成为市场的主要竞争者；退出障碍较高，即退出竞争要比继续参与竞争代价更高。在这里，退出障碍主要受经济、战略、感情以及社会政治关系等方面考虑的影响，具体包括资产的专用性、退出的固定费用、战略上的相互牵制、情绪上的难以接受、政府和社会的各种限制等。

该模型的理论是建立在以下三个假定基础之上的：① 制定战略者可以了解整个行业的信息，显然现实中是难以做到的；同行业之间只有竞争关系，没有合作关系。② 行业的规模是固定的，因此，只有通过夺取对手的份额来占有更大的资源和市场。企业之间往往不是通过吃掉对手而是与对手共同做大行业的蛋糕来获取更大的资源和市场。③ 市场可以通过不断的开发和创新来增大容量。因此，该模型更多是一种理论思考工具而非实践操作工具。事实上这三种假定基础在现实生活中是不存在的。但该模型可以为更深入了解企业所在的行业特征提供一个全新的视角。波特五力分析模型的意义还在于其蕴含着的三个成功的战略思想，那就是大家熟知的：成本领先战略、差异化战略、聚集战略。

课堂思考

1. 杂货店、制药行业、供电企业分别属于三个不同行业。试分析其行业差异性是如何影响财务数据的。

2. 试用五力模型分析中国房地产企业的竞争环境。

第二节　企业竞争战略分析

一、成本领先战略

领先战略通常是一种取得竞争优势最明确的战略。当企业选择了成为产业的低成本生产者的战略，它就是在遵循成本领先战略。成本领先要求积极地建立达到有效规模的生产设备，全力以赴降低成本，严格控制成本和费用。贯穿于整个战略的主题是如何使企业成本低于其竞争对手。为了达到这些目标，企业必然会在日常管理、会计政策选择方面更加有利于成本控制，也自然会在财务报表数据中体现出来。

(1) 尽管企业在一个行业内部存在着强大的竞争力量，但是，处于成本领先地位的企业依然可以获得保持高于行业平均水平的盈利能力。这是因为：成本领先可以使企业在与其竞争对手的竞争过程中受到保护。成本领先意味着当别的企业在竞争中失去利润时，该企业依然可以得到利润。

(2) 在强大的购买者议价能力博弈过程中，处于成本领先的企业有利于保卫自己。购买者最多只能将价格压到效率居于其次的竞争对手水平。

(3) 成本领先的企业也构成对强大供应商的防卫。成本领先企业在应对产品涨价方面具有较高的灵活性。

(4) 导致成本领先地位的各种因素通常也以规模经济或成本优势的形式建立起进入壁垒，从而可以抵御潜在进入者的威胁。

(5) 面临替代品的竞争，与同行业的其他竞争对手相比，成本领先企业通常处于更有利的地位，从而抵御替代品的威胁。因此，成本领先面对的"五大力量"的威胁具有强大的防御作用。

在成本领先战略指导下，企业的目标就是要使其成为行业的低成本生产者。成本领先优势的来源各不相同，并取决于行业结构。它们主要包括规模经济、专有技术、价格较低的原料等。当然，规模经济是有条件的，它受到市场容量的约束。如果企业能够创造和维持全面的成本领先地位，那么，它只要将价格控制在行业平均或接近平均的水平，就可以获取高于平均水平的经营绩效。与竞争对手的价格相比，成本领先企业的低成本地位转化为高盈利能力。成本领先优势的战略价值取决于其持久性。如果企业成本领先优势的来源对于竞争对手来说是难以复制或模仿的，其持久性就会存在。因此，要获取成本领先优势就必须控制成本动因和重构价值链。

二、差异化战略

寻求提供与众不同的产品，并得到顾客广泛认同的企业，就是在遵循差异化战略。在差异化战略指导下，企业力求就顾客广泛重视的一些方面在行业内独树一帜，别具一格。如果一个企业能够提供给顾客某种独特性的东西，那么，它就具备了相对于其竞争对手的经营差异化。经营差异化减少了竞争，保证其市场的份额。

差异化战略利用顾客对品牌的忠诚以及由此产生对价格的敏感性下降使企业得以避开竞争。它可以使盈利能力提升而不必追求成本领先。顾客的忠诚以及某一个竞争对手要战胜这种"独特性"需要付出的努力也就构成了进入壁垒。产品或服务差异化带来的较高收益可以用来对付供应商的强大压力，同时也可以缓解购买者的压力。当顾客缺乏选择余地时，其价格的敏感性也就不高。最后，采取差异化战略而赢得顾客忠诚的企业，在面对替代品威胁时，其所处的地位比其他竞争对手也更有利。

因此，实施差异化战略的企业必须做好三件事：

(1) 确定产品或服务的一种或多种受顾客重视的独特性；

(2) 以独特的方式为特定顾客提供具有独特性的产品或服务，满足顾客的需求；

(3) 以低于顾客愿意为具有独特性的产品或服务支付的价格的成本水平实现这种独特性。

事实上，企业竞争战略的选择本身不会自然而然地产生竞争优势。为了获得持续的竞争优势，企业必须明确目标，制定与企业面临的内外部环境相适应的战略并有效执行战略。成本领先和差异化战略都要求企业具备核心能力，并以适当的方式构造其价值链。核心能力和价值链的独特性以及竞争对手难以模仿的程度决定了其竞争优势的可持续性。

三、聚焦战略

波特提出的前两种竞争战略寻求在广阔市场上的竞争优势，但是聚焦战略(Focus

Strategy)的目的是在狭窄的市场区隔上寻求成本优势(成本聚焦),或者差异化优势(差异化聚焦)。换言之,管理者选择产业中特定的市场区隔或顾客群,而不是试图服务于广阔的市场。聚焦战略的目标是开发狭窄的市场区隔,这些市场区隔的划分可以是基于产品品种、最终消费者类型、分销渠道或者消费者的地理分布。例如,Cia. Chilena de Fosforos公司,一家大型的智利木材制品制造商,它的副总裁古斯塔沃·罗梅洛制定了一种聚焦战略,在日本市场上销售筷子。其他一些企业的管理者认为他一定是疯了。但是通过聚焦在狭窄的市场区隔上,罗梅洛的战略为其企业的筷子产品创造了更多的需求,超过了那些用成材树木制作筷子的企业。聚焦战略是否可行取决于市场区隔的规模,以及企业能否支撑聚焦战略所支出的成本。研究表明,聚焦战略对于小型企业来说是更有效的选择,因为它们不具有规模经济性或者足够的内部资源以成功的实施其他两种战略。

然而,企业竞争战略的选择不会自然而然产生竞争优势。为了获得持续的竞争优势,企业必须明确目标,制定与企业面临的内外部环境相适应的战备并有效执行战略。成本领先和差异化战略都要求企业具备核心能力,并以适当的方式构造其价值链。核心能力和价值链的独特性以及竞争对手难以模仿的程度决定其竞争优势的可持续性。

财务报表分析者在进行企业战略分析时,应当思考以下问题:

(1) 与企业所选择竞争战略相关的成功因素和风险有哪些?

(2) 企业目前拥有处理这些成功因素和风险的资源和能力吗?

(3) 企业现有能力与实现竞争优势的必要条件之间存在差距吗?

(4) 企业的价值链是否与竞争战略相匹配吗?

(5) 企业的竞争优势可持续吗? 企业战略是否存在难以模仿的障碍?

(6) 行业结构是否存在可能消减企业竞争优势的潜在变化?

课堂思考

有两家航空公司,对相同波音飞机选择了不同的折旧政策,折旧年限分别为10年、25年,该机型的经济使用年限为15年。试对两家航空公司的会计政策进行评价。

思政映射

每一个个体不可能独善其身,一定是在相应的环境和条件下生存和发展。要使得人生的三张报表更加亮丽,同样要关注和学习党的方针政策,关注和把握经济社会的发展趋势,不断地学习,不断地增强和提升担当责任、服务社会的能力和水平。

【案例2-1】

京东商城——五力模型分析

一、京东商城简介

京东商城在2004年1月,正式开通,启用新域名。它是中国的综合网络零售商,是中国电子商务领域受消费者欢迎和具有影响力的电子商务网站之一，在线销售家电、数码通信、电脑、家居百货、服装服饰、母婴、图书、食品、在线旅游等 12 大类数万个品牌百万种优质商品。京东在 2012 年的中国自营 B2C 市场占据 49%的份额，凭借全供应链继续扩大在中国电子商务市场的优势。京东已经建立华北、华东、华南、西南、华中、东北六大物流中心，同时在全国超过 360 座城市建立核心城市配送站。于 2004 年正式涉足电商领域。2016 年，京东集团市场交易额达到 9 392 亿元，净收入达到 2 601 亿元，同比增长 43%。京东是中国收入规模最大的互联网企业。2016 年 7 月，京东入榜 2016《财富》全球 500 强，成为中国首家、唯一入选的互联网企业。

2014 年 5 月，京东集团在美国纳斯达克证券交易所正式挂牌上市，是中国第一个成功赴美上市的大型综合型电商平台，并成功跻身全球前十大互联网公司排行榜，2015 年 7 月，京东凭借高成长性入选纳斯达克 100 指数和纳斯达克 100 平均加权指数。

二、运用五力模型对京东商城所处的竞争环境进行分析

（一）第三方物流服务商的行业内竞争分析

京东商城从 2011 年起就成立了自己的物流品牌，为京东商城中的商家提供物流服务，与其他第三方物流企业不同，京东自建物流体系格外注重物流服务质量，因为物流服务直接面向客户，物流服务和京东商城的销售额息息相关。

在第三方物流行业中，存在着竞争压力大，物流网点管理分散，物流流程操作不规范等问题，很多第三方物流企业的服务网点都是加盟形式的，管理人员和配送人员都未接受严格的培训和专业的考察，物流服务质量低下。

相比于这些企业，京东商城自建物流自上到下都受到过专业的培训，并且有规范的管理制度。京东员工的福利待遇普遍要比第三方物流公司的待遇高，员工的精神面貌好，工作态度热情认真，物流服务质量一直处于领先地位。虽然京东商城是一家电子商务公司，但是对于自营物流体系的建设从未懈怠。

为了满足日益增长的订单业务，京东商城在全国范围内建设了多个大型物流仓储中心，保证了业务高峰期的稳定性。京东商城为了进一步创新自营物流体系，还在全国物流配送服务体系中引入了 GIS 系统，现在正在尝试无人机配送的创新性项目。不久的将来，京东可以利用自身强大的物流配送体系，挤进第三方物流行业，承包物流配送业务，让物流部门成为新的利润源泉。

（二）潜在竞争者分析

京东自建物流存在的潜在竞争者主要分为两种：一种是像联邦快递等大型跨国物流公司，这类公司凭借着多年的发展优势，有着更加完善的经营模式和管理制度，对于物流的创新程度也比国内众多第三方物流公司要高，在国内物流市场如此火热的情况下，大型跨国物流公司对京东商城自建物流构成了一定的威胁。另一种是像阿里巴巴集团联合众多第三方物流公司成立的物流平台，这一类是京东自建物流主要的潜在竞争者。例如，天猫在北京、杭州等众多一线城市建立了“社区服务站”，人们可以自主地选择是等快递送货上门还是自己选择时间去取快递，快递自提满足了一部分人的需求偏好，也在一定程度上缓解了城市“最后一公里”的配送压力。

（三）替代品的威胁

从价值、消费者偏好和转换成本三方面考虑，分析替代品对京东自建物流的威胁。对京东自建物流来说，替代品的威胁来源于物流行业中出现的创新服务模式。

例如，为了解决“最后一公里”的配送形式出现的社区自取柜，为了方便快递自取的菜鸟驿站等，未来第三方物流公司或者其他电商企业会创造出更多便利的物流服务模式。这些创新性的物流服务模式迎合了消费者的需求和喜好，并且致力于降低成本。例如，有些快递公司和社区超市合作，将快递存放在超市中，这样快递公司省去一笔存储和配送费用，也为社区超市带去了客流量。

（四）卖方的议价能力

通常来讲，卖方的议价能力取决于市场是卖方市场还是买方市场，卖方在整个卖方市场中的竞争地位如何。显然，在第三方物流公司遍地开花的情况下，物流公司的竞争激烈，为了在激烈的市场竞争保持优势，除了努力创新之外，市场价格也逐渐趋于一致。京东商城自建物流也不例外，但是，在卖方市场中，京东商城自建物流凭借一流的服务体系和良好的用户口碑，在议价方面有着较大的主动权。随着京东物流体系的进一步壮大和完善，物流将会成为京东的一大利润源泉，赚取第三方平台上的物流服务协议利润。

（五）消费者的议价能力

京东自建物流除了自身良好专业的物流服务外，其主要是为京东商城提供物流服务，因此，京东商城可以从不断地提高产品质量和产品售后服务出发，让客户对京东商品的依赖性增强，基于对产品的依赖，消费者愿意为其支付高一些的物流成本。

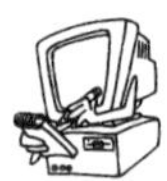

本章小结

通过本章的学习，我们了解了行业分析、竞争战略分析的基本原理和运用；理解了在财务报表分析框架中战略分析的重要性、战略分析与财务报表分析的关系，为基于战略视角进行企业财务报表分析奠定基础。

作为每一个个体而言，必须把握大势、了解态势、知晓趋势，学习、学会党的方针政策，跟上时代的步伐，履行责任、做出贡献。

练　习

第三章　会计分析

学习目标

- 理解会计分析的重要性；
- 掌握会计分析的基本步骤；
- 理解会计政策对财务报表分析的影响；
- 理解盈余管理对财务报表分析的影响。

学习重点

- 会计政策与财务报表数据的关系；
- 区别盈余管理与盈余操控。

思政要求

- 有执行政策的自觉性和严肃性；
- 树立正确的选择动机，陶冶道德情操，祛除功利气息。

第一节　会计分析概述

一、会计假设

一般认为，会计假设是指会计机构和会计人员对那些未经确认或无法正面论证的经济业务或会计事项，根据客观的正常情况或变化趋势所做出的合乎情理的判断，或者说会计假设是对会计核算中不确定的时间和空间所做的合理设定。国际上公认的会计假设有会计主体假设、持续经营假设、会计分期假设和货币计量假设。在我国有时也称为会计的基本前提。

（一）会计主体假设

会计主体假设是指会计信息所反映的特定单位，是对会计处理和财务报告的空间范围所做的规定，或者说是对会计活动的范围所做的规定。有了会计主体假设，会计处理的经济业务和财务报告才可以按特定的主体来识别。我国的《企业会计准则》对会计主体假设的表述是:“会计核算应当以企业发生的各项业务为对象,记录和反映企业本身的各项生产经营活动。”

(二)持续经营假设

持续经营假设是指企业在可预见的将来,企业的生产经营会继续下去,不会破产。在这里,企业在可预见的将来保持持续经营并不意味着企业会永久存在,而是指企业有足够长的时间。使企业能够按其特定的目标开展其经营活动、按承诺去清偿债务。我国的《企业会计准则》对持续经营假设的表述是:“会计核算应当以企业持续、正常的生产经营活动为前提。”

持续经营假设也为企业的会计处理和财务报告的编制奠定了基础。主要表现在:一是资产以其取得时的历史成本计价,而不按其立即进入解散、清算状态的现行市价计价;二是对固定资产、无形资产摊销等问题的处理均可假设企业在折旧年限或摊销年限内会持续经营;三是企业偿债能力的评价与分析也是基于企业在会计报告期后仍然持续经营假设;四是基于前述三项假设,才有了会计除固定资产折旧与无形资产摊销以外其他权责发生制方法的选择,如坏账备抵、销售收入的确认等。

(三)会计分期假设

会计分期假设是指将企业连续不断的经营期人为地划分为若干个时间片断或期间,每一个期间称为一个会计期间。通常会计期间是以月、季、年来划分。

会计分期假设是持续经营假设的必然结果。由于我们假设企业在可预见的将来会持续经营下去,始终保持一个正常经营的状态,这就存在着在持续经营的过程中,什么时候向企业有利害关系的各方提供财务报告信息的问题。在会计实践上,绝不可能等到企业的全部经营活动结束,企业清算时才向外界提供财务信息的。为了使财务报表的使用者能够及时、定期地了解企业的财务状况和经营成果,会计上就应当把持续经营的经济活动人为地进行划分,使其归属于各不相同的会计期间,并进行会计处理及财务报表的编制。

会计分期假设对会计原则、会计政策的选择具有重大的影响。由于有了会计分期,企业整个经营活动才出现了前期、当期、后期等具有鲜明“时期”特性的概念,从而出现了权责发生制、配比、会计调整等会计原则和会计方法。

我国规定以日历年度作为企业的会计年度,即以公历 1 月 1 日起至 12 月 31 日止作为一个会计年度。在以季度和月份作为会计期间时,其起讫日期也采用公历日期。

(四)货币计量假设

货币计量假设是指采用货币为计量单位,记录和反映企业的经营活动。换句话讲,只有能够用货币反映的经济活动,才能纳入会计系统中来进行反映和监督。这就意味着:第一,会计所计量和反映的只是企业能用货币计量的方面;第二,不同实物形态的资产需用货币作为统一计量单位,才能据以进行会计处理,揭示企业的财务状况。也正因为如此,货币计量假设使得企业对大量复杂的经济业务进行统一汇总、计量成为可能。

当然,货币计量假设既是会计的一个优点,也使会计具有了一定的局限性。比如,在货币计量假设的背后,实际上隐含着的是币值不变的假设。但是,在现实生活中,币值的波动已经成为一个常态性的事实，如何解决币值变动对会计的影响，已成为会计界面临的一个严肃问题。还有，企业生产经营过程中除了大量的能够用货币计量的信息外，还有许许多多不能用货币计量的相关信息，如企业面临的经济前景、企业所处行业的地位、企业产品的市场占有率、企业自主品牌的研发能力、员工对企业的忠诚度等。为了弥补财务报表货币计量假设的不足，用附注和附表的方式来加以补充。

二、会计信息质量要求

会计信息质量要求是对企业财务报告中所提供会计信息质量的基本要求，是使财务报告中所提供会计信息对投资者等使用者决策有用应具备的基本特征，根据基本准则规定，它包括可靠性、相关性、可理解性、可比性、实质重于形式、重要性、谨慎性和及时性等。其中，可靠性、相关性、可理解性和可比性是会计信息的首要质量要求，是企业财务报告中所提供会计信息应具备的基本质量特征；实质重于形式、重要性、谨慎性和及时性是会计信息的次级质量要求，是对可靠性、相关性、可理解性和可比性等首要质量要求的补充和完善，尤其是在对某些特殊交易或者事项进行处理时，需要根据这些质量要求来把握其会计处理原则；另外，及时性还是会计信息相关性和可靠性的制约因素，企业需要在相关性和可靠性之间寻求一种平衡，以确定信息及时披露的时间。

（一）可靠性

可靠性要求企业应当以实际发生的交易或事项为依据进行确认、计量和报告，如实反映符合确认和计量要求的各项会计要素及其他相关信息，保证会计信息真实可靠、内容完整。为了贯彻可靠性要求，企业应当做到：

(1) 以实际发生的交易或者事项为依据进行确认、计量，将符合会计要素定义及其确认条件的资产、负债、所有者权益、收入、费用和利润等如实反映在财务报表中，不得根据虚构的、没有发生的或者尚未发生的交易或者事项进行确认、计量和报告。

(2) 在符合重要性和成本效益原则的前提下，保证会计信息的完整性，其中包括应当编报的报表及其附注内容等应当保持完整，不能随意遗漏或减少应予披露的信息，与使用者决策相关的有用信息都应当充分披露。

（二）相关性

相关性要求企业提供的会计信息应当与投资者等财务报告使用者的经济决策需要相关，有助于投资者等财务报告使用者对企业过去、现在或者未来的情况做出评价或者预测。

会计信息是否有用，是否具有价值，关键是看其与使用者的决策需要是否相关，是否有助于决策或者提高决策水平。相关的会计信息应当能够有助于使用者评价企业过去的决策，证实或者修正过去的有关预测，因而具有反馈价值。相关的会计信息还应当具有预测价值，有助于使用者根据财务报告所提供的会计信息预测企业未来的财务状况、经营成果和现金流量。

会计信息质量的相关性要求，需要企业在确认、计量和报告会计信息的过程中，充分考虑使用者的决策模式和信息需要。但是，相关性是以可靠性为基础的，两者之间并不矛盾，不应将两者对立起来。也就是说，会计信息在可靠性前提下，尽可能地做到相关性，以满足投资者等财务报告使用者的决策需要。

（三）可理解性

可理解性要求企业提供的会计信息应当清晰明了，便于投资者等财务报告使用者理解和使用。

企业编制财务报告、提供会计信息的目的在于使用，而要使使用者有效使用会计信息，应当能让其了解会计信息的内涵，弄懂会计信息的内容，这就要求财务报告所提供的会计信息应当清晰明了，易于理解。只有这样，才能提高会计信息的有用性，实现财务报告的目标，满足向投资者等财务报告使用者提供决策有用信息的要求。

会计信息毕竟是一种专业性较强的信息产品，在强调会计信息的可理解性要求的同时，还应假定使用者具有一定的有关企业经营活动和会计方面的知识，并且愿意付出努力去研究这些信息。对于某些复杂的信息，如交易本身较为复杂或者会计处理较为复杂，但其对使用者的经济决策相关的，企业就应当在财务报告中予以充分披露。

（四）可比性

可比性要求企业提供的会计信息应当相互可比，主要包括以下两层含义。

1. 同一企业不同时期可比

为了便于投资者等财务报告使用者了解企业财务状况、经营成果和现金流量的变化趋势，比较企业在不同时期的财务报告信息，全面、客观地评价过去、预测未来，从而做出决策。会计信息质量的可比性要求同一企业不同时期发生的相同或者相似的交易或者事项，应当采用一致的会计政策，不得随意变更。但是，满足会计信息可比性要求，并非表明企业不得变更会计政策，如果按照规定或者在会计政策变更后可能提供更可靠、更相关的会计信息，可以变更会计政策。有关会计政策变更的情况，应当在附注中予以说明。

2. 不同企业相同会计期间可比

为了便于投资者等财务报告使用者评价不同企业的财务状况、经营成果和现金流量及其变动情况，会计信息质量的可比性要求不同企业同一会计期间发生的相同或者相似的交易或者事项，应当采用规定的会计政策，确保会计信息口径一致、相互可比，以使不同企业按照一致的确认、计量和报告要求提供有关会计信息。

（五）实质重于形式

实质重于形式要求企业应当按照交易或者事项的经济实质进行会计确认、计量和报告，不仅仅以交易或者事项的法律形式为依据。

企业发生的交易或者事项在多数情况下其经济实质和法律形式是一致的，但在有些情况下也会出现不一致。例如，企业按照销售合同销售商品但又签订了附有远期安排的售后回购协议。虽然从法律形式上实收了收入，但从实质上来看，企业因存在与客户的远期安排而负有回购义务或企业享有回购权利，表明客户在销售时点并未取得相关商品控制权，不符合收入确认条件，即不应确认销售收入。

（六）重要性

重要性要求企业提供的会计信息应当反映与企业财务状况、经营成果和现金流量有关的所有重要交易或者事项。

如果财务报告中提供的会计信息的省略或者错报会影响投资者等使用者据此做出决策的，该信息就具有重要性。重要性的应用需要依赖职业判断，企业应当根据其所处环境和实际情况，从项目的性质和金额大小两方面加以判断。

（七）谨慎性

谨慎性要求企业对交易或者事项进行会计确认、计量和报告时保持应有的谨慎，不应高估资产或者收益、低估负债或者费用。

在市场经济环境下，企业的生产经营活动面临着许多风险和不确定性，如应收款项的可收回性、固定资产的使用寿命、无形资产的使用寿命、售出存货可能发生的退货或者返修等。会计信息质量的谨慎性要求，需要企业在面临不确定性因素的情况下做出职业判断时，应当保持应有的谨慎，充分估计到各种风险和损失，既不高估资产或者收益，也不低估负债或者费用。例如，要求企业对售出商品所提供的产品质量保证确认一项预计负债，就体现了会计信息质量的谨慎性要求。

谨慎性的应用也不允许企业设置秘密准备，如果企业故意低估资产或者收入，或者故意高估负债或者费用，将不符合会计信息的可靠性和相关性要求，损害会计信息质量，扭曲企业实际的财务状况和经营成果，从而对使用者的决策产生误导，这是会计准则所不允许的。

（八）及时性

及时性要求企业对于已经发生的交易或者事项，应当及时进行确认、计量和报告，不得提前或延后。

会计信息的价值在于帮助所有者或其他利益相关者做出经济决策，具有时效性。即使是可靠的、相关的会计信息，如果不及时提供，就失去了时效性，对于使用者的效用就大大降低，甚至不再具有实际意义。在会计确认、计量和报告过程中贯彻及时性，一是要求及时收集会计信息，即在经济交易或者事项发生后，及时收集整理各种单据或者凭证；二是要求及时处理会计信息，即按照会计准则的规定，及时对经济交易或者事项进行确认或者计量，并编制财务报告；三是要求及时传递会计信息，即按照国家规定的有关时限，及时地将编制的财务报告传递给财务报告使用者，便于其及时使用和决策。

在实务中，为了及时提供会计信息，可能需要在有关交易或者事项的信息全部获得之前即进行会计处理，这样就满足了会计信息的及时性要求，但可能会影响会计信息的可靠性；反之，如果企业等到与交易或者事项有关的全部信息获得之后再进行会计处理，这样的信息披露可能会由于时效性问题，对于投资者等财务报告使用者决策的有用性大大降低。这就需要在及时性和可靠性之间做相应权衡，以最好地满足投资者等财务报告使用者的经济决策需要作为判断标准。

第二节　会计分析基本步骤

在开展财务报表分析之前需要开展会计分析。会计分析主要是要评估财务报表披露的会计信息的现实反映程度，即可靠性。

一、分析关键会计政策

如前所述，企业所在行业的特征和所选择的发展战略都会在财务报表中体现出来。会计分析的目的之一在于评估企业如何处理这些关键因素和风险因素。因此，在会计分析过程中，财务报表分析者首先要分析企业用于反映关键成功因素和风险因素的会计政策，从而评估所选择的会计政策是否与行业特征以及战略选择相符合。例如，对于高新技术企业创新是其关键。那么，与人力资源、研究与开发等关键成功因素和风险因素相关的会计政策就显得特别重要。财务报表分析时就应该关注这些会计政策、隐含在这些会计政策中的各种会计估计以及由此产生的会计信息。

二、评估会计政策的弹性

不同企业其关键会计政策不同，其会计政策的弹性也不完全相同。有些会计政策受到会计准则的严格限制，企业没有自由裁量权。例如，基本建设贷款的利息支出，在工程竣工交付使用之后必须费用化，没有其他变通的做法。而有些会计政策可能受企业管理层的影响较大，会计准则也给予企业一定的自由裁量权，具有一定的弹性。例如，对应收账款坏账准备的计提，计提的办法与标准企业都有一定的自主权，包括固定资产折旧、存货计价等。企业会计政策的弹性越大，财务报表分析就越要谨慎。

三、评估会计政策

如果企业对某些会计政策有较大的自由裁量权，企业就可以运用这种权利更好地传递企业的经营绩效或隐藏企业的经营绩效。事实上，这种权利也是会计准则所赋予企业的一种选择权。因此，财务报表分析时必须关注判断企业管理层所采取的会计政策及其合理性。具体分析时可以关注：所采取的会计政策是否与行业惯例一致？是否存在运用自由裁量权进行盈余管理的动机？是否存在改变会计政策或会计估计？企业过去采用的会计政策或会计估计是否切合实际？例如，企业选择了低于行业平均水平的产品保修准备，究竟是企业实施以高质量为基础的竞争战略，将大量投资投入产品质量上，从而提高了产品质量，还是企业本身就低估了产品保修的可能性？

四、评估会计信息质量

财务报表是财务报表分析的重要载体。除了财务报表外，还有其他重要的信息披露途径，如董事会报告、监事会报告、财务报表附注等。为了使得财务报表信息使用者能够更多地了解企业的经营管理情况，会计准则专门规定了企业信息披露的基本要求，但这种披露要求只是对企业最低的要求，也是对企业的强制披露要求。在会计信息自愿披露方面，企业拥有较大的自由裁量权。因此，企业信息披露质量体现了企业会计信息质量的高低。具体分析时可以关注：企业是否已经充分披露了信息？财务报表附注是否充分披露了企业主要会计政策、会计估计以及会计方法选择的理由？企业对当前经营绩效的变动是否给予了充分的说明？如果企业实施的多元化战略，那么会计信息是否分部或分地区进行信息披露？企业是否存在报喜不报忧？

五、识别潜在危险信号

基于财务报表内在的勾稽关系，企业的财务造假行为或潜在危险信号都可能在财务报表上留下痕迹。识别潜在危险有助于引领财务报表分析更好地查验某些项目或针对某些项目收集更充分的信息。常见的危险信号包括未加解释的会计政策变化、未加解释的旨在提升利润的交易、应收账款异常变动、存货异常变动、利润表上反映的利润与现金流量表中的经营活动产生的现金流量之间缺口较大、突如其来的巨额资产冲销、第四季度或第一季度出现大额调整、频繁的关联交易等。

六、消除会计信息的扭曲

上述会计分析发现企业财务报表披露的会计信息有问题，财务报表分析时应该利用报务报表附注、现金流量表和其他信息，去伪存真，尽量还原企业经营活动的本来面目。因此，从某种意义上讲，分析财务报表附注甚至比分析财务报表本身更为重要。以上市公司为例，财务报表分析时具体需要了解：

(1) 企业简介：了解企业是做什么的？

(2) 主要会计政策：了解企业财务报表如何编制？企业会计政策是否发生重大调整？企业所采用的会计政策、会计方法和会计估计与同行业主要竞争对手相比是否存在明显差异？

(3) 主要税项和税率：了解企业涉税事项。

(4) 控股企业及合资企业：了解企业存在哪些控股企业和合资企业。这是了解关联方交易的基础。

(5) 合并报表主要项目注释：合并报表是对上市公司及其所属所有存在控制关系的企业的综合反映。通过层层汇总，会计信息逐步演化为数字的堆积，导致这些数据越来越抽象。只有通过分析合并报表主要项目的注释才能理解数字背后的经济实质。

(6) 分行业资料：如果一个企业涉足多个行业、且这些行业差异性较大，仅从合并会计报表难以了解企业的全貌。因为合并报表是抽象掉了行业特征，这给财务报表分析带来一定的困难。

(7) 关联方交易及其交易：关联方及其关联方交易是企业经营过程中必须发生的一种现象。当然，关联方交易可能“粉饰”财务报表。了解关联方及其交易有助于识别财务报表的“粉饰”。

(8) 或有负债：或有负债如担保事项，对企业潜在影响非常大。了解企业存在哪些或有负债事项对财务报表分析具有重要意义。

(9) 资产负债表日后事项:由于上市公司披露年报的时间一定是在资产负债表日(12月31日)之后,在资产负债表日到年度报告披露日之间公司的生产经营活动并不会停止。这样就出现了在披露年度时已经发生,但又不属于年度报告需要反映的事项,这种事项就属于资产负债表日后事项。有些日后事项需要调整,有些日后事项则不需要调整。

(10) 债务重组:债务重组可能改变企业的财务状况,了解债务重组才能把握企业的财务状况。

(11) 审计报告:审计意见也是理解财务报表披露的信息真实性的重要途径。

值得注意的是,财务报表分析时不能孤立地理解会计政策,还要注意会计政策与战略的匹配关系。

第三节　会计政策与选择

一、会计政策产生的原因

企业管理人员有选择会计政策的权利和空间。会计政策是指企业进行会计核算和编制会计报表时所采用的具体原则、基础和会计处理方法,如合并的原则与范围、收入确认的原则与方法、折旧处理方法、所得税核算方法、存货计价方法、长期投资核算方法、借款费用处理方法等。只有在对同一经济业务所允许采用的会计处理方法存在多种选择时,会计政策才具有实际意义,因而会计政策存在一个"选择"问题。而会计估计变更是指企业对其结果不确定的交易或事项以最近可利用的信息为基础做出修订的行为,如对坏账、固定资产耐用年限与净残值、或有损失等会计估计进行的修订。

(一) 利益的共享性

企业的财务会计应向其相关的利益各方(包括政府、现有的股东、潜在的股东、债权人、供应商、顾客等)充分披露其会计信息。而这些利益相关方与企业彼此之间都有其各自独立的利益,且利益不完全一致。因此,在制定有关会计准则、制度时需要考虑不同利益相关者的利益要求,对一些经济业务或事项的会计处理提供两种或以上的会计处理方法进行选择。

(二) 企业会计实务的多样性与复杂性

由于企业所处的环境千差万别,企业的经营规模、经营状况各不相同,为了使企业会计信息的披露能够从其所处的特定经营环境和经营状况出发,最恰当地反映企业的财务状况、经营成果和现金流量的情况,企业会计准则和制度就有必要留有一定的弹性空间,即在统一性的同时还需要一定的灵活性,允许企业在对经济业务或事项进行会计处理时在不同的具体原则、多样的会计处理之间进行选择,从而也留给会计人员越来越多地进行职业判断的余地。例如,发出存货成本的计量是采用先进先出法,还是采用其他方法;企业对被投资单位的长期股权投资是采用成本法,还是采用权益法核算;企业对投资性房地产的后续计量是采用成本模式,还是采用公允价值模式等。

（三）会计计量与报告中的主观性

会计计量与报告过程是人们主观地期望以货币计量为手段，采用一些特定的专门方法，对会计对象加以反映以提供相关可靠的会计信息的过程。因此，会计核算过程中一定程度上掺杂了人的主观判断，这表现为人们可能对同一经济业务事项会有不同的看法，从而产生不同的会计观点，并提出不同的处理意见，也由此就产生了会计政策。

二、会计政策变更的条件

根据《企业会计准则第 28 号——会计政策、会计估计变更和差错更正》及其指南，企业各期采用的会计政策应当保持一致，不得随意变更。但当企业满足下列条件之一时，可以变更会计政策：

（1）法律、行政法规或者国家统一的会计制度等要求变更；

（2）会计政策变更能够提供更可靠、更相关的会计信息。

如果企业赖以进行估计的基础发生了变化，或者由于取得新的信息、积累更多的经验以及后来的发展变化，可能需要对会计估计进行修订。企业若发生了会计政策或会计估计变更，在会计报表附注中应披露以下事项：

（1）会计政策变更或会计估计变更的内容和理由；

（2）会计政策变更或会计估计变更的影响数；

（3）会计政策变更或会计估计变更的累积影响数不能合理确定的理由。

由于准则对会计政策或会计估计变更所依据的条件具有一定的弹性，上市公司很可能在不符合上述条件的情况下变更会计政策和会计估计来调节公司的盈余。在财务报表分析时，特别要注意会计政策变更和会计估计对当期利润的影响后果，如从亏损变为盈余以使净资产收益率达到证监会的监管要求等。反之，有些公司会通过会计政策变更和会计估计变更来隐藏利润。

三、会计政策的选择动机

会计政策和会计估计的变更都是为了能够使企业提供更可靠、更相关的财务信息，但企业管理人员对企业的经营情况最为了解和熟悉，他们所做的会计政策选择有可能是有价值的，也有可能存在利益驱动而做出的政策选择。前者是盈余管理，后者则是利润操纵。企业选择会计政策的动机可以归纳为以下几种。

（一）实现企业战略的需要

每个企业面临的发展前景各有不同，但无论是激进的发展战略还是保守的经营战略，会计处理所选择的方法必须与发展目标相一致。例如，企业急速发展阶段需要资金的支持，而企业筹资的申请与财务报表提供的信息数据密切相关，若会计政策太过于谨慎，则不利于资金的筹集。

（二）管理层的利益驱动

对管理层的绩效激励制度关系到管理人员对盈余管理的驱动。例如，管理人员的绩效奖惩与企业效益挂钩、管理人员持有公司股票等激励制度，这种激励制度必须助长管理层对企业效益的追求，因此，会计政策的选择将不可避免地受其影响。

（三）资本市场的约束

对于上市公司来说，一些关键性的盈利指标，如每股收益、净资产收益率等指标，关系到公司上市或从证券市场上融资的可能；在关键时期，如连续亏损年份或增发股票之前，企业往往存在选择或灵活应用会计政策的冲动和欲望。尽管会计准则和制度对会计处理程序和方法做出了明确、详细和具体的规定，但也存在着企业可以灵活选择不同会计方法的空间，而且许多业务或事项还需要凭借会计人员的职业判断和估计。

课堂思考

1. 为什么会计准则要给予企业选择的空间？
2. 如何才能保持会计政策选择的理性和稳健？

思政映射

人生应当摒弃收入费用匹配观而秉承资产负债观。人生报表中的收入和费用，其含义与会计利润表上的含义迥然不同。我们获得的金钱、地位和荣誉，不应视作人生利润表的收入，而应看成我们向社会的索取或社会对我们的馈赠，理应计入人生利润表的费用。唯有从这个角度理解，我们才会常怀感恩之心，才不会凡事理所当然，自我膨胀。同样地，我们为单位、为家庭、为朋友履行的责任，付出的辛劳、汗水和心血，不是人生利润表的费用，而是我们对社会的奉献，应当计入人生利润表的收入。唯有从这个角度理解，我们才会真正理解担当的含义和爱心的力量，才不会凡事怨天尤人，牢骚满腹。

第四节　盈余管理与操控

一、盈余管理

盈余管理在上市公司和会计理论界都是一个比较热门的话题。只要存在会计政策的可选择性，就给企业管理层出于机会主义动机进行会计收益信息的控制或调整提供了可能。一旦企业进行了会计收益信息的控制或调整，其财务报表必然受到影响，财务报表反映的内容就会与实际情况发生偏离。如果这种控制或调整所产生的会计收益信息的偏离，并没有给其他利益主体的利益带来损害的，我们称其为盈余管理，如果所产生的会计收益信息的偏离度太大，仅为谋求主体自身利益最大化，不惜损害了其他利益主体的利益的控制或调整，我们称其为盈余操控。所以，盈余管理是企业积极运用会计政策的结果，而盈余操控是企业刻意选用会计政策，动机不纯。

（一）盈余管理的含义

盈余管理的概念还存在诸多不同意见。但从两个权威性的定义可以看出有关盈余管理的基本内涵。一是美国会计学家斯考特认为，盈余管理是指“在公认会计原则（GAAP）允许的范围内，通过对会计政策的选择使经营者自身利益或企业市场价值达到最大化的行为”。另一个是美国会计学家凯瑟琳·雪珀认为，盈余管理实际上是企业管理人员通过有目的的控制对外财务报告过程，以获取某些私人利益的“披露管理”。根据这两位会计学家的观点，可以看出盈余管理主要具有如下内涵：

（1）盈余管理的主体是企业管理当局，包括经理人员和董事会；

（2）盈余管理的客体是企业对外报告的会计收益信息；

（3）盈余管理的方法是在公认会计原则允许范围内综合运用会计和非会计手段来实现对会计收益信息的控制和调整，主要包括会计政策的选择、应计项目的管理、交易时间的改变等；

（4）盈余管理的目的是盈余管理主体自身利益最大化。其中包括管理人员自身利益的最大化和董事会成员所代表的股东利益最大化。

（二）盈余管理的客观原因

如前所述，会计政策的可选择性，为企业盈余管理提供了客观条件。事实上，会计政策面对的是千差万别的各类企业和各种利益相关者，想用一个统一的、无差别的、刚性的政策来规范各不相同的利益要求是不现实的，也是没有必要的。这就使得会计政策的制定者，必须在利益相关方之间求得平衡，而赋予企业一定的会计政策选择权。导致企业盈余管理的客观原因主要有以下几点。

1. 会计准则等法规存在不完善性

制定会计准则等法规制度的过程也是一个各方利益博弈的过程，其结果难免会出现某种偏向性，而有失代表性。同时，由于不同利益主体的利益要求各不相同，复杂而又多样，对同一会计事项的个性日益丰富，而会计政策的制定不可能事无巨细，方方面面都制定得非常完备，势必留有一定的余地而规定多种备选的会计处理方法。另外，会计政策与会计实践之间总存在一定的时滞性，会计政策的滞后会使企业在处理某些事项时出现“政策真空”而带来很大的弹性。

2. 现行会计理论与方法存在缺陷性

如前所述，会计政策本身也是有缺陷性的。例如，权责发生制原则是国际上通用的会计确认基础，这一基础虽然较好地解决了收入与费用的配比问题，但在确认的过程中加入了主观性，特别是对经济业务或会计事项发生时间的确认具有了很大的主观成分。再如，重要性原则允许企业对不重要的项目可以例外灵活处理，但对重要与不重要的把握就有一个会计人员的职业判断问题。稳健性原则的运用也同样存在缺陷。管理层可能会利用稳健性原则，通过准备金的计提、损失费用的估计来调节企业利润，以便财务报表显示持续稳定的盈利趋势，或达到低估资产或高估负债的目的。

3. 会计信息存在不对称性

在现代企业制度下，所有权与经营权是分离的，经营者（管理层）是会计信息的强势方，是企业事实上的控制者，所有者是会计信息的弱势方，所有权是弱化的，两者之间存在会计信息的不对称。管理层势必利用其会计信息的强势地位，在会计准则等法规制度允许的范围内，选择有利于自身利益最大化的会计政策，而作为会计信息弱势方的所有者只有依靠对外发布的财务报告以及有关审计意见来了解企业的经营情况，两者之间存在明显的不对称。

（三）盈余管理的动机分析

企业盈余管理动机是很多的，不同的盈余管理动机，对财务报表的影响有所不同。理解这些不同的盈余管理动机，有助于更好地分析企业的财务报表。盈余管理的动机主要有以下几个方面。

1. 管理者利益最大化动机

毫无疑问，所有权与经营权分离是现代企业制度的核心要求，也是产生委托—代理关系的直接原因，相伴而来的就会出现两者之间的“道德风险”“信任危机”等问题。为使两者的目标趋于一致，所有者通常采用绩效报酬激励机制来促使管理者尽最大的努力工作，实现所有者的目标和要求。

绩效报酬激励机制产生了双重效应。一方面，它使管理者的管理活动迅速地向所有者的目标靠拢；另一方面，它又使管理者更积极地谋求自身利益的最大化，包括个人报酬最大化、更多的晋升机会等。为此，管理者就有欲望通过对会计信息的控制与调整来达到自己的目的。例如，股票期权激励机制是上市公司普遍采取的激励机制，股票市场即使发生微小的价格波动，也会直接影响管理者所持有的股票价值。面对这样的财富效应，管理者有可能在行使股票期权之前采取激进的收入确认政策，或推迟发生的“自由裁量性支出”（如研究与开发费用、广告促销费用等），甚至会直接实施财务造假，同时还可能出现“报喜不报忧”的现象。

2. 筹资动机

从某种意义上讲，上市公司进行盈余管理的直接动机就是为了筹资。例如，企业为了取得上市资格，就必须对照上市的资格要求来加强经营管理。在我国上市资格是连续三年盈利，且上市前一年末的净资产比率不低于30%。这就会增加盈余管理的动机。再如，配股的条件是净资产收益率不低于6%、增发的条件是上一年净资产收益率不低于10%。许多上市公司为了达到配股或增发的条件而进行盈余管理。1997—1999年，许多上市公司的净资产收益率都在10%左右，即所谓的“10%”现象。

3. 避税动机

企业盈余管理的避税动机是十分明显的。合理避税之所以成为可能，一是由于我国的税法体系还不完善，税收优惠政策颇多；另一方面，由于企业管理层在会计政策和会计方法的选用上有较大的灵活性。例如，企业所得税法规定企业所得税率实行25%的比例税率，同时规定符合条件的小型微利企业减按20%缴税，高新技术企业减按15%缴税。对于企业管理层来讲，选用适当的会计政策和经营政策有助于合理规划经营项目和结果，达到按照照顾税率缴纳所得税的目的。再如，利润高的企业往往会“树大招风”，从而导致更高的税负。企业管理层会从自身利益最大化的角度，会选择将报告盈余由本期递延至未来期间等保守的会计政策，以降低财务报表体现的利润，避免成为社会公众关注的焦点，从而稀释自己的税负。

4. 政治成本动机

政治成本是指某些企业面临着与会计数据相关的严格管制和监控，一旦企业财务报表收益高于或低于一定的界限，企业就会受到严厉的政策限制，从而影响正常的生产经营。企业面临的政治成本越大，管理层越有可能调整当期报告盈余。特别是战略性产业、新兴产业、特大型企业、垄断性企业，如果其财务报表盈余较高时，会引起社会的关注而成为焦点，政府迫于政治压力，往往会对其征收较高的利润或税费或赋予更高的社会责任。为了避免发生政治成本，管理层通常会设法降低报告期盈余，以非暴利的形象出现在社会公众面前，包括一些民营企业也因害怕“树大招风”，而通过盈余管理减少利润。与此相反，一些国有企业为达到蒙骗上级主管部门，捞取政治资本的目的，也会调增利润，以避免企业及其管理者受到政策管制和行政处罚，或失去政治机会。

5. 契约动机

在现实的经济生活中，许多契约都与财务数据有关。例如，债权人与企业签订契约是为了限制管理者用债权人的资金为企业获利但却有损于债权人利益的行为。债务契约中通常包含一些保证条款以保护债权人利益。如不能过度发放股利、不得进行超额贷款、需要计提一定比例的偿债准备金等。而企业为了获得商业银行的信贷合同，争取较为优惠的利率，减少信贷合同对企业经营活动的限制，通常会选择将报告盈余由未来提前至本期确认的盈余管理。

（四）盈余管理常用的方法

1. 利用资产减值进行盈余管理

近年来，减值准备的计提备受上市公司青睐，最主要的原因就在于计提比例和数额关系到企业当年的盈利状况，甚至有可能直接扭转其趋势。通常情况下，部分上市公司在业绩较差时少提准备可以“润色”业绩，有的则在经营较好时多提准备，以便为随后的会计期间做好“业绩准备”，致使减值计提以其“灵活性”和“随意性”成为许多上市公司随心所欲的盈余管理手段。尽管《企业会计准则第 8 号－资产减值》中规定“资产减值损失一经计提，不得转回”。但这里的资产范围主要包括固定资产、无形资产、长期股权投资、采用成本模式进行后续计量的投资性房地产、生产性生物资产、商誉、探明石油天然气矿区权益和井及相关设施。一些比较短期的减值或者跌价准备可以转回，主要有存货跌价准备、坏账准备、债权投资减值准备、消耗性生物资产跌价准备、贷款损失准备、未担保余值减值准备、递延所得税资产减值准备等。通过计提巨额资产减值使本年度一次亏足，为今后年度的巨额冲回打下基础，以达到保牌、“摘帽”、实现盈利的目的。

表 3-1 资产减值准备会计处理时对应科目

资产减值准备	对应计入科目
存货跌价准备	资产减值损失
固定资产减值准备	
无形资产减值准备	
长期股权投资减值准备	
商誉减值准备	
长期股权投资减值准备	
坏账准备	信用减值损失
债权投资减值准备	

【案例 3-1】

江扬环境(430320)发布 2019 年年度报告,2019 年公司实现营业收入 203 908 998.64 元,同比增长 67.11%;实现归属于上市公司股东的净利润 15 498 475.54 元,较上年同期扭亏为盈。报告期末公司总资产为 281 149 352.22 元,较期初增长 10.92%;归属于上市公司股东的净资产为 171 029 063.54 元,较期初增长 9.96%。

据了解,2019 年度公司实现净利润 1 548.85 万元,较去年同期增加 3 090.43 万元,增幅 200.60%,主要原因系去年计提资产减值损失金额较大。2018 年公司计提资产减值损失金额 3 145.09 万元,其中对北京华福工程有限公司应收账款 1 922.80 万元及洪阳冶化工程科技有限公司应收账款 1 127.19 万元全额计提资产减值损失,上述两家公司计提资产减值损失共计 3 049.99 万元,占去年计提资产减值损失总额的 96.98%。

新准则规定长期资产减值损失不允许转回虽然堵住了利用其转回增加当期利润的可能,但却不能堵住利用资产处置提高处置当期利润的可能。按照规定,资产实际处置变现时,其原已计提的减值准备应同时转回,抵减处置资产的成本,增加处置损益。这样就使处于亏损的上市公司有可能对一些待处置的资产在亏损当年大幅度计提减值准备,来年再处置这些资产,通过处置大幅提高处置当年的利润。

2. 利用资产重组进行盈余管理

利用资产重组进行盈余管理是目前我国上市公司进行盈余管理的主要手段之一。一部分上市公司为了规避我国《公司法》《证券法》等关于公司暂停上市、终止上市的规定,通过资产重组来实现所谓的“扭亏为盈”。

资产重组是企业为了优化资产结构,完成产业调整,实施战略转移等目的而实施的资产置换或股权转让等行为。上市公司利用资产重组进行盈余管理的手段主要有股份转让、资产置换、对外转让资产、对外收购兼并等。资产的转让和处置,包括转让和处置固定资产、无形资产、长期股权投资、交易性金融资产、其他债权投资、其他权益工具投资等资产。上市公司通过资产的转让和处置,可以将不良资产转让给控股子公司;或者,上市公司将母公司的优质资产低价购入，而且不计财务费用。通过这种形式，上市公司一方面可以不付出任何代价的获得母公司优质资产的使用权；一方面，还可以避免经营不良资产产生的损失或亏损。2007 年有 48 家企业进行了资产重组，又有 48 家被撤销 * ST，其中 21 家是通过在 2007 年的资产重组各种方式来实现“摘星”“摘帽”的。

【案例 3－2】

2015 年 * ST 星美第一大股东上海鑫以转让其股权给天津欢瑞，使得天津欢瑞成为上市公司的第一大股东。这次的转让，让星美在 2016 年成功摘帽。同时，在 2016 年，重组接连失败的星美，最终与欢瑞世纪重组成功，成功更名为“欢瑞世纪联合股份有限公司”。这次的重组无论对于星美来说，还是对欢瑞世纪来说，都是新的开始。星美通过此次的重组，成功转型，加入了现在发展良好的传媒影视行业。而对于欢瑞世纪来说，成功借壳，达到了上市的最终目的。

3. 利用债务重组进行盈余管理

债务重组是指在不改变交易对手方的情况下，经债权人和债务人协定或法院裁定，就清偿债务的时间、金额或方式等重新达成协议的交易。债务重组作为解决债务纠纷的一个重要手段，越来越多地为企业所采用。债务重组对于减轻企业负担，优化企业资本结构，重新激发企业活力等具有重要作用。由于在债务重组过程中会产生一定的债务重组收益，于是一些业绩欠佳的上市公司就会利用债务重组进行盈余管理。2007 年年报中，即有 115 家上市公司取得了债务重组收益，平均增加当期利润 135 万元人民币。实际上这些上市公司平均有 23.9％的当期税前利润来自债务重组收益。而 ST 公司，无疑是最大的受益者。据统计获得债务重组收益的 115 家上市公司中，ST 公司有 43 家；有 66 家上市公司的债务重组收益在 50 万元人民币以上，其中 ST 公司有 33 家；债务重组收益前二十大公司中 ST 公司有 14 家；债务重组收益过亿的三家公司均是 ST 公司。这表明 ST 公司普遍采用债务重组作为改善当期业绩的手段。

【案例 3－3】

* ST 生物（000504）2016 年 12 月 5 日晚间公告，拟与赛迪新宇、赛迪新知及载德科技进行债务重组，涉及负债金额 2 795.22 万元，公司拟自筹资金向三家公司分别支付现金 657.04 万元、291.28 万元、691.89 万元，获豁免债务 410 万元、280 万元级 465 万元。至此，* ST 生物与上述三家公司无任何债权债务关系，预计产生债务重组收益 1 155 万元。* ST 生物2015 年净利润为－2 100 万元，2016 年净利润预计为 2 000～2 500 万元，扭亏为盈，其中一个重要原因是与 3 家原子公司进行债务重组，获得收益约 1 155 万元。

4. 利用变更会计政策与会计估计手段进行盈余管理

由于外部信息使用者很难判断哪种会计政策和估计是恰当的，公司管理当局往往根据自己的利益来变更会计政策和估计来达到盈余管理的目的。常用的手段有变更折旧方法和折旧年限、变更存货计价方法、变更坏账准备计提方法和变更长期股权投资的核算方法等。

【案例 3-4】

鹏博士 2017 年 9 月 30 日公告,为了更加公允地反映公司的资产状况及经营成果,使固定资产的折旧年限与实际使用寿命更加接近,固定资产折旧计提年限更加合理,通过对比同行业公司的固定资产折旧年限,现对公司线路资产的折旧年限进行调整,由原来的 8 年折旧年限调整为 8～15 年。查询鹏博士 2017 年半年报,固定资产余额高达 113 亿元,其中线路资产余额为 53 亿元。折旧年限由 8 年调整至 12 年,那么可以减少折旧 6.22 亿元。鹏博士披露,此次固定资产折旧方法改变后可以减少 2017 年折旧金额 3.54 亿,增加 2017 年净利润 3 亿元。一个调整,增加 3 亿元净利润。

5. 利用地方政府的大力支持进行盈余管理

目前,中国一些上市公司经营业绩欠佳或连续几年出现亏损,因而不具备配股资格或面临被摘牌的状况,地方财政为了保住上市公司配股资格这一宝贵的壳资源,会给予上市公司种种优惠政策,如地方财政补贴、税收优惠、税收减免。上市公司为了达到配股资格,就会想方设法获得各种补贴和减免。补贴和减免,竟成为上市公司盈余管理的主要手段。据统计,1999 年,有超过 54%的上市公司获得过政府各种形式的补贴。

【案例 3-5】

财报显示,2020 年亚振家居归母净利 1 671 万元,扭转两年亏损态势,但扣除非经常性损益后,归属上市股东的利润仍亏损,为-5 535 万元,而计入当期损益的政府补助超 7 000万元。其中,东县财政局以扶持资金、企业高质量发展补助等名义发放给亚振家居两笔政府补助,合计达 6 000 万元,占 2020 年补贴总额 7 233.07 万元的 82.95%。超八成的占比,也是上市以来,亚振家居得到政府补助额度最高的一次。据公告披露,2016—2019 年,亚振家居获得政府补助占 2020 年政府补助金额的三成。

有政府补贴加持,亚振家居也得以"保壳"成功。同时,管理费用及销售费用同比下降 22.60%、28.90%,也遏止了生产成本上升趋势,对利润提升也有所贡献。撤销退市风险警示后,公司股票简称由"*ST 亚振"变更为"亚振家居",股票价格的日涨跌幅限制由 5%变更为 10%,公司股票将转出风险警示板交易。

二、盈余操控

(一) 盈余操控与盈余管理的区别

如前所述,盈余管理是企业积极运用会计政策的结果,而盈余操控是企业刻意选用会计政策的结果。盈余操控所采用的方法大部分与盈余管理相类似,但两者最大的区别就在于盈余管理是合法规范下的操作,其结果不仅有利于公司本身,而且也有利于其他利益相关者。但盈余操控则不然,一是盈余操控的目的是短期行为,其选择会计政策的目的就是获得短期利益,不考虑或根本无视企业的未来发展;二是盈余操控的动机不纯,其动机可能是为了对外部信息使用者隐瞒某些不良信息,也可能是为了管理层获得额外的收益,其结果一定是企业内部人员用优势侵害外部信息使用者以及其他利益相关者的利益。

（二）盈余操控的诱因

盈余操控与其诱因密切相关，它往往利用公司内部控制不健全、管理层的变动和私利动机等为契机而发生。除欺诈、道德败坏导致的恶性盈余操控外，还有以下情境出现时，也可能会诱发盈余操控：

(1) 当公司股票筹备上市时，管理层总是想方设法呈现最佳的盈利数据，以期提高股票价格；

(2) 当正常盈余只达到激励计划的最低标准或接近最高标准时，管理层为了极大化自身的薪酬待遇而修饰盈余数据；

(3) 当公司因其规模或行业属性成为国家战略调控的潜在对象时，管理层为了极小化因规模或行业属性所造成的政治成本而操控公司盈余，以避免被认为赚取超额盈余；

(4) 当公司极可能无法达成融资合约中与盈余相关之限制条款时，管理层为了避免因违反条款所产生的负面影响而操控公司盈余；

(5) 当盈余数字高于或低于管理层打算维持的长期趋势时，管理层为了避免盈余一时性的波动，造成市场认为公司的风险提高而导致不利的公司股价波动而进行盈余操控；

(6) 当盈余受非正常项目的影响而产生波动时，管理层为了减少盈余的波动对公司的影响而操控盈余；

(7) 当公司管理层高管变动时，新高管会采取大量冲销资产以降低未来盈利的负担，并将该费用职责归咎于离职的管理人员；

(8) 当公司盈余未能达到分析师预测的盈余数字时，管理层为避免股价可能发生的巨额跌落而操控盈余。

除了以上所述的盈余操控行为外，企业可能发生的欺诈性财务和行为有将发票作废；伪造文件，包括发票、订购单、出货单和其他记录；将虚假存货列入期末存货内；错误的会计处理；将合同日期变更，或移前或挪后；变更电脑内的设置，如时间设置。

无论是盈余操控还是以上的恶性欺诈行为，只要构成提供虚假信息罪，均将受到《会计法》《公开发行证券的公司信息披露强调指出规则》等法规制度，甚至是刑法的制裁。

（三）盈余操控的手段

1. 财务报表大洗澡

这种操控手段是刻意以极端稳健的方式大量冲销资产、计提准备或负债，其结果是资产负债表上的净资产账面价值大幅下滑，利润表上的盈利大幅缩水。其目的是做亏盈利、做低资产，期望未来可以少计列费用，提高未来期的盈利和资产价值。这种行为往往发生在潜亏严重的公司、高层换届的时候或内部人员有利可图之时。

2. 糖果罐准备

这种操控手段是指在刻意计提巨额费用和负债，旨在增加费用、负债，减少利润和净资产，这种激进的行为往往发生在企业景气度较高的时期，便于企业将来经营不佳时释放利润。

3. 创造性的会计操作

这种操控手段是指在利用会计准则总括性、不够明细化的特点，在准则许可范围内操控财务数字的行为，其操控手法有：

(1) 激进式会计。激进式会计利用公认的会计准则或非公认的会计准则，刻意将会计账目做成预期的目标。例如，通过激进性资本化政策达成账面盈利，它假设后期收益可实现，所以在当期大比例地支出资本化，在后期以过度乐观的方式估计资本化支出的推销或折旧年限。

(2) 欺诈性财务报道。欺诈性财务报道是指故意误报或漏报应该披露的信息，以误导和欺骗信息使用者。

(3) 会计政策、会计估计变更和会计差错，故意以会计政策变更或会计估计变更以及更正差错的名义调控历年利润、影响当期财务报表。

课堂思考

从某公司利润表可以看出，公司 2018—2020 年净利润为负，连续 3 年亏损，2021 年扭亏为盈，且 2021 年非经常性损益占净利润比重较大。公司 2018—2021 年净利润分别为－9 946.47 万元、－918.63 万元、－11 290.34 万元、560.87 万元。公司 2021 年非经常损益为 390.18 万元，占净利润比重为 69.57%。对此，你有什么判断或评价？

【案例 3－6】

过度计提存货跌价准备

富士康科技集团是专业从事计算机、通信、消费性电子等 3C 产品研发制造，广泛涉足数位内容、汽车零组件、通路、云运算服务及新能源、新材料开发应用的高新科技企业"工业富联(601138)"于 2018 年 6 月 8 日，正式在上交所上市。

富士康 1974 年创办于中国台湾肇基，1988 年投资中国大陆，几十年来迅速发展壮大，拥有百余万员工及全球顶尖客户群，是全球最大的电子产业科技制造服务商。2002 年起位居中国内地企业出口 200 强榜首(2017 年进出口总额占大陆进出口总额的3.7%)，2005 年起跻身《财富》全球企业 500 强(2017 年位居第 27 位)。

2015 至 2017 年，富士康股份营收分别高达 2 728 亿元、2 727.12 亿元、3 545.44 亿元，年均复合增长率为 14%。尽管年均复合营收增速达到两位数，然而，净利润从 2015 年度的 143.50 亿元增长至 2017 年度的 162.20 亿元，复合年均增长率仅 6.32%。招股书数据显示，2015 至 2017 年，富士康股份归母净利润为 143.50 亿元、143.66 亿元和 158.68 亿元，年均复合增长率为 5.16%，毛利率年均复合增速也很低。苹果在中国市场份额的下滑趋势已相当明显。从纵向来看，来自第三方咨询公司的数据显示，苹果在大中华区的销售量持续 6 个季度下滑；2017 年第三财季大中华区营收同比下降 10%，环比下降 25%，相比 2015 年第二季度更是下滑超过 50%。从横向来看，2017 年第二季度，华为、OPPO、VIVO 和小米排在中国市场的前 4 名，4 家厂商的市场份额分别达到了 20.2%、18.8%、17%和 13%，同比均有增长。4 家公司在中国市场占比总和已经达到 69%，苹果在中国智能手机市场的份额仅为 8.2%，相比去年同期的 8.5%进一步下滑。

根据招股说明书，富士康的存货金额较大，报告期内2015—2017年年末，存货账面价值分别为270.55亿元285.61亿元和355.51亿元，主要为原材料、半成品、产成品、发出商品和在途材料。存货减值准备按存货成本高于其可变现净值的差额计提，对于库龄在一年以上的存货，公司全额计提存货减值准备。富士康2015—2017年计提存货减值准备分别为16.22亿元、15.63亿元和15.43亿元，占当年净利润比重分别为11.3%、10.86%和9.51%。招股说明书上显示，2015—2017年富士康计提存货减值准备的比例分别为5.66%、5.19%和4.16%，而同行业可比公司计提存货减值准备的均值分别为2.86%、1.93%和1.96%，富士康计提比例远高于同行业可比公司。由于存货减值准备与企业利润紧密相关，企业可通过调节存货减值准备的计提比例平滑各业绩期的利润增长情况。存货减值计提计提比率使得富士康财务数据中的净利润的真实性和波动情况变得扑朔迷离，这需要引起市场和投资者更多的警惕。

思政映射

要编好人生的三大报表必须树立正确的业绩观。正确的业绩观要求我们淡化会计分期假设，唯有如此，在面对多种选择时，才不会滋生短期行为，才能够树立守正笃实，久久为功，淡泊名利，默默奉献的良好心态。只有树立正确的业绩观，跳出会计分期假设的思维习惯，才能树立可持续的长远业绩观，真正做到“功成不必在我，功成必定有我”的有机统一。

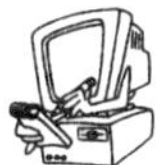

本章小结

通过本章的学习，我们了解了通过对会计假设和会计信息质量的具体应用以及管理层对会计政策的选择，可以揭示企业的经营实力和管理动机之间的关系。盈余管理与盈余操控手法相同，二者较难界定和辨别，但是其目的和结果的不同导致二者迥然相异，盈余操控不外乎利用会计政策的弹性空间做出损人利己的会计处理和报表披露。

作为人生来讲，同样要树立正确的业绩观，你为社会的奉献要大于向社会的索取并使其最大化，这就是应有的人生观。

练　习

第四章　财务报表分析方法

学习目标

- 熟悉财务报表分析的步骤，学习寻找报表分析的信息来源；
- 行业背景与经营决策对财务报表的影响；
- 了解审计报告的类型以及传达的信息价值；
- 掌握财务报表分析的基本方法。

学习重点

- 行业背景与经营决策对财务报表的影响；
- 熟悉审计报告的类型以及理解报告传达的信息价值；
- 掌握财务报表分析的基本方法。

思政要求

- 掌握辩证的思辨方法；
- 掌握正确看待人与事的分析方法。

第一节　财务报表分析的步骤与信息来源

一、财务报表分析的步骤

财务报表分析的关键是搜寻到足够的、与决策相关的各种财务资料，从中分析并解释相互间的关系，发现报表异常的线索，做出正确的判断和分析结论。财务报表分析的步骤可以概括为(主要分析步骤如图 4-1 所示)。

(一) 前期准备阶段

明确财务分析的目的并确定分析的范围；制定财务分析计划；收集、整理、核实财务分析所需要的信息。

(二) 财务分析实施阶段

该阶段包括初步分析、技术分析和综合分析。初步分析主要是通过阅读财务报表及

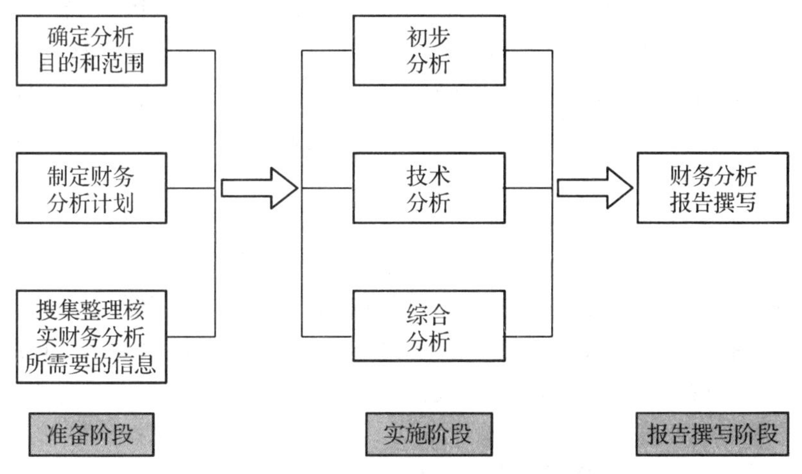

图 4－1　财务报表分析步骤

其他材料，大致了解企业的经营情况、会计政策选择等情况。技术分析是借助财务指标进行计算、比较，揭示主要存在的问题或变动较大的指标。综合分析是通过定量与定性分析，全面而系统地分析企业的财务报表，预测企业未来发展的前景。

（三）财务分析报告撰写阶段

该阶段包括分析目的、分析内容、分析方法和步骤、分析依据及建议和意见等内容。

财务报表分析所用的数据主要是财务数据。因此常有人把企业分析称之为财务报表分析或者财务分析。但是也有人认为，单纯的财务数据分析不能够据以掌握一个企业的整体经营状况。作为收入和费用形成源泉的销售数量或者生产数量、人工数量或者员工数量、厂房面积或者经营面积、机器台数等物理数据所反映的经营统计资料以及物价统计、生产统计、贸易统计等社会经济资料对于了解企业也是必要的。除此之外，经营者的人格及信用度、员工的士气及技能、一般的经济景气动向以及行业的主要趋势等也是了解企业经营状况不可或缺的观察要素。只有经过综合财务数据和其他资料的分析，才能比较全面地掌握一个企业的整体经营状况。

二、企业信息披露制度

上市公司财务信息的收集涉及上市公司的信息披露制度，即公示制度或公开披露制度，这是上市公司为保障投资者利润、接受社会公众的监督而依照规定必须将其自身的财务变化、经营状况等信息和资料向证券管理部门和证券交易所报告，并向社会公开或公告，以便投资者充分了解公司情况的制度。

企业外部的分析主体所进行的财务报表分析，其最大的问题是如何搜集分析所需的资料。财税部门、银行等分析主体，借助于对企业的力量关系或许可以取得必要的内部资料，而一般的外部分析主体所能利用的资料，基本上是局限于企业信息披露制度要求而公布的财务报表。

有关上市公司会计信息披露制度的框架主要由国家法律、行政法规、部门规章和自律性规则四个层次。其中，国家法律包括《中华人民共和国公司法》《中华人民共和国会计法》《中华人民共和国证券法》《中华人民共和国刑法》，行政法规包括《股票发行与交易管理暂行条例》《上市公司监管条例》等，部门规章包括《公开发行股票公司信息披露实施细则》《上市公司信息披露管理办法》《公开发行股票公司信息披露的内容和格式准则》《上市公司证券发行管理办法》等，自律性规则包括《证券交易所股票上市规则》《信息披露工作指引》等。

《中华人民共和国公司法》规定，股东有权查阅公司财务会计报表；上市公司必须按照法律、行政法规的规定，定期公开其财务状况和经营情况，在每个会计年度内公布季报、半年报和年度报表；有限责任公司应当按照公司章程规定的期限将财务会计报告送交各股东。《公开发行股票公司信息披露实施细则》规定，公开发行股票及上市公司应当披露的信息包括招股说明书、上市公告书、定期报告和临时报告。公司应当明确专人负责信息披露事务，公司应当在证监会指定的全国性报刊中自行选择至少一家披露信息。《公开发行股票公司信息披露的内容和格式准则》还要求上市公司将年度报告和中期报告登载于中国证监会指定的国际互联网网站上，同时将摘要刊登在至少一种中国证监会指定的全国性报纸上。

三、企业财务信息来源

根据我国的企业信息披露制度，取得上市公司的财务信息比较容易，而取得非上市公司的财务信息则相对困难。1999 年以后，上市公司的定期报告全文可以在上海证券交易所网站、深圳证券交易所网站及其他规定可以公布的资讯网站、报刊等找到自己所需要的信息。中国证监会指定信息披露的报刊有《中国证券报》《上海证券报》《金融时报》《中国改革报》《证券日报》《中国日报》《证券市场周刊》等，网站有上海证券交易所网站和深圳证券交易所网站。而要取得非上市公司的企业财务信息则相对困难。根据有关规定，股东可以到公司查阅财务会计报告，但实际上公司是否配合查阅，因人因事而异，没有保证。截至 2021 年，我国共有企业法人 4 842.3 万个，同期我国沪深两市上市总共有 4 697 家。也就是说，占我国绝大部分的企业财务信息是不公开的，如果需要对财务信息不公开的企业进行分析，则实地调查、面谈和侧面调查是取得财务信息的常用方法。实地调查是通过访问企业，了解企业实际经营状况。实地调查时必须事先对已取得的资料或信息进行研究，准备好要调查的重点、问题和需确认的事项。

四、审计报告所披露的信息

审计报告是企业财务报表分析的重要依据，无保留意见的审计报告可以排除因数据不实而产生的数据偏差从而误导分析者。因此，了解企业的审计报告有利于开展财务报表分析。审计报告是指注册会计师根据中国注册会计师审计准则的规定，在实施审计工作的基础上对被审计单位财务报表发表审计意见的书面文件。由于财务报表编制人与报表使用人之间、企业内部管理层与企业投资人之间可能存在利益冲突，为了使财务报表能够客观真实地反映一个企业的财务状况和经营成果，加强对企业的外部监督，《中国注册会计师独立审计准则》要求注册会计师在接受上市公司委托后，对公司财务报表实施必要的审计程序，对会计报表实施总体性复核，并按照《独立审计具体准则第 7 号——审计报告》的要求，以经过核实的审计证据为依据，形成审计意见，出具审计报告。注册会计师出具的审计报告有四种：无保留意见的审计报告、保留意见的审计报告、否定意见的审计报告、拒绝表示意见的审计报告。

审计报告中通常会用一些专业术语，从专业术语也能大致判断审计报告的类型。例如，无保留意见审计报告中通常用“我们认为”字样作为意见段的开头，并使用“在所有重大方面公允地反映了”等专业术语。在保留意见的审计报告中，意见段之前往往另设说明段，以说明所持保留意见的理由，并在意见段中使用“除存在上述问题以外”“除上述问题造成的影响以外”或“除上述情况待定以外”等专业术语。在否定意见的审计报告中，意见段之前往往另设说明段，说明所持否定意见的理由，并在意见段中使用“由于上述问题造成的重大影响”“由于受到前段所述事项的影响”等专业术语，并指出会计报表“不符合——规定”“不能公允地反映”等术语。在拒绝表示意见的审计报告中，意见段之前往往另设说明段，以说明所持拒绝表示意见的理由，并在意见段中使用“由于审计范围受到限制”“由于无法实施必要的审计程序”“由于无法获取必要的审计证据”“我们无法对上述会计报表整体反映发表意见”等专业术语。

如果会计师事务所出具了解释性的说明、保留意见、拒绝表示意见或否定意见的审计报告，董事会报告会对审计意见所涉及的事项进行说明，监事会也会对此说明表示明确意见。分析者应将董事会的说明与注册会计师关于审计意见涉及事项对报告期内公司财务状况和经营成果的影响说明进行比较分析，从中找出注册会计师与公司管理层之间关于同一问题的不同看法所在，这将会有利于分析者发现公司存在的一些问题。例如，董事会、监事会报告会对募集资金的使用情况进行详细说明。根据这方面的内容，投资者可以了解募集资金是否已经变更了投向，以及投资项目的进展和收益情况。再如，董事会报告会对公司的经营情况进行综合说明，包括行业状况、产品状况、主营业务构成及经营中的问题与困难。分析者从中可以对公司所处的行业发展前景、地位及公司管理层的经营能力有一个较全面的认识。董事会报告若披露新年度的业务发展计划，其中包括新建及在建项目的预期进展，分析者可以据此了解公司维持良好经营形势的能力和潜力。

【案例 4－2】

上海延中实业案例——中国证券市场首份保留意见

历史上我国上市所得到的第一份非无保留意见，是 1996 年 1 月 18 日大华会计师事务所注册会计师朱蕾蕾、朱鸣里对上海延中实业股份有限公司（证券代码 600601，现证券简称方正科技）1995 年年度报告所出具的保留意见（华业字〔96〕第 071 号），大华会计师事务所成为对上市公司说“不”的第一所，完成了我国上市公司审计市场上非无保留意见的破冰之旅，具有划时代的意义。

延中实业 1995 年度会计报表，报告每股收益 0.348 元，比上年的 0.379 元下降 8.2％。

大华会计师事务所接受委托（业务约定书号码华业字 95 第 688 号），对延中实业 1995 年 12 月 31 日的资产负债表和截至该日为止的本年度利润及利润分配表、财务状况变动表进行审计。

根据《中华人民共和国注册会计师法》和《中国注册会计师独立审计准则》的要求，结合延中实业的具体情况，实施了包括抽查会计记录、审核有关证据在内的必要的审计程序。

在审计的基础上，大华会计师事务所在对保留事项的说明中指出：延中实业将多余资金用于股票投资获取收益共计 7 476 057.28 元，应列入投资收益而列入了财务费用。另外，未通过银行将资金借给关联企业，并收取资金占用费共计 9 782 228.70 元计入财务费用。

延中实业将 7 476 057.28 元的投资收益列入财务费用（贷方），属于重要的分类错误，但对当期净损益的净影响为零，对当期损益的影响并不严重。

未通过银行将资金供给关联企业涉嫌违规，将 9 782 228.70 元的资金占用费全额列入财务费用（贷方），是不公允的，但考虑到 1995 年报告每股收益 0.348 元，股本规模为 8 640万股，资金占用费的会计处理并不至于严重扭曲当期盈亏状况。

因此，尽管大华会计师事务所发表的保留意见是妥当的，但已是对延中实业 1995 年度会计报表所能发表的最严厉的审计意见。

【案例 4－3】

渝钛白公司案例——中国证券市场首份否定意见

重庆渝港钛白有限公司（证券代码 000515，简称渝钛白公司）1997 年年度报告被重庆会计师事务所出具了否定意见的审计报告.这是我国证券市场首份否定意见的审计报告。

重庆会计师事务所对渝钛白公司签发否定意见：“1997 年应计入财务费用的借款即应付债券利息 8 064 万元，贵公司将其资本化计入了钛白粉工程成本；欠付中国银行重庆市分行的美元借款利息 89.8 万元（折人民币 743 万元），贵公司未计提入账，两项共影响利润 8 807 万元。”

我们认为，由于本报告所述事项的重大影响，贵公司 1997 年 12 月 31 日资产负债表、1997 年度利润及利润分配表、财务状况变动表未能公允地反映贵公司 1997 年 12 月 31 日财务状况和 1997 年年度经营成果及资金变动情况。

【案例 4－4】

宝石公司案例——中国证券市场首份无法表示意见

1998 年初，石家庄宝石电子玻璃股份有限公司（以下简称宝石公司，证券代码 000413）由于生产停顿、财务状况不佳，受聘审计的普华大华会计师事务所对其财务报表出具了无法表示意见的审计报告，这是中国证券市场出现的第一份这种类型的报告。

宝石公司 1997 年度的财务报表令人大失所望，出现每股 0.872 元的严重亏损。由于国内电视机市场的恶性无序竞争发展到白热化程度，黑白电视机市场加速萎缩。黑白显像管和黑白玻壳1997年的最低售价比1996年上半年均下跌了60%以上，已低于生产成本。彩壳的售价下跌超过20%以下，彩壳公司出现了严重亏损黑白玻壳生产线熔炉按计划停炉检修后，由于产品积压严重，恢复生产无望，而转产其他产品在短时间内又难以完成，整个生产线实际已处于停产状态。

注册会计师认为，宝石公司由于产品市场的剧烈变化，销售急剧萎缩，产品积压，主要生产设备被迫停产检修，无望恢复生产，无法确定公司巨额存货和固定资产的计价方法的合理性。而且，由于市场环境恶劣，公司的巨额应收账款的可回收性也由于下游企业的不良财务状况而变得更加不确定。另外，公司的流动负债超过流动资产7亿多元，资产负债比率严重不正常。

因此，注册会计师无法就持续经营会计假设编制的会计报表是否能公允反映该公司的财务状况和经营成果发表任何意见。

课堂思考

1. 上市公司有哪些信息必须披露，所披露的信息对财务报表分析有什么帮助？

2. 如果被审计单位财务报表所反映的内容就整体而言是公允的，但审计范围受到一定程度的限制而无法按照独立审计标准的要求进行审计的，可以出具什么类型的审计报告？

第二节　财务报表分析的基本方法

尽管财务报表是企业财务状况和经营成果的重要信息载体。但是，财务报表所列示的各类项目的金额，如果孤立地看，并没有多大的意义。例如，江苏恒瑞医药股份有限公司2017年净利润329 295.33万元，孤立地看这个数据并不能说明企业的盈利能力好坏，必须与其他数据相比较，才能成为有意义的信息。

一、财务报表分析的评价标准

如前所述，孤立地看企业财务报表数据没有什么意义。那么，如何判断财务报表数据所体现的经营状况和成果的好坏呢？这就需要借助一些评价标准。因此，选择财务报表的评价标准是企业财务报表分析的一个基本步骤和重要环节。选择不同的评价标准，即使是分析同一问题，也会产生不同的结论。在实践中，财务报表分析的评价标准主要包括：经验标准、历史标准、行业标准和预算（计划）标准。

（一）经验标准

所谓经验标准是指依据大量且长期的实践检验而形成的标准。例如，流动比率的经验标准是2∶1，速动比率的经验标准是1∶1。经验标准有助于财务报表分析者观察企业经营活动是否合乎常规，但这个指标仅仅是经验标准而不是判断标准。

（二）历史标准

历史标准是指本企业过去某个时期（如上年或上年同期）的实践形成的实际数据。历史标准是本企业曾经达到的标准，因此，历史标准比较可靠，也比较现实。它有助于财务报表分析者揭示差异、分析产生差异的原因，为改进企业经营管理提供依据，同时也便于趋势分析，了解和掌握企业经营活动的变化趋势及规律性，并为前景分析提供一定的依据。

在实践中，历史标准可以是本企业历史最好水平的标准，也可以是企业正常经营条件下的标准，还可以是本企业连续多年平均水平的标准。不过，常用的历史标准是上年的历史标准。

（三）行业标准

事实上，任何一个行业都有以行业活动为基础并反映行业特征的一些标准。这些标准就是所谓的行业标准。在财务报表分析中，采用行业标准体现了“知己知彼”的战略思想，采用行业标准有助于财务报表分析者判断本企业在同行业中所处的竞争地位或优势，明确本企业今后的战略目标。

但是，运用行业标准也需慎重。因为两个企业虽然同处一个行业，却存在许多不可比性，如企业规模大小不一、企业所处的价值链的环节不同、企业所选用的会计政策也可能不同，特别是许多大型企业从事多元化经营，难以界定其所属的行业。

有鉴于此，作为行业标准的“变异”标准，目前流行的是“标杆标准”，即同行业具有可比性的先进企业的先进水平的标准。采用标杆标准有助于企业“与同行业先进水平比”，“比、学、赶、超”，从而形成行业领先企业。

（四）预算（计划）标准

在实行预算（计划）管理的企业，预算（计划）标准是责任指标。预算（计划）标准有助于财务报表分析者判断企业实际财务状况和经营成果与预算（计划）目标之间的差异，并分析差异的原因。由于预算（计划）标准是企业的内部标准，通常不公开披露。因此，预算（计划）标准只适合企业内部的财务分析。

二、财务报表分析的基本方法

财务报表分析的基本方法包括比较分析法、趋势分析法和比率分析法三种。其中，比较分析法是其他分析方法的基础，趋势分析法和比率分析法是比较分析法的派生。无论采取何种分析方法，都需要结合企业具体经营环境和经营战略进行分析评价，进而对企业财务状况质量做出判断。

（一）比较分析法

比较分析法是将彼此相互联系的指标进行对照，确定它们之间的差异，评价财务活动好坏的分析方法。常用的比较形式有以下几种。

1. 本期实际与本期预算（计划）比较

这种比较的目的就是要检查和考核预算（计划）执行进度和结果，确定完成考核预算

（计划）的好坏程度。企业各项预算（计划）完成情况如何，是企业工作质量状况的主要标志。运用比较分析法，把实际的各项指标与预算（计划）指标进行比较之后，就可以确定预算（计划）的完成情况，从而就可以为进一步分析原因指明方向。

2. 本期实际与前期实际比较

这种比较的目的就是要了解财务指标的动态和变动趋势，进一步发现潜力和问题所在。它包括与上期实际比、与上年同期实际比、与历史上先进水平比、与特定历史时期比等，这也称动态分析。

3. 本企业实际与行业内其他先进企业比较

这种比较分析的目的就是要了解本企业与其他先进企业之间的差距，确定与“标杆标准”之间的差距，以进一步挖掘企业发展的潜力。它包括与国内先进水平比、与国外同类水平比。

比较分析法的核心是确定指标之间的差额，并评价这一差额的好坏。在运用比较分析法时，特别要注意指标之间的可比性，否则就失去了比较的意义。具体包括指标内涵可比、指标时间可比、指标计价可比以及企业规模可比。

教材中所举例题都将以江苏恒瑞医药股份有限公司为例，其概况如下：江苏恒瑞医药股份有限公司成立于1970年，是一家从事创新和高品质药品研制及推广的民族制药企业，已发展成为国内知名的抗肿瘤药、手术用药和影像介入产品的供应商。在美国制药经理人杂志公布的2021年全球制药企业TOP 50榜单中，恒瑞医药连续3年上榜，排名逐年攀升至第38位；公司多年连续入选中国医药工业百强企业，2021年蝉联中国医药研发产品线最佳工业企业榜首。五十余年来，恒瑞医药始终植根中国、面向世界，专注健康事业，聚焦前沿领域，攻坚克难推进医药产业高质量发展。公司将科技创新作为第一发展战略，近年来研发投入占营业收入比例达到17%左右，2021年前三季度累计投入研发资金41.42亿元，占营业收入的比重达到20.5%。公司在美国、欧洲、澳大利亚、日本和中国多地建有研发中心或分支机构，打造了一支4 500多人的规模化、专业化、能力全面的创新药研发团队。近年来，公司先后承担了国家重大专项课题57项，已有8个创新药获批上市，50多个创新药正在临床开发。截至2021年10月底，公司累计申请国内发明专利1 275项，拥有国内有效授权发明专利346项，欧美日等国外授权专利463项。国际化也是恒瑞医药的重要发展战略。公司建立了符合美国、欧盟和日本标准的生产、质控体系，通过全球协作，已实现注射剂、口服制剂和吸入性麻醉剂等多个制剂产品在欧美日规模化上市销售。创新药国际化稳步推进，公司在美国、欧洲等地建立了130多人的海外研发团队，主要成员均拥有丰富的全球化研发经验，现有20多个创新药项目获准开展全球多中心或地区性临床研究，未来有望实现民族创新药走向世界。

公司经营范围为：片剂（含抗肿瘤药）、口服溶液剂、混悬剂、无菌原料药（抗肿瘤药）、原料药（含抗肿瘤药）、精神药品、软胶囊剂（含抗肿瘤药）、冻干粉针剂（含抗肿瘤药）、粉针剂（抗肿瘤药、头孢菌素类）、吸入粉雾剂、口服混悬剂、口服乳剂、大容量注射剂（含多层共挤输液袋、含抗肿瘤药）、小容量注射剂（含抗肿瘤药、含非最终灭菌），生物工程制品（聚乙二醇重组人粒细胞刺激因子注射液）、硬胶囊剂（含抗肿瘤药）、颗粒剂（抗肿瘤药）、粉雾剂、膜剂、凝胶剂、乳膏剂的制造；中药前处理及提取；医疗器械的研发、制造与销售；一般化工产品的销售；自营和代理各类商品及技术的进出口业务，但国家限定公司经营或禁止进出口的商品和技术除外。

表 4－1 为 2016—2020 年江苏恒瑞医药股份有限公司（股票代码：600276，以下简称：恒瑞医药）资产负债表数据。

表 4－1　2016—2020 年恒瑞医药资产负债表　　单位：万元

项　目	2016 年	2017 年	2018 年	2019 年	2020 年
流动资产：					
货币资金	491 215.47	426 708.67	388 971.13	504 364.63	1 080 466.80
交易性金融资产				851 980.16	562 800.41
应收票据及应收账款	344 729.97	417 737.63	443 156.28	543 480.21	507 369.42
其中：应收票据	112 270.99	98 880.03	65 887.00	52 855.67	
应收账款	232 458.97	318 857.60	377 269.28	490 624.54	507 369.42
应收款项融资					310 202.97
预付款项	45 523.70	33 006.94	56 889.94	59 116.22	56 211.37
其他应收款合计	34 792.93	26 000.87	101 395.04	89 437.57	65 115.26
其中：应收利息	16 162.09	2 722.94	4 353.96		
其他应收款	18 630.84	23 277.92	97 041.08	89 437.57	65 115.26
存货	63 658.92	78 971.75	103 057.37	160 680.59	177 805.72
其他流动资产	159 401.20	464 427.22	713 469.44	22 071.10	45 031.64
流动资产合计	1 139 322.19	1 446 853.08	1 806 939.21	2 231 130.48	2 805 003.60
非流动资产：					
可供出售金融资产	8 103.54	11 752.65	15 464.97		
长期股权投资			100.00	6 000.00	6 000.00
其他非流动金融资产				53 942.78	144 246.34
固定资产	167 689.07	199 792.46	232 876.56	254 197.31	328 017.37
在建工程	79 705.10	108 082.89	135 725.26	153 282.67	130 506.52
固定资产清理		1.10			
无形资产	28 471.57	27 925.55	27 268.24	34 976.15	34,125.29
长期待摊费用	463.02	577.58	6 548.12	15 509.10	19 763.22
递延所得税资产	9 251.39	8 953.17	11 200.60	6 609.06	5 296.65
非流动资产合计	293 683.68	357 085.40	429 183.75	524 517.07	667 955.39
资产总计	1 433 005.87	1 803 938.48	2 236 122.96	2 755 647.55	3 472 958.99

续　表

项　目	2016 年	2017 年	2018 年	2019 年	2020 年
流动负债：					
应付票据及应付账款	75 503.82	73 369.36	140 207.46	128 924.68	143 273.45
其中：应付票据			2 086.54		10 648.81
应付账款	75 503.82	73 369.36	138 120.92	128 924.68	132 624.64
预收款项	15 186.60	21 056.24	22 344.75	22 263.88	
合同负债					35 805.94
应付职工薪酬	9.52	11.49	4.13	64.20	37.06
应交税费	30 654.20	50 825.73	13 202.44	22 508.32	17 576.12
其他应付款合计	15 133.37	59 777.05	73 604.64	73 502.39	179 647.50
其他应付款	15 133.37	59 777.05	73 604.64	73 502.39	179 647.50
其他流动负债					819.24
流动负债合计	136 487.51	205 039.87	249 363.41	247 263.47	377 159.31
非流动负债：					
递延收益	9 079.17	4 577.13	6 985.70	12 222.00	14 123.83
递延所得税负债				2 409.31	2 975.66
非流动负债合计	9 079.17	4 577.13	6 985.70	14 631.31	17 099.49
负债合计	145 566.68	209 617.00	256 349.11	261 894.79	394 258.80
所有者权益(或股东权益)：					
实收资本(或股本)	234 745.97	283 264.80	368 586.21	442 281.42	533 171.70
资本公积	43 818.52	98 691.81	147 875.09	166 297.48	314 282.64
减：库存股	4 342.80	52 847.33	63 401.94	41 984.34	149 509.27
其他综合收益	−40.83	33.44	−964.51	653.09	−479.33
盈余公积	124 484.53	153 151.48	209 221.68	255 524.27	268 541.31
未分配利润	840 129.99	1 054 487.94	1 311 501.33	1 654 760.54	2 084 423.27
归属于母公司股东权益合计	1 238 795.39	1 536 782.14	1 972 817.84	2 477 532.45	3 050 430.34
少数股东权益	48 643.80	57 539.35	6 956.00	16 220.31	28 269.86
股东权益合计	1 287 439.18	1 594 321.48	1 979 773.85	2 493 752.76	3 078 700.19
负债和股东权益合计	1 433 005.87	1 803 938.48	2 236 122.96	2 755 647.55	3 472 958.99

数据来源：东方财富 Choice 数据。

根据表 4－1 的数据，表 4－2 列示了 2016—2020 年恒瑞医药资产负债表同比增长情况。

表 4-2　2016—2020 年恒瑞医药资产负债表同比增长　　单位:%

项　目	2016 年	2017 年	2018 年	2019 年	2020 年
流动资产:					
货币资金	−4.3	−13.13	−8.84	29.67	114.22
交易性金融资产					−33.94
应收票据及应收账款	5.2	21.18	6.08	22.64	−6.64
其中:应收票据	−5.22	−11.93	−33.37	−19.78	
应收账款	11.1	37.17	18.32	30.05	3.41
预付款项	81.64	−27.5	72.36	3.91	−4.91
其他应收款合计	78.57	−25.27	289.97	−11.79	−27.19
其中:应收利息	50.16	−83.15	59.9		
其他应收款	113.64	24.94	316.88	−7.84	−27.19
存货	21.73	24.05	30.5	55.91	10.66
其他流动资产		191.36	53.62	−96.91	104.03
流动资产合计	21.48	26.99	24.89	23.48	25.72
非流动资产:					
可供出售金融资产	2.67	45.03	31.59		
长期股权投资			100	5 900	
其他非流动金融资产					167.41
固定资产	17.76	19.14	16.56	9.16	29.04
在建工程	130.24	35.6	25.58	12.94	−14.86
无形资产	45.38	−1.92	−2.35	28.27	−2.43
长期待摊费用		24.74	1033.72	136.85	27.43
递延所得税资产	26.09	−3.22	25.1	−40.99	−19.86
其他非流动资产					
非流动资产合计	38.64	21.59	20.19	22.21	27.35
资产总计	24.64	25.88	23.96	23.23	26.03
流动负债:					
应付票据及应付账款	49.23	−2.83	91.1	−8.05	11.13
其中:应付票据					
应付账款	53.5	−2.83	88.25	−6.66	2.87
预收款项	33.9	38.65	6.12	−0.36	
应付职工薪酬	269.81	20.73	−64.06	1 455.02	−42.27
应交税费	37.39	65.8	−74.02	70.49	−21.91

续　表

项　目	2016 年	2017 年	2018 年	2019 年	2020 年
其他应付款	−24.56	295	23.13	−0.14	144.41
流动负债合计	29.6	50.23	21.62	−0.84	52.53
非流动负债：					
递延收益	5.85	−49.59	52.62	74.96	15.56
递延所得税负债					23.51
非流动负债合计	5.85	−49.59	52.62	109.45	16.87
负债合计	27.81	44	22.29	2.16	50.54
所有者权益(或股东权益)：					
实收资本(或股本)	19.98	20.67	30.12	19.99	20.55
资本公积	4.31	125.23	49.84	12.46	88.99
减:库存股	−50.55	1 116.9	19.97	−33.78	256.11
其他综合收益	72.79	181.9	−2 984.62	167.71	−173.39
盈余公积	25.85	23.03	36.61	22.13	5.09
未分配利润	26.24	25.51	24.37	26.17	25.97
归属于母公司股东权益合计	24.74	24.05	28.37	25.58	23.12
少数股东权益	14.08	18.29	−87.91	133.18	74.29
股东权益合计	24.3	23.84	24.18	25.96	23.46
负债和股东权益合计	24.64	25.88	23.96	23.23	26.03

数据来源:东方财富 Choice 数据。

表 4－2 中选定前一期作为基年，然后以后面年份的报表项目与基期项目进行比较，这可以揭示公司资产、负债、收入和费用的增减变动情况。图 4－2 显示了 2016—2020 年恒瑞医药资产负债和股东权益的变化情况。

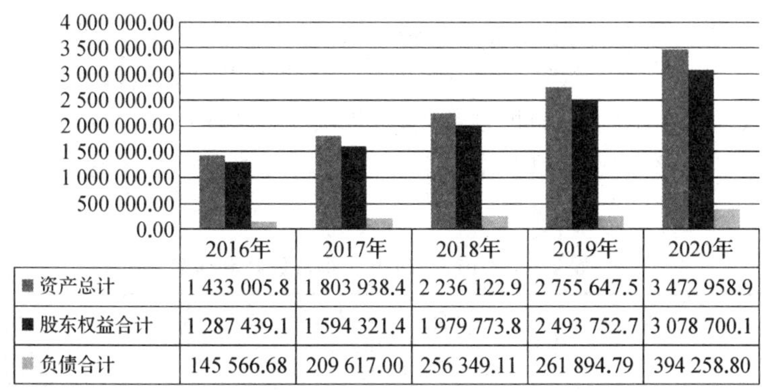

	2016年	2017年	2018年	2019年	2020年
资产总计	1 433 005.8	1 803 938.4	2 236 122.9	2 755 647.5	3 472 958.9
股东权益合计	1 287 439.1	1 594 321.4	1 979 773.8	2 493 752.7	3 078 700.1
负债合计	145 566.68	209 617.00	256 349.11	261 894.79	394 258.80

图 4－2　2016—2020 年恒瑞医药资产负债变化趋势图(单位:万元)

课堂思考

比较法是最为基本的分析方法，而保持指标之间的可比性是这一方法的关键所在。应当从哪些方面来关注指标的可比性？

（二）趋势分析法

趋势分析法又称横向分析或水平分析，是根据一个企业两期或连续数期的财务报表，将报表中相同指标进行对比分析，确定其增减变动方向、数额和幅度，以反映企业财务状况和经营成果的变动趋势。趋势分析法计算指标包括差异数、差异率和趋势比率。

1. 差异数

它是将不同时期相同指标直接相减后的差，它可以获得明确的增减概念，由此直观地判断某财务指标的变动规模。

$$差异数=报告期数-基期数 \tag{4-1}$$

2. 差异率

它是差异数与基期数的比值，它可以获得相对变动的概念，由此判明财务指标的变动水平，亦称增减幅度。

$$差异率=\frac{差异数}{基期数}\times 100\% \tag{4-2}$$

3. 趋势比率

它是将不同时期的财务信息换算成同一基期的百分比，提供一项简明的趋势概念，它不但能单独地表现该项财务指标的变动情况，而且能够在一系列比率的横向联系中，显示出未来的发展趋势。

$$趋势比率=\frac{报告期数}{基期数}\times 100\% \tag{4-2}$$

在进行趋势分析时，确定好基期是非常重要的。具体操作时一般有两种选择：一种是以某选定时期为基期，即固定基期，以后各期均以该期作为共同基期数，计算出的趋势比率称之为定基发展速度，亦称定比。另一种是以上期为基期，即移动基数，各期分别以前一期作为基期数，基期不固定，且顺次移动，计算出的趋势比率称之为环比发展速度，亦称环比。它通常可以用绘制图表和编制比较财务报表两种方式来表现。表 4－3 为江苏恒瑞医药股份有限公司利润表数据。

表 4－3　2017—2020 年恒瑞医药利润表　　单位：万元

项　目	2017 年	2018 年	2019 年	2020 年
一、营业总收入	1 383 562.94	1 741 790.11	2 328 857.66	2 773 459.87
营业收入	1 383 562.94	1 741 790.11	2 328 857.66	2 773 459.87

续　表

项　目	2017 年	2018 年	2019 年	2020 年
二、营业总成本	1 022 359.97	1 323 434.16	1 765 794.86	2 128 204.63
营业成本	184 987.71	233 456.81	291 294.41	334 868.97
税金及附加	25 362.02	23 677.82	21 634.19	25 695.95
销售费用	518 892.34	646 449.10	852 496.76	980 252.41
管理费用	295 270.39	162 632.32	224 117.97	306 665.83
研发费用		267 048.06	389 633.60	498 895.82
财务费用	－3 663.17	－12 364.34	－13 382.07	－18 174.35
利息收入		7 014.76	12 714.34	29 027.47
资产减值损失	1 510.69	2 534.40		
三、其他经营收益				
加:公允价值变动收益			3 753.06	1 649.70
加:投资收益	3 872.20	24 793.78	30 927.15	34 142.45
资产处置收益	165.43	211.22	123.91	298.34
资产减值损失(新)			－547.24	－727.83
信用减值损失(新)			－1 323.00	－669.58
其他收益	15 541.53	16 304.44	18 971.25	20 758.90
四、营业利润	380 782.12	459 665.39	614 967.93	700 707.23
加:营业外收入	171.36	42.18	80.85	106.90
其中:非流动资产处置利得				
减:营业外支出	5 034.60	9 799.61	9 472.63	11 266.14
其中:非流动资产处置净损失				
五、利润总额	375 918.88	449 907.96	605 576.15	689 548.00
减:所得税费用	46 623.55	43 789.53	72 930.97	58 658.69
六、净利润	329 295.33	406 118.43	532 645.18	630 889.31
(一) 按经营持续性分类				
持续经营净利润	329 295.33	406 118.43	532 645.18	630 889.31
(二) 按所有权归属分类				
归属于母公司股东的净利润	321 664.80	406 560.97	532 802.75	632 838.32
少数股东损益	7 630.53	－442.54	－157.57	－1 949.01
扣除非经常性损益后的净利润	310 145.29	380 250.23	497 885.14	596 124.61

数据来源:东方财富 Choice 数据。

根据表 4－3 的数据，表 4－4 列示了江苏恒瑞医药股份有限公司以 2016 年作为基期的利润趋势分析表。

表 4－4　2016—2020 年恒瑞医药利润表趋势分析　　单位：%

项　目	2016 年	2017 年	2018 年	2019 年	2020 年
一、营业总收入	100	24.72	57.01	109.93	150.00
营业收入	100	24.72	57.01	109.93	150.00
二、营业总成本	100	26.46	63.71	118.43	163.26
营业成本	100	28.94	62.73	103.04	133.42
税金及附加	100	25.15	16.84	6.75	26.79
销售费用	100	19.24	48.55	95.90	125.26
管理费用	100	30.28	－28.24	－1.11	35.31
研发费用			100	45.90	86.82
财务费用	100	－77.92	－25.49	－19.35	9.53
利息收入			100	81.25	313.81
资产减值损失	100	－391.10	－588.36		
三、其他经营收益					
加：公允价值变动收益					
加：投资收益	100	162.56	1 581.18	1 997.07	2 215.09
资产处置收益			27.68	－25.10	80.34
资产减值损失(新)					33.00
信用减值损失(新)					－49.39
其他收益			4.91	22.07	33.57
四、营业利润	100	25.91	51.99	103.34	131.69
加：营业外收入	100	－94.60	－98.67	－97.45	－96.63
其中：非流动资产处置利得					
减：营业外支出	100	17.45	128.61	120.98	162.82
其中：非流动资产处置净损失					
五、利润总额	100	24.76	49.31	100.98	128.84
减：所得税费用	100	23.02	15.54	92.44	54.78
六、净利润	100	25.01	54.17	102.20	139.50
(一) 按经营持续性分类					
持续经营净利润			23.33	61.75	91.59
(二) 按所有权归属分类					

续　表

项　目	2016年	2017年	2018年	2019年	2020年
归属于母公司股东的净利润	100	24.25	57.04	105.80	144.44
少数股东损益	100	68.66	−109.78	−103.48	−143.08
扣除非经常性损益后的净利润	100	19.76	46.83	92.25	130.19
七、每股收益					
(一) 基本每股收益(元)	100	3.26	−0.36	8.70	7.79
(二) 稀释每股收益(元)	100	3.40	−0.23	8.84	7.94
八、其他综合收益	100	−93.48	−689.20	73.04	−798.71
归属于母公司股东的其他综合收益	100	−32.02	−1 013.54	234.15	−1 136.63
归属于少数股东的其他综合收益	100	−208.68	−81.28	−228.95	−165.32
九、综合收益总额	100	24.93	53.70	102.19	138.90
归属于母公司所有者的综合收益总额	100	24.22	56.59	105.85	143.90
归属于少数股东的综合收益总额	100	65.13	−109.42	−105.08	−143.36

数据来源：东方财富 Choice 数据。

根据表 4－3 的数据，编制了表 4－4 江苏恒瑞医药股份有限公司利润表趋势分析表。表 4－4 中选定 2016 年作为基期，然后以后面年份的报表项目与基期项目进行比较，揭示了利润表有关项目的增减趋势。值得注意的是，趋势比率用来表示财务数据在不同时期的百分比关系，虽然有助于某项趋势的判断，但是任何一项百分比的增减未必表示有利或不利，因为任何单项百分比都无法提供充分的资讯，必须结合相关资料综合分析才能显示分析价值。图 4－3 显示了 2016—2020 年恒瑞医药利润表中主要项目的变化趋势。

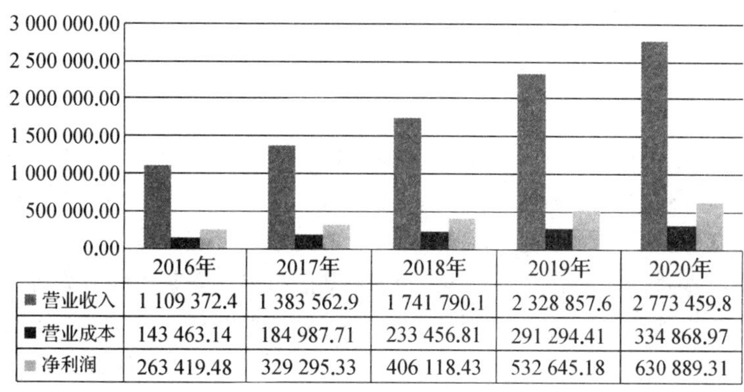

	2016年	2017年	2018年	2019年	2020年
营业收入	1 109 372.4	1 383 562.9	1 741 790.1	2 328 857.6	2 773 459.8
营业成本	143 463.14	184 987.71	233 456.81	291 294.41	334 868.97
净利润	263 419.48	329 295.33	406 118.43	532 645.18	630 889.31

图 4－3　2016—2020 年恒瑞医药利润变动趋势图(单位：万元)

（三）比率分析法

比率分析法又称垂直分析或结构分析，是利用两个指标的某种关联关系，通过计算比率来考察、计量和评价企业财务状况、经营成果和现金流量的分析方法。比率可以用倍数或比例来表示。从一定意义上讲，比较分析法、趋势分析法和比率分析法常常是结合使用，如将企业当期的比率与历史数据、预期比率、同行业其他企业同期的行业平均值相比较，就是需要综合运用比较分析法、趋势分析法和比率分析法。财务报表分析常用比率指标体系如表 4－5 所示。

表 4－5　财务报表分析常用比率指标体系

分析体系	分析内容	比率名称
流动性与周转率分析	短期偿债能力	流动比率、速动比率
	应收项目流动性	应收账款周转率、存货周转率
	固定资产周转	固定资产周转率、总资产周转率
资本结构与长期偿债能力分析	债务与权益结构	资产负债率、产权比率
	资金配置	长期负债与长期资金比率
	偿债资金源	利息保障倍数、经营活动现金对资本支出比率、资本成本与投资报酬比较
现金流量分析	现金支付能力	经营活动现金对流动负债比率、经营活动现金对股利支付比率、经营活动现金对长期负债比率
	盈利质量	经营活动现金对净利润比率
	现金流量结构	经营活动现金流量/现金流量净额比率、投资活动现金流量/现金流量净额比率、筹资活动现金流量/现金流量净额比率
盈利能力分析	销售盈利能力	销售毛利率、销售净利润率
	投资报酬	投资报酬率、净资产收益率、总资产收益率、每股收益
市场价值分析	公司价值	市盈率、股利支付率、市价对净资产比
预测分析	财务危机预测	Q 比率、Z 模型

思政映射

人的一生会有多种多样的比较，跟谁比、比什么、为什么要比等问题都会影响到人生观、价值观和世界观。比较我国优秀传统文化可以比出我们的文化自信；比较我国的科技强盛之处，每一项世界之最、每一个最早发明、每一处落后地方，都能激发民族自豪感和不甘落后的奋进之心；比较民族英雄和时代楷模，可以使我们的是非观和价值观更加明确。人的一生必须要有建立在责任和奉献基础上的标杆或目标，并以此来引领自己的人生。

本章小结

通过本章的学习，我们了解了财务报表分析的基本步骤，同时有效的财务报表分析应该结合企业的行业背景、竞争策略、产业竞争程度、审计报告意见和类型，以及相关的财务分析指标来解释报表数据，这样才能更好地了解企业价值，解读会计数据。

人的一生必须要有建立在责任和奉献基础上的标杆或目标，并以此来引领自己的人生，我们的人生才能目标明确、方向清晰。

练　习

课后练习题，请扫描左侧二维码获取。

第二篇　资产负债表分析

第五章　资产负债表的基本分析

学习目标

- 了解资产负债表传递的信息；
- 了解资产负债表的局限性；
- 了解资产负债表的对称关系；
- 掌握资本结构与资产结构的对称关系。

学习重点

- 资产负债表传递的信息；
- 资产负债表的局限性；
- 资本结构与资产结构的对称关系。

思政要求

- 责任和奉献是人生的资产，获得和索取是人生的负债；
- 对社会的净贡献就是人生的净资产。

第一节　资产负债表的信息价值

一、资产负债表的信息价值

资产负债表是用以反映企业在特定日期财务状况的报表，亦称财务状况表，是企业编报的主要报表之一。信息使用者通过对资产负债表的分析，可以了解以下三类信息。

（一）企业短期偿债能力

企业短期偿债能力主要反映在流动性上。所谓流动性主要指资产转换成现金或负债到期清偿所需的时间，亦指企业资产接近现金或负债接近偿付的程度。除现金本身外，能越快转换成现金的资产，其流动性越强。例如，有价证券投资的流动性一般较应收票据和应收账款强，后者流动性一般较存货的流动性强。负债到期日越短的，其流动性越强。短期债权人主要关心企业是否有足够的资产及时转换成现金，以清偿短期内到期的债务。长期债权人及企业所有者也会对企业的短期偿债能力加以评价。短期偿债能力不佳，企业资金周转就有困难，长期债权人及所有者的投资报酬没有保障，投资安全也受到威胁。资产负债表中流动资产与流动负债及报表中相关的附注，有助于信息使用者解释、评价、预测企业的流动性和短期偿债能力。

（二）企业的长期偿债能力

企业的长期偿债能力一方面取决于它的获利能力，另一方面取决于它的资本结构。资本结构是指企业各种资本的价值构成及其比例关系，是企业一定时期筹资组合的结果。资本结构是所有者权益和债权人权益的比例关系。负债与所有者权益相对比例的大小，影响到债权人和所有者的相对投资风险，以及企业的长期偿债能力。负债比重越大，公司的财务风险越大，企业的长期偿债能力越弱。资产负债表可为解释、评价、预测企业的资本结构和长期偿债能力提供信息。

（三）企业的财务弹性

财务弹性是指企业应付各种挑战、适应各种变化的能力，包括进攻性适应能力和防御性适应能力。所谓进攻性适应能力是指企业有能力和财力抓住突如其来的获利机会；所谓防御性适应能力是指企业在各种危机中生存下去的能力。财务弹性强的企业不仅能够通过介入有利可图的经营来获取大量资金，而且可以借助债权人的长期贷款和所有者的追加资金扩大经营。财务弹性表现在：资产的流动性或能力；变卖现有资产取得现金的能力；经营活动产生的现金流量的能力和向投资人、债权人筹措资金的能力。

二、资产负债表的局限性

资产负债表也不是十全十美的，它不可能完美地反映经济事项及其对财务报表的影响，只要确认方法、确认时间、计量原则以及会计人员职业判断上存在可能的偏差，都足以导致报表数据偏离经济本质。例如，房地产升值往往发生在某一段时间里，但会计确认只发生在资产取得当时的会计期间或管理层决定处置资产的那个会计期间中。再如，长期资产的减值常常在管理层做出决定的那个会计期间，其确认损失的会计期间既不是减值发生期也不是资产处置期。甚至许多经济事件根本没有得到会计确认，如大部分对财务状况和经营业绩具有重大影响的合同，可能产生财务风险的决策，等等。资产负债表存在如下一些局限性。

（一）资产负债表计价不统一

资产负债表中的大部分项目都以历史成本列示，如应收账款，少部分按照公允价值列示，如投资性房地产、金融性资产，同样是资产，但是采用不同的计价方法。而信息使用者对企业财务状况做出评价，常常是以现时价值为基础，现时价值与历史成本之间会有一定的差异，因此，就有必要对历史成本为基础的资产负债表信息做适当的调整。

（二）无法用货币表示的信息被遗漏

会计是以货币为计量单位，遗漏了许多无法用货币计量的项目，如企业人力资源、管理者的操守、产品的信誉和品质、市场营销能力、员工的效率、员工对企业的忠诚、企业的研究开发能力、固定资产的维修状况、竞争对手的强项和弱势、企业所承担的社会责任等，但这些对决策却有着重要的参考价值。

（三）会计分期对经营成果的影响

由于会计分期假设，企业定期编报的财务报表也只是漫长营运期中的一个片段，不是企业经营的最终结果。对于各期归集的财务数据，会计处理常常需要一定的会计程序和方法加以分摊、调整和人为估计，受会计政策选择以及经济业务不定性、连续性和衔接性的影响，财务报表列示的数据仅仅是近似值，会计报表无法呈报绝对准确的数据。

第二节　资产负债表的财务学透视

一、资产负债表的对称性关系及其揭示的风险

从财务学的视角看，资产负债表左、右两方分别描述了企业资产结构与资本结构两大结构内部以及相互之间的协调关系。一切资本结构都表现为一定的资产结构，即一切资本来源都表现为一定的资产形态。资本结构与资产结构存在对称性关系。

（一）资产负债表的对称性关系

资产负债表的对称性关系是以资本结构与资产结构之间存在的内在关系为基础的。这种内在关系表现在两个方面：一方面，资本一旦取得必定以一定的形态表现出来，即在总量上总是相等的；另一方面，资产与其资本结构存在一定的对应关系。从理论上讲，企业资产可以分为长期资产与短期资产，资本来源可以分为长期融资和短期融资。它们之间的对称关系表现为：

(1) 长期资产的资金来源由长期融资提供，否则，就会因为以短期融资来支持长期资产而带来偿债压力，以致到期不能清偿债务，而陷入财务困境。当然，企业可以用不断地借新债还旧债的方法，用短期融资来支持长期资产，可以获得低资本成本的好处。但是，新债一旦难以筹措，企业仍然会陷入财务困境之中。

(2) 短期资产的资金来源由短期融资提供。这时短期资产能在较短的时间内实现、转移或摊销其价值，也就能保证短期融资的清欠和退还。

(3) 短期资产的资金来源也可以由长期融资提供。从理论上讲，就是一个最保险的方法，但也是一种资本成本最高的方法。在这种情况下。企业一般不会面临偿债或流动性压力，但长期融资却要支付比短期融资更高的资本成本。

（二）资产负债表中营运资本适度规模的确定

要使公司营运资本保持在合理的规模，要注意以下几点。

1. 运用对冲原则

营运资本对冲是指在某一时日资产运行产生的现金流或现金等价物能够冲抵该时日到期需偿还的负债。

2. 将资产按永久性和临时性资产划分管理

如果把公司资产划分为永久性资产和临时性资产，则容易理解对冲原则的运用。

(1) 永久性资产是指公司预计持有期限在 1 年以上的资产，包括固定资产和流动资产的一部分。

(2) 临时性资产则由那些很快要变现且在年内不重置的流动性资产组成，如季节性存货、销售和经营旺季的应收账款，及各种临时状况下需要配置的流动资产。

3. 将融资按临时融资、永久融资和自发融资划分管理

将资产划分为永久性资产和临时性资产的情况下，总负债划分为临时性融资、永久性融资和自发性融资之和。

(1) 临时性融资来源主要是短期应付票据。

(2) 永久性融资包括中期债务、长期债务和权益资本融资。

(3) 自发性融资包括商业信用融资和公司日常运营中产生的其他应付款。

（三）资产负债表揭示的风险

如前所述，资产负债表各项目按流动性排列揭示了企业未来现金流量的数额、时间顺序以及不确定性。这就隐含着企业财务风险的大小，它是对财务风险的揭示。这种风险在资产负债表两边所表示的含义和方向不同。从资产方面看，从短期资产到长期资产，其风险逐渐由小到大，而且这种风险是资产能否迅速实现和补偿其价值的风险。而从资本来源方面看，从短期融资到长期融资，其风险由大到小，而且这种风险是到期能否及时偿债的风险。如果将两者结合起来看，财务分析者不难看到：

(1) 如果资产结构与资本结构确实对称，则一方较大的风险恰好为另一方较小风险所抵销，从而企业总体风险趋于中和。

(2) 企业的偿债风险或财务风险能否消除，归根到底取决于企业的资产风险能否消除或避免。只要资产经营不存在问题，其价值能够顺利实现或补偿，到期偿债就不存在问题，财务风险也就随之消失。

但是，如果企业资产结构与资本结构本身不对称，即使资产价值能够顺利实现或补偿，财务风险也会因为企业收款期与支付期（现金流入时间与现金流出时间）不一致而继续存在。可见，财务风险存在于企业的财务运作（资本结构）之中，但取决于资产经营的成交和顺利与否（资产结构）。这就是企业资产结构对选择的影响。

通过上述讨论，有关资产负债表的对称性关系及其揭示的风险可以分别从流动性（见图 5－1）、风险性（见图 5－2）和盈利性（见图 5－3）三个方面综合描述。

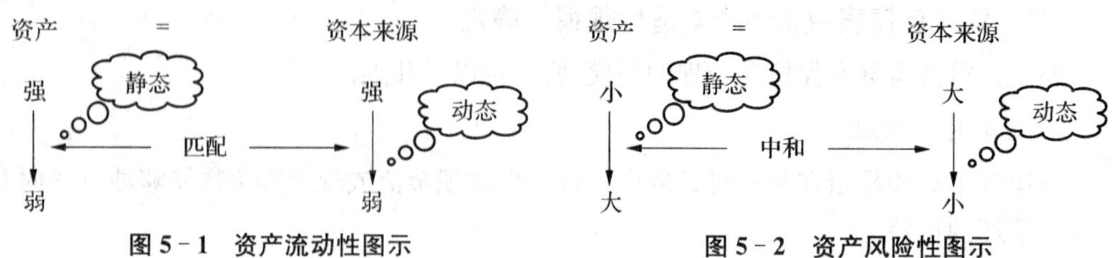

图 5-1　资产流动性图示　　图 5-2　资产风险性图示

资产　=　资本来源

小　静态　大　动态

匹配

大　小

图 5-3　资产盈利性图示

课堂思考

1. 如何理解资产与权益的流动性、风险性、成本性及其相互之间的关系？
2. 有人说资产管理就是要在资产的流动性与盈利性之间权衡。你怎么理解？

二、资产负债表的对称性管理

资本结构与资产结构的对称性管理不外乎以下三类。

（一）稳定型结构

这种结构的主要标志是流动资产的一部分资本来源由流动负债来满足，而另一部分由长期负债来满足。这种结构可用图 5-4 表示。

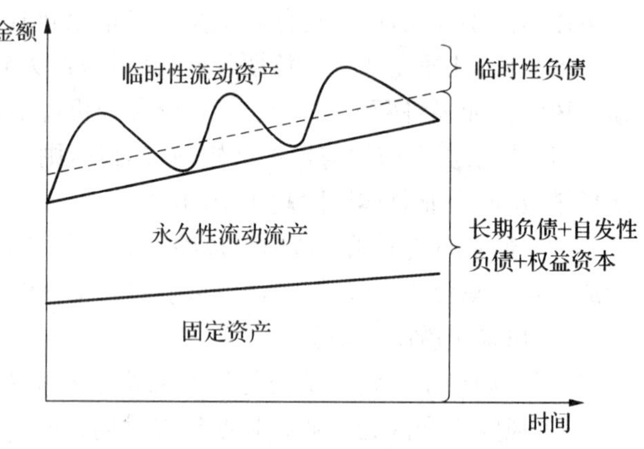

图 5-4　稳定型结构

这种结构意味着，企业的流动资产不仅由全部流动负债来满足，而且还需要有部分长期负债用来满足。流动资产由长期负债来满足，既不会遇到流动性压力或偿债压力，也不会使其他长期资产遇到偿债压力。因此，可以说，这是一种风险最小的结构。但是，由于长期筹资的融资成本较高，会抬高整个融资成本。可是从稳健性的角度说，流动负债应该小于流动资产，因为流动资产的变现不仅需要一定的时间，而且数额也会降低。企业只有采取稳健结构才能保证企业的流动比率达到 2∶1 的水平。

（二）中庸型结构

这种结构的基本特征是流动资产全部由流动负债提供。这种结构可用图 5－5 来表示。

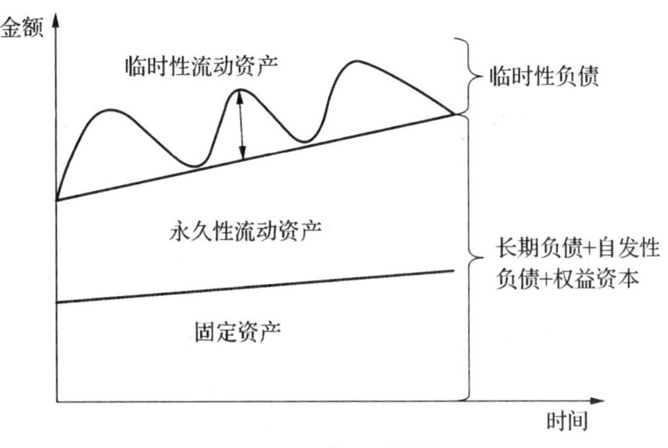

图 5－5　中庸型结构

这种结构意味着：流动资产不会占用长期融资，从而使融资的资本成本相对较低，同时，流动负债也不会用来支持长期资产，从而使财务风险或偿债风险较低。其结果是这种结构的风险中和，资本成本也中和。但是，中庸结构存在一定的潜在风险，即它不仅要求企业经营过程非常流畅，而且要求企业的收账时间和数额必须与偿债时间和数额完全匹配，否则企业可能面临到期偿债的风险。当然，企业还可以采用借新债还旧债的消极延缓方式，使风险暂时缓解。但是，借新债还旧债只是经营稳定、财务实力雄厚、信誉卓著的企业才能采取的一种方式，即便采用也不能无限延续下去。在市场经济环境下，由于现金流入量与流出量难以做到完全匹配，所以中庸型结构的实施未必总是有效的。

（三）风险型结构

这种结构的基本特征是流动资产全部由流动负债提供，而且长期资产也有部分由流动负债提供。这种结构可用图 5－6 表示。

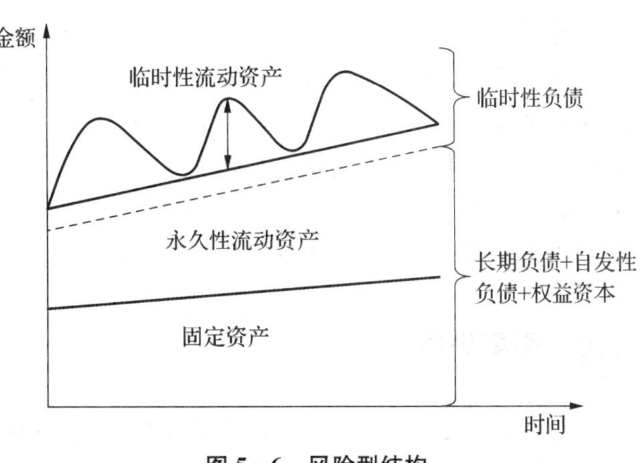

图 5－6　风险型结构

这种结构意味着：长期资产由流动负债提供，资本成本较低，部分流动负债用来作为长期资产的资本来源，由于两者在流动性方面不对称，从而财务风险最大。因此，这是一种资本成本最低、风险最高的结构。一个企业如果是风险型结构，往往是企业处于良好或上升时期，前景乐观，也容易筹措到资本。同时，由于经营过程相当流畅，企业不断有现金流入来偿还借款。这就使得企业举新债还旧债成为可能，而且也现实。如此，企业可以通过连续不断地进行短期借款，而获得长期使用的好处。一般来说，企业要在短期内维持这种状况还是可以做到的，但不可作为长期战略。因为就长期而言，这种结构会遇到许多严酷的挑战。

【案例 5－1】

某企业 2020 年年底资产负债表的部分数据如表 5－1 所示。请分析其资产与负债情况及财务结构状况。

表 5－1　资产负债表(部分数据)　　金额单位:万元

资产项目	金　额	比例(%)	权益项目	金　额	比例(%)
流动资产合计	44 820.00	68.86	流动负债合计	11 730.00	18.02
非流动资产合计	20 269.00	31.14	非流动负债合计	12 000.00	18.44
			所有者权益合计	41 359.00	63.54
资产合计	65 089.00	100	权益合计	65 089.00	100

从表中的部分数据分析可以看出：

(1) 资产流动性很强，仅流动资产就占 68.86%，资产的风险性低，相对的盈利能力也可能受影响；

(2) 资本的流动性很弱，来自负债仅占 36.46%，而来自所有者权益的有 63.54%，全部资本的风险性低、筹资成本高、盈利性低；

(3) 稳健型财务结构。

思政映射

判断人生的不是资产，而是资产减掉负债的剩余，即人生的净资产，也就是我们对社会的净贡献。这种净贡献取决于我们对社会的责任和奉献有多少，取决于我们向社会获得和索取的荣誉、地位、金钱有多少，每一个人都应当追求为社会的净贡献最大化，即责任和奉献大于获得和索取之间差额的最大化。不论起点如何，每个人都被赋予足够的机会来经营自己的人生……我们可以增加自己的无形资产来使人生充满盈余。这些宝贵的无形资产就是：平衡的心态，宽容，感激，善良，乐观，努力……

本章小结

资产负债表是反映企业在特定日期财务状况的报表。信息使用者可以从资产负债表中了解企业偿债能力信息、资本结构信息、财务弹性信息，也可以辅助分析企业的盈利能力。但是，由于财务报告体系中财务信息确认方法、确认时间、计量原则以及会计人员职业判断上的偏差，资产负债表反映的信息可能会偏离经济本质。所以，分析报表时应充分分析信息含量，这样才能做出正确的决策。

人生中有付出也就会有回报。为社会的责任和奉献是人生付出，而我们从社会的获得和索取就是回报，而这种回报可能是直接的，也可能是间接的，可能是当下的，也可能是将来的，可能是看得见的，也可能是看不见。

练 习

课后练习题，请扫描左侧二维码获取。

第六章　资产项目分析

学习目标

- 了解货币资金的管理与分析；
- 了解交易性金融资产的计价与分析；
- 掌握应收账款的管理与分析；
- 掌握其他应收款的管理与分析；
- 掌握存货的管理与分析；
- 熟悉流动性分析的关键财务指标；
- 熟悉投资的意义、分类和目的，掌握对长期股权投资、长期债权投资的评价；
- 熟悉固定资产的特征、分类，掌握对固定资产计价、固定资产折旧的评价；
- 熟悉无形资产会计的一般惯例，掌握对无形资产的评价。

学习重点

- 现金与利润在评判企业业绩中的作用；
- 应收账款的管理与分析；
- 存货的管理与分析；
- 流动性分析的关键财务指标；
- 对长期股权投资、长期债权投资的评价；
- 对固定资产计价、固定资产折旧的评价；
- 对无形资产的评价。

思政要求

- 树立正确的质量观和质量意识；
- 人生的资产质量就是为社会献出爱心和奉献的能力与水平。

第一节　资产项目的质量

一、资产质量的内涵以及资产的质量特征

（一）资产质量的内涵

什么是质量？按照质量大师克劳士比的话说，质量就是符合要求。那么对资产的要求，就是通过对其进行安排与使用，使其预期效用能够得以最大限度的发挥。因此，资产的质量，就是资产在特定的经济组织中，实际所发挥的效用与其预期效用之间的吻合程度。不同项目资产的属性各不相同，企业预先对其设定的效用也就各不相同。此外，不同的企业或同企业在不同时期、不同环境之下，对同一项资产的预期效用也会有所差异。因此，资产的质量分析，必须结合企业特定的经济环境来进行，不能一概而论，要强调资产的相对有用性。

（二）资产质量的特征

资产的质量特征是指企业根据不同项目的资产本身所具有的属性、功用而对其设定的预期效用。由于不同项目资产的功用不同，故企业对各类资产的预期效用也各不相同。但总体来讲，资产质量的特征主要有以下几项。

1. 资产的盈利性

资产的盈利性是指资产在使用的过程中能够为企业带来经济利益的能力，它强调的是资产能够为企业创造价值的这一效用。按照资产的定义，资产是由企业过去的交易或事项引起的，为企业拥有或控制的，能够给企业带来未来经济效益的经济资源。因此，对资产的盈利性要求是资产的内在属性，是拥有资产的主要目的。资产的盈利性在一定程度上决定了企业进行扩大再生产的能力，进而决定了企业盈利能力及收益质量。

2. 资产的变现性

资产的变现性是指非现金资产通过交换能够直接转换为现金的能力。它强调的是资产作为企业债务的物资保障的这一效用。资产变现的强弱，会直接影响到企业的偿债能力的高低，而偿债能力又是决定企业能否健康发展的关键因素。由于会计核算是建立在持续经营假设的基础之上，致使企业资产的变现价值和账面价值之间往往存在较大的差异。因此，资产能否按照账面价值或高于账面价值顺利变现，是衡量企业资产质量、进一步分析企业偿债能力的一个重要因素。

3. 资产的周转性

资产的周转性是指资产在企业经营运作过程中利用的效率和周转速度。它强调的是资产作为企业生产经营的物质基础而被利用的效用。资产只有在企业的日常经营运作过程中被利用，其为企业创造价值的效用才能得以体现。资产的周转速度越快，说明该项资产与企业经营战略的吻合度越高，对资产的利用越充分，为企业赚取收益的能力越强。因

此，资产被运用得越频繁，也就越有效，说明其质量越高。如果资产闲置，资产的周转性必须会受到损害，资产质量也不会好。所以，资产的周转性是资产质量的另一个重要方面。

4. 资产的增值性

资产的增值性是指资产在特定的经济背景下，有可能与企业的其他相关资产在使用中产生协同效用的能力。它强调的是资产通过与其他资产适当组合，能够发挥出大于单项资产个别效用总合的联合效用。任何资产的增值，均需要一定的条件，均需要与其他资产组合才能实现。一项资产，如果在特定企业中不能发挥作用，即使物理质量再好，也不能算作该企业的优质资产，而必须通过适当的安排与整合，与企业的其他资产进行组合，才能共同满足企业的战略要求，从而体现其真正的增值能力，这是企业增值的基础。

二、资产质量的属性

（一）资产质量的相对性

同一资产对于不同企业，或者同一企业的不同发展时期来说，资产的质量会有所差异。企业的某项低效无效资产对于其他企业来讲可能就是优质资产，这为企业进行资产重组，改善资产质量以及整个社会的资源再配置创造了条件。

（二）资产质量的时效性

任何一项资产的质量都是有时间限制的。有的资产可能会因企业的产业结构或产品结构变化而闲置，从优质资产转变为劣质资产；由于新技术广泛运用，原本可以为企业带来超额利润的资产相对贬值；企业信誉良好的赊销客户也可能出现破产危机导致应收账款回笼困难；等等。因此，资产质量会随着时间的推移而不断发生变化，研究资产的质量，应强调其所处的特定的历史时期和宏观经济背景。

（三）资产质量的层次性

任何一个企业的资产都有质量好与质量差之分。一个经济效益好的企业，资产质量总体上优良，但也可能会有部分资产项目质量很差；相反，一个面临倒闭的企业，资产质量总体上很差，则可能会有个别资产项目的质量较好。因而，研究企业的资产质量，一定要分层次进行，不但要从企业资产总体上把握，确定企业资产整体质量的好坏，还有必要分项目展开分析，根据各项资产的具体特征和预期效用，逐一确定资产的个体质量。

第二节　流动资产分析

一、货币资金分析

货币资金是企业在生产经营过程中处于货币形态的资金，包括库存现金、银行存款和其他货币资金。其中库存现金是指企业为满足经营过程中零星支付而保留的现金。银行存款是企业存入银行或其他金融机构的各种存款（除了划分为其他货币资金的情况外）。

而其他货币资金包括外埠存款、银行汇票存款、银行本票存款、信用证保证金存款、信用卡存款、存出投资款、在途货币资金等。由于货币资金本身可用于偿债，其变现时间等于零，并且通常不存在变现损失问题，因此货币资金是偿债能力最强的资产。货币资金是企业资金运动的起点和终点。

（一）货币资金的一般分析

货币资金的特点有：① 流动性最强。货币资金是流动性最强的资产，能够随时兑换其他商品；② 收支频繁，在一定程度上，货币资金是企业日常经营业务中使用频率最高的项目；③ 盈利性较低，货币资金是一种非营利性资产。基于以上三个特点，在社会经济生活中，货币资金成为最受欢迎的流动资产，对资金管理的重视程度也成为世人最普遍的共识。

企业持有货币资金的主要动机是交易动机、预防动机和投机动机。这也是现金流量表成为三大财务报表之一的原因，因为现金流量表就是反映货币资金的变动情况的报表。企业持有货币资金主要用途有：① 满足日常经营需求支付各种费用，如支付水电费、差旅费、工资、税金等；② 弥补其他资产项目的不足，如购进原材料、周转材料、固定资产等；③ 偿还各种债务如偿还银行贷款、应付账款等。企业拥有足够的货币资金，能够弥补经营活动中资产不足的项目，对偿还债务有较大的保障，保障生产经营活动的正常进行。若是企业持有的货币资金不足，就不能及时地弥补资产不足，支付各种费用和偿还债务。但同时货币资金又是几乎不产生收益的资产，盈利能力最低，过多持有货币资金，就会使资金使用率下降，机会成本增加，导致企业的盈利能力下降，造成资金闲置和浪费。

（二）货币资金的规模分析

为维持企业经营活动的正常运转，企业必须持有一定量的货币资金。从财务管理的角度来看，货币资金越多，企业偿债能力就越强。但是如果一个企业货币资金经常处于比重较大的状况，则很可能是企业不能有效利用资金资源的表现；如果比重过低，则意味着企业缺乏必要的资金，可能会影响企业的正常经营，并制约着企业的发展。

企业货币资金规模是否合理，影响因素主要有以下几点：① 资产规模与业务量。一般说来，企业资产规模越大，相应的货币资金规模也就越大；业务量越大，处于货币资金形态的资产也就越多。② 筹资能力。如果企业有良好信誉，筹资渠道通畅，就没必要长期持有大量的货币资金，因为货币资金的盈利性通常较低。③ 运用货币资金能力。货币资金如果仅停留在货币形态，则只能用于支付。这意味着企业可能丧失潜在的投资机会，也可能表明企业的管理人员经营无方，如果企业经营者利用货币资金能力较强，则货币资金比重可维持较低水平，将货币资金用于其他经营活动，企业的获利水平有可能提高。④ 行业特点。一般来讲，企业业务规模越大，业务收支越频繁，持有的货币资金也就越多。

资产负债表上货币资金越多，企业偿债能力就越强。但是，如果一个企业报表上的货币资金经常处于比重较大的状况，则很可能是企业不能有效利用资金资源的表现。如果企业信誉好，在资本市场上就能较容易地筹集资金，向银行借款也很方便，也就没有必要长期持有大量货币资金。在对货币资金分析时，还应结合企业的行业特点和业务规模。

一般来讲，企业业务规模越大，业务收支越频繁，持有的货币资金就越多。另外，不同行业的企业，其合理的货币资金比重也会有较大的差异。

（三）货币资金的构成分析

企业资产负债表上的货币资金金额代表了资产负债表日企业的货币资金拥有量。由于其形态的特殊性，在会计上，货币资金一般不存在估价问题，其价值永远等于各时点上的货币一般购买力。但由于物价波动、技术发展等方面原因，相同数量金额的货币资金在不同时点的购买力并不必然相同。

在分析货币资金构成时，我们要关注公司受限资金的情况。货币资金中有部分资金属于受限的货币资金，不可随意支取，流动性较低，这类不可随意支取的部分通常计入货币资金中的其他货币资金。受限的货币资金通常有两类：一类是用于支持企业日常经营而形成的受限资金，如公司用于开立银行承兑汇票的保证金及银行备用信用证保证金和保函保证金等，这类受限资金在财务分析时通常放在经营性营运资金中考虑。例如，零售企业为了向供应商开具商业票据，往往需要在银行存入大量保证金。另一类则是属于被他人（通常是企业股东或其他关联方）占用的资金或为其他公司做担保而放在银行的保证金。这类受限资金意味着资金被占用且往往是否可全部及时回收具有不确定性，通常作为非核心资产来分析。

受限资金在公司年报和半年报披露时，附注里面都会详细说明。这些资金并不可以随意使用，因此需要格外关注，容易引发企业流动性危机。关于资金是否受限，上市公司一般都会披露，可以重点关注报表附注。如果上市公司故意不披露，我们也很难在出事前察觉。

表 6－1 是从恒瑞医药年报附注中截取的，附注明细中已经注明 2018 年恒瑞医药货币资金中含有 23 984 141.48 元信用证保证金，这部分资金属于受限资金，不可以随意使用，所以真正可以流通使用的资金要扣除受限资金。好在恒瑞医药有 38.90 亿元的货币资金，受限资金仅占货币资金总额的 0.6%，占比很小，并不影响恒瑞医药的短期流动性和偿债能力。

表 6－1　恒瑞医药 2018 年资产负债表中货币资金构成　单位：元　币种：人民币

项　目	期末金额	期初金额
库存现金	90 863.48	106 721.71
银行存款	3 865 636 226.44	4 261 524 288.02
其他货币资金	23 984 218.55	5 455 842.06
合　计	3 889 711 308.47	4 267 086 651.79
其中：存放在境外的款项总额	288 717 759.33	377 220 082.50

其他说明：其他货币资金中有信用证保证金期末数为 23 984 141.48 元。

（四）货币资金的真实性分析

必须要注意货币资金是否存在造假问题。一般而言，如果企业货币资金占总资产的比重远高于同行业平均水平，但没有与之相匹配的业务规模和行业竞争力，或拥有大量货币资金仍大肆举债，就需要谨慎对待。例如，康美药业《2018 年半年度报告》显示，货币资金 398.85 亿元，但同时，短期借款 124.52 亿元，短期融债 90 亿元，应付债券 132.73 亿元，利息支出高达 7.98 亿元，如此大量的货币资金和巨额的借款存在明显的矛盾。事实上，2016—2018 年，康美药业通过财务不记账、虚假记账，伪造、变造大额定期存单或银行对账单，销售回款等方式累计虚增货币资金 886 亿元。2018 年上半年，虚增货币资金 361.9 亿元，占公司披露总资产的 45.96%。这是利用货币资金进行财务造假的典型案例。具体内容详见案例 6 - 1。

（五）货币资金的管理分析

1. 管理制度分析

分析企业货币资金收支是否符合国家的规定。国家对有关货币资金收支方面有严格的管理规定，企业必须遵守国家有关的结算政策，现金管理制度，合理调度资金。例如，企业没有遵守国家的现金管理制度而保留了过多的货币资金的情况下，企业可能会遭受失窃、白条抵库的损失；企业违反国家结算政策的情况下，企业有可能会受到有关部门的处罚；企业对国家有关货币资金管理规定的遵守质量较差的情况下，企业的进一步融资也将发生困难。其次，从企业自身货币资金管理角度来进行分析。企业在收支过程中的内部控制制度的完善程度以及实际执行情况，则直接关系到企业的货币资金运用质量。

对于企业来讲，持有一定量的现金是必要的。企业持有现金主要满足以下三个需要：交易需要、预防需要和投机需要。交易需要是指满足日常业务的现金支付需要；预防需要是指保持部分库存现金以防发生意外的支付；投机需要是指保留一定的现金余额用于不寻常的购买机会。

现金流量是按收付实现制原则计量的，与实际资金运动相一致，所以现金流量分析可以增加企业决策的实效性。利用现金流量有利于加强财务控制，通过现金流量的分析管理使企业的现金流量置于监控之下，有利于杜绝体外循环等弊端，加强财务监控力度。现金流量状况更能体现企业持续经营的能力。可以说，企业的兴衰，直接原因不在于利润，而是现金流量。

2. 现金管理的最佳境界

企业现金管理的最佳境界是：一方面，充分利用银行贷款来减少现金结存水平以增大投资力度；另一方面，在保持企业低现金结存水平的基础上缩短企业的现金缺口。事实上，保证企业的资金随用随有的一个办法就是不结存现金，借用银行的钱。因此，银行的支持是保证企业低现金结存水平的一个重要前提。

3. 现金周期与现金浮游

现金周期是一个时间概念，可以用公式表示如下：

现金周期＝存货周转天数＋应收账款收款天数－应付账款付款天数　　(6 - 1)

在存在现金周期的情况下，企业保证资金正常周转的办法就是向银行贷款。因此，现金周期越长，所需要的银行贷款就越多，也就会承担越多的利息支出。所以，如何在保持企业正常运转的前提下缩短现金周期是企业现金管理的重点之一。而缩短现金周期的途径主要有：延长应付账款付款天数；缩短应收账款收款天数和加快存货周转。

现金浮游是由于付款过程中邮递、工作流程、兑现支票所需时间形成的现金冻结。企业可以利用现金浮游填补现金流入与流出之间可能出现的暂时缺口。例如，周四开出支票 6 000 元，若能确认在下周一前支票不会到银行兑现，这 6 000 元就是现金浮游量。事实上，企业利用现金浮游需要一个前提，即企业在开出支票到达银行兑付之前，企业有收入及时进账弥补账户赤字，管理部门就可以利用浮游来缓解过紧的现金流量。

企业现金管理就是要权衡保持充足的现金与避免现金闲置产生的浪费之间的得失。企业耗尽现金储备可能会导致财务困境，而现金闲置也会带来浪费。权衡两者的得失是现金管理的重点。

（六）现金与利润关系分析

由于企业日常经济活动中存在着大量的应计项目、费用摊销和折旧计提等情况，使得企业当期现金增量与当期利润之间不一致。当然，从长期来看，尤其在企业的整个经济寿命期内，利润总额与现金增量应当趋于一致的。但市场并非像我们想象那样完美有效，各种风险与不确定性的存在、投资者对企业预期的动态变化、资产质量的高低，必然造成企业利润转化为现金的过程偏离理想状态，企业现金流量会发生系统性变化。企业利润与现金的差异主要表现为以下几种形式。

1. 账面利润大而现金不足

在一个经营周期中，资金经历了从现金到存货、应收账款回到现金的过程。现金的流动性与丰缺状况都是任何一个企业的关键。如果这种及时转换不能顺利完成，即便企业账面利润足够可观，现金流量形势也会大受影响而变得严峻起来。企业可能因此发生偿付危机，持续经营也会受到严重威胁。例如，对应收账款推动控制，或者该企业产量持续大于其销售量等均会影响企业的正常运转。

2. 账面亏损而现金富余

这种现象主要发生在从成熟走向衰退期的企业。企业销售达到饱和、摊销年费用依然较高，使得企业的会计利润非常小，甚至是亏损。但是由于以前的应收账款大量收回，使得企业的现金流量较大；又由于企业没有合适的投资项目，于是出现了大量的富余现金。

3. 利润难以满足企业扩张所需现金

企业业绩良好可能促使管理层增加设备投资，不断扩大的巨额投资会使现金运转产生赤字，于是企业只好通过外部融资来填补现金的短缺。所以即使企业很小心地管理其存货与应收账款，但是销售的迅速增长导致其对资产的投资必须有更大的增长，这样就出现了企业有盈利，但现金还是不能满足投资需求，这种情况称之为“成长性破产”，所以单纯依据利润决策投资有可能导致失误。

课堂思考

1. 资产负债表中的货币资金与现金流量表中的现金及现金等价物之间的联系与区别是什么？

2. 如何理解“现金为王”和“利润为王”？

【案例 6－1】

财务造假 300 亿元，罚款 60 万元！康美药业“四宗罪”

证监会对康美药业处以 60 万元罚款

证监会网站 2020 年 5 月 14 日消息，近日，证监会依法对康美药业违法违规案做出行政处罚及市场禁入决定。

决定对康美药业责令改正，给予警告，并处以 60 万元罚款，对 21 名责任人员处以 90 万元至 10 万元不等罚款，对 6 名主要责任人采取 10 年至终身证券市场禁入措施。相关中介机构涉嫌违法违规行为正在行政调查审理程序中。同时，证监会已将康美药业及相关人员涉嫌犯罪行为移送司法机关。

证监会最终认定，2016 年至 2018 年期间，康美药业虚增巨额营业收入，通过伪造、变造大额定期存单等方式虚增货币资金，将不满足会计确认和计量条件工程项目纳入报表，虚增固定资产等。同时，康美药业存在控股股东及其关联方非经营性占用资金情况。上述行为致使康美药业披露的相关年度报告存在虚假记载和重大遗漏。

康美药业有预谋、有组织，长期、系统实施财务欺诈行为，践踏法治，对市场和投资者毫无敬畏之心，严重破坏资本市场健康生态。证监会发现案涉违法行为后，立即集中力量查办，持续公布执法进展，疫情期间通过多地远程视频会议方式召开听证会，听取当事人陈述申辩，并在坚持法治原则下从严从重从快惩处。

证监会重申，信息披露制度是资本市场健康发展的制度基石，依法诚信经营是最基本的市场纪律。一些上市企业无视法律和规则，实施财务造假等侵害投资者利益的恶劣行为，相关中介机构未履职尽责、勤勉从业，严重阻碍资本市场健康发展。对此，证监会将始终保持高压态势，用足用好法律赋予的职责，综合运用行政处罚、刑事追责、民事赔偿及诚信记录等追责体系，对财务造假等行为重拳出击。

随着新《证券法》颁布实施和资本市场改革的不断推进，财务造假等证券违法违规成本将大幅提升，行政处罚决定做出后，相关责任单位和人员也将面临投资者民事诉讼索赔，付出更高昂的代价。希望广大上市公司引以为戒，坚守诚信底线，相关中介机构归位尽责，共同助力市场健康发展。证监会也将继续加强投资者保护，提高上市公司质量，压实中介机构责任，精准监管执法，坚决净化市场环境，更好发挥资本市场服务实体经济和投资者的功能。

证监会对康美药业作出处罚及禁入决定

中国证监会 www.csrc.gov.cn 时间：2020-05-14 来源：证监会

近日，证监会依法对康美药业违法违规案作出行政处罚及市场禁入决定，决定对康美药业责令改正，给予警告，并处以60万元罚款，对21名责任人员处以90万元至10万元不等罚款，对6名主要责任人采取10年至终身证券市场禁入措施。相关中介机构涉嫌违法违规行为正在行政调查审理程序中。同时，证监会已将康美药业及相关人员涉嫌犯罪行为移送司法机关。

证监会此前公布康美药业“四宗罪”

2019年8月，证监会对康美药业下发《行政处罚及市场禁入事先告知书》。

《行政处罚及市场禁入事先告知书》显示，康美药业存在以下四大方面的问题：

一是，康美药业涉嫌累计虚增营业收入291.28亿元。

具体如下：

《2016年年度报告》虚增营业收入89.99亿元，多计利息收入1.51亿元，虚增营业利润6.56亿元，占合并利润表当期披露利润总额的16.44%。

《2017年年度报告》虚增营业收入100.32亿元，多计利息收入2.28亿元，虚增营业利润12.51亿元，占合并利润表当期披露利润总额的25.91%。

《2018年半年度报告》虚增营业收入84.84亿元，多计利息收入1.31亿元，虚增营业利润20.29亿元，占合并利润表当期利润总额的65.52%。

《2018年年度报告》虚增营业收入16.13亿元，虚增营业利润1.65亿元，占合并利润表当期披露利润总额的12.11%。

二是，累计虚增货币资金886亿元。

康美药业《2016年年度报告》虚增货币资金225.49亿元，占公司披露总资产的41.13%和净资产的76.74%；《2017年年度报告》虚增货币资金299.44亿元，占公司披露总资产的43.57%和净资产的93.18%；《2018年半年度报告》虚增货币资金361.88亿元，占公司披露总资产的45.96%和净资产的108.24%。也就是说，康美药业这几年虚增的300亿左右的货币资金并不存在。

三是，《2018年年度报告》中存在虚假记载，虚增固定资产、在建工程、投资性房地产，共计36亿元。

康美药业在《2018年年度报告》中将前期未纳入报表的亳州华佗国际中药城、普宁中药城、普宁中药城中医馆、亳州新世界、甘肃陇西中药城、玉林中药产业园等6个工程项目纳入表内，分别调增固定资产11.89亿元，调增在建工程4.01亿元，调增投资性房地产20.15亿元，合计调增资产总额36.05亿元。

四是,《2016年年度报告》《2017年年度报告》《2018年年报告》中存在重大遗漏,未按规定披露控股股东及其关联方非经营性占用资金的关联交易情况。

2016年1月1日至2018年12月31日,康美药业在未经过决策审批或授权程序的情况下,累计向控股股东及其关联方提供非经营性资金116.19亿元用于购买股票、替控股股东及其关联方偿还融资本息、垫付解质押款或支付收购溢价款等用途。

在被立案调查前,康美药业公司市值最高达1 300多亿元,为市场热议的千亿市值白马股,如今市值仅剩下134亿元。

康美药业暴雷全过程

1. 公告财务差错

2018年4月29日,康美药业发布了一份《关于前期会计差错更正的公告》。公告具体阐述了公司2017年年报中出现的14项会计错误。其中最主要的有以下几点:

由于财务数据出现会计差错,造成2017年营业收入多计入88.98亿元,营业成本多计入76亿元,销售费用少计入5亿元,财务费用少计入2亿元,销售商品多计入102亿元,货币资金多计入299亿元,筹资活动有关的现金项目多计入3亿元。

2. 正中珠江被立案调查

证监会向正中珠江下发调查通知书,因正中珠江在康美药业审计业务中涉嫌违反证券相关法律法规,证监会对其立案调查,其调查时间为2019年5月9日。

3. 康美存在假存款、假收入

证监会2019年5月17日表示,2018年底证监会日常监管发现,康美药业股份有限公司(简称康美药业)财务报告真实性存疑,涉嫌虚假陈述等违法违规,我会当即立案调查。12月29日,康美药业披露有关信息。现已初步查明,康美药业披露的2016至2018年财务报告存在重大虚假,涉嫌违反《证券法》第63条等相关规定。

一是使用虚假银行单据虚增存款;

二是通过伪造业务凭证进行收入造假;

三是部分资金转入关联方账户买卖本公司股票。

4. 康美深夜道歉

康美药业在2019年5月17日晚上近12点的时候发公告道歉,并把自己给ST了。公告还称,公司有88.79亿元被拿去炒股了。康美在公告称,经公司核查,公司与相关关联公司存在88.79亿元的资金往来,该等资金被相关关联公司用于购买公司股票。"公司在二十多年的发展中,特别是近几年的高速发展中,确实存在不规范的情况,被证监会立案调查。"马兴田说,"我们正在积极配合调查,争取在调查结果出来后更有信心地做好主业。"

5. 遭《焦点访谈》点名

2019年8月9日,央视焦点访谈《财务造假须严惩》专题报道点名了康得新、康美药业、辅仁药业等一批上市公司涉嫌财务造假的违法违规行为。

(资料来源:经济日报)

课堂思考

1. 分析康美药业2016—2018年“存贷双高”不正常的资本结构是如何产生的。

2. 分析康美药业2016—2018年是如何虚增收入和利润的。

3. 资产负债表中的货币资金与现金流量表中的现金及现金等价物之间的联系与区别是什么？试用一家上市公司的数据来验证它们的关系。

二、交易性金融资产分析

（一）交易性金融资产的含义

交易性金融资产是指企业为交易目的而持有的债券投资、股票投资和基金投资等金融资产，是企业为了近期内出售而持有的金融工具，该金融工具必须存在活跃的交易市场。交易性金融资产极易变现，流动性仅次于货币资金，交易性金融资产其入账价值以取得投资的成本入账。投资成本是指为获得一项投资而付出的代价。但是，企业进行证券投资所支付的全部价款中，若包含应计股利、应计利息，应当从投资成本中扣除，作为“应收股利”或“应收利息”处理。交易性金融资产还具有持有时间较短、盈利与亏损难以把握等特点。它在报表中常常表现为金额经常波动、投资收益与亏损易变等特点。通常情况下，是以赚取差价为目的从二级市场购入的股票、债券和基金等。

（二）交易性金融资产的投资收益

交易性金融资产的投资收益包括持有期间的收益和出售处置交易性金融资产所得的价差损益。

1. 交易性金融资产的持有收益

交易性金融资产持有收益包括持有期间的股利、利息，一般在宣告或计提时作为投资收益入账；持有交易性金融资产的未实现损益，即因公允价值计价产生的损益，应计入“公允价值变动损益”，并在利润表中单独列示。

2. 交易性金融资产的处置收益

交易性金融资产的投资收益是指出售所收到的处置收入大于交易性金融资产账面价值的差额，反之则为交易性金融资产的投资损失。出售交易性金融资产引起的价差收益（或损失）应在“投资收益”账户中反映。

（三）交易性金融资产的质量分析

按照准则的规定，以公允价值计量且其变动计入当期损益的金融资产，应当以公允价值进行后续计量，公允价值变动计入当期利润表，体现在“公允价值变动损益”账户中。因此，资产负债表中的交易性金融资产不是以投资成本计价的，是以编报日的证券市价计量的，这项资产的价值将随市价波动而变化。对该项投资的价值分析应结合投资对象和投资占流动资产比重及其趋势变化综合考虑。分析时应关注公允价值这一计量属性，着重分析该项目的盈利性大小。

具体来讲应从如下两个方面进行分析：分析同期利润表中“公允价值变动损益”及其会计报表附注中对该项目的详细说明，通过把握因交易性金融资产投资而产生的公允价值变动损益为正还是为负来确定该项资产的盈利能力。

当然，若该项投资规模过大，必然会影响企业的正常生产经营，也有人为地将“其他权益工具投资”“其他债权投资”甚至“债权投资”及“长期股权投资”等项目转入该项目挂账之嫌，以“改善”其流动比率，我们可以从其规模的波动、现金支付能力、投资收益构成等方面来进行判断。

在进行交易性金融资产分析时，首先应注意交易性金融资产增减变动情况及其原因，注意是否存在将长期投资任意结转为交易性金融资产的现象。一些企业可能利用长期投资与交易性金融资产的划分来改善其流动比率，这可以通过交易性金融资产在报表中表现出来的特点进行分析。① 从交易性金融资产的数量看。交易性金融资产具有金额经常波动的特点，跨年度不变且金额较为整齐的交易性金融资产极有可能是长期投资。② 从投资收益的情况看。交易性金融资产收益具有盈亏不定、笔数较多的特点，而长期投资收益一般具有固定性、业务笔数少的特点。如果在投资收益的构成中出现异常情况，则有可能是企业将长期投资划为交易性金融资产以改善其流动比率。③ 要注意交易性金融资产的构成。企业的交易性金融资产包括从二级市场购入的股票、债券和基金等构成。购入债券和基金风险较小，购入股票风险较大。在资产的风险分析中应该注意交易性金融资产的构成，及时发现风险，予以防范。

课堂思考

1. 如何分析以公允价值计量且其变动计入当期损益的金融资产的持有损益？
2. 如何分析以公允价值计量且其变动计入当期损益的金融资产的处置损益？

三、应收账款分析

应收款项泛指企业拥有的将来获取现款、商品或劳务的权利。作为流动资产列示于资产负债表中的一般包括应收账款、应收票据、预付款项和其他应收款。

应收账款是指企业在正常经营过程中因赊销产品、商品、材料，以及提供劳务等业务而应向客户收取的款项。应收票据是指客户采用商业汇票作为支付工具所表明的欠付企业的款项。预付款项是指企业根据购销合同预先付给供应商的货款。其他应收款是指除了应收账款、应收票据、预付账款外的其他各种应收、暂付款项，包括各种赔款、罚款、存出保证金、备用金、应向职工收取的各种垫付款项等。

对于应收账款的分析，重点有三：一是财务报表上列示的应收账款是否属实，规模是否合理？二是应收账款的变现能力有多大？三是应收账款计提坏账准备的政策执行情况，以及预计坏账损失对利润的影响有多大？

（一）应收账款的合理性分析

应收账款规模的合理性受诸多因素的影响，主要考虑以下三点。

1. 行业的背景和惯例

一般而言，行业处于快速扩张阶段或产品成熟期阶段，往往伴随大量的赊销，不同情况的赊销对业绩的影响各不相同。如果行业竞争激烈，企业可能会放宽信用政策来扩大销售，其结果就是应收账款增多。从行业惯例看，某些行业习惯于大量的赊销，如家电业；有些行业购货方享有巨额退货权利，如计算机硬件、唱片公司和食品业。对于这些企业，公司有无计提充分的准备、有无确切计量销售收入显得十分关键。

2. 市场供需情况和未来产品的预测

如果市场需求强盛、产品质量卓越，则大量的应收款和收入比较可靠，风险较小；反之，如果企业和顾客的销售协议是基于比较宽松的信用条件之上的，则可能会影响应收账款的收回价值。由于市场变幻莫测，对应收款的分析还应结合未来商情加以斟酌。

3. 充分考虑补充资料

由于财务报表所披露的资料缺乏足够的线索，财务报表分析者还需要从下列补充资料中寻找合理的参考资料：

(1) 企业往来客户及其经营情况，结合客户信用调查内容分析应收款，如表 6-2 所示；

(2) 产品的周转情况、市场前景、与主要竞争对手相比的强项和弱项；

(3) 主要客户占全部客户的比例，主要客户购货额占全部购货额比例；

(4) 应收账款账龄分析，如表 6-3 所示；

(5) 应收票据可收回性及其占全部应收款的比重；

(6) 其他应收款的内容、期限和可收回性；

(7) 给予顾客折扣、退货、折让、赊销期等条件；

(8) 通过应收账款预算分析应收账款回收状况，分清正常应收账款与逾期应收账款；

$$\begin{matrix}\text{本期内收回的}\\\text{正常应收账款}\end{matrix}=\left(\begin{matrix}\text{期初正常}\\\text{应收账款}\end{matrix}+\begin{matrix}\text{本期}\\\text{销售额}\end{matrix}\right)\times\begin{matrix}\text{正常应收}\\\text{账款回款率}\end{matrix}\tag{6-2}$$

$$\begin{matrix}\text{本期内收回的}\\\text{逾期应收账款}\end{matrix}=\left(\begin{matrix}\text{期初逾期}\\\text{应收账款}\end{matrix}+\begin{matrix}\text{本期增加的}\\\text{逾期应收账款}\end{matrix}\right)\times\begin{matrix}\text{逾期应收}\\\text{账款回款率}\end{matrix}\tag{6-3}$$

(9) 参考信用评级标准分析应收账款等资产，信用评价经验指标如表 6-4 所示。

表 6-2　客户信用调查内容

项　目	信用调查内容
对客户经营状况的调查	客户的总体经营状况如何
	客户的声誉、形象如何
	对自己的生意是否有很好的规划
	客户对自己所在的行业是否非常了解
	客户对市场的情况是否了解
	是否有具体公司战略或者竞争战略

续　表

项　目	信用调查内容
	公司的内部管理如何
	是否具有成熟的公司文化？各部门之间的协作精神如何
	经营者本人的素质如何
	管理人员的素质如何
	公司整体的士气怎样
对客户财务现状的调查	客户手中的现金是否充足
	是否持票据贴现
	是否有延期支付债务的情况
	是否有为融资而低价抛售的情况
	是否有提前收回赊销款的情况
	是否开始利用高息贷款
	与银行的关系是否变得紧张
	是否有其他债权人无法收回其贷款
	其票据是否曾经被银行拒付
	银行账户是否已被冻结
对客户支付情况的调查	是否已不能如期付款
	是否有推迟现金支付日的情况
	是否有推迟签发支票的情况
	是否有提出要求票据延期的情况
	是否有要求延长全部票据或货款的支付日期的情况

表 6－3　账龄分析表

收款时间	已收金额（元）	拖欠金额（元）	已收账款占应收账款总额百分比（%）	拖欠账款占应收账款总额百分比（%）	拖欠账款占拖欠总额百分比（%）
逾期 1～30 天					
逾期 31～60 天					
逾期 91～180 天					
逾期 180～360 天					
逾期 360 天以上					

表 6-4　信用评价经验指标

指标及付款记录	信用好	信用一般	信用差
应收账款周转率	12 以上	10±2	8 以下
存货周转率	7 以上	5±2	3 以下
已获利息倍数	8 以上	5±3	2 以下

注:周转率指标视行业和销售而定,并无统一标准,上表仅为举例用。

(二)应收账款及其创利性的分析

1. 正确认识应收账款

应收账款是一种促销手段,是提供给销售方的一种优惠条件。应收账款的存在,一方面可以吸引更多的顾客、扩大销售、提高存货流动性、增加市场份额、强化企业的竞争力。但另一方面,应收账款也可能带来损失,相应会减少企业的投资机会。因为企业资金如不被占用在应收账款上,至少可存入银行获取利息或投资其他项目取得相应收益。同时,应收账款的存在还会增加管理费用,如追讨欠款发生的开支。只有当应收账款的存在所带来的利益或好处大于企业因此而发生的费用或损失时,这种存在就有其经济上的合理性,否则就没有了经济上的意义。

应收账款的收回也是有风险的。按照商业经验,一年以上的应收账款和其他应收款,有较大的坏账可能,容易产生财务状况恶化的不良后果。此外,企业也可能因为债务人的死亡或破产而无法收回其债权。如果存在巨额重大回收风险的应收账款,注册会计师往往会就此对企业出具非标准审计报告,如注册会计师曾经对北京中燕、ST 琼华侨、东海股份等上市公司的 2000 年应收账款的回款可能性提出过质疑。因此,投资者可以从审计报告中获得一些表外信息。

2. 应收账款的创利性

恰当额度的应收账款应该是赊销所创造的利润大于应收账款的持有成本,其基本目标应当是:企业赊销收益最大化,同时企业应收账款总成本最低,即应收账款管理的目标就是在扩大销售所带来的利润和因此增加的成本之间寻找平衡点,力求以较低的持有成本最大限度地获取赊销带来利润。应收账款的持有成本包括以下三种:

(1) 机会成本。机会成本是指企业将资金投放在应收账款上而丧失投资于其他方面所能带来的收益,即因应收账款的取得而丧失的市场机会收入。其计算公式为:

$$\text{应收账款机会成本} = \text{应收账款占用资金} \times \text{资金成本} \qquad (6-4)$$

由于应收账款所占用的资金只是其变动成本部分,而不是全部待回收部分,所以应收账款占用资金常常计算如下:

$$\text{应收账款占用资金} = \text{应收账款平均余额} \times \text{变动成本率} \qquad (6-5)$$

(2) 管理成本。管理成本是企业对应收账款的全程管理所耗费的开支,如调查客户的费用、收集信息的费用、账簿记录的费用和收账费用等。管理成本是应收账款管理过程中的固定成本，通常通过预测加以确定。

（3）坏账成本。坏账成本是指企业不能及时回收账款而发生的费用。计算公式如下：

坏账成本＝赊销收入×实际（或预计）坏账损失率　（6－6）

3. 应收账款收账政策的评估

如果企业收账政策过宽，将会导致拖欠款项的客户增多并且拖欠款项的时间延长，从而增加应收账款的投资和坏账损失，但却会减少收账费用；而收账政策过严，将导致拖欠款项的客户减少及拖延款项的时间缩短，从而减少应收账款的投资和坏账损失，但却会增加收账费用。

收账政策评估的基本原则是：在增加的收账费用与减少的坏账损失及应收账款的机会成本之间进行权衡。若前者小于后者，则说明制定的收账政策是可取的。

【例 6－1】 某企业预测的 2020 年度赊销额为 2 400 万元，其信用条件是：*N*/30，变动成本率为 65%。资金成本（或有价证券利息率）为 20%。假设企业收账政策不变，固定成本总额不变。该企业准备了三个信用条件的备选方案：A：维持 *N*/30 的信用条件；B：将信用条件放宽到 *N*/60；C：将信用条件放宽到 *N*/90。为各种备选方案估计的赊销水平、坏账百分比和收账费用等有关数据如表 6－5 所示，信用条件分析如表 6－6 所示。

表 6－5　信用条件备选方案表　　金额单位：万元

项　目 ＼ 方案信用条件	A 方案（*N*/30）	B 方案（*N*/60）	C 方案（*N*/90）
年赊销额	2 400	2 640	2 800
应收账款平均收款天数	30	60	90
应收账款平均余额	（2 400/360）×30＝200	（2 640/360）×60＝440	（2 800/360）×390＝700
应收账款占用资金	200×65%＝130	440×65%＝286	700×65%＝455
坏账损失/年赊销额	2%	3%	5%
坏账损失	2 400×2%＝48	2 640×3%＝79.2	2 800×5%＝140
收账费用	24	40	56

表 6－6　信用条件分析评价表　　单位：万元

项　目 ＼ 方案信用条件	A 方案（*N*/30）	B 方案（*N*/60）	C 方案（*N*/90）
年赊销额	2 400	2 640	2 800
变动成本	1 560	1 716	1 820
信用成本前收益	840	924	980
减：信用成本：			

续 表

项 目 \ 方案信用条件	A 方案 (N/30)	B 方案 (N/60)	C 方案 (N/90)
应收账款机会成本	130×20%=26	286×20%=57.2	455×20%=91
坏账损失	48	79.2	140
收账费用	24	40	56
小计	98	176.4	287
信用成本后收益	742	747.6	693

在这三种方案中，B 方案的获利最大，它比 A 方案增加收益 5.6 万元；比 C 方案增加收益 54.6 万元。因此，在其他条件不变的情况下，应选择 B 方案。

【例 6－2】 仍按上例，如果企业选择了 B 方案，但为了加速应收账款的回收，决定将赊销条件改为“2/10，1/20，*N*/60”（D 方案），估计约有 60%的客户会利用 2%的折扣；15%的客户将利用 1%的折扣。坏账损失率为 2%，收款费用降为 30 万元。根据上述资料，进行决策分析。信用条件分析如表 6－7 所示。

表 6－7 信用条件分析评价表 单位：万元

项 目 \ 方案信用条件	B 方案 (N/60)	D 方案 (2/10，1/20，N/60)
年赊销额	2 640	2 640
减：现金折扣 年赊销净额 减：变动成本	— 2 640 1 716	35.64 2 604.36 1 716
信用成本前收益	924	888.36
减：信用成本：		
应收账款机会成本	57.2	22.88
坏账损失	79.2	52.8
收账费用	40	30
小计	176.4	105.68
信用成本后收益	747.6	782.68

应收账款平均收账天数 $=60\% \times 10+15\% \times 20+25\% \times 60=24$（天）

应收账款平均余额 $=(2\ 640/360) \times 24=176$（万元）

维持赊销业务所需要的资金 $=176 \times 65\%=114.4$（万元）

应收账款的机会成本 $=114.4 \times 20\%=22.88$（万元）

坏账损失 $=2\ 640 \times 2\%=52.8$（万元）

现金折扣 $=2\ 640 \times (2\% \times 60\%+1\% \times 15\%)=35.64$（万元）

计算结果表明，实行现金折扣以后，企业的收益增加35.08万元(=782.68—747.60)，因此，企业最终应选择D方案作为最佳信用方案。

（三）应收账款的坏账分析

由于资产负债表上列示的是应收账款净额，市场经济条件下越来越多的企业借助于商业信用来扩大销售，提高产品的市场占有率。但是，商业信用的存在会不可避免地带来一定的风险，即应收账款收不回来的风险，应收账款中最终无法收回的款项称为坏账，由此产生的损失称为坏账损失。坏账损失在会计上表现为一种费用，由于应收账款的减少而增加的费用，最终影响企业的净利润。为此，需要了解坏账确认的标准、坏账金额计算的依据和方法。

1. 坏账的确认

一般情况下，只要能够证明应收账款收不回来就可确认为坏账。在我国，应收账款符合下列条件之一的，可以确认为坏账：

(1) 债务人死亡，以其遗产清偿后仍然无法收回的；

(2) 债务人破产，以其破产后财产清偿后仍然无法收回的；

(3) 债务人较长时间内未能履行其偿债义务，并有足够的证据表明无法收回或收回的可能性极小的。

根据《企业资产损失税前扣除管理办法》的通知(国税发〔2009〕88号)之第十六条规定，企业应收、预付账款发生符合坏账损失条件的，申请坏账损失税前扣除，应提供下列相关依据：

(1) 法院的破产公告和破产清算的清偿文件；

(2) 法院的败诉判决书、裁决书，或者胜诉但被法院裁定终止执行的法律文书；

(3) 工商部门的注销、吊销证明；

(4) 政府部门有关撤销、责令关闭的行政决定文件；

(5) 公安等有关部门的死亡、失踪证明；

(6) 逾期三年以上及已无力清偿债务的确凿证明；

(7) 与债务人的债务重组协议及其相关证明；

(8) 其他相关证明。

同时，第十七条规定逾期不能收回的应收账款中，单笔数额较小、不足以弥补清收成本的，由企业做出专项说明，对确实不能收回的部分，认定为损失。第十八条规定逾期三年以上的应收账款，企业有依法催收磋商记录，确认债务人已资不抵债、连续三年亏损或连续停止经营三年以上的，并能认定三年内没有任何业务往来，可以认定为损失。

2. 坏账的计提

按照我国财政部的规定，企业应当在期末分析各项应收账款的可收回性，并预计可能产生的坏账损失。规定要求企业在坏账处理上只能采用备抵法。如果企业预付账款遇到供货商破产、撤销等原因而又有确凿证据证明的已无望收回所购货物的，应当将原计入预付账款的金额转入其他应收款，并按规定计提坏账准备。企业持有到期应收票据，如有确凿证据证明不能收回或收回可能性不大时，应将其账面价值转入应收账款，按规定计提坏账准备。

备抵法是指在坏账损失实际发生前，就依据权责发生制原则估计损失，并同时形成坏账准备，待坏账损失实际发生时再冲减坏账准备。坏账准备可采用预期信用损失法。应收账款的预期信用损失是指以应收账款发生违约的风险为权重的应收账款信用损失的加权平均值，即企业根据合同应收的现金流量与预期能收到的现金流量之间的差额的现值。

企业应当在资产负债表日计算应收账款预期信用损失。在计算应收账款信用损失时，企业应将所有的应收账款看成整体，根据不同的账龄等来预计不同的概率、不同的未来现金流量，进而加权计算不同的现金缺口折现额，即应收账款应计提的减值金额。

企业可以在遵循金融工具确认和计量准则的前提下，采用简化的方法计算预期信用损失。一般可将应收账款按照债务人所在的区域、类型、信用等级等进行分组，在此基础上再按账龄（或逾期时间）和预计损失率确定预期信用损失。

（1）当期预期信用损失＝前期累计已确认的信用损失，则当期无须确认信用损失；

（2）当期预期信用损失＞前期累计已确认的信用损失，则按其差额确认当期信用损失；

（3）前期累计已确认的信用损失＞当期预期信用损失，则按其差额冲销当期信用损失；

其中，预计损失率可以根据历史经验（信息），在考虑前瞻性信息的基础上加以确定。

【例 6－3】 2020 年 12 月 31 日，某公司根据 2017 年以来 4 年的应收款项数据确定当年应收款项信用损失率，相关数据如表 6－8 所示。

表 6－8 应收账款账面余额及账龄情况表 单位：元

账　龄	2017 年年末	2018 年年末	2019 年年末	2020 年年末
1 年以内	450 000	300 000	375 000	600 000
1～2 年	105 000	45 000	25 000	30 000
2～3 年	21 000	35 000	18 000	12 000
3 年以上	15 000	18 000	30 000	16 000
3 年以上迁徙		15 000	18 000	30 000
合　计	591 000	398 000	448 000	658 000

首先计算迁徙率。当年迁徙率为上年末该账龄余额至下年末仍未收回的金额占上年末该账龄余额的比重。例如，2017 年年末一年以内余额为 45 万元，至 2018 年年末仍未收回的部分会迁徙至 1～2 年期间，则其迁徙率为 10%（＝4.5/45×100%）。应收账款迁徙率计算表如表 6－9 所示。

表 6－9 应收账款迁徙率计算表 单位：元

账　龄	2017 年迁徙至 2018 年	2018 年迁徙至 2019 年	2019 年迁徙至 2020 年	平均迁徙率
1 年以内	10%	8.33%	8%	8.78%
1～2 年	33.33%	40%	48%	40.44%
2～3 年	85.71%	85.71%	88.89%	86.77%
3 年以上	100%	100%	100%	100%

由表 6－9 中数据可以计算历史信用损失率，其各账龄损失率(取整数)分别为：3%(＝8.78%×40.44%×86.77%×100.00%)、35%(＝40.44%×86.77%×100.00%)、87%(＝86.77%×100.00%)和 100%。

考虑到前瞻性因素，如宏观经济增速放缓等，该公司决定调整该历史信用损失率，对三年以下账龄的预期损失率再增加 1%，即各账龄损失率分别为：4%、36%、88%和 100%。

因此，该公司 2020 年应确认应收款项预期信用损失为 6.136 万元(＝60×4%＋3×36%＋12×88%＋16×100%)。

(四) 应收账款的变动分析

应收账款变动分析，是将应收账款期末数与期初数进行比较，看它的前后变化情况。在流动资产和销售收入不变的情况下，应收账款的绝对额增加了，表明企业变现能力在减弱，承担的风险增大，其占用比重就不合理；如果应收账款的增长与流动资产增长和销售收入增长同步，表明应收账款占用相对合理。应收账款变动分析，可通过编制应收账款变动表(见表 6－10)来进行分析。

表 6－10　2016—2020 年恒瑞医药应收账款变动情况表　　单位：万元

项　目	2016 年		2017 年		2018 年		2019 年		2020 年	
	金额	变动率	金额	变动率	金额	变动率	金额	变动率	金额	变动率
应收账款	232 459	11%	318 858	37%	377 269	18%	490 625	30%	507 369	3%
流动资产	1 139 322	21%	1 446 853	27%	1 806 939	25%	2 231 130	23%	2 805 004	26%
营业收入	1 109 372	19%	1 383 563	25%	1 741 790	26%	2 328 858	34%	2 773 460	19%

数据来源：东方财富 Choice 数据

对应收账款变动分析的重点应分析应收账款的增加是否正常，影响应收账款增加的因素主要有有以下几方面：① 企业信用政策发生了变化，企业希望通过放松信用政策来增加销售收入。② 企业销售量增长导致应收账款增加。③ 收账政策不当或者收账工作执行不力。④ 应收账款质量不高，存在长期挂账难于收回的账款，或者客户发生财务困难，暂时难于偿还所欠货款。⑤ 企业会计政策变更。如果一个企业在有关应收账款方面的会计政策发生变更，应收账款也会发生相应的变化。

对应收账款变动的分析，还应注意一些企业利用应收账款调节利润的行为。首先应特别注意企业会计期末突发性产生的与应收账款相对应的营业收入。如果一个企业全年的营业收入 1 月至 11 月各月都较为平均，而唯独 12 月营业收入猛增，且大部分是通过应收账款产生的，财务分析人员对此应该深入分析。如果企业确实有利润操纵行为，应将通过应收账款产生的营业收入剔除，同时调整应收账款账面余额；其次，要特别关注关联企业之间的业务往来，观察是否存在通过关联交易操纵利润的现象，如果有则应予以调整。

(五) 应收账款的规模分析

影响应收账款规模的因素主要有：① 企业的经营方式及所处的行业特点。对相当多的企业来说销售自己的产品或劳务，不外乎采用预收、赊销和现销几种方式。因此，债权规模与企业经营方式和所处行业有直接联系。处于商业行业的零售企业，相当一部分业务是现金销售业务，因而其商业债权较少；而相当一部分工业企业，则往往采用赊销方式，从而形成商业债权。② 企业的信用政策。企业赊销商品，就是向购买方提供了商业信用。因此，企业的信用政策对其商业债权规模有着直接的影响：放松信用政策，将会刺激销售，增大债权规模；紧缩信用政策，则又会制约销售，减少债权规模。企业应收账款规模越大，其发生坏账的可能性越大，应收账款规模越小，发生坏账的可能性越小。因此，应在刺激销售和减少坏账间寻找赊销政策的最佳点。

（六）债务人构成分析

在很多情况下，企业债权的质量不仅与债权的账龄有关，更与债务人的构成有关。因此，在有条件的情况下，可以通过分析债务人的构成来分析债权的质量。对债务人的构成进行分析，可从以下几个方面入手：① 从债务人的行业构成来分析。由于不同行业的经营业务差异可能很大，处于同一行业的企业往往在财务质量方面有较大的相似性，因此，对债务人的行业构成进行分析至关重要。② 从债务人的区域构成入手来分析。从债务人的区域构成来看，不同地区的债务人由于经济发展水平、法制建设条件以及特定的经济环境等方面的差异，在企业自身债务的偿还心态以及偿还能力方面有相当大的差异。经济发展水平较高、法制建设较好以及特定的经济环境较好地区的债务人，一般具有较好的债务清偿心理，企业对这些地区的债权可回收性较强。经济发展水平较落后、法制建设条件较弱以及特定经济环境较差地区的债务人，还款能力较差。③ 从债务人的所有权性质入手来分析。从债务人的所有权性质来看，不同所有制的企业在自身债务的偿还心态以及偿还能力方面也有较大的差异。许多企业的实践已经证明了这一点。④ 从债权企业与债务人的关联状况入手来分析。从债权企业与债务人的关联状况来看，可以把债务人分为关联方债务人与非关联方债务人。由于关联方彼此之间在债权债务方面的操纵色彩较强，因此，对关联方债务人的偿还状况应给予足够重视。⑤ 从债务人的稳定程度入手来分析。从债务人的稳定程度来看，稳定的债务人的偿债能力一般较好，但同时也要关注其近期是否存在财务困难的风险。一般情况下，稳定的债务人过多，通常意味着企业的经营没有起色，而临时性或不稳定的债务人虽然有可能是企业扩展经营业务的结果，但其偿债能力一般较难把握。

（七）应收款项融资分析

应收款项融资项目，反映资产负债表日以公允价值计量且其变动计入其他综合收益的应收票据和应收账款等。公司视日常资金管理的需要，将部分银行承兑汇票进行贴现和背书，对部分应收账款进行保理业务，基于出售的频繁程度、金额以及内部管理情况，此类金融资产的业务模式为：既以收取合同现金流量为目标又以出售为目标，且此类金融资产的合同现金流量特征与基本借贷安排相一致。此类金融资产按照公允价值计量且其变动计入其他综合收益，但减值损失或利得、汇兑损益和按照实际利率法计算的利息收入计入当期损益。

课堂思考

表 6-11　某企业应收账款数据

项　目	2018 年	2019 年	增减额	增长率(%)
应收账款(万元)	21 176.36	29 080.65	+7 904.2	37.33
资产总额(万元)	62 937.13	74 483.69	+11 546.56	18.35
营业收入(万元)	37 281.27	43 908.68	+6 627.41	17.78
应收账款占资产总额的比例(%)	33.65	39.04	+5.39	16.01
应收账款就营业收入的比例(%)	56.08	66.23	+10.15	18.10

从公司的报表中还看到,2017 年短期借款为 2 913.02 万元,2018 年公司从资本市场筹集到的资金净额为 15 202.23 万元,2019 年短期借款为 10 626.97 万元。试对该企业应收账款的合理性进行分析评价。

四、其他应收款分析

其他应收款是企业除应收票据、应收账款、预付账款等以外的其他各种应收、暂付款项,是由非购销活动所产生的应收债权,包括企业拨出的备用金,应收的各种赔款罚款,应向职工收取的各种垫付款项,以及已不符合预付账款性质而按规定转入的预付账款等。具体内容如下:

(1) 应收的各种赔款、罚款。

(2) 应收出租包装物租金。

(3) 应向职工收取的各种垫付款项。

(4) 备用金(向企业各职能科室、车间等拨出的备用金)。

(5) 存出保证金,如租入包装物支付的押金。

(6) 预付账款转入。

(7) 其他各种应收、暂付款项。

其他应收款类似于一个“垃圾桶”,与商品交易无关的且能列入上述提及用途的应收及暂付款项都可以装进去。常见类型概括如下:① 大股东和其他关联方往来款,控股股东和其他关联公司进行资金融通。比如房地产行业中经常存在这种类型的往来款。② 委托理财。很多公司将大量暂时闲置的资金,委托其他机构进行理财以期获得高于存款的收益。尤其是在股市较好的时候,委托证券公司进行股票等证券投资的委托理财最为普遍。委托理财计入其他应收款。③ 委托贷款。作为非金融机构通过委托贷款的方式借出的资金也计入其他应收款。比如 2019 年前后,银行业银根收紧,很多企业无法从银行获得贷款,民间借贷极度活跃,民间拆借利率也不断攀升。一些公司主业不太赚钱,又有闲置资金,就开始做委托贷款。

其他应收款分析要点如下:

(1) 注意关联方往来款。在我国资本市场中有一个非常普遍的现象,大股东占用上市公司资金。大股东打包一些资产质量较好的业务拿到资本市场上融资,再将上市公司的资金挪为己用,或者在集团下属公司之间进行周转。大股东或其他关联方占款严重侵犯了中小股东利益,更有甚者,可能由于资金严重被占用而导致上市公司退市或破产。因此,需要注意大额增加的其他应收款,分析其产生的原因和资金的去向。

(2) 委托理财及委托贷款本金及其收益稳定性。在享受理财较高收益的同时,此类业务面临的风险更需要引起我们的注意:① 部分公司与证券公司私下签订保证收益或全权委托等不合规协议,法律风险较高;② 在缺乏第三方监管时,受托方挪用资金的风险显著;③ 资本市场波动使得理财资金面临收益甚至本金大幅度受损的风险。在分析委托贷款的时候,首先应关注该委托贷款的回收风险,因为高利率通常伴随着高风险;其次需要关注委托贷款收益的持续性,一旦资金面好转,民间资金拆借利率就会下降。

(3) 警惕沉淀时间长的款项。其他应收款如果长期挂账,可能表示该笔款项全额收回的可能性很低,甚至可能完全无法收回。如果该笔款项计提的坏账准备较小,无法反映款项实际可能产生的损失,则可能高估其他应收款的金额,虚增资产。

(4) 警惕大额其他应收款,由于其他应收款类似于一个"杂货铺",里面的内容较杂,而且产生原因、真实性也各不相同。因此对于大额的其他应收款应当特别注意。企业有可能通过其他应收款来实现利润的调节。例如,在盈利水平不佳的年份,上市公司有可能会通过其他应收款科目列支费用,减少企业的费用,从而达到虚增利润的目的。或者通过调整其他应收款,来避免大额减值对企业盈利能力的影响。

课堂思考

表 6-12　某上市公司合并报表与母公司报表中其他应收款的相关数据

项　目	2018 年		2019 年	
	合并报表	母公司报表	合并报表	母公司报表
其他应收款(万元)	1 537.78	7 009.74	8 043.96	23 977.72
资产总额(万元)	217 047.93	197 094.38	225 584.42	189 359.19
其他应收款占资产总额(%)	0.71	3.56	3.57	12.66

另外,财务报表附注中说明其他应收款前五名的单位均为上市公司的关联单位,占母公司其他应收款的 75.56%。对此,你有什么分析?

五、合同资产分析

《企业会计准则第 14 号——收入(财会〔2017〕22 号)》对原收入准则做了重大修订,其中新增了"合同资产"和"合同负债"的概念。合同资产,是指企业已向客户转让商品而有权收取对价的权利,且该权利取决于时间流逝之外的其他因素。例如,企业向客户销售两项可明确区分的商品,企业因已交付其中一项商品而有权收取款项,但收取该款项还取决于企业交付另一项商品的，企业应当将该收款权利作为合同资产。企业拥有的、无条件（即，仅取决于时间流逝）向客户收取对价的权利应当作为应收款项单独列示。二者的区别在于，应收款项代表的是无条件收取合同对价的权利，即企业仅仅随着时间的流逝即可收款，而合同资产并不是一项无条件收款权，该权利除了取决于时间流逝之外，还取决于其他条件（如履行合同中的其他履约义务）。因此，应收款项仅承担信用风险，而合同资产除承担信用风险之外，还可能承担其他风险，如履约风险等。

【案例 6－2】

应收账款舞弊的识别与应对——基于广东榕泰的案例分析

2020 年，随着修订后的《证券法》开始施行，监管层加强了对财务舞弊的惩处力度。2021 年 7 月，证监会通报了适用新《证券法》的首批财务舞弊案件，其中广东榕泰（600589）被认定为造假手段隐蔽、利用新型或复杂金融工具的典型案例。尽管广东榕泰的舞弊金额相比康美药业、康得新小得多，但其舞弊手法既涉及利用关联方虚构应收账款、虚增保理业务收入，亦涉及虚减和隐藏应收账款的情形，不失为值得关注的新动向。

一、新《证券法》处罚之“首”

广东榕泰 2001 年上市，从事化工材料的生产和销售业务。2016 年全资收购北京森华易腾通信技术有限公司（以下简称森华）后，广东榕泰开始了双主业模式，增加了互联网数据中心（IDC）、云计算、内容分发网络业务（CDN）等业务。自此，其分部收入来源分为三类：ML 氨基复合材料；苯酐、二辛酯及其他化工产品；互联网综合服务。上市以来，广东榕泰的大股东一直是广东榕泰高级瓷具有限公司。

广东榕泰的财务舞弊问题始发于无法按时披露年报：2020 年 4 月 29 日，广东榕泰因与审计机构、评估机构无法达成一致，无法按期披露 2019 年年报和 2020 年一季报，继而停牌，同日便收到上交所的监管工作函；2020 年 5 月 7 日，广东证监局就未按期披露问题要求公司进行整改。2020 年 5 月 21 日，证监会决定对广东榕泰信息披露违法违规立案调查。2021 年，广东榕泰收到证监会广东监管局行政处罚事先告知书和决定书。其中披露的问题包括未按期披露年报；未披露关联关系、关联交易；利用关联方虚构销售回款减少应收账款，从而虚增利润；虚构应收账款保理业务虚增利润。值得关注的是，上市公司应真实披露各类公告，否则将被惩处。在证监会调查期间，广东榕泰曾就媒体报道的《广东榕泰疑隐瞒三大供应商关联关系 2018 年合计采购逾 4.5 亿元》进行澄清公告，这一澄清公告也被认定存在虚假记载。最终，作为首例适用新《证券法》的案例，广东榕泰被处以 300 万元罚款，董事长被处以 330 万元罚款，财务总监、董秘和多位监事、董事、独立董事被处以 20 万元至 160 万元不等的罚款，累计罚款 1 450 万元，远高于按旧《证券法》规定对康美药业案件累计顶格处罚的 595 万元。此外，广东榕泰还将面临投资者的民事索赔诉讼。

广东榕泰 2018 年度和之前的年报由广东正中珠江会计师事务所审计，均为标准无保留意见；2019 年 12 月更换为大华会计师事务所，2019—2020 年年报均为保留意见，涉及无法确认关联关系和商业实质的采购、子公司内控缺陷、立案调查、坏账准备、资产减值准备及存货损失、关联方资金占用等问题。虽然 2019 年年报是在立案调查后公布的，但是如处罚书所述，该年报无法按期披露的原因之一是审计机构持不同意见，可见审计机构在这一舞弊事件中起到一定的“揭发”作用。

二、应收账款之“藏”与“用”

从事后的处罚书中可以看出，广东榕泰财务舞弊属于动用了“真金白银”的类型，采用的是构建不予披露的隐性关联方、协助虚构交易、虚构回款以实现虚增利润的典型手法。特殊之处在于，广东榕泰构建的隐性关联方是为了实现“掩盖应收账款以免被全额计提减值准备”及“隐瞒关联交易”的双重目的；既用于“降本”，即“隐藏”账期长或难以收回的异常应收账款，据此计提坏账准备和虚增利润，也用于“创收”，即“利用”虚假应收账款，虚构关联保理业务收入，进一步虚增利润。从事前角度如何发现应收账款舞弊的“蛛丝马迹”呢？

（一）财务税务维度：收入与应计项目联动异常

应收账款的来源应是营业收入，表 1 列示了广东榕泰 2017—2020 年营业收入及相关科目情况，其中 2018—2019 年为财务舞弊期间。

表 1　广东榕泰收入与应计项目情况

项　目	2020 年	2019 年	2018 年	2017 年
营业收入增长率	−26.49%	−14.74%	3.45%	14.34%
经营活动现金流增长率	−565.24%	−83.15%	5.02%	606.13%
净利润增长率	N/A	−450.07%	14.66%	32.93%
化工材料主业的收入增长率	−9.88%	−12.24%	25.32%	−0.70%
化工材料同行业的收入增长率	−4.40%	−3.17%	15.49%	27.21%
应收款项增长率	−14.08%	4.10%	15.40%	−6.53%
应收款项/收入	54.58%	46.70%	38.25%	34.29%
同行业的应收款项/收入	16.02%	14.09%	13.30%	14.09%
应收款项/总资产	15.97%	15.55%	12.03%	9.60%
预付款项增长率	29.02%	−0.65%	29.54%	31.74%
预付款项/总资产	7.13%	4.62%	3.75%	2.66%

首先，广东榕泰主要从事氨基复合材料（新材料）、苯酐及增塑剂等化工材料的生产和销售，2015 年度通过并购新增第二主业互联网服务，战略上从单一化工主业转为“化工＋互联网”双主业，并意图向单一互联网服务主业转型。在此期间，广东榕泰受第一主业化工材料整体行业低迷的影响（2017—2018 年年报中连续提示其所处化工材料行业受国内经济结构调整、下游企业需求平淡、行业产能过剩等因素影响，产品市场需求可能保持较长时间的低迷），营业收入增长率从 2018 年起有大幅度的下滑，经营活动现金流和净利润的下滑幅度则更大（舞弊被揭露后的 2020 年净利润为负且大幅下滑）。天健财判财务智能预警系统“制造业——化学原料和化学制品制造业”的二级行业收入数据显示，2017—2020 年该行业收入增长率也陆续放缓，特别是 2018—2019 年的增长率从 2017 年的

27.21%分别下降至15.49%和−3.17%。但是，一个异常迹象是，广东榕泰在2017年收入下滑的情况下，2018年收入却逆势大幅上涨25.32%，与行业景气度相背离。

其次，广东榕泰从2018年起应收款项的增长率远高于收入增长率。从应收账款占收入的比例来看，2017—2020年占比不断提高，且大幅高于同行业可比数据。从应收款项占资产的比例来看，到2019年占比已经高达15.55%。其应收款项中绝大部分为应收账款。

可见，广东榕泰这一期间的业绩表现欠佳，且收入和应收款项科目联动异常。从经营角度而言，该联动异常并不是一个好的信号，除了可能反映销售收入质量下降之外，可能也指向收入舞弊。此时需要关注的是广东榕泰是否存在虚增化工行业收入或存在调节应收款项坏账准备的迹象，如资金体外化。

此外，广东榕泰的其他应计项目也交叉印证了这一问题，即整体上是“入不敷出”，其中：预付账款增长率和占总资产的比例也较高；应付账款远小于约束性较强的应付票据，应付票据在2018年增长率为45.71%、2019年为−35.11%。

（二）财务税务维度：应收账款与坏账准备联动异常

收入是应收账款的来源，坏账准备和核销损失、收回款项、转为金融工具是应收账款的可能去向，这是交叉验证应收账款真实性的另一个途径。表2列示了广东榕泰应收账款及坏账准备的情况，可以看到：2017年计提的坏账准备占应收账款余额的比例极低；2018年应收账款增长快于收入的情况下，计提坏账准备的比例也大幅上升，显现出应收账款变为坏账的压力。2019年收入下降、应收账款继续上升，但是计提坏账的比例却有所下降，存在“操纵”坏账计提比例的可能性。从2020年计提坏账的比例高达46.74%的情况来看，之前年度存在少计提坏账的可能性。在广东榕泰案例中，应收账款与坏账准备的异常并不容易发现，因为2018年其计提坏账的比例还是上升的，如何判断上升幅度是否足够是一个难点。所以，需要进一步细致核查欠款方是否存在异常，如经营状况、是否是关联方等，以及信用损失本身的处理方法是否合理。

表2　广东榕泰应收账款及坏账准备情况　　单位：万元

项　目	2020年	2019年	2018年	2017年
应收账款	49 574.10	67 191.33	63 826.03	53 304.90
计提的坏账准备	23 171.38	2 139.54	3 102.45	249.12
计提的坏账准备/应收账款	46.74%	3.18%	4.86%	0.47%

综上，应收账款的来源是收入，两者联动异常的背后有两种可能性：一是收入是真实的，但是由于销售回款不力、信用政策变更等原因导致应收账款上升，但为了避免影响利润而未合理计提坏账准备；二是收入造假，同时没有足够外部资金流支持而导致应收账款同步虚增。

（三）财务税务维度/内部控制维度：毛利率与存货采购联动异常

广东榕泰另一个存在异常的科目是存货，虽然从2018年起增长率为负，但是存货占总资产的比例仍持续上升。本文以天健财判财务智能预警系统行业数据作为参照，如表3所示，广东榕泰存货资产占比远高于行业平均水平。与存货联动异常的是毛利率，其毛利率也同样远高于行业水平，剔除第二主业互联网服务的影响后结果仍然不变。这一联动异常指向的是成本结转是否完整、产销规模是否匹配、存货是否虚高的问题。

表3　广东榕泰存货占比与毛利率情况

项　目	2020年	2019年	2018年
存货/总资产	11.99%	10.85%	10.33%
同行业的存货/总资产	5.06%	5.16%	4.77%
毛利率	23.20%	26.76%	24.45%
化工材料主业的毛利率	17.12%	20.05%	18.46%
化工材料同行业的毛利率	11.64%	15.00%	17.03%

核查存货异常除了可以从内部(如盘点)入手，还可分析供应商是否存在异常，如通过工商信息分析是否与供应商存在隐性关联关系。2020年6月广东榕泰的审计报告中就指出其与部分供应商存在显著超过正常采购货物之外的资金往来。2020年8月，媒体进一步展开实地调查，发现广东榕泰应付票据前五名的公司中，揭阳市中粤农资有限公司、揭阳市和通塑胶有限公司和揭阳市永佳农资有限公司(以下简称和通塑胶、永佳农资、中粤农资)存在异常特征：三家供应商注册地相近，且是广东榕泰原实际控制人公司的承租人；三家供应商有相同股东、高管；进一步利用工商和司法信息深度挖掘，可以发现供应商与广东榕泰有相同高管或员工；供应商与广东榕泰体系内公司的邮箱地址、联系电话相同。此外，处罚书中还指出：广东榕泰先将货款支付给关联方，关联方再支付给真正的供货商；关联方赚取1%的毛利率；关联方无仓储和生产业务，广东榕泰直接收货。由此可见，供应商隐性关联化的安排，再加上广东榕泰应计项目呈现“入不敷出”的特征，这些异常表明广东榕泰存在构建隐性关联方、将资金转出体外的可能性。

(四) 财务税务维度/内部控制维度：新增应收账款保理等“金融化”业务

1. 利用应收账款保理虚增收入

处罚书中指出2019年4月广东榕泰子公司深圳金财通商业保理有限公司和和通塑胶、永佳农资、中粤农资等关联方虚构了应收账款保理业务，即广东榕泰出资受让关联方应收账款，以赚取利息收入，但在各期报告中对此均未作披露。

针对造假周期较短、造假手法新颖的一些手法，充分利用季报、中报的信息来识别异常是一个有效的方式。表4列示的是广东榕泰年度内变化较大的货币资金和其他流动资产(因会计政策变化，其他流动资产中加入理财产品金额，才可纵向对比)科目的情况，可以看出：2019年货币资金在年度内大幅减少但年末又大幅回升；其他流动资产则是年度内大幅增加但年末大幅减少，最高达到约6.24亿元，变化原因是其他流动资产明细项目中的委托理财。但是广东榕泰对委托理财具体内容、对象都没有更详细的披露。根据表4分析，一个可能性是该业务以委托理财的形式呈现于“其他流动资产”科目中。那么针对2019年度第二和第三季度货币资金和其他流动资产的联动异常，需要进一步核查委托理财业务的商业实质，核实是否存在体内资金被大股东挪用或侵占的情形。此外，处罚书中还指出关联方的应收账款并不真实存在，因此核查应收账款保理业务真实性时，可能也需要对受让的应收账款本身的真实性、可收回性进行分析，才能了解该业务的商业实质。

表4　广东榕泰货币资金与其他流动资产情况　　单位：万元

产　品	项　目	年　报	三季报	中　报	一季报
2019年	货币资金	100 346.50	37 828.84	54 458.18	85 541.05
	货币资金增长率	165.26%	−30.54%	−36.34%	NA
	其他流动资产	4 670.24	59 014.84	62 398.67	27 233.82
	其他流动资产增长率	−92.09%	−5.42%	129.12%	NA
2018年	货币资金	124 178.76	62 201.72	102 181.18	102 384.86
	货币资金增长率	99.64%	−39.13%	−0.20%	NA
	其他流动资产	13 271.07	4 194.55	959.53	1 400.16
	其他流动资产增长率	216.39%	337.15%	−31.47%	NA

2. 利用应收账款保理虚减坏账

应收账款保理业务作为一种新型的金融工具，在本案例中被用于受让方虚构收入；反之，出让方亦可以此降低应收账款异常。例如，在神州长城舞弊案例中，其通过与第三方保理商签订保理业务终止确认应收账款。但实际上该应收账款保理款是由神州长城关联方支付给保理商的，应收账款并未实际转移。在千山药机舞弊案例中，千山药机则是在解除应收账款保理后未记账，虚减了应收账款。通过保理业务终止确认应收账款的好处一是账面上收回了欠款，二是不必再计提坏账准备从而虚增利润，三是资产潜亏表外化，更加隐蔽。此时核查的关注点是保理业务本身是否合理、权利义务是否真实转移；核查应收账款本身是否真实、可收回也有助于判断保理业务的商业实质。

（五）公司治理维度：大股东与实际控制人的异常行为

从公司治理维度分析大股东与实际控制人的异常行为，能够辅助分析财务舞弊动机。而且，这类异常行为往往在涉及资金占用、转出体外配合舞弊时更容易出现，广东榕泰案例也不例外。首先，大股东广东榕泰高级瓷具有限公司 2018 年的股权质押比例高达 84.03%，2019 年达到 70%，反映出大股东较大的资金压力。其次，2015 年年底广东榕泰高价并购森华的同时也订立了业绩承诺，最终业绩承诺精准达标，完成率在 100%左右，但业绩承诺期满后业绩大幅下滑。完成业绩承诺也是财务舞弊的一大动机。最后，广东榕泰将子公司揭阳市佳富实业有限公司出售给关联方，形成了约 5.28 亿元其他应收款和 2.39 亿元投资收益，相比其他年度均大幅上升。因此，需要关注的是高股权质押率与业绩对赌背后可能涉及的舞弊动机、异常关联交易背后可能涉及的业绩调节与资金侵占等问题。

综上所述，广东榕泰的应收账款问题可以从收入、存货、货币资金等科目联动分析来识别异常，可通过商业实质判断、资金流付款去向、隐性关联方核查等进一步验证其合理性。同时，财务舞弊期间内存在的新增金融业务、与主业转型相伴的业绩对赌、大股东资本运作频繁等可能涉及舞弊动机的现象也值得关注。舞弊期后的 2020 年，广东榕泰还存在“洗大澡”的嫌疑，其计提了大额信用减值和资产减值损失，货币资金、存货、固定资产、在建工程余额骤减，引致注册会计师的保留意见报告和监管层问询，这一迹象亦间接印证了前期财务舞弊问题。

结合广东榕泰案例的分析，我们可以总结出应收账款异常或舞弊的五种可能表现：一是虚增应收账款以配合虚增的收入舞弊；二是应收账款因行业低迷或经营不善等问题导致余额畸高；三是利用会计操纵手法如调整坏账计提比例少计坏账损失准备；四是虚构“真实”现金回款避免应收账款出现异常；五是利用如保理和质押融资等新型金融工具转移应收账款。前两者涉及应收账款来源，后三者涉及去向。在近期“爆雷”的上海电气事件中也涉嫌存在巨额应收账款保理及质押融资等业务问题，可见此科目呈现高风险的特征。

广东榕泰案例既典型又不典型，其异常特征不是特别明显，较难发现；但与其他案例不同，其从 2018 年实施舞弊到 2020 年受到监管处罚，周期仅仅为 2 年左右，较早被发现。究其原因，或有两个事件起到关键作用：一是注册会计师并未按期出具 2019 年的审计报告，延期之后出具的也是保留意见的“非标”审计报告。根据证监会公布的《年度证券审计市场分析报告》可知，近年来注册会计师出具非标审计意见增长显著，2017—2019 年度占比分别为 3.5%、6.0%及 7.1%，注册会计师作为资本市场“看门人”的作用在持续提高。二是从 2018 年年报至今，广东榕泰收到上交所非处罚性问询及相关回复公告累计 26 条，监管问询函及相关回复中已包含大量“有用信息”，一定程度上预警了监管部门对其会计信息质量的持续关注。可以预见，随着监管层的重视和审计质量的提升，审计报告、监管问询等外部预警类信息将具有更强的信息含量，注册会计师及外部报表使用者也可充分利用这类信息，更及时、更准确地识别财务舞弊。

思政映射

企业往来款的虚假手法比较多，这些手法会产生不真实的会计信息从而影响财务报表信息使用者的利益，也与会计职业道德相悖。人生应当淡化分期假设，以收付实现制为基础，不求一时一事，但求持之以恒，对社会履行的责任和奉献都是真实可信，而不是挂往来账，更不能计提坏账损失。

六、存货分析

存货是指企业在日常活动中持有以备出售的产成品或商品、处在生产过程中的在产品、在生产过程或提供劳务过程中耗用的材料和物料等。存货是企业流动资产的主要部分，企业持有存货的目的是为了短期周转、销售或快速消耗。不同的企业由于其业务性质、业务范围等方面的差异，存货的构成也不尽相同，如工业企业中，存货包括库存、加工中和在途的各种原材料、燃料、包装物、低值易耗品、在产品、产成品、自制半成品等。而商品流通企业的存货包括在库、在途、出租和加工中的各种商品，如在途商品、库存商品、加工商品、出租商品、分期收款发出商品以及材料物资、包装物、低值易耗品等。

（一）存货的计价

在市场经济条件下，各种商品的价格是经常波动的。因此，存货计价方法的选择对期末存货价值的确认与本期发出存货的成本确认有着直接的影响。前者会直接影响到资产负债表中资产的价值，后者会直接影响到利润表中的成本费用。按照《企业会计准则第1号——存货》第十四条的规定，“企业应当采用先进先出法、加权平均法或者个别计价法确定发出存货的实际成本”。企业在实际选择存货计价方法时，往往要根据各类存货的实物流转方式、企业管理要求、存货性质等实际情况确定存货成本的计算方法，以及当期发出存货的实际成本。

1. 个别计价法

个别计价法又称个别认定法、具体辨认法、分批实际法，其基本特征是注重所发出存货具体项目的实物流转与成本流转之间的联系，逐一辨认所属的购进批次或生产批次，分别按其购入或生产时所确定的单位成本作为计算各批存货的成本，即按每种存货的实际成本作为计算发出存货成本和期末存货成本的基础。

由于个别计价法是将存货的实物流转与成本流转联系起来，符合实际情况，计算的结果也比较准确。但是，这种方法则要求有详细的存货记录，存货保管时应以明确的标志区别同一品种不同批次的存货，存货的保管工作较为繁重，计算也较为复杂。此外，当企业同时存在几批不同成本的存货时，采用个别计价法就有可能导致人为地选择成本较高的或者成本较低的那批存货作为发出的销货成本，调节当期利润。

个别计价法适用于品种数量不多、单位价值较高、能分批保管的存货，如贵金属、首饰、轮船、汽车等存货。

2. 加权平均法

加权平均法又称全月一次加权平均法，是指以当月全部进货数量加上月初存货数量作为权数，去除以当月全部进货成本加上月初存货成本，计算出存货的加权平均单位成本，以此为基础计算当月发出存货的成本和期末存货成本的一种方法。计算公式如下：

$$\text{存货加权平均成本}=\frac{\text{期初存货的实际成本}+\text{本期收入存货的实际成本}}{\text{期初结存存货的数量}+\text{本期收入存货的实际数量}} \tag{6-13}$$

$$\text{期末结存存货成本}=\text{期末结存存货数量}\times\text{存货加权平均成本} \tag{6-14}$$

$$\frac{\text{本期发出}}{\text{存货成本}}=\frac{\text{期初结存}}{\text{存货成本}}+\frac{\text{本期收入}}{\text{存货成本}}-\frac{\text{期末结存}}{\text{存货成本}} \tag{6-15}$$

在加权平均法下，平时不计算发出存货的成本，到月末一次计算加权平均单位成本，计算简便，简化了存货的日常核算。但是，由于期末才计算加权平均成本，当期发出存货的金额平时无法反映，影响成本计算的及时性，也不便于日常了解存货资金的占用情况。因此，实际工作中，为简化起见，也可以采用上期末加权平均成本计算本月的发出和销售成本。

为了及时计算存货成本和销售成本，企业也可计算移动加权平均成本法。移动加权平均成本法是指以每次进货的成本加上原有库存存货的成本，除以每次进货数量加上原有库存存货的数量，据以计算加权平均单位成本，将其作为对下次进货前计算各次发出存货成本依据的方法。

$$\text{移动加权平均单位成本}=\frac{\text{原有库存存货的实际成本}+\text{本次进货的实际成本}}{\text{原有库存存货的数量}+\text{本次进货的数量}} \tag{6-16}$$

$$\text{本次发出存货后结存存货成本}=\text{本次发出存货后结存存货数量}\times\text{移动加权平均单位成本} \tag{6-17}$$

$$\text{本次发出存货成本}=\text{原有存货成本}+\text{本批入库存货成本}-\text{本次发出存货后结存存货成本} \tag{6-18}$$

在移动加权平均法下，每收入一批存货与结存存货成本不一致，就应重新计算一次单位成本，有利于及时计算发出存货的成本，便于及时结账，计算结果较为准确。其次，该法计算的单位成本也是比较接近市场价格，避免了由于价格变化带来的风险。

3. 先进先出法

先进先出法是指企业发出存货时按照收入存货的先后次序进行的，先购入的存货先发出，并按先购入存货单位成本作为存货发出计价标准的方法。

存货计价采用先进先出法，期末存货是按近期入库的存货单位成本计算的，库存存货的成本接近市价，企业资产计价较为合理。但是，本期销售成本是按较早的存货成本计价，与当期销售收入相比，本期收益就不够恰当。当物价处于不断上涨时，采用先进先出法会使本期销售成本处于较低水平，从而本期的利润就会虚增，企业税收负担也会增加。

（二）存货成本与市价孰低

按照会计准则的规定，存货在资产负债表日应当按照成本与可变现净值孰低计量，即对期末存货是按照成本与可变现净值之间的较低者进行计量。当成本低于可变现净值时，存货按成本计算；当成本高于可变现净值时，存货按可变现净值计算。可变现净值的确定一般应以资产负债日存货的估计售价减去至完工时将要发生的成本、销售费用以及相关税费的金额来确定。

1. 直接用于出售的存货成本计量

其可变现净值是根据正常生产经营过程中，以存货的估计售价减去估计的销售费用以及相关税金的金额计量。

2. 需要加工后出售的存货成本计量

其可变现净值是根据在正常生产经营过程中，以存货的估计售价减去至完工估计将要发生的成本、估计的销售费用以及相关税金后的金额确定。

3. 为执行销售合同或劳务合同而持有的存货成本计量

其可变现净值根据合同价格为基础计量。企业持有存货的数量多于销售合同订购数量的，超出部分的存货可变现净值应以一般销售价格为基础计量；企业持有存货的数量少于销售合同订购数量的，其会计处理适用《企业会计准则第 13 号——或有事项》用于出售的材料等，其可变现净值应以市场价格为基础计量。

当然，可变现净值的确定必须建立在取得的可靠证据的基础上，即存货成本的确定应当有直接确凿证明，如产品的市场销售价格、与企业产品相同或类似商品的市场销售价格、供货方提供的有关资料、销售方提供的有关资料、生产成本资料等。同时，还应考虑持有存货的目的。

（三）存货成本的影响

【例 6－5】 如前所述，存货成本的计量不仅影响到资产价值，而且会影响到销售成本，对企业财务状况、经营成果和现金流量都会带来直接的影响。为了方便起见，以某公司简化了的情况为例，如表 6－13、表 6－14 所示。

表 6－13　某公司购销情况表

季　度	进货数量(件)	进货单价(元)	进货金额(元)
期初余额	400	20	8 000
1	200	22	4 400
2	300	24	7 200
3	300	26	7 800
4	200	28	5 600
合　计	1 400		33 000
已售数量	800		
期末存货	600		

表 6－14　不同计价方式下期末存货的价值　　单位：元

存货计价方法	期初存货＋本期购货＝销售成本＋期末存货			
先进先出法	8 000	25 000	17 200	15 800
加权平均法	8 000	25 000	18 857	14 143

1. 对资产计价的影响

在**【例 6－5】**中，期末存货为 600 件，其现时重置成本第四季度为 28 元/件，即 16 800 元，可以看出，在先进先出法下计算的存货成本(15 800 元)最接近于当前实际。

2. 对利润的影响

不同的存货计价方法对利润有不同的影响，**【例 6－5】**中，先进先出法产生的销售成本最低，为 17 200 元，易产生巨额存货利润。因此在通货膨胀时期，加权平均法下计算的成本比先进先出法更接近当前实际。

3. 对现金流的影响

存货的不同计价方法对现金流的影响是通过所得税的变化而影响的。因为，不同的存货计价方法会影响销售成本的大小，进而影响利润的多少，而利润的多少则会影响所得税的多少，即影响到了现金流出的多少。如果不考虑所得税因素，采用何种方法对现金流均无影响。

上述各种方法计算的结果不同，对期末存货和本期销售成本确定会有不同的影响，从而对企业利润、税负、现金流量以及对企业管理者、经理人员的评价等产生各种影响。因此,分析企业选用存货的计价方法对分析结果的准确尤其重要。存货计价方法一经确定,一般不能随意变动,如有变动,也应当在年报中加以说明,并详细反映变更的方法及其对存货计价的影响程度。

(四) 存货的质量分析

1. 存货的真实性分析

存货是企业重要的实物资产。对存货真实性的分析,首先应经常对库存的实物存货价值与其账面价值进行核对,看其是否相符。其次,应检查待售商品是否完好无损,产成品的质量是否符合相应的产品等级要求,库存的原材料是否属于生产所需等,以保证存货的真实性、合理性。对企业存货真实状态的确认,为分析存货的可利用价值和变现价值奠定基础。对于存货数额较大的企业,要特别关注存货的真实性。对于这些企业而言,如果想虚增利润的话,虚增存货往往是企业常用的重要手段之一。

企业的存货需要经过专业审计机构的审计,以确定其存货水平是否真实。然而,由于某些存货存在审计困难或者由于审计的疏忽,存货造假的案例并不少见。比如我国著名的蓝田股份存货造假事件,通过虚增收入的同时虚增存货和固定资产来造假。由于蓝田股份的存货主要为洪湖水下养殖的鱼类,而盘点鱼的种类、数量和重量存在较大难度。截至 2000 年,审计蓝田股份多年的沈阳华伦会计师事务所都出具了标准无保留意见的审计报告。

2. 存货的构成分析

存货构成是指各种存货资产在存货总额中的比重。各种存货资产在企业再生产过程中的作用是不同的,分析时应各有侧重。存货构成分析可以初步判断企业存货的质量及未来预期。

(1) 材料类存货是维持再生产活动的必要物质基础,然而它只是生产的潜在因素,所以应把它限制在能够保证再生产正常进行的最低水平上。当存货中的原材料占较大比重时往往是较好的预兆,一方面可能说明企业看好未来销售前景提前大量采购原料;另一方面也可能因预期原材料将要大幅度涨价管理者事先囤积,在未来期间会给企业带来巨大收益。但是当原材料构成过大时,则可能是企业采购工作效率低下和储备成本的增加。因此分析者需结合报表提供企业所处的内外环境进行综合判断。

(2) 在产品是保证生产过程连续性的存货,企业的生产规模和生产周期决定了在产品存货的存量。在企业正常经营条件下,在产品存货应保持一个稳定的比例,较大的变动很可能是在产品成本计算方面前后期存在较大的不一致性,或者是在产品的盘存制度存在问题。

(3) 产成品存货是存在于流通领域的存货。它不是保证再生产过程不间断进行的必要条件。保持产成品存货的均衡性是存货分析时应注意的问题。产成品数量在外部环境无较大变化的情况下,应是较为稳定的,如出现突然的变化也可能说明存在如下问题:当存货急剧下降时很可能在未来经营活动中发生存货不足,销售中断和员工加班甚至还可能因购买存货而发生现金短缺的现象。当存货大幅度增加时可能说明产品的销售遇到问题,这是一种较可怕的现象。它说明存货的变现性受到影响,很可能导致储备成本增加、生产中断和职工被解雇。更为严重的是经营活动周期因存货变现能力降低而变长,从而产生一系列问题，如现金需求增加、销售费用增加、偿债能力下降和对外短期融资数量增加，甚至企业因此而濒临破产走向衰落。可以根据表 6－15 对恒瑞医药的存货构成情况进行分析。

表 6－15　恒瑞医药 2016—2020 年存货构成表　　单位：亿元

项　目	2016 年	2017 年	2018 年	2019 年	2020 年
原材料	0.61	0.97	2.65	5.19	5.77
在产品	0.87	1.43	1.11	1.64	2.48
库存商品	4.93	5.56	6.57	9.33	9.69
合　计	6.40	7.95	10.39	16.21	17.96

数据来源：东方财富 Choice 数据

3. 存货的周转分析

存货的周转速度表示存货变现的速度，也是企业偿债能力的一种反映。因此分析存货的周转速度对判断存货的变现能力具有重要意义。

(1) 企业存货管理是企业的重要管理内容之一，报表使用者在分析存货周转速度时，应尽可能结合存货的批量因素、季节性变化因素对存货的周转速度等重要指标进行分析。

(2) 较高的周转速度往往表明企业存货效率高、滞销或陈旧冷背品较少、产生现金能力较强。当然过高的周转速度也不能完全说明企业的存货状况很好，因为若企业存货资金投入过少，可能会因存货储备不足导致销售短缺、交货推迟和失去订单影响生产和销售业务的进一步发展，对企业也会产生不利的影响，特别是那些采购困难的存货。也许存货周转速度的加快缘于企业提高了销售价格，而存货成本并未改变。

(3) 存货周转率过低可能是由于存货太多、存货过时和流动较慢或损坏造成的，表明管理水平较差。不过，过量的存货也可能是对未来需求增加的预期或对未来价格上涨的预期。从这一点上讲，由于过量存货致使存货周转率较低则是一个好的兆头。关于恒瑞医药的存货周转情况可以结合第九章的营运能力进行详细分析。

4. 存货的估值分析

存货的估价是一个很复杂的问题，尽管从报表使用者角度来看存货估价问题已合理地解决了，但事实上不同的估价方法影响着报表存货数字的质量。

(1) 存货数量盘存方法的影响。存货数量和价值的确定主要采用定期盘存法和永续盘存法。由于两种制度的适用条件不同，各企业应针对自己的特点选择一种。当企业采用定期盘存法进行存货数量核算时，资产负债表上的存货项目反映的就是存货的实有数量。如果采用永续盘存法，除非在编制资产负债表时对存货进行盘存，否则，资产负债表上存货项目所反映的只是存货的账面数量。两种不同的存货数量确认方法会造成资产负债表上存货项目的差异。这种差异不是存货数量本身变动引起的，而是由于存货数量的会计确认方法不同造成的。

(2) 期末存货价值的计价原则对存货项目的影响。期末存货价值的确定通常采用历史成本原则，但会计制度也允许企业采用“成本与可变现净值孰低法”来确定，对报表使用者来说，按"成本与可变净值孰低法"对期末存货进行计价，其资产价值更真实可靠。当企业按历史成本法进行核算时，存货的具体核算方法的选择也会影响存货项目在资产负债表上的反映。可供选择的具体计价方法有先进先出法、加权平均法、移动加权平均法、个别计价法。因为价格的变动，不同的计价方法可以导致截然不同的后果，在物价变动的时期，企业发出存货计价方法的选择，对期末存货成本与当期销售成本的影响尤为明显。一般而言，在物价上涨的情况下，按先进先出计算的存货期末余额最高，其次是加权平均法和移动加权平均法。在物价持续下降的情况下，结果正好相反，当报表使用者着重分析企业短期偿债能力时关键是要了解作为流动资产组成部分的存货的变现价值，因此需要对会计报表附注上揭示的会计政策倍加关注，在分析存货的流动性时应该以现行重置成本进行合理的重新估计。

课堂思考

1. 如何对企业的存货进行质量分析？
2. 怎么理解存货周转率并非越高越好？
3. 为什么要关注报表附注中存货担保、存货抵押的说明？

【案例 6 - 3】

戴尔公司零库存管理

一、戴尔公司概况

全球领先的 IT 产品及服务提供商戴尔公司，总部设在得克萨斯州奥斯汀，于 1984 年由迈克尔·戴尔创立。戴尔公司是全球 IT 界发展最快的公司之一，1996 年开始通过网站 www.dell.com 采用直销手段销售戴尔计算机产品，2004 年 5 月，戴尔公司在全球电脑市场占有率排名第一，成为世界领先的电脑系统厂商。

戴尔公司创立之初是给客户提供电脑组装服务，先天在研发能力和核心技术方面与业界的 IBM、惠普等公司有着一定差距，要想在市场竞争中占据一席之地，必须进一步分拆计算机价值链的机会，依靠管理创新获取成本优势。因此，戴尔在发展过程中虽有业务和营销模式的革新，但把重点放在成本控制和制造流程优化等方面，尤其是创造了直销模式，这可以减少中间渠道，直接面对最终消费者，达到降低成本的目的，而实施面向大规模定制的供应链管理更能帮助戴尔与供应商有效合作和实现虚拟整合，降低库存周期及成本，从而获取高效率、低成本的优势，这也正是其核心竞争力所在。"黄金三原则"——坚持直销、摒弃库存、与客户结盟。

二、戴尔公司经历过的库存危机

（一）库存过量

戴尔出现库存过量的背景是，公司成立才 4 年多，就顺利地从资本市场筹集了资金，首期募集资金 3 000 万美元。对于靠 1 000 美元起家的公司来说，这笔钱的筹集，使戴尔的管理者开始认为自己无所不能。大量投资存储器，一夜之间形势逆转，导致重大存货风险。“我们并不了解，自己只知道追求成长，对其他的事一无所知，”迈克尔说，“成长的机会似乎是无限的，我们也习惯于不断追求成长”；“我们并不知道，每一个新的成长机会，都伴随着不同程度的风险。”戴尔公司当时大量购买存储器的原因主要有：

◆ 戴尔成长良好，其领导只看到机会，忽视了风险；

◆ 戴尔当时刚刚上市，募集了数千万美元的资金，大量的现金趴在账上，导致领导者产生急于做大的心理，并为资金寻找出路；

◆ 戴尔公司成立的时间不长，迈克尔本人对市场机会看得多一些，对风险则认识不足；

◆ 戴尔当时的总经理沃克是个金融家，对PC行业的特性认识不足，没有人能够制约迈克尔的决策等。

（二）存货风险

戴尔每年的采购金额已经高达200多亿美元，假如出现库存金额过量10%，就会出现20亿美元的过量库存，一则会占用大量的资金；二则库存若跌价10%，就会造成2亿美元的损失。在采购、生产、物流、销售等环节，戴尔保持低库存或者零库存的努力在继续，避免带来资金周转缓慢、产品积压及存货跌价方面的风险。迈克尔评价说：“在电子产业里，科技改变的步调之快，可以让你手上拥有的存货价值在几天内就跌落谷底。而在信息产业，信息的价值可以在几个小时、几分钟，甚至几秒钟内变得一文不值。存货的生命，如同菜架上的生菜一样短暂。对于原料价格或信息价值很容易快速滑落的产业而言，最糟糕的情况便是拥有存货。我们在1989年经历的第一个重大挫折，原因居然与库存过量有关系。我们当时不像现在，只采购适量的存储器，而是买进所有可能买到的存储器，我们在市场景气达到最高峰的时候，买进的存储器超过实际所需，然后存储器价格就大幅度滑落。然而屋漏偏逢连夜雨，存储器的容量几乎在一夕之间，从256 K提升到1 MB，我们在技术层面也陷入了进退两难的窘况，我们立刻被过多且无人问津的存储器套牢，而这些东西花了我们大笔的钱。这下子，我们这个一向以直接销售为主的公司，也和那些采取间接模式的竞争对手一样，掉进了存货的难题里。结果，我们不得不以低价摆脱存货，这大大减低了收益，甚至到了一整季的每股盈余只有一分钱的地步。”

（三）引发资金周转危机

库存过量风险直接引发了戴尔公司的资金周转危机。假如戴尔当时把募集资金3 000万美元的30%投入购买元器件，由于市场变化，在危机后，戴尔库存价值损失90%，换句话说，在危机爆发后，戴尔就可能损失720万美元。这对一个成立刚5年的公司，打击可以说是很大的。这时只得被迫低价出售库存，以拯救公司。在成长初期，戴尔公司在论证项目和拓展业务时，比较看重收入、利润这样 一些指标。假如某年戴尔的年销售收入为15 000万美元，那么其容易确定翻倍的业务计划，即要求在下一年完成30 000万美元的收入。在确定超高收入计划的同时，戴尔的支出指标被忽视了，利润仅仅是账面指标，不能说明问题，这是戴尔盲目追求成长的主要表现。戴尔公司从直销电脑起家，开始涉足的产品线比较单一，主要是做一些IBM的产品。后来，戴尔成长了，发展了，产品线的品种逐步丰富起来，不但做PC产品的销售，还做各类PC边缘产品的销售。后来，戴尔又向海外市场延伸业务，进入欧洲市场。由于业务增长得很快，戴尔内部出现了乱铺摊子的现象。迈克尔说:“不管是当时,还是在之后很长一段时间内,我们并不了解其他产业的经济形态,也没有现成的系统或者管理架构来监督这种业务。我们不断花钱,而此时的获利率却开始下降,同时存货和应收账款也愈堆愈高。”1993 年戴尔公司的“现金周转成了问题”。

(四) 库存过量引发重大的省思

戴尔遇到巨大的库存风险之后,通过媒体向投资者公开披露风险信息,造成股价暴跌,这使迈克尔本人第一次面临前所未有的市场压力。巨大的库存风险促使戴尔公司积极深刻地反省自己,同时也促使迈克尔深思存货管理的价值。在 IT 这样剧烈波动的产业中,制约决策也是很有价值的,这次教训也坚定了迈克尔对引入双首长管理体制的决心。存货过量的风险是直接引导戴尔确立“摒弃存货”原则的基础:一是充分利用供应商库存,降低自身的库存风险;二是通过强化与供应商的合作关系,并利用充分的信息沟通降低存货风险。在经历风险之后,戴尔才深刻认识到库存周转的价值。在互联网技术出现之后,戴尔公司又进一步完善了库存管理模式,并丰富了“信息代替存货”的价值内涵。

三、戴尔的零库存供应链管理模式介绍

戴尔的零库存需要客户支持、系统改进、供应商关系、市场细分等多个环节的参与配套。

(一) 管理模式之一——7 小时库存

戴尔供应链高度集成,上游或下游联系紧密,成为捆绑的联合体。不同于 IBM(注意力横跨整个设计、制造、分销和市场的全过程)戴尔在装配和市场上做足了功夫。IT 行业有它的特殊性,“电脑配件放在仓库里一个月,价格就要下降 1 到 2 个百分点”。如果没有一个很好的供应链管理和生产控制,电脑的利润只会更低。戴尔的营运方式是直销,在业界号称“零库存高周转”。在直销模式下,公司接到订货单后,将电脑部件组装成整机,而不是像很多企业那样,根据对市场预测制定生产计划,批量制成成品。真正按顾客需求定制生产,这需要在极短的时间内完成,速度和精度是考验戴尔的两大难题。

戴尔的做法是,利用信息技术全面管理生产过程。通过互联网,戴尔公司和其上游配件制造商能迅速对客户订单做出反应:当订单传至戴尔的控制中心,控制中心把订单分解为子任务,并通过网络分派给各独立配件制造商进行排产。各制造商按戴尔的电子订单进行生产组装,并按戴尔控制中心的时间表来供货。戴尔所需要做的只是在成品车间完成组装和系统测试,剩下的就是客户服务中心的事情了。

(二) 管理模式之二——每 20 秒钟汇集一次订单

通过各种途径获得的订单被汇总后,供应链系统软件会自动地分析出所需原材料,同时比较公司现有库存和供应商库存,创建一个供应商材料清单。而戴尔的供应商仅需要 90 分钟的时间用来准备所需要的原材料并将他们运送到戴尔的工厂,戴尔再花 30 分钟时间卸载货物,并严格按照制造订单的要求将原材料放到组装线上。由于戴尔仅需要准备手头订单所需要的原材料,因此工厂的库存时间仅有 7 个小时。这一切取决于戴尔雄厚的技术基础——装配线由计算机控制,条形码使工厂可以跟踪每一个部件和产品。在戴尔内部,信息流通过自己开发的信息系统和企业的运营过程及资金流同步,信息极为通畅。精密的直接结果是用户的体验,一位戴尔员工说:“我们跟用户说的不是‘机器可能周二或者周三到你们那里’,我们说的是‘周二上午 9 点到’。”

第三节　非流动资产分析

一、长期股权投资分析

（一）长期股权投资概述

投资是企业为了获得收益或实现资本增值向被投资单位投放资金的经济行为。企业对外进行的投资，可以有不同的分类。从性质上划分，可以分为债权性投资与权益性投资等。权益性投资按对被投资单位的影响程度划分，可以分为对子公司投资、对合营企业投资和对联营企业投资等。《企业会计准则第 2 号——长期股权投资》规范了符合条件的权益性投资的确认和计量。

长期股权投资是指投资方对被投资单位实施控制、重大影响的权益性投资，以及对其合营企业的权益性投资。这种投资主要是为了达到控制其他单位，或对其他单位实施重大影响，或出于其他长期性质的目的而进行。长期股权投资的分类如表 6－16 所示。

表 6－16　长期股权投资的分类表

分　类	判断的一般依据	被投资企业与投资方的关系	会计计量方式
控制	持股超过 50%，或为投资方最大股东，远超过第二股东的持股，或对被投资企业拥有重要的决策权力	子公司	成本法，编制合并报表
共同控制	投资方对被投资单位的财务和经营政策有参与决策的权力，但并不能够控制或者与其他方一起共同控制这些政策的制定	合营企业	权益法
重大影响	按照相关约定对某项安排所共有的控制，并且该安排的相关活动必须经过分享控制权的参与方一致同意后才能决策	联营企业	权益法
没有控制权又不具有重大影响	不属于以上情况		纳入金融资产核算

在表 6－16 中，第一类投资，即具有控制的权益性投资，具有控股的性质，是编制合并财务报表的前提，我国合并财务报表的合并范围就是以控制为基础来确定的；第二、第三类投资则不具有控股的性质，属非控股投资。除上述三种情况以外，企业持有的其他权益性投资，应当划分为以公允价值计量且其变动计入当期损益的金融资产或以公允价值计量且其变动计入其他综合收益的金融资产。

控制是一个非常重要的概念，它是母公司编制综合反映母公司和其全部子公司形成的企业集团整体财务状况、经营成果和现金流量等财务报表时的基础。尽管其定义并不复杂，但在实务操作中是异常复杂的。控制的定义包含三项基本要素，即拥有对被投资方的权力、通过参与被投资方的相关活动而享有可变回报和有能力运用对被投资方的权力影响其回报金额。

除非有确凿证据表明投资方不能主导被投资方相关活动，下列情况表明投资方对被投资方拥有权力：

(1) 投资方持有被投资方半数以上的表决权的。

(2) 投资方持有被投资方半数或以下的表决权，但通过与其他表决权持有人之间的协议能够控制半数以上表决权的。

(3) 投资方持有被投资方半数或以下的表决权，但存在下列事实和情况的，说明投资方持有的表决权足以使其目前有能力主导被投资方的相关活动，应视为投资方对被投资方拥有权力。其事实和情况包括：① 投资方持有的表决权相对于其他投资方持有的表决权的份额大，其他投资方持有表决权的分散程度高；② 投资方持有的被投资方可转换公司债券、可执行认股权证等潜在表决权大于其他投资方持有的被投资方的潜在表决权；③ 投资方在其他合同安排产生的主导被投资方相关活动的权利；④ 投资方以往曾经在被投资方行使过表决权。

共同控制指的是按照相关约定对某项安排所共有的控制，并且该安排的相关活动必须经过分享控制权的参与方一致同意后才能决策。在判断是否存在共同控制时，应当首先判断所有参与方或参与方组合是否集体控制该安排，其次再判断该安排相关活动的决策是否必须经过这些集体控制该安排的参与方一致同意。如果存在两个或两个以上的参与方组合能够集体控制某项安排的，不构成共同控制；仅享有保护性权利的参与方不享有共同控制。

重大影响指的是投资方对被投资单位的财务和经营政策有参与决策的权力，但并不能够控制或者与其他方一起共同控制这些政策的制定。企业一般可以通过以下一种或多种情形来判断是否对被投资单位具有重大影响：① 在被投资单位的董事会或类似权力机构中派有代表；② 参与被投资单位财务和经营政策制定过程；③ 与被投资单位之间发生重要交易；④ 向被投资单位派出管理人员；⑤ 向被投资单位提供关键技术资料。

长期股权投资初始计量时，均应按初始投成本入账。长期股权投资可以通过企业合并形成，也可以通过非合并的其他方式取得，在不同取得方式下，初始投资成本的确定方法是不同的。因此，企业应当分别就企业合并和非企业合并两种情况确定长期股权投资的初始投资成本。另外，如果企业在取得长期股权投资时，实际支付的价款或其对价中包含已宣告但尚未发放的现金股利或利润，则该现金股利或利润在性质上属于暂付应收款项，应作为应收项目单独入账，不构成长期股权投资的初始投资成本。企业在取得长期股权投资后的持有期间，要根据所持股份的性质、占被投资单位股份总额的比例以及对被投资位财务和经营政策影响程度的大小，分别选用成本法和权益法进行会计处理。

1. 成本法

成本法是指长期股权投资的价值通常按初始投资成本计量，除追加或收回投资外，一般不对长期股权投资的账面价值进行调整的一种长期股权投资后续计量方法。母公司对子公司的投资应采用成本法进行核算。以成本法对子公司的投资进行核算，主要是为了避免母公司以权益法计算的利润进行提前分配，从而导致已分配利润无法从子公司足额收回，形成法律上的超额分配。

通常，成本法的核算程序如下所示。

(1) 设置"长期股权投资"科目，反映长期股权投资的初始投资成本。在收回投资前，无论被投资单位经营情况如何，净资产是否增减，长期股权投资的账面价值一般都不进行调整。

(2) 如果发生追加投资或收回投资，应按追加或收回投资的成本增加或减少长期股权投资的账面价值。

(3) 投资后被投资企业宣告分派的现金股利或利润，确认为当期投资收益，不需要划分是投资前还是投资后被投资单位实现的净利润。被投资单位宣告分派股票股利时，投资企业应在除权日做备忘记录。

成本法下，投资企业在确认自被投资单位应分得的现金股利或利润后，应当关注有关长期股权投资的账面价值是否大于应享有被投资单位净资产账面价值的份额等情况。出现这类情况时，表明该项长期股权投资出现减值的迹象，应当对其进行减值测试。若减值测试的结果证实长期股权投资的可回收金额低于账面价值，则应当计提减值准备。

2. 权益法

权益法是指在取得长期股权投资时，以投资成本计量，在投资持有期间则要根据投资企业应享有被投资单位所有者权益份额的变动，对长期股权投资的账面价值进行相应调整的一种会计处理方法。其适用范围包括：① 投资企业对被投资单位具有共同控制；② 投资企业对被投资单位具有重大影响。

相比于成本法，权益法无论是在会计科目的设置方面还是在会计计量的处理方面都要复杂。采用权益法核算时，需在"长期股权投资"科目下设置"成本""损益调整""其他综合收益""其他权益变动"明细科目，分别反映长期股权投资的初始投资成本、被投资企业发生净损益引起的所有者权益变动以及被投资企业除净损益以外的其他原因引起的所有者权益变动而对长期股权投资账面价值进行调整的金额。

在初始计量方面，如果长期股权投资的初始投资成本大于取得投资时应享有被投资单位可辨认净资产公允价值的份额，两者之间的差额本质上是通过投资作价体现的与所取得的股权份额相对应的商誉以及被投资单位不符合确认条件的资产价值，因此不需按该差额调整已确认的初始投资成本；但长期股权投资的初始投资成本小于取得投资时应享有被投资单位可辨认净资产公允价值的份额时，两者之间的差额则体现了投资作价过程中转让方的让步，对投资企业来说，该差额是一项收益，应计入当期的营业外收入，同时调整长期股权投资的账面价值。

权益法是将投资企业与被投资企业作为一个整体来看待的，"一荣俱荣、一损俱损"。投资企业取得长期股权投资后，应当按照在被投资单位实现的净利润或发生的净亏损中应享有或分担的份额确认当期投资损益，同时相应地调整长期股权投资的账面价值。当被投资企业宣告分派现金股利或利润时，投资企业按应获得的现金股利或利润确认应收股利，同时抵减长期股权投资的账面价值；被投资单位派发股票股利时，投资企业不进行账务处理，仅需于除权日在备查簿中登记增加的股份即可。投资方取得长期股权投资后，应当按照应享有或应分担的被投资单位实现的其他综合收益的份额确认其他综合收益，同时调整长期股权投资的账面价值。投资方对于被投资单位除净损益、其他综合收益和利润分配以外所有者权益的其他变动，应当调整长期股权投资的账面价值并计入所有者权益。

3. 财务报表中有关项目的关联分析

联系利润表中股权投资收益、资产负债表中期末与期初的应收股利和现金流量表中因股权投资收益而收到的现金之间的差异进行分析，分析投资收益产生现金流量的能力。在股权投资收益占企业投资收益比重较大的情况下，企业有可能披露其利润表投资收益中的股权投资收益的规模。但是，利润表的投资收益是按照权责发生制的要求来确定的，并不一定对应企业相应的现金流入量。股权投资收益产生的现金流入量将体现在现金流量表中收回投资收益所收到现金项目中。在被投资单位没有分红或分红规模小于可供分配的利润或无力支付现金股利的情况下，利润表中股权投资收益就有可能大于现金流量表中分得股利或利润所收到的现金的金额。当然，仅凭此项分析，尚不足以做出被持股企业的财务状况不良、企业投资质量较差的结论。

4. 长期股权投资的质量分析

在许多情况下，企业投资质量的恶化是可以通过某些迹象来判断的。例如，被投资单位的市价连续几年低于账面价值；被投资单位当年或连续几年发生亏损；被投资单位所销售商品因竞争激烈、产品过时或消费者偏好改变而使市场需要发生变化，从而导致被投资单位财务状况发生严重恶化；被投资单位的现金流发生严重恶化等。

5. 长期股权投资的相互持股分析

相互持股是指两个合法存续的公司互相向对方公司出资并成为对方公司股东的现象，包括母子公司、企业集团成员公司和普通公司之间相互持股等三种类型。两个公司之间的相互持股，其实质在于公司各自间接地持有自己的股权或股份。从出资主体的角度来看，相互持股有“主动型”与“被动型”两种。所谓“主动型”，即公司之间相互持股是投资主体的股权构成的设计安排，如为了建立并巩固公司之间的联合，又如旨在形成两个公司的联结纽带关系等。所谓“被动型”，即在企业的购并活动中，承继了事实上存在的相互持股关系，如子公司吸收合并 A 公司，而 A 公司恰好持有其母公司的股权；又如 B 公司成为 C 公司的子公司之前已持有 C 公司的股权等。

对于公司之间相互持股的出资行为，一直存在争议。持积极态度的人士的看法是：公司之间相互持股对于形成稳固的企业集团，发展壮大经济规模具有重要的作用；持谨慎态度的人士则担忧，公司之间相互持股的实质是公司持有自己的股权，因而也会产生制造资本空洞、变相抽逃资本、影响股权流动、达成共谋等弊端，特别是不利于公司的规范运作，容易造成侵害其他股东和债权人利益的不公平状况。

6. 长期股权投资的减值准备分析

按照企业会计准则的要求，企业对那些质量状况在恶化的投资，应当计提长期投资减值准备。如果企业没有计提减值准备以消化长期投资上的损失，其账面资产必定存在水分，分析时应予以调整。另外，长期投资当期减值准备的计提，将导致企业当期净利润的减少，而长期投资减值准备的回收又导致当期净利润的增加。因此，长期股权投资计提减值准备对账面利润会有直接的影响，分析时需要特别关注。

二、长期债权投资分析

长期债权投资是指企业持有的不准备随时变现、持有期超过1年以上，对外出让资产而形成的债权。按照投资对象不同，长期债权投资可以分为长期债券投资和其他债权投资。

长期债券投资是指企业以购买并长期持有受资方债券的方式，对受资方进行的投资。其他长期债权投资是指除了长期债券投资以外的长期债权投资。企业因拥有债权而成为受资方的债权人，定期收取利息或按规定返回本金。一般情况下，债权人无权参与企业的管理和经营决策。

（一）长期债权投资的账龄分析

与短期债权分析类似，可以将企业长期债权投资按照账龄进行分析。一般地，超过合同约定的偿还期越长的债权投资，其可收回性就越差，资产质量也就越差。

（二）长期债权投资的构成分析

长期债权投资的构成分析，就是要按照债务人的构成，分析其具体的偿债能力，以判断投资企业的资产价值和投资的质量。一般地，债务人的偿债能力越强，投资企业的资产质量就越高；反之，则投资企业的资产质量就越差。

（三）财务报表中有关项目的关联分析

联系利润表中债券投资收益与现金流量表中因利息收入的现金之间的差异进行分析。在债权投资收益占企业投资收益比重较大的情况下，企业应该在报表的附注中披露投资收益中债权投资收益的金额、来源及其所占比例。但是，利润表的投资收益中债权投资收益的确定，是按照权责发生制的要求确定的，并不对应企业相应的现金流入量。债权投资收益产生的现金流入量将在现金流量表中以取得利息收入产生的现金流量的项目出现。在债务企业无力偿还利息的情况下，利润表中债权投资收益就有可能大于现金流量表中取得利息收入收到的现金金额。

（四）长期债权投资的处置分析

处置长期债权投资时，按实际取得的价款与长期债权投资账面价值的差额作为当期投资收益。企业的长期投资在期末时按照其账面价值与可收回金额孰低计量，对可收回金额低于账面价值的差额，应当计提长期投资减值准备并确认当期投资损失。在资产负债表中，长期投资项目应当按照减去长期投资减值准备后的净额反映。可收回金额，是指企业资产的出售净价与预期从该资产的持有和投资到期处置中形成的预计未来现金流量的现值两者之中较高者。其中，出售净价是指资产的出售价格减去所发生的资产处置费用后的余额。

对于上市公司的对外投资，尤其是对被投资单位具有控制、共同控制或重大影响的长期股权投资，其对上市公司的作用和影响是复杂的，往往体现着企业的发展战略或管理目的，在财务报表分析时要特别关注。

（1）上市公司通过对外投资实施企业发展战略。例如，对竞争对手实施兼并，可以减少竞争对手，扩大市场占有率；通过对上下游企业的控制或兼并，可以获得稳定的原料供应或产品销售渠道等。

（2）上市公司通过对外长期投资实现多元化经营。例如，实施跨行业的对外投资，可以快速有效地实现多元化经营，降低企业的经营风险，稳定企业的盈利能力。但多元化经营也给企业的经营管理能力提出了更高的要求，在一些情况下，多元化经营反而使企业陷入极大的风险当中，特别是对外投资回收期长导致投资收益不稳定性的风险就会显现。

（3）复杂的对外长期投资可能为某些盈余操控行为提供空间。对被投资单位具有控制、共同控制或重大影响的长期股权投资形成了关联方关系，其间的许多交易有背离公允性的可能。例如，上市公司可以将产品以高于市场的价格售与关联企业，从而提高当期收益；反之，也可以以低于市场的价格购进关联企业的产品或原材料，同样可以提高当期收益。

课堂思考

1. 因权益法确认投资收益导致长期股权投资增加，有人认为这是一种“泡沫”资产增加，你怎么理解？

2. 长期股权投资成本法和权益法对报表数据会产生什么样的影响？

三、固定资产分析

固定资产是指使用期限较长、单位价值较高，并且在使用过程中保持原有实物形态的资产。与流动资产相比，固定资产具有使用时间长（一般在1年以上）、持有资产的目的在于服务生产经营而不是为了出售（这是固定资产的显著标志）、使用期限内实物形态相对不变和单项价值较高等特点。尽管不同企业对固定资产的类型、构成等具体要求各不相同，但都是企业生产经营不可缺少的，直接关系到企业资产的使用效率。

（一）固定资产的规模分析

固定资产是企业的劳动手段，是企业生产经营的基础，企业固定资产的规模必须和企业生产经营的总体规模相适应，同时保持和流动资产的一定比例关系。企业应根据生产经营的计划任务，核定固定资产需用量，在此基础上合理配置固定资产和流动资产的比例关系。如果企业的总资产中固定资产比例过高，一方面会使企业对经济形势的应变能力降低，相应的财务风险会增大；另一方面会使固定资产闲置，其利用效率降低，同时折旧费用增加，从而使企业的获利能力下降。但是，固定资产比例过低，设备不足虽然可以使企业偿债能力提高，降低风险，但会使企业的资产过多地保留在获利能力较低的流动资产上，而且会使流动资产因相对过多而得不到充分利用，从而使企业的获利能力下降。企业为了扩展业务，获得更多的利润，需要扩大生产经营的规模，首先就要扩大固定资产规模，添置新的设备，同时企业在生产经营过程中，还会发生固定资产的盘盈、盘亏、清理，投资转入、转出等，从而使固定资产的总体规模发生增减变动。在进行报表分析时，应对企业固定资产规模的增减变动情况及这种变动对企业财务状况的影响引起足够的重视。

（二）固定资产的构成分析

固定资产可以根据不同的管理需要和核算要求，按不同的分类标志进行分类。按惯例，固定资产主要有如下几种分类方法：

(1) 按照用途，可分为生产经营用固定资产与非生产经营用固定资产；

(2) 按照使用情况，可分为使用中固定资产、未使用固定资产和不需用固定资产；

(3) 按照所有权归属，可分为自有固定资产和租入固定资产；

(4) 按照经济用途和使用情况，可分为生产经营用固定资产、非生产经营用固定资产、租出固定资产、不需用固定资产、未使用固定资产、土地等。

固定资产的构成分析就是基于上述分类，按照不同的分析目的和要求选择不同的分类标志。对固定资产的构成分析就是要观察固定资产配置的合理性。一般而言，使用中的固定资产、自有的固定资产、生产经营用固定资产应当占主要比例，而其他类型的固定资产则应当占较小的比例，特别要重点关注其中的非生产经营用固定资产、未使用固定资产和不需用固定资产所占的比重、具体构成和动态，因为这些资产不直接创造价值。

（三）固定资产的计价分析

按照会计准则的规定，固定资产的取得成本是指为购建某项固定资产并使其达到可使用状态前所发生的一切合理的必要的支出。这些支出既有直接发生的，如购置固定资产的价款、运杂费、包装费和安装成本等，也有间接发生的，如应分摊的利息支出、外币借款的折算差额以及应分摊的其他间接费用。由于固定资产取得方式不同，其价值构成的具体内容也各不相同。因此，在进行固定资产分析时，必须了解和掌握企业固定资产计价正确性。

(1) 购入的固定资产，以购入价加上应由企业负担的运输费、装卸费、安装调试费、保险费以及税金计价。

(2) 自制、自建的固定资产，以建造和制造过程中的实际发生的全部支出计价。

(3) 在原有固定资产基础上进行改造、扩建的，按固定资产原值减去改建、扩建过程中发生的变价收入加上由于改建、扩建而增加的支出计价。

(4) 作为资本或合作条件投入的固定资产，按评估确定价值或按投资时的合同、协议约定的价格计价。其中投资人以设备投入企业的，在确定原始价值时，应提供原始发票。

(5) 接受捐赠，从境外调入或引进的固定资产，以所附发票、账单等凭证所确定的金额，加上应由企业负担的运输费、保险费、安装调试费、税金等计价。无所附单据的，按照同类固定资产市场价格计价。企业为取得固定资产而发生的借款利息支出和有关费用，在固定资产尚未交付使用或已拨入使用但尚未办理竣工决算前发生的，应计入固定资产价值，在此之后发生的，应当计入当期损益。

(6) 盘盈的固定资产，按照同类固定资产的重置完全价值计价。

(7) 企业兼并、投资、变卖、租赁、清算时,固定资产应依法进行评估。

企业已经入账的固定资产,除发生下列情况外,不得随意变动:

(1) 根据国家规定对固定资产重新估价;

(2) 增加补充设备或改良装置;

(3) 将固定资产的一部分拆除;

(4) 根据实际价值调整原来的暂估价值;

(5) 发现原来记录错误等。

值得注意的是,尽管在建工程在报表上单独列项反映,但在进行报表分析时,应当把在建工程加计到固定资产中去,或视同固定资产一并计算。

在固定资产和在建工程的计价中,一个比较困难的问题是借款利息、手续费等借款费用的资本化问题。资本化是现代会计的一个重要组成部分,它同时对财务报表和财务比率发生影响。它还使得盈余作为财务业绩的计量指标具有超过现金流量的优势。按照现行制度规定,从借款使用开始到规定资产达到“预定可使用状态”期间的借款费用应予以资本化,也就是要计入固定资产的价值。固定资产是否达到“预定可使用状态”,可以根据如下标准判断:

(1) 固定资产的实体建造(包括安装)工程已经全部完成或实质上已经全部完成;

(2) 已经过试生产或试运行,且其结果表明能够正常运行或营业;

(3) 该项固定资产继续发生的支出已经很少或几乎不再发生;

(4) 所购建的固定资产已经达到设计或合同要求。

在分析固定资产借款费用资本化的问题上,还应当注意以下几点:

(1) 借款费用开始资本化需要具备一定的条件,包括资本支出已经发生;借款费用已经发生;为使资产达到预定可使用状态所必要的购建活动已经开始;

(2) 借款费用金额较小以及在固定资产达到预定可使用状态后发生的,直接计入财务费用;

(3) 由若干单项或单位工程组合而成的固定资产购建活动,借款费用资本化的原则和方法是:若单项或单位工程能够独立使用,则分各单项或单位工程确定资本化的时间和金额;若必须等到整体工程完工后方可使用,则资本化的时间应截止到整体工程完工时,之后发生的借款费用计入财务费用;

(4) 如果某项工程发生非正常性中断,且中断时间连续超过 3 个月,应当暂停资本化而改成费用化,费用化的时间直到工程重新开始。

由于对固定资产达到“预定可使用状态”的判断也有人为操纵的空间,如提前将在建工程认定为已经达到“预定可使用状态”而转增固定资产,相应地固定资产折旧就会增加,利润就会减少。反之,将已经达到“预定可使用状态”的在建工程继续作为在建工程而不转增固定资产,则固定资产折旧就会减少,利润就会增加。

(四) 固定资产的变动分析

固定资产变动分析主要是对固定资产增长情况、更新情况、报废情况及损失情况进行分析,它是以固定资产的期初数与期末数相比较来确定其变动情况,可以通过编制固定资产增减变动分析表进行分析。对于工业企业来说，常见的固定资产包括生产经营过程中需要使用的房屋及建筑物（如厂房、办公大楼等）、机器设备（如生产线加工设备等）、办公设备（如电脑、打印机等）及运输设备（如汽车、轮船等）等，这些资产通常使用时间较长（超过 1 年）。固定资产增减变动分析表如表 6 - 17 所示。

表 6 - 17　2020 年恒瑞医药固定资产增减变动表　　单位：元

固定资产类别	期初数	本期增加	本期减少	期末数
房屋及建筑物	1 720 056,112	420 966 451		2 141 022 564
机器设备	3 116 179 493	719 592 790	91 216 698	3 744 555 584
运输工具	162 414 841		12 865 718	149 549 123
电子设备	116 855 956	59 945 562	8 099 808	168 701 710
合　计	5 115 506 402	1 200 504 803	112 182 225	6 203 828 981

从表 6 - 17 中我们可看出，2020 年恒瑞医药固定资产原值增长了 21.27%，计 1 088 322 579元，说明公司的固定资产规模扩大了不少。

（五）固定资产的折旧分析

折旧是在使用年限内对固定资产成本进行摊销的过程。如果企业经营活动是不盈利的，则折旧将成为不可收回的成本，也就是说会增加亏损。不仅仅是折旧，所有因收入不足而无法回收的成本都会面临这种情况。事实上，有关固定资产折旧的原则、方法等基本上没有什么争议，现有的制度与准则里都有了明确的规定。但是，对于财务报表分析者而言，折旧是一项容易混淆的费用。这种混淆源于将资产成本摊销到经营活动中时所使用方法的可选择性，同样地，这种可选择性可能会给企业进行盈余管理或操纵提供空间。

1. 固定资产的折旧年限分析

固定资产折旧年限是影响固定资产折旧率的一个直接因素。不同固定资产的使用年限存在很大的差异，而一项固定资产的使用年限主要取决于其物理状态的使用年限和经济技术状态的使用年限，即有形磨损和无形磨损的使用年限。固定资产的有形磨损是资产使用年限的一个重要限制因素，几乎所有资产都受制于它。有效的维护和保养可以延长资产的使用寿命，但却不可能使它无限延长。另一个限制因素则是因技术进步而导致资产在其物理寿命尚未终结前就已经变得低效或不经济的无形磨损。因此，对固定资产使用年限的合理估计是保证折旧与收益匹配的关键。在进行固定资产折旧年限分析时，可采用如下指标：

（1）平均年限。平均年限是累计折旧与期末固定资产原值之间的比率，其大小不受资产组合和购置时间的影响。当指标值比较低时，可以显示企业拥有的资产较具效率；反之，则较难与具备先进设施的企业相竞争。值得注意的是，该比率受到折旧方法、折旧年限和残值的影响。

$$\text{平均年限}(\%)=\frac{\text{累计折旧}}{\text{期末固定资产原值}} \qquad (6-35)$$

(2) 平均可折旧年限。平均可折旧年限(年)是期末固定资产原值与折旧费用之间的比率,其大小受资产组合影响。在固定资产快速增长时期,资产的投入使用会影响该比率的可比性。但从较长的时段来看,该比率与同行相比有助于衡量企业的折旧政策。

$$平均可折旧年限(年)=\frac{期末固定资产原值}{折旧费用} \tag{6-36}$$

2. 固定资产的折旧方法分析

资产的使用年限一经确定,折旧费用的大小则取决于折旧方法。所选择的折旧方法不同,计算出来的折旧费用也会有显著的不同。在此,我们重点考察最常见的两种折旧方法:直线法与加速折旧法。

(1) 直线法。直线法是将固定资产成本在使用年限内平均分摊的方法。例如,一项 11 万元的固定资产,预计使用 10 年,预计残值 1 万元,则平均折旧就是每年 1 万元。

年平均折旧额=(固定资产原值-预计残值)÷预计使用年限

=(11-1)÷10=1(万元)

直线法提折旧的逻辑依据,在于它假设固定资产的物理磨损是随着时间的推移而均匀发生的。这一假定对房屋建筑物是比较合理的,但对机器设备来讲,更重要的是其利用程度,至于折旧的另外一个决定因子——技术进步,则不一定随着时间推移而均匀发生。当缺乏有关折旧的必要信息时,直线法显然是最简便的折旧方法。正是因为这一属性,导致了它的普遍流行。

我们在进行财务报表分析时,必须注意直线折旧法存在的两个主要缺陷:第一个缺陷是直线折旧法隐含了在初始年份和后来年份折旧相同的假设。但实际上,后来年份可能效率更低,相应地所负担的折旧费用就应当更少。另一个缺陷是直线折旧法扭曲了投资回报率:按直线法提折旧会使回报率随着时间的推移产生更为严重的偏差。投资回报率是净收益与固定资产净值之间的比率,而固定资产净值是随着折旧的计提而逐步减少,依此计算的投资回报率则会逐步提高,其偏差也就会越来越大。

(2) 加速折旧法。加速折旧法是将固定资产成本按递减方式在使用年限内进行摊销。相对于直线折旧法,加速折旧法在固定资产的使用前期多计提折旧,相应地在后期计提较少的折旧。加速折旧法特别适用于高科技设备的成本摊销。从税务的角度来看,该方法通过加速成本摊销导致了应税所得的递延。越是快速冲销一项资产,递延到未来的税负就越多,当前可用的资金就越多。对加速折旧法理念上的支持,则是因为随着时间的推移,在折旧费用递减的同时,资产的维修与维护成本会上升,资产的使用效率会下降,资产所能创造的收益越不稳定,综合起来考察,资产的成本与收益的配比是均衡的。

余额递减法和年数总和法是最常见的两种加速折旧法。余额递减法是对逐期下降的资产余额使用固定的折旧率计提固定资产折旧。在实务中,人们通常以直线法下折旧率的两倍作为折旧率的近似值。因此,该方法又称为双倍余额递减法。

$$双倍余额折旧率=2\times\frac{1}{使用年限} \tag{6-37}$$

$$年折旧额=固定资产净值\times双倍余额折旧率 \tag{6-38}$$

年数总和法是指把各期初固定资产尚可使用的年数除以全部折旧年限的加乘总数作为各年的折旧率的方法。例如，一项在5年内折旧的资产在计提折旧时所采用的比例，分母为5年的年数总和(1+2+3+4+5=15)，分子为当期可使用的年数。由此得到第一年的折旧率为5/15，第二年为4/15，依此类推，折旧率递减，直到最后一年为1/15。

【例6-6】 采用双倍余额递减法和年数总和法对一项总值为110 000元，残值为10 000元，使用年限为10年的固定资产计提折旧。由于资产不能被折旧至低于残值以下，所以企业必须保证加速折旧法不违反这一规则。当用余额递减法计算的折旧费降至直线法以下时，通常将会对剩余年份使用直线法计算折旧。计算过程如表6-18所示。

表6-18　加速折旧计算分析表　　单位：元

时　期	折　旧		累计折旧	
	双倍余额递减法	年数总和法	双倍余额递减法	年数总和法
1	22 000	18 182	22 000	18 182
2	17 600	16 364	39 600	34 546
3	14 080	14 545	53 680	49 901
4	11 264	12 727	64 944	61 818
5	9 011	10 909	73 955	72 727
6	7 209	9 091	81 164	81 818
7	5 765	7 273	86 931	89 091
8	4 614	5 455	91 545	94 546
9	4 228	3 636	95 773	98 182
10	4 227	1 818	100 000	100 000

(六) 固定资产新旧程度分析

反映固定资产新旧程度的指标有：固定资产磨损率、固定资产净值率。

1. 固定资产磨损率

固定资产磨损率，就是固定资产累计已提折旧额和固定资产原价总额的比率，它反映了固定资产的磨损程度。其计算公式如下：

固定资产磨损率＝固定资产折旧额÷固定资产原价×100%

当企业固定资产不断更新时，其磨损率指标就会呈下降趋势，当企业固定资产未进行更新时，其磨损率指标将会呈上升趋势。

2. 固定资产净值率

固定资产净值率，就是固定资产净值总额与固定资产原值总额的比率，它反映了固定资产的新旧程度。

固定资产净值是固定资产的原值总额减去固定资产折旧后的余额。

$$固定资产净值率=固定资产净值\div固定资产原价$$

该指标高，说明企业设备较新；该指标低，说明企业设备陈旧。

$$固定资产磨损率+固定资产净值率=1$$

利用这些公式不但可以综合计算企业全部固定资产的新旧程度和磨损程度，也可以分别计算各类固定资产的新旧程度和磨损程度。

课堂思考

在分析固定资产质量时应关注固定资产会计政策选择方面的内容。从有利于会计信息使用者的角度，你认为应当从哪些方面进行披露？

三、无形资产分析

无形资产是指企业拥有或者控制的没有实物形态的可辨认非货币性资产，包括专利权、非专利权、商标权、著作权、土地使用权、特许经营权等。无形资产有两个基本特征，即未来收益的高度不确定性及没有实物形态。

无形资产虽然“无形”，但其作用是有形的，而且往往有重大的经济价值。很多优秀的企业，其最大的价值就在于无形资产，如微软在操作系统的垄断地位，可口可乐的品牌，Google 的搜索技术等。这些无形资产往往在资产负债表上体现得不多，但却起着至关重要的作用。资产负债表上的无形资产体现的是历史购买价格，体现的是过去的和量化的价值。这个价值可能高于实际值，如一些过时的专利、过时的品牌，当时购买和投入很多，但现在却价值不大。这个价值也可能低于实际值，如果一个品牌逐渐壮大，知名度与美誉度逐渐提高，其价值提高在资产负债表上是体现不出来的，还只能是当初投入的历史价值。

分析一个公司的无形资产，首先要找出无形资产在公司商业模式中的位置及作用。这些资产是不是起到了关键的作用？作用有多大？有没有变化？其次，还要看无形资产能否给公司带来竞争优势，甚至是“护城河”的保护。而且，还要看无形资产的维护是否耗资巨大，成为隐性的巨额“资本支出”。最后，还要看无形资产是否容易受到损失，突发事件、公司商业模式的转变是否会让无形资产变得一钱不值。

（一）无形资产规模分析

无形资产的本质属性是以价值形态存在、供企业长期使用、使企业享有特殊经济利益但无实物形体的一种权利。传统的制造企业，固定资产占总资产的比例很高，互联网科技企业更多的资产都是看不见的“无形资产”。表 6 - 19 表明了恒瑞医药 2016—2020 年无形资产的占比情况，但恒瑞医药每年大量的研发投入全部费用化处理，没有一分钱计入无形资产中（详见表 6 - 20）。

表 6-19　恒瑞医药无形资产规模分析　单位：万元

项目 \ 年份	2016	2017	2018	2019	2020
无形资产	28 472	27 926	27 268	34 976	34 125
非流动资产合计	293 684	357 085	429 184	524 517	667 955
资产总计	1 433 006	1 803 938	2 236 123	2 755 648	3 472 959
无形资产/ 非流动资产	9.69%	7.82%	6.35%	6.67%	5.11%
无形资产/资产	1.99%	1.55%	1.22%	1.27%	0.98%

医药行业是一个技术性较强的行业，创新是中国医药行业的未来发展方向。企业在研发上的投入多少，在一定程度上决定着企业发展内驱力的强弱，也是企业发展潜力的一种有效体现。通过寻找企业的研发投入的营收占比这条线索，打开“研发之灯”，侧面了解企业未来发展潜力。我国制药工业上市公司研发强度约为 8%。由此可见，恒瑞医药公司的研发投入在我国制药行业处于领先水平，并与国际接轨。恒瑞医药公司创新储备丰富，具有较大的发展潜力。从研发投入了解企业发展潜力及发展方向，确定企业是否能挖出一条宽阔的科研“护城河”。

（二）研发投入分析

无形资产形成途径主要有两种：一是对外采购产生的无形资产，二是内部研发产生的无形资产。根据会计准则，企业内部研究开发项目的支出，应当区分研究阶段支出与开发阶段支出。研究是指为获取并理解新的科学或技术知识而进行的独创性的有计划调查。企业内部研究开发项目研究阶段的支出，应当于发生时计入当期损益。开发是指在进行商业性生产或使用前，将研究成果或其他知识应用于某项计划或设计，以生产出新的或具有实质性改进的材料、装置、产品等。

企业内部研究开发项目开发阶段的支出，同时满足下列条件的，才能确认为无形资产：① 完成该无形资产以使其能够使用或出售在技术上具有可行性；② 具有完成该无形资产并使用或出售的意图；③ 无形资产产生经济利益的方式，包括能够证明运用该无形资产生产的产品存在市场或无形资产自身存在市场，无形资产将在内部使用的，应当证明其有用性；④ 有足够的技术、财务资源和其他资源支持，以完成该无形资产的开发，并有能力使用或出售该无形资产；⑤ 归属于该无形资产开发阶段的支出能够可靠地计量。

在研究阶段的支出，要记为利润表中的管理费用，影响公司的当期利润；而开发阶段的支出，在满足一定条件的时候可以记为无形资产。现实中部分企业往往会通过提高研发的资本化率，虚增无形资产，同时减少当期利润。研发投入费用化处理，好处是少缴税，缺点是减少了利润；如果研发投入资本化处理，无形资产通常要多年摊销，3～5 年甚至更久，这样的好处是增加了当期的利润。从全生命周期来看，一年进入费用也好，多年通过无形资产绕一下再进入费用也好，整体对利润的影响是相同的。但是，对当年利润的影响却是不同的。

从表 6-20 中可以看出恒瑞医药和乐视网是两家在研发资本化率上做法完全不同的

公司。恒瑞医药执行的是低资本化率，近几年一直对研发投入全部进行费用化处理，研发资本化率为0，这意味着恒瑞医药财务比较稳健，将每年的研发投入费用化处理，完全由当年的利润分担研发投入成本，为公司以后减轻成本的负担。2020年恒瑞医药的无形资产有26.56亿元，但计量的都是土地使用权和软件。

表6-20　研发投入资本化率对比分析　　单位：亿元

年　份	2013		2014		2015	
公司	恒瑞医药	乐视网	恒瑞医药	乐视网	恒瑞医药	乐视网
研发投入		3.73	6.52	8.05	8.92	12.24
研发资本化	0	2.02	0	4.82	0	7.31
资本化比率	0	54.17%	0	59.90%	0	59.79%

乐视网研发投入执行的是高资本化率，高资本化率对企业业绩产生较大影响，同时还意味着较大的财务风险，业务扩张过快、种类过于复杂，可能会导致现金流出问题。乐视近60%的研发资本化率的比例，在全世界应该是罕见的。一个项目，还没怎么投入研发，经济价值具有很大不确定性的时候，乐视就已经知道开发结果和项目的确切价值了。研究阶段还没走几步，就马上进入开发阶段的后半段，进行确认资本化。乐视网多年以来将60%左右的研发费用资本化，这个比例是极其不正常的，将太多的"管理费用"从利润表中搬到资产负债表中的"无形资产"中去。乐视网太过分地、也太有目的性地将研发投入进行了资本化处理，等于是将费用计入无形资产成本，这些研发投入暂时形不成费用但最终还是费用，无形资产减值就不可避免了。只是费用化处理在短期可以达到一美化利润，二美化资产，三美化现金流。

研发支出资本化还是费用化向来是利润调节器，费用化影响当期利润，资本化计入无形资产后可以增加当期利润，但这些计入无形资产中的研发费用在未来会通过摊销或减值的方式，重新回到利润表。

（三）无形资产摊销和减值分析

1. 无形资产摊销分析

无形资产摊销金额的计算正确与否，会影响无形资产账面价值的真实性。因此，在分析无形资产时应仔细审核无形资产摊销是否符合《企业会计准则》的有关规定。一般来说累计摊销数额越大，意味着无形资产所能带来的收益可能会下滑。此外在分析时还应注意企业是否有利用无形资产摊销调整利润的行为。

2. 无形资产计提减值准备分析

按照现行准则规定，企业应定期对无形资产的价值进行检查，至少于每年年末检查一次。如发现以下一种或几种情况，应对无形资产的可回收金额进行估计，并将该无形资产的账面价值超过可回收金额的部分确认为减值准备：该无形资产已经被其他新技术等所替代，使其为企业创造经济利益的能力受到重大不利影响；该无形资产的市价在当期大幅度下跌，在剩余摊销年限内预期不会恢复；其他足以证明该无形资产的账面价值已超过可回收金额的情形。当然，在分析时还要注意无形资产减值准备计提的合理性。现行准则规定，无形资产减值准备一经计提，在以后期间不得任意转回，这会在一定程度上杜绝企业利用无形资产减值准备的计提操纵利润的行为发生。

在分析无形资产时应注意分析企业是否按照《企业会计准则》规定计提了无形资产减值准备以及计提的合理性。因为，如果企业应该计提无形资产减值准备而没有计提或者少提，不仅会导致无形资产账面价值的虚增，而且会虚增当期的利润总额。一些企业往往通过少提或不提无形资产减值准备，来达到虚增无形资产账面价值和利润的目的。因此，财务分析人员对此现象应进行分析与调整。

（四）无形资产的变现性分析

无形资产在市场上通过转让而变现，是其价值实现的一种有效途径。但由于它是一种特殊的资源，其变现则存在较大的不确定性。分析企业无形资产的变现性主要包含三个方面：是否为特定主体所控制；是否可以单独进行转让；是否存在活跃的市场进行公平交易。

在对企业无形资产变现性进行分析时，首先应该以产权变动为前提，区分无形资产单独的产权变动和企业产权变动中包含的无形资产变动。通常情况下，无形资产的市场转让活跃程度会在很大程度上决定无形资产变现性的大小，而对于那些为特定企业所持有、不可转让的无形资产来说，就基本上不具备变现性。一般地说，能够顺利变现的无形资产通常只有专利权、商标权、土地使用权、特许经营权和专有技术等。另外，无形资产在用于对外投资时的增值潜力也能在一定程度上反映该项资产的变现性。

四、商誉分析

（一）商誉的一般分析

商誉是指公司收购资产时支付对价与标的净资产公允价值之间的差价。按照《企业会计准则第20号——企业合并》的规定，在非同一控制下的企业合并中，购买方对合并成本大于合并中取得的被购买方可辨认净资产公允价值份额的差额，应当确认为商誉。对照无形资产的定义，商誉不属于无形资产。因为，商誉是企业合并成本大于取得被购买企业可辨认资产、负债公允价值份额的差额，其存在无法与企业自身分离，既不可辨认，也无法确定受益期。换句话说，当企业在并购过程中，按照公允市价将所支付的金额分摊到所有可辨认资产和负债上之后，剩余部分归为不可辨认无形资产，即为商誉。商誉的构成是千差万别，既可以是吸引并留住顾客的能力，也可以是企业经营活动的某种内在特质，如效率、效益等。商誉意味着盈利能力，可以转换为未来的超额收益，这里所谓的超额收益就是高于正常水平的收益额。

$$\text{商誉}=\frac{\text{买方付给被并购企业所有者}}{\text{出让股权的价款}}-\left(\frac{\text{被并购企业净资产}}{\text{公平市价之和}}\times\frac{\text{股权}}{\text{占比}}\right)\quad(6-39)$$

一个企业并购另一个企业，根据被并购企业是否还作为独立的法人存在，产生了入账商誉和不入账商誉。一个企业并购另一个企业后，该被并购企业不再是独立的法人，购买企业要单独设立账户记录商誉的价值，这就形成了入账商誉；一个企业只取得被并购企业的股份，该企业仍然是一个独立的法人，并购企业只在账簿中记录其长期投资，并不单独设立商誉账户，只是编制合并会计报表时才在报表上出现商誉项目，这就形成了不入账的商誉。通过表 6－21 可以分析出恒瑞医药和复星医药在企业发展路径上实施的是完全不同的发展战略和规划。

表 6－21 恒瑞医药和复星医药 2016—2020 年商誉对比分析 单位：万元

项 目 \ 年 份	2016	2017	2018	2019	2020
恒瑞商誉账面余额	0	0	0	0	0
恒瑞商誉占净资产比重	0	0	0	0	0
复星商誉账面余额	347 311.04	846 428.40	885 391.34	901 399.03	867 724.90
复星商誉占净资产比重	13.75%	28.46%	26.36%	22.99%	18.87%

（二）商誉的减值分析

《企业会计准则第 8 号——资产减值》规定每年年终企业应该按照资产组或资产组组合对商誉进行减值测试，比较这些相关资产组或者资产组组合的账面价值（包括所分摊的商誉的账面价值部分）与其可收回金额，如相关资产组或者资产组组合的可收回金额低于其账面价值的，应当确认商誉的减值损失，计入当期损益。

我国证监会于 2018 年 11 月发布的《会计监管风险提示第 8 号——商誉减值》规定，对企业合并所形成的商誉，应当至少在每年年度终了进行减值测试，当商誉所在资产组或资产组组合出现特定减值迹象时，企业应及时进行商誉减值测试，即企业必须在每年年末一次性计提商誉减值。商誉的减值损失一旦确认，在以后各期均不得转回。因此，可以根据商誉计提减值的情况来对其进行质量分析。但不可否认的是，商誉减值的计提或多或少都会带有一些主观估计成分。

企业经常对外并购产生巨额商誉，在业绩变脸时，玩财务“洗大澡”，业绩好的时候不计提减值或少计提减值。在业绩不好甚至亏损的年度，计提巨额的商誉损失，就是当年一把亏到位，搏第二年正增长。这种现象在股市中一般称之为“商誉暴雷”。

很多人经常犯的一个错误是，容易把无形资产和商誉进行混淆。它们之间的区别在于，无形资产往往对应着具体的、可以被第三方认证的一些东西，比如专利权、商标权、著作权等。而商誉往往是很难被第三方认证的一些东西，比如就没有第三方专门认证一个公司的客户关系、管理团队究竟价值多少？也正因如此，商誉不用像无形资产一样去摊销，但每年都要对商誉进行减值测试。如果发生减值，就会影响公司当年的利润。一旦对商誉做减值处理，就不可以再转回了。

课堂思考

1. 试分析恒瑞医药的无形资产与研发费用之间的关系。
2. 上市公司该如何规避商誉暴雷的财务风险？

思政映射

精神财富是不能用货币计量的，良知和责任心是人生精神资产的计量单位。为社会、为单位、为家庭、为他人尽职和奉献时，只能是用心计量，用爱心做人，靠责任心做事。人生的固定资产就是始终要有一颗感恩的心，而且还不能计提折旧，人生的无形资产就是乐于奉献的豁达人生观，人生的商誉就是老百姓的口碑，同样也不能考虑跌价损失。对社会的贡献既要有家国情怀，志存高远，也要从小事着手，从小处做起。人人都要有一颗公德之心，遵守公序良俗，维护社会秩序，节约资源，保护环境，这就是我们对社会做出力所能及的奉献。

本章小结

流动资产的高效利用可以给企业带来良好的经济利益，其营运的过程一方面表现为资产的占用，另一方面表现为资产的周转。从资产占用到资产转化为货币的过程就是企业经营的过程。一个企业的负债和所有者权益是否有保障，收益能力是否强盛，生产经营规模是否恰当、有无增长潜力，很大程度上取决于流动资产的流动性强弱以及营运资金结构的合理性。所以对流动资产的财务分析十分重要，要透彻地了解流动资产的状况，首先必须对形成流动资产报表数据的会计方法和会计政策有清晰的了解；其次，必须熟悉分析流动资产的常用分析方法。在对长期股权投资进行分析时，可从长期股权投资的构成、投资对象、市场价值、被投资行业的发展前景、投资收益产生现金流量的能力，以及长期投资会计处理方法的选择是否适当等方面进行分析。固定资产的分析主要是从固定资产的计价、折旧的计提两方面进行的。在对无形资产进行分析时，首先要熟悉《企业会计准则》规定的无形资产的会计处理方法，充分认识企业可能存在的由于会计处理原因而导致的账外无形资产。

对于人生而言，资产就是个体履行的责任和做出的贡献。人生的资产不能像企业资产那样考虑跌价损失，计提减值准备。永葆爱心和奉献是我们树立正确的人生观、价值观和世界观的基础。每个人都有无形资产，这种无形资产是一种影响力，影响力不应该来自他的权力，而应该来自他日积月累的“威信”，这种“威信”是一种让人信服的影响力，是一种奉献社会而赢得的社会影响力。我们每一个人都应当为之而努力。

练　习

第七章　负债项目分析

学习目标

- 掌握负债的构成内容；
- 掌握流动负债和非流动负债的分析方法；
- 掌握各项比率所包含的意义；
- 掌握或有负债的含义；
- 掌握表外风险分析的内容。

学习重点

- 流动负债和非流动负债的分析方法；
- 或有负债的含义；
- 表外风险分析的内容。

思政要求

- 要有回报的感恩之心；
- 要有为社会奉献的坚定信念。

第一节　负债分析

一、负债结构分析

负债结构分析包括流动负债结构分析、非流动负债结构分析。流动负债主要由短期借款、应付票据、应付账款、预收账款、其他应付款等项目构成。为方便分析，我们可以把流动负债按照其形成的环节划分为营业环节负债、融资环节负债和收益环节负债。

营业环节负债是企业生产经营过程中所形成的负债，如应付账款、预收账款、应付职工薪酬等。其特点是在规定的付款期限内一般不需要支付利息，但到期时必须偿还。营业环节负债反映企业生产经营活动所需要或所占用的资金，它主要与企业产品的竞争力、市场需求状况、企业的采购政策和付款政策相关。

融资环节负债是由融资活动而形成的流动负债，如短期借款、一年内到期的长期负债等，其特点是要支付一定的利息，但到期后可以协商延期付款。融资环节负债反映企业生产经营活动依赖金融机构的程度，从而也反映出企业经营业务波动性的大小和长短期融资情况。

收益分配环节负债是在收益分配过程中发生的流动负债，如应付股利、应交税费等，其特点是这些收益分配环节负债一旦形成就应按期支付，否则会影响企业信誉。收益分配环节负债与企业的盈利状况相关。

非流动负债主要由长期借款、应付债券、长期应付款等构成。反映企业筹措长期负债资金的能力。相对而言，非流动负债具有期限长、成本高、风险性低、稳定性强的特点。以长期负债形式借入资金，无论是向金融机构申请的长期借款，还是发行长期债券，其手续复杂，而且时间长、利率高。长期负债一般应用于长期资产，包括长期投资、固定资产、无形及递延资产。由于这些资产周转慢，只有以长期资金来源保证，才不会遇到偿债压力。

【例 7－1】 根据第四章表 4－2 的 2016—2020 年恒瑞医药资产负债表资料，分析恒瑞医药 2019 年度和 2020 年度的负债结构，如表 7－1 所示。

表 7－1　2019—2020 年恒瑞医药负债结构分析表　　单位：万元

项　目	2019－12－31	2020－12－31
流动负债	247 263.47	377 159.31
其中：营业环节负债	224 755.15	359 583.19
融资环节负债	0	0
收益分配环节负债	22 508.32	17 576.12
长期负债	14 631.31	17 099.49
合　计	261 894.79	394 258.80

数据来源：根据表 4－2 数据计算所得

根据表 7－1 的数据我们可以看出，恒瑞医药 2020 年的流动负债比 2019 年增长了 52.09%，主要是应付账款增长较多。长期负债只上升了 16.87%。同时，2019 年流动负债占总负债的比例为 94.41%，2020 年流动负债占总负债的比例为 95.66%，可以看出，负债中流动负债所占比例很高并有所增长。

流动负债比率高要根据明细项目情况进行具体分析，有可能是：① 公司经营出现问题，资金流严重不足，无法支付供应商等货款；② 长期贷款一下子集中到期；③ 公司没有重大项目建设，只需解决短期资金流紧缺问题，和银行签了如最高限额流动资金的借款合同等。

所以，不能单纯看流动负债或非流动负债占比就来判断好坏，而是要看各项经济指标综合分析，才能得出结论，目前的经营方式是否合理。

分析负债结构应考虑如下因素：

(1) 经济环境。企业生产经营所处的环境，特别是资本市场状况，对企业负债结构产生重要影响。当宏观银根紧缩时，企业取得短期借款可能较为困难，其长期负债的比重则相对提高；反之，企业相对较容易取得短期借款，流动负债比重稍大。当然，企业负债结构主要因为企业内部的相关因素加上外部条件配合而造成。

(2) 筹资政策。企业负债结构受许多主观、客观因素的影响和制约，筹资政策是较为重要的主观因素，企业根据其不同时期的经营目标，进行资产配置，制定筹资政策，这对负债结构有重大影响，或者说起着决定性作用。当企业流动资产规模较大时，决定着将采取短期筹资方式时，流动负债的比重就会大些；反之，当企业长期资产规模较大时，长期负债的比重就会大些。

(3) 财务风险。连续性短期负债的风险往往要高于长期负债。

(4) 债务偿还期。企业负债结构合理的重要标志，是在负债到期日与企业适量的现金流入量相配合，企业应根据负债偿还期限来安排企业的负债结构。

二、负债成本分析

负债成本是企业使用债权人资本而付出的代价。不同的负债方式所取得的资本成本往往不同，一般来说，债券成本高于银行借款成本，长期银行借款成本高于短期借款成本，企业在筹资过程中往往希望以较低的代价取得资本。所以，对资本成本的权衡，会影响企业的负债结构。

负债成本的计算公式如下：

$$负债成本=\sum(各负债项目的资本成本\times该负债项目占负债总额的比重)$$

三、负债性质分析

负债具有双面性。适当负债，可以事半功倍，带来企业经营的快速发展；而盲目负债，则可能把企业带入危机的深渊。在现代商业社会，资金是所有企业在发展过程中都会遇到的一个突出问题，几乎没有一家企业是仅靠自有资金，而不运用负债就能满足资金需求的。负债经营已成为大多数企业所能接受的一种融资方式，即通过银行贷款、发行债券、商业信用等筹集资金的经营方式。

(一) 负债的积极作用

(1) 可以扩大企业的资金来源渠道，弥补企业营运资金和长期发展资金的不足。企业在生产经营过程中，仅仅依靠企业内部积累的自有资金，不仅在时间上不允许，而且在数目上也难以适应其发展的需要。因此，企业在资金不足的情况下，通过举债可以运用更大的资金力量扩大企业规模和经济实力，提高企业的运行效率和竞争力。企业不仅在资金不足时需要负债经营，就是在资金比较充裕时负债经营也是十分必要的。企业通过负债可以有效地取得和支配更多的资金量，利用这些资金来改善技术设备、改进工艺、引进先进技术，扩大企业规模，拓宽经营范围，进而能够增强企业的经济实力和竞争能力。

(2) 负债经营能减少税收支出，降低经营成本。负债经营可以起到抵税的功能，因为负债利息要计入财务费用，并且在企业所得税前扣除，故可产生节税的作用，使企业少纳所得税，从而增加经营收益。利息费用越高，节税金额越大。同时，负债经营可降低企业资本成本。对资本市场的投资者来说，债权性投资的收益率固定，能到期收回本金，其风险比股权性投资小，相应地所要求的报酬率也低。对企业来说，负债筹资的资金成本低于权益资本筹资的资金成本。

(3) 负债经营可以发挥财务杠杆的作用。负债经营对债权人支付的利息是一项与企业盈利水平高低无关的固定支出，当负债企业的投资收益率大于债务利息率时，负债经营就能够为企业带来明显的财务杠杆效应。

(4) 负债经营可以在通货膨胀中获利。因为负债的实际偿还数额不考虑通货膨胀因素，所以通货膨胀会给负债经营的企业带来额外收益。通货膨胀率越高，企业因负债经营而得到的货币贬值的利益就越大。负债通常要到期才能还本付息。在通货膨胀率上升的情况下，原有负债额的实际购买力将下降，企业按降低后的数额还本付息，这在客观上将货币贬值的不利因素转嫁给了债权人。我们当然不能仅看到负债经营有利的一面，我们也需要看到它风险的一面。

（二）负债的消极作用

(1) 经营不善反而会带来财务杠杆的负效应。我们在前面讲到财务杠杆能够为企业带来更多的效益，但那有一个前提条件，就是企业的投资利润率大于企业的债务的资金成本，如果企业由于经营不善，导致盈利能力下降，最终使投资利润率低于债务资金成本，对于多支付的利息费用要用企业所得的利润份额进行弥补，这最终将降低企业自有资本利润率，使企业盈利少，甚至造成企业亏损。同时，企业的留存收益也相应减少，不利于企业的发展，容易产生财务杠杆负面效应，使企业面临瘫痪、破产的可能。

(2) 负债过度会加大财务风险。债务负担过大会带来财务风险。因为有的债务资金不仅要支付固定的利息，而且要按约定条件偿还本金，没有财务弹性可言，这对企业来说是一项固定的财务负担，一旦出现经营风险而无法偿还到期债务，企业将面临较大的财务危机。甚至破产倒闭。因此，企业的资本结构中应有负债，但负债要有一定的限度。

(3) 偿还债务不及时会影响公司信誉，增加再筹资风险。当负债规模一定时，债务期限的安排是否合理，也会给企业带来筹资风险。若长、短期债务比例不合理，就会使企业在债务到期日还债压力过大，资金周转不灵，从而影响企业的正常生产经营活动。拖欠债务不仅会使企业丧失信誉，断送了再借债的机会，同时也使企业失去了扩大生产经营规模的机会。

(4) 通货紧缩时期，债务资金成本增加。通货紧缩时期，经济不景气，资金会出现供不应求情况，利息率可能上升，此时企业负债成本将会增加。企业借债必然造成企业担负的利息上升，从而导致负债成本的增加。当企业经营利润不足以抵偿债务利息时，企业将赔本经营，严重时可能导致破产。

第二节　流动负债分析

一、流动负债概述

流动负债是指将在 1 年(含 1 年)或者超过 1 年的一个营业周期内偿还的债务，包括短期借款、交易性金融负债、应付票据、应付账款、预收账款、应付职工薪酬、应交税费、应付利息、应付股利、其他应付款等。

流动负债具有以下特点:① 利率低。一般来说,流动负债利率较低,有些应付款项甚至无须支付利息,因而筹资成本较低。② 期限短。流动负债的期限一般都在 1 年以下,有时为 6 个月、3 个月、1 个月,还有时仅为 10 天甚至更短。③ 金额小。流动负债金额一般不会太大。④ 到期必须偿还。流动负债发生的频率最高,一般到期必须偿还,否则将会影响企业信用,以后再借将会发生困难。

流动负债一般只适合企业日常经营中的短期的、临时性的资金需要,不适合固定资产等非流动资产。因为企业日常经营中的存货等能在流转中很快地变现,用于偿付流动负债,而固定资产等非流动资产则不然,一旦投入需要在较长时期后才能一次性或分期收回,短期内无法变现,无法按期偿还。即使用企业流动资产偿还,也会减少营运资金,从而使企业的日常经营活动发生困难。流动负债如果运用得当,可以节约自有资金用于把握更有利可图的投资机会,也有助于加大经营规模,加速经营流转,取得更多的经营利润。但由于流动负债期限短,必须按期偿还,因此如果流动负债总额过大,比重过高,一旦经营发生困难,存货销售不出去,就会发生债务危机,影响企业信用,甚至危及企业生存。

二、流动负债项目分析

(一) 短期借款

短期借款反映企业向银行或其他金融机构等借入的期限在 1 年以下(含 1 年)的借款。本项目应根据“短期借款”科目的期末余额填列。短期借款用于解决企业流动资金匮乏的问题,一般不用于长期资产的资金需求。短期借款相对而言资金成本较低,但其作为流动负债,通常带有强制性的偿还负担,如果资金安排不当,容易造成企业短期的偿债压力。财务报告使用者可以结合若干财务比率指标进行具体分析。

对短期借款进行分析时,应注意以下几点:① 流动资产资金需要,特别是临时性占用流动资产需要发生变化。当季节性或临时性需要产生时,企业就可能通过举借短期借款来满足其资金需要,当这种季节性或临时性需要消除时,企业就会偿还这部分短期借款,从而造成短期借款的变动。② 短期借款资金成本较低。一般来讲,短期借款的利率低于长期借款和长期债券的利率,短期借款相对于长期借款来说,可以减少利息支出。③ 调整负债结构和财务风险。企业增加短期借款,就可以相对减少对长期借款的需求,使企业负债结构发生变化。相对于长期借款而言,短期借款具有风险大、利率低的特点,负债结构变化将会引起负债成本和财务风险发生相应的变化。④ 偿还期限短,偿债压力大。短期借款可以随借随还,有利于企业对资金存量进行调整。分析时应检查企业短期借款的期限,如果是即将到期的短期借款,应当以企业变现速度最快的货币资金和交易性金融资产为保障,查验短期与可用于偿还的资产数额之间的匹配关系,预测企业的可用于偿债的现金流状况,初步评价企业的短期借款偿还能力。

(二) 应付票据

应付票据反映企业购买材料、商品和接受劳务供应等而开出、承兑的商业汇票,包括银行承兑汇票和商业承兑汇票。本项目应根据“应付票据”科目的期末余额填列。相对于应付账款而言，应付票据可变现能力更强，更容易为客户所接受。

（三）应付账款

应付账款反映企业因购买材料、商品和接受劳务供应等经营活动应支付的款项。本项目应根据“应付账款”科目和“预付账款”科目所属各明细科目的期末贷方余额合计数填列；“应付账款”科目所属明细科目期末有借方余额的，应在资产负债表预付款项项目内填列。

应付票据及应付账款是因商品交易产生的，其变动原因有：① 企业销售规模的变动。当企业销售规模扩大时，会增加存货需求，使应付账款及应付票据等债务规模扩大。反之，会使其降低。② 为充分利用无成本资金。应付账款及应付票据是因商业信用产生的一种无资金成本或资金成本极低的资金来源，企业在遵守财务制度，维护企业信誉的条件下充分加以利用，可以减少其他筹资方式的筹资数量，节约利息支出。③ 提供商业信用企业的信用政策发生变化。如果其他企业放宽信用政策和收账政策，企业应付账款和应付票据的规模就会大些；反之，就会小些。④ 企业资金的充裕程度。企业资金相对充裕，应付账款和应付票据规模就小些，当企业资金比较紧张时，就会影响到应付账款和应付票据的偿还。

（四）预收款项

预收款项反映企业按照销售合同规定预先向客户收取的款项。根据“预收账款”科目和“应收账款”科目所属各明细科目的期末贷方余额合计数填列。如“预收账款”科目所属各明细科目期末有借方余额，应在资产负债表应收账款项目内填列。

预收款项是指企业因销售商品、提供劳务而预先向客户收取的款项。作为一笔流动负债，它意味着后续的商品或服务支出。企业大量而稳定的预收账款的存在往往意味着后续会计期间内较为稳定的收入来源，这对于以后期间的利润具有一定的保障作用，同时也可能展示出该企业商品或劳务供应的紧俏性和优越感，对市场而言不免是一则利好消息。

（五）应付职工薪酬

应付职工薪酬反映企业根据有关规定应付给职工的工资、职工福利、社会保险费、住房公积金、工会经费、职工教育经费、非货币性福利、辞退福利等各种薪酬。

应付职工薪酬反映企业按照规定应当向职工支付的各项报酬。作为新企业会计准则改革的一项重要内容，会计上树立了完整的人工成本概念，使得职工薪酬的内容变得十分丰富。它不仅包括传统意义上的工资和职工福利费，诸如社会保险费、住房公积金、工会经费与职工教育经费、非货币性福利、辞退福利、现金结算的股份支付等也都被纳入职工薪酬的范畴。

（六）应交税费

应交税费反映企业按照税法规定计算应缴纳的各种税费，包括增值税、消费税、所得税、资源税、土地增值税、城市维护建设税、房产税、土地使用税、车船使用税、教育费附加、矿产资源补偿费等。企业代扣代缴的个人所得税，也通过本项目列示。企业所缴纳的税金不需要预计应缴数，如印花税、耕地占用税等，不在本项目列示。本项目应根据“应交税费”科目的期末贷方余额填列；如“应交税费”科目期末为借方余额，应以“－”号填列。

应交税费反映的是企业按照税法规定计算并缴纳的各种税费。除了少数税种，如印花税和耕地占用税等不需要通过该项目反映外，企业应缴而尚未缴纳的其他大部分税款以及教育费附加、矿产资源补偿费等都需要通过该项目予以列示。应交税费和应付职工薪酬等其他流动负债一样，都是企业“当下”需要偿付的义务。分析时注意企业有无拖欠税款的现象，及其对企业支付能力的影响。

（七）其他应付款

其他应付款反映企业除短期借款、应付票据、应付账款、预收账款、应付利息、应付股利、应付职工薪酬、应交税费等之外的应付或暂收款项。与前文对于其他应收款的分析类似，其他应付款作为一种往来结算款项，财务报告使用者需要警惕企业变相的资金拆借和不合理的资金占用行为。分析时应重点关注：① 其他应付款规模与变动是否正常。② 是否存在企业长期占用关联方企业资金的现象。

课堂思考

某企业 2019 年年末有关数据如下：

项　目	期　初		期　末	
	金额(元)	比重(%)	金额(元)	比重(%)
短期借款	0	0	250 000	38.02
应付票据	200 000	30.7	280 000	42.58
应付账款	250 400	38.44	127 565.25	19.40
预收账款	201 000	30.86	0	0
流动负债	651 400	100	657 565.25	100

从流动负债结构变动来分析该企业流动负债质量是提高还是下降了。

第三节　非流动负债分析

一、非流动负债概述

非流动负债是指偿还期在 1 年或者超过 1 年的一个营业周期以上的负债，包括长期借款、应付债券、长期应付款等。

非流动负债具有如下特点：

(1) 利率高。一般来说，非流动负债的利率都比较高。

(2) 期限长。非流动负债的期限都在 1 年以上，有时为 3 年、5 年、8 年，还有时可长达 10 年、20 年。

(3) 金额大。一般来说,非流动负债每次筹集的资金数额都较大。

由于非流动负债的利率高,期限长,一般适用于购置固定资产,进行长期投资等,不适用于日常经营中的资金需要。因为固定资产等周转时间较长,变现速度慢,因此需要可以长期使用的资金,而日常经营中的资金只适合用来购置流动资产、支付工资等,周转速度快,而且波动较大,有时资金紧张,需要通过举债来筹集。有时资金又会闲置,应通过短期投资来加以充分运用。利用长期负债来作短期流转使用,会使资金成本上升,得不偿失。利用长期负债来购置固定资产,可以扩大企业的生产能力,提高产品质量,降低产品成本,提高企业市场竞争能力,从而为企业带来更多的利润。在资产报酬率高于长期利率的前提下,适当增加长期负债可以增加企业的获利能力,提高投资者的投资报酬率。同时,负债具有节税作用,从而使投资者获得更多的回报。但在资产报酬率下降甚至低于负债利率的情况下,举借长期负债将加大企业还本付息负担。在企业盈利不多时还会导致亏损,因而使企业的风险增大。企业的非流动负债会对企业的财务状况发生重大影响。企业举借非流动负债,使企业当期营运资金增加,但企业偿还非流动负债时,会使企业当期营运资金减少。在进行财务报表分析时,应对非流动负债的增减变动及其对企业财务状况的影响给予足够的重视,对于其中发现的异常情况及时进行研究和处理。

二、非流动负债项目分析

(一) 长期借款

长期借款反映企业向银行或其他金融机构借入的期限在 1 年以上(不含 1 年)的各项借款。本项目应根据“长期借款”科目的期末余额填列。分析长期借款应重点关注:① 银行信贷政策及资金市场的资金供求状况。② 满足企业对资金的长期需要。分析时应关注企业长期借款的用途,企业长期借款的增加是否与企业长期资产的增加相匹配,是否存在将长期借款用于流动资产支出的情况。③ 保持企业权益结构的稳定性,分析时应关注资产负债率的变化,保持合理的资本结构。④ 调整企业负债结构和财务风险。⑤ 长期债务的偿还与现金流的关系,关注长期债务到期的时间,根据企业连续几年的现金流量,预测企业能否有足够的资金偿还到期的债务。⑥ 债务与企业盈利能力。长期借款本金和利息的支付来自企业的盈利,因此盈利能力应与长期借款规模相配比。

(二) 长期应付款

长期应付款反映企业除长期借款和应付债券以外的其他各种长期应付款项。本项目应根据“长期应付款”科目的期末余额,减去相应的“未确认融资费用”科目期末余额后的金额填列。长期应付款反映企业除了长期借款、应付债券以外的其他各种长期的应付款项。现在的业务当中,分期付款的比较多,如应付融资租赁款项、分期付款购买货物等。如果其偿还期超过 1 年,会计上就称之为长期应付款。

(三) 专项应付款

专项应付款项目,反映企业取得政府作为企业所有者投入的具有专项或特定用途的款项。本项目应根据“专项应付款”科目的期末余额填列。专项应付款通常是指企业取得政府作为企业所有者投入的具有专项或特定用途的款项。对于此类负债,财务分析者似乎不必太较真，因为它通常并不要求用现金偿还，只要能完成政府交给的任务即可，有时候可以看成是国家对于该企业的政策倾斜和变相补贴，不像一般的长期负债那样构成企业强制的偿还负担。

（四）预计负债

预计负债反映企业确认的对外提供担保、未决诉讼、产品质量保证、重组义务、亏损性合同等预计负债。本项目应根据“预计负债”科目的期末余额填列。由于预计负债的确认和计量涉及较多的财务判断，企业也倾向于尽可能少地披露相关债务。因此分析时应注意仔细寻找有关预计负债的存在踪迹，查看企业售后条款、发生的诉讼事项等，并注意企业对预计负债的计量是否正确，预计负债金额的估计是否合理等。

（五）递延收益

递延收益是指未确认的收入或者收益。递延收益分为两种，一种是与资产相关的政府补助，另一种是与收益相关的政府补助。与资产相关的政府补助是指企业取得的，用于构建或以其他方式形成长期资产的政府补助。与收益相关的政府补助是指除与资产相关的政府补助之外的政府补助，此类补助主要用于补偿企业已发生或即将发生的费用或损失，此类补助主要是对期间费用或生产成本的补偿，受益期相对较短，所以通常在满足补助所附条件时计入当期损益或冲减相关资产的账面价值。递延收益项目中摊销期限只剩一年或不足一年的，或预计在一年内（含一年）进行摊销的部分，不得归类为流动负债，仍在该项目中填列，不转入“一年内到期的非流动负债”项目。

（六）递延所得税负债

递延所得税负债反映企业确认的应纳税暂时性差异产生的所得税负债。本项目应根据“递延所得税负债”科目的期末余额填列。递延所得税负债反映企业由于会计和税法之间的差异，导致会计根据税法的规定在当期不必缴纳较多的所得税（相对于会计利润和账面净资产的增加数而言），但注定在以后期间需要“补缴”的所得税金额，即会计上所谓的由于资产（负债）账面价值大于（小于）计税基础所形成的应纳税暂时性差异而可能造成的预期未来经济利益的流出，本着权责发生制和配比原则，会计上应在这种在未来予以“补缴”的义务形成的当期予以确认并计量，并在报表上予以列示。分析时应当关注资产和负债的计税基础和账面价值，核实企业的递延所得税负债是否真实，是否存在少计、漏计的情况。

（七）其他非流动负债

其他非流动负债反映企业除长期借款、应付债券等负债以外的其他非流动负债。本项目应根据有关科目的期末余额减去将于一年内（含一年）到期偿还数后的余额填列。非流动负债各项目中将于一年内（含一年）到期的非流动负债，应在一年内到期的非流动负债项目内单独反映。

课堂思考

某企业 2019 年年末有关数据如下：

项　目	期　初		期　末	
	金额(元)	比重(%)	金额(元)	比重(%)
长期借款	360 000	35.64	100 000	10.20
应付债券	400 000	39.60	220 000	22.45
长期应付款	250 000	24.76	660 000	67.35
非流动负债	1 010 000	100	980 000	100

从非流动负债结构变动来分析该企业非流动负债质量是提高还是下降了。

三、或有负债分析

在现实经营活动中，企业可能存在一种另类“负债”。这类“负债”的金额大小、债权人以及付款日期的确定都取决于未来不确定事项的发生情况。这类负债就是我们所说的或有负债。或有负债是指过去的交易或事项形成的潜在义务，其存在须通过未来不确定事项的发生或不发生予以证实，或者指过去的交易或事项形成的现时义务，履行该义务不是很可能导致经济利益流出企业或该义务的金额不能可靠地计量。

在我国，或有负债无论作为潜在义务还是现时义务，均不符合负债的确认条件，因此不予确认。所以，或有负债并不是真正意义上的负债，也就是说，在资产负债表上并不存在这样一个项目。但是，如果或有负债符合某些条件，则应在报表附注中予以披露。由于或有负债在未来的某个时点可能会引起经济利益的流出，企业对或有负债的估计可能不准确或不完整。因此，在利用财务资料进行决策时，应该充分预见并分析这些或有负债对企业造成的潜在影响。

对或有负债的分析，主要是针对引起或有负债的原因进行分析。对或有负债和预计负债的讨论可以看出，或有负债有的是由于外部经济环境变化引起的，有的是企业从事正常的经营活动所必须发生的(如质量保证等引起的或有负债)，有的则是由于企业自身管理不善而引起的。对引起或有负债的原因进行分析，有助于区分或有负债产生过程中的主观原因和客观原因，这一点对于企业管理者来说尤为重要。在实务中，容易引起或有负债的原因主要包括以下几个方面：

(1) 对于已贴现商业承兑汇票形成的或有负债，如果贴现银行在汇票到期时不能从汇票的承兑方获得汇票上的资金，银行将从贴现企业的银行账户中将汇票上记载的资金额划走或者转为企业的短期借款。在这种情形下，企业贴现商业承兑汇票后，并没有与汇票彻底摆脱关系，有可能被银行划走资金。因此，附追索权的贴现方式会让企业形成或有负债，财务报告信息使用者需要进一步结合附注资料，分析这种或有负债转化为现时义务的可能性，及其对企业未来现金流量造成的影响。

诉讼是指当事人不能通过协商解决争议，因而在人民法院起诉、应诉，请求人民法院通过审判程序解决纠纷的活动，如因产品质量、担保、专利权被侵犯等原因引起的诉讼。如果诉讼在起诉当年由法院做出终审裁决，原告和被告应根据裁决结果进行相应的会计处理。而如果至起诉当年年底法院尚未裁决，则该事项属于未决诉讼。对于未决诉讼和仲裁事项,需要考虑的是:若企业败诉,因负有支付原告提出的赔偿金额的责任而对企业现金流量和生产经营造成的影响;若企业胜诉,根据款项收回的可能性来预测由此给企业带来的现金流入量的大小。

(2) 对于为其他单位提供债务担保形成的或有负债,如果企业的担保金额较大,则意味着企业未来发生巨额现金流出的风险将会加大。因此,需要考虑此项担保对企业现金流量、经营业绩等方面造成的影响,甚至可以由此预测企业未来面临财务危机的可能性。在特定的经济条件下,或有负债的不确定性可能会朝不利于企业的方向发展。在经济繁盛时,随着资金需要量的增加,借贷行为很有可能随之增加。而借贷行为的增加又必将导致担保行为的增加,体现为担保方的或有负债增加。而经济一旦走向低迷,借贷者也就是被担保方的资金压力不断增大,不能按期还款甚至彻底丧失还款能力的可能性就会加大,担保方的或有负债转化为预计负债或负债的可能性也必将增加。因此,不管是企业内部还是外部的财务报告信息使用者,都应该在理解和使用财务信息时注意到这种可能性,以规避风险。

课堂思考

1. 债务融资和权益融资的利与弊有哪些?
2. 企业的负债越少越好吗?

第四节 表外负债风险分析

一、表外负债风险主要类型

目前的财务报告分析方法大多是利用上市公司公布的财务报表来分析企业的财务状况和经营情况,一些表外事项往往被投资者所忽略。这些表外事项包括表外融资、或有事项、日后事项等。这些事项往往也会给企业带来很大的风险,投资者需要对此予以关注。

表外融资是指不需列入资产负债表的融资方式。目前国际上常用的表外融资方式主要有四种:长期租赁、合资经营、证券化和创新金融工具。当前我国证券市场还不很发达,金融管制也较严格,所以后三种方式使用得较少。大量存在于企业中的是长期租赁、售后租回等表外融资方式。

或有负债主要包括已贴现商业承兑汇票形成的或有负债、未决诉讼和仲裁形成的或有负债、为其他单位提供债务担保形成的或有负债。这三种或有负债在企业中都很普通。

资产负债表日后事项主要说明在资产负债日后发生的一些重大的非调整事项,如股票和债券的发行、对一个企业的巨额投资、自然灾害导致的资产损失等。

二、表外负债风险分析

上面我们介绍了上市公司表外风险的几种形式，现我们举例进行具体分析。

（一）重大诉讼仲裁事项

【案例 7－1】

华夏幸福诉讼涉案金额 71 亿

华夏幸福基业股份有限公司（简称“华夏幸福”，600340.SH）公告称，近日收到中国国际经济贸易仲裁委员会的仲裁通知，湖州鼎鸿园区建设发展有限公司（以下简称“湖州鼎鸿”）为华夏幸福德清县雷甸产业新城 PPP 项目资产支持专项计划底层标的债权债务人，因其未能按期偿还中国金谷国际信托有限责任公司（以下简称“金谷信托”，代表金谷・华夏幸福德清县雷甸产业新城 PPP 项目财产权信托）享有的本金金额为 19.1 亿元的债权（以下简称“标的债权”），金谷信托向中国国际经济贸易仲裁委员会申请了仲裁。

本次仲裁事项尚未开庭审理，案件的最终结果存在不确定性，尚无法判断对公司本期利润或以后期间利润的影响。截至目前，公司近 12 个月内发生的诉讼、仲裁事项涉案金额累计约 71 亿元，占公司最近一期经审计归属母公司股东的净资产的 11.5%。

同日发布的另一则公告显示，近期，公司及下属子公司新增未能如期偿还银行贷款、信托贷款等形式的债务本息金额 73.25 亿元。截至本公告披露日，公司累计未能如期偿还债务本息合计 1 013.04 亿元。目前公司正在与未能如期偿还债务本息涉及的金融机构积极协调展期相关事宜。

对于债务未能如期偿还的影响及应对措施，公告中华夏幸福表示，公司流动性阶段性紧张导致的债务未能如期偿还，对公司融资产生较大影响。为化解公司债务风险，加快促进公司有序经营，公司正在积极协调各方商讨多种方式解决当前问题。在省市政府及专班的指导和支持下，公司已于 2021 年 10 月 8 日公告《债务重组计划》，并正在与债权人就债务重组计划的相关内容进行沟通。目前债务重组计划实施尚处于沟通阶段，公司将在省市政府及专班的指导下积极就债务重组计划的反馈、落地进行推进。公司将坚决恪守诚信经营理念，积极解决当前问题，落实主体经营责任。以“不逃废债”为基本前提，按照市场化、法治化、公平公正、分类施策的原则，稳妥化解华夏幸福债务风险，依法维护债权人合法权益。

（二）债务担保

【案例 7－2】

乐视网违规担保案件

乐视网 2019 年 10 月 14 日晚间发布三季度业绩预告显示，预计 2019 年前三季度实现的净利润亏损101.97亿元～102.02亿元，上年同期亏损14.89亿元。其中第三季度预计亏损1.51亿元～1.56亿元，上年同期亏损3.86亿元。

公告显示，自2019年5月15日，公司发布《关于重大诉讼进展及重大风险提示的公告》，截至报告期末，公司违规对乐视体育担保案已经有乐视体育18方投资人对公司提起仲裁，其中9起仲裁案已经出具仲裁结果，其他9起仲裁案仍在审理过程中。已经出具结果的9起仲裁均为公司败诉，公司在充分评估未决仲裁结果，及未来潜在被诉的可能性后，基于审慎性考虑，计提乐视体育、乐视云案件负债约98亿余元。

公告称，在未履行《公司法》《公司章程》等法律法规规定的上市公司审批、审议、签署程序、上市公司未授权代理人签订合同背景下，时任管理层作为签订合同人超越代理人权限签订合同并给公司造成巨额经济损失，是导致公司2019年前三季度巨额亏损的主要原因。

此外，乐视网称，受乐视非上市体系经营不善的延续影响，形成的大量关联应收和预付款项，造成公司资金流极度紧张，致使公司对上游供应商形成大量欠款无法支付、合同违约引发大量诉讼等问题；同时，由于供应链暂停等问题，进一步导致公司下游销售大幅下滑，回款困难。2019年以来，公司管理层尽力调整经营模式，提升运营效率，控制成本费用，使日常运营成本、CDN费用、人力成本有了大幅下降，但并未扭转报告期内公司持续经营性亏损局面。

近几年来，上市公司因担保、委托理财、诉讼等表外风险而轰然垮台的不在少数。这些报表上见不到的风险正在让许多投资者为其付出代价。表外风险的分析已成为上市公司分析中不可或缺的一块。

思政映射

人生向社会获得和索取的地位、金钱和荣誉等并不是人生的资产或收入，而是社会给予你的馈赠，是每个个体的人生负债。同样道理，负债对应于资产，或者说获得和索取对应于责任和奉献，我们从社会得到的馈赠一定是需要通过每一个个体的责任和奉献来偿还，这就是我们要有感恩的心，要有为社会奉献的坚定信念。唯有如此，人生的净资产会更加厚实，人生就更有意义。

本章小结

负债具有双面性。适当负债，可以事半功倍，带来企业经营的快速发展；而盲目负债，则可能把企业带入危机的深渊。本章分别对流动负债和非流动负债的具体项目进行分析解读。在进行财务报表分析时，应对流动负债和非流动负债的增减变动及其对企业财务状况的影响给予足够的重视，对于其中发现的异常情况及时进行研究和处理。为了能正确评价企业的负债情况，分析者还应考虑表外的一些因素，表外事项包括表外融资、或有事项、日后事项等。这些事项往往也会给企业带来很大的风险，投资者需要对此予以关注。

练　习

第八章　所有者权益项目分析

学习目标

- 掌握所有者权益的构成；
- 熟悉所有者权益的来源及用途；
- 熟悉并理解所有者权益构成各项目之间的区别；
- 熟悉并理解股权结构分析和股本变动分析。

学习重点

- 所有者权益各项目的内容；
- 所有者权益构成各项目之间的区别；
- 所有者权益分析中的财务指标。

思政要求

- 守底线、重诚信，树立正确的财务管理目标；
- 人生的净资产是对社会的净贡献。

第一节　实收资本分析

实收资本是指投资者作为资本投入企业中的各种资产的价值，所有者向企业投入的资本，在一般情况下无须偿还，可供企业长期周转使用。由于企业组织形式的不同，所有者投入资本的会计核算方式也有所不同。除股份有限公司对股东投入资金应设置“股本”科目外，其余企业均应设置“实收资本”科目，用以核算企业实际收到的投资者投入的资本。

一、国有独资公司的投入资本

国有独资公司是由国家授权投资的机构或者国家授权的部门单独投资设立的有限责任公司。在会计核算上，单独把国有独资公司作为一种类型，是因为这类企业组建时，所有者投入的资本，全部作为实收资本入账，而其他类型的企业，所有者投入的资本不一定全部作为实收资本，国有独资公司改制时不发行股票，不会产生股票溢价发行收入，也不会在追加投资时，为维持一定的投资比例而产生资本公积。

二、有限责任公司的投入资本

有限责任公司是由两个以上股东共同出资，每个股东以其所认缴的出资额对公司承担有限责任，公司以其全部资产对其债务承担责任的企业法人。有限责任公司所有者的投入资本应区别处理。初建有限责任公司时，各投资者按照合同、协议或者公司章程投入企业的资本，应全部计入“实收资本”科目，企业的实收资本等于企业的注册资本。在企业增资扩股时，如有新投资者介入，新介入的投资者缴纳的出资额大于其按约定比例计算的其在注册资本中所占份额部分，不记入“实收资本”科目，而记入“资本公积”科目。

三、股份有限公司的投入资本

股份有限公司将资本总额分为若干相等的单位，每一单位均称为股份，股本系指股份所代表的资本。股份公司与其他企业相比较，最显著的特点就是将企业的全部资本划分为等额股份，并通过发行股票来筹集资本，股东以其所认购的股份对公司承担有限责任。股票的面值与股份总数的乘积为股本，股本应等于企业的注册资本。股份有限公司在核算所有者权益时，设置“股本”科目。公司发行股票有溢价发行和平价发行两种，企业应将相当于股票面值的部分记入“股本”科目，其余部分在扣除发行手续费、佣金等发行费用后记入“资本公积”科目。

（一）股本的种类

1. 普通股

除了分得剩余财产和获得股利外，不具有任何特别权利的股票称之为普通股。由于普通股股东与公司的关系最为密切，并且应承担公司的一般经营管理权，故普通股又可称为主权股。

2. 优先股

在分得剩余财产和获得股利方面具有优先于普通股权利的股票称为优先股。优先股股东有优先分配剩余财产的权利，股息一般事先设定，不随公司业绩好坏而波动，并可以先于普通股股东领取股息。但是优先股股东除了约定股利外，一般不参加公司剩余红利分配，持股人一般不能借助表决权参与公司的经营管理。

（二）股东权利的范围

股东的权利乃投资人基于股东的地位而获得，股东所享有的权利如下。

1. 管理表决权

股东以表决权的方式参与公司业务的经营管理。管理表决权是股东基本权利之一，除非法律有特别规定或公司章程另有规定，否则不得予以剥夺。股东的表决权，以股份的多少为准，每股有一份表决权，所持有的股份越多，则参与企业经营管理的权利越大。

2. 盈余分配权

公司每年营业年终了，如获得盈余，在交纳一切税收并提取相应的公积金后，应按各股东所持有的股份，分配股利。

3. 优先认股权

公司发行新股时，在向外公开发行或认购前，原有股东有权利优先按原有持股比例认购。

4. 剩余财产分配权

公司如遇解散时，在清偿债务后，每一股东均享有按持股比分派剩余财产的权利，分派的顺序是先优先股而后普通股。

四、实收资本与控股权

上市公司的股东数量庞大，股东之间投资金额的大小决定了其所享有的权益也各不相同。大股东通过享有的较高比例表决权控制公司股东会，利用董事身份操纵公司董事会，中小股东由于持股数量不足以影响公司的经营，所以其投入公司资本的安全性和投资收益通常受制于大股东的决策及其管理活动。所以分析控股股东、控股比例有助于了解公司的一些财务运作、会计政策选择的动机和目的，有助于真正理解账面利润的实质和准确预测现金流。

一般情况下，企业的实收资本应相对固定不变，但在某些特殊情况下，实收资本也可能发生增减变化。一般企业增加实收资本的途径主要有三条：一是将资本公积转为实收资本或股本；二是将盈余公积转为实收资本或股本；三是所有者投入，股份公司还可以通过增发股票、配发股票、股票分红等方式实现增资。企业减少实收资本或股本的原因大体有两种：一是资本过剩；二是企业发生重大亏损而需要减少实收资本或股本。

课堂思考

在对实收资本进行分析时为什么要特别关注控股股东、重大影响股东的立场与全体股东立场的一致性？

第二节　资本公积分析

资本公积是企业收到投资者出资额超出其在注册资本中所占份额的投资以及在经营活动过程中形成的直接计入所有者权益的利得和损失，是一种资本的公共积累。

一、资本公积与实收资本、盈余公积、净利润的区别

（一）资本公积与实收资本的区别

资本公积与实收资本或股本都属于投入资本的范畴，但两者又有区别。实收资本或股本一般是投资者投入的、以谋求价值增值的原始投资，而且属于注册资本。因此，实收资本或股本无论是在来源上，还是金额上，都有比较严格的限制。资本公积属于资本的范

畴，并由全体股东享有。它是企业收到投资者出资超出其在注册资本或股本中所占的份额以及直接计入所有者权益的利得和损失等，包括“资本溢价”或“股本溢价”“其他资本公积”等项。

企业若使用资本公积转增资本或股本，应按各个股东在实收资本或股本中所占的投资比例计算转增各个股东的资本金额。

（二）资本公积与净利润的区别

资本公积与净利润有本质区别，在会计上通常需要划分资本与收益的界限，收益（净利润）是企业经营活动产生的经营成果，是一定会计期间收入与费用配比的结果，列示在利润表上。从本质上讲，资本公积是企业所有者投入资本的一部分，具有资本的属性，是某一会计期末的投入资本项目的结余数，列示在资产负债表上。

（三）资本公积与盈余公积的区别

资本公积与盈余公积均由全体投资者享有，但形成盈余公积与资本公积的来源不同，盈余公积是从净利润中提取的，由净利润转化而来，属于留存收益范畴。资本公积主要由投资人投资形成，属于投入资本范畴。二者均属于所有者权益的项目，列示在资产负债表上。

二、资本公积的主要来源

（一）资本溢价或股本溢价

1. 资本溢价

在两个以上的投资者合资经营的有限责任公司中，投资者依其出资份额对企业经营决策享有表决权，并依其所认缴的出资额对企业承担有限责任。在企业创立时，出资者认缴的出资额全部记入“实收资本”科目。在企业重组并有新的投资者加入时，为了维护原有投资者的权利，新加入的投资者的出资额，并不一定全部作为实收资本处理。这是因为，在企业正常经营过程中投入的资金即使与企业创立时投入的资金在数量上一致，但其获利能力却不一致。因此，相同数量的投资，由于出资时间不同，其对企业的影响程度不同，由此带给投资者的权利也不同，往往前者大于后者。所以，新加入的投资者要付出大于原有投资者的出资额，才能取得与原投资者相同的投资比例。另外，不仅原投资者原有投资从质量上发生了变化，而且从数量上可能也发生变化，这是因为企业经营过程中实现利润的一部分留在企业，形成了留存收益，而留存收益属于全体投资者，但其未转入实收资本。新加入的投资者如与原投资者共享这部分留存收益，也要求其付出大于原投资者的出资额，才能取得与原有投资者相同投资比例。投资者投入的资本中按其允许计入注册资本的部分记入“实收资本”科目，大于该部分的记入“资本公积”科目。

2. 股本溢价

股份有限公司是以发行股票的方式筹集资本，股票是企业签发的证明股东按其所持股份享有权利和承担义务的资本证明。由于股东按其所持企业的股份享有权利和义务，为了反映和便于计算各股东所持股份占企业全部股本的比例，企业的股东总额应按股票的面值与股份总数的乘积计算。我国法律规定，实收股本总额应与注册资本相等。因此，为提供企业股本总额及其注册资本构成等信息，在按面值发行股票的情况下，企业发行股票取得的收入，应全部记入"股本"科目；采用溢价发行股票（即按大于股票面值的价格发行股票）的情况下，企业发行股票取得的收入，相当于股票面值的部分记入"股本"科目，超出股票面值的溢价部分记入"资本公积"科目。我国法律不允许折价发行股票。

（二）其他资本公积

核算除上述资本公积以外所形成的资本公积和直接计入所有者权益的利得和损失等。

企业在对外投资时如果采用权益法核算，在持股比例不变的情况下，被投资单位除净损益、其他综合收益和利润分配以外所有者权益的其他变动，企业按持股比例计算应享有的份额借记长期股权投资——其他权益变动科目，贷记资本公积——其他资本公积科目。处置采用权益法核算的长期股权投资时，还应结转原计入其他资本公积的相关金额，借记或贷记资本公积——其他资本公积科目，贷记或借记投资收益科目。除此之外，其他资本公积还包括权益结算的股份支付。

总之，不同来源形成的资本公积由所有投资者共同享有。投资者投入的资本不管是实收资本或股本，还是资本公积，通常被视为企业的永久性资本，统称为投入资本。

课堂思考

1. 对上市公司来讲资本公积转增股本意味着投资者股份增加、股份激活，从而可以提高股票交易量和资本流动性。分析时应当重点关注哪些？

2. 资本公积是如何产生的？它的主要用途有哪些？

第三节　其他综合收益分析

其他综合收益，是指企业根据其他会计准则规定未在当期损益中确认的各项利得和损失，包括以后会计期间不能重分类进损益的其他综合收益和以后会计期间满足规定条件时将重分类进损益的其他综合收益两类。

一、其他综合收益的构成

（一）以后会计期间不能重分类进损益的其他综合收益项目

以后会计期间不能重分类进损益的其他综合收益项目，主要包括重新计量设定受益计划净负债或净资产导致的变动、按照权益法核算因被投资单位重新计量设定受益计划净负债或净资产变动导致的权益变动，投资企业按持股比例计算确认的该部分其他综合收益项目，以及在初始确认时，企业可以将非交易性权益工具指定为以公允价值计量且其变动计入其他综合收益的金融资产，该指定一经做出，不得撤销，即当该类非交易性权益工具终止确认时原计入其他综合收益的公允价值变动损益不得重分类进损益。

（二）以后会计期间满足规定条件时将重分类进损益的其他综合收益项目

以后会计期间满足规定条件时将重分类进损益的其他综合收益项目，主要包括：

（1）符合金融工具准则规定，同时符合以下两个条件的金融资产应当分类为以公允价值计量且其变动计入其他综合收益：①企业管理该金融资产的业务模式既以收取合同现金流量为目标又以出售该金融资产为目标；②该金融资产的合同条款规定，在特定日期产生的现金流量，仅为对本金和以未偿付本金金额为基础的利息的支付。当该类金融资产终止确认时，之前计入其他综合收益的累计利得或损失应当从其他综合收益中转出，计入当期损益。

（2）按照金融工具准则规定，将以公允价值计量且其变动计入其他综合收益的债务工具投资重分类为以摊余成本计量的金融资产，或重分类为以公允价值计量且其变动计入当期损益的金融资产，按规定可以将原计入其他综合收益的利得或损失转入当期损益的部分。

（3）采用权益法核算的长期股权投资，按照被投资单位实现其他综合收益以及持股比例计算应享有或分担的金额，调整长期股权投资的账面价值。同时增加或减少其他综合收益。

（4）存货或自用房地产转换为投资性房地产。

（5）现金流量套期工具产生的利得或损失中属于有效套期的部分。

（6）外币财务报表折算差额。

二、其他综合收益的分析

其他综合收益是公司在持有资产的过程中因资产价格波动形成的账面收益，也就是它未在利润表中作为“利润”确认，而是在资产负债表中作为“所有者权益”确认。比如持有股票，如果打算长期持有，那价值波动就不影响当期损益，而是计入其他综合收益。比如可供出售金融资产公允价值的变动，如果在它存续阶段立即确认损益的话，就会导致利润的“虚增”或“虚减”，毕竟没有实际的现金流入或流出，只是资本市场上的价格波动而已。

其他综合收益不是资本交易，是由于价值波动而导致的未在当期损益中确认的各项持有利得或损失。其他综合收益在资产负债表中作为所有者权益的构成部分，采用总额列报的方式进行列报。无须按照明细子目列示，但列示的总额是按照扣除所得税影响后的金额。其他综合收益在利润表中列示在“净利润”的后面，只是为了向投资者披露这个潜在收益，并不参与当期损益的加加减减。

“净利润”可以表明企业现在赚了多少钱，其他综合收益表明企业未来会赚多少钱。这两个加在一起就是“综合收益”。以前这类交易，计入“资本公积——其他资本公积”，现在独立出来计入其他综合收益，因此，归根到底，其他综合收益是资产负债表科目。

第四节　留存收益分析

留存收益是指企业历年由于经营所得的净利，在扣除已分配给股东以后，仍然留存企业账上的那部分累计余额。留存收益的内容很广泛，除了营业上的正常损益外，还包括偶发事项、特殊损益项目、会计变更和前期损益调整引起的变动调整数等。如果累计损失或分配数额大于累计盈余数额时，留存收益账户将发生借方余额，成为未弥补亏损。

以T字型账户列示留存收益的主要增减项目如图8-1所示。

留存收益	
(1) 净损失 (2) 前期损失调整(包括会计错误借方数字) (3) 会计变更(借方数字) (4) 股利分配	(1) 净利润 (2) 前期利益调整(包括会计错误贷方数字) (3) 会计变更(贷方数字)

图8-1 留存收益的主要增减项目

一、留存收益的形成

（一）盈余公积

按照《公司法》、公司章程或者股东大会的决议，公司必须将当期经营所得的利润归入未分配利润，并加以分配。留存于企业的利润会增加所有者权益，分配给股东的利润将引起留存收益的减少。将公司盈余计提盈余公积留存于公司内部，不分配给股东，会增强公司的财务实力和资本积累。

由2005年10月27日第十届全国人大十八次会议通过的新《公司法》，已经于2006年1月1日起正式实施，成为公司运行的新准则。根据新《公司法》的规定，企业当年实现的净利润，一般应当按照如下顺序进行分配。

1. 提取法定公积金

公司分配当年税后利润时，应当提取净利润的10%列入公司法定公积金。公司法定公积金累计额为公司注册资本的50%以上的，可以不再提取。新《公司法》不再要求企业计提法定公积金。

公司的法定公积金不足以弥补上一年度的公司亏损时，在提取法定公积金之前，应当先用当年利润弥补亏损。

2. 提取任意公积金

公司从税后利润中提取法定公积金后，经股东会或者股东大会决议，还可以从税后利润中提取任意公积金。

3. 向投资者分配利润或股利

公司弥补亏损和提取法定公积金后的剩余利润，有限责任公司按照股东的出资比例向股东分配利润；股份有限公司按照股东持有股份比例分配股利。

企业提取的法定和任意盈余公积均在"盈余公积"账上反映。盈余公积越多，说明公司历年利润积累越丰厚。

同时，新《公司法》也规定：① 股东会、股东大会或者董事会违反规定，在公司弥补亏损和提取法定公积金之前向股东分配利润的，股东必须将违反规定分配的利润退还公司；

② 公司持有的本公司股份不得分配利润；③ 资本公积金不得用于弥补公司的亏损；④ 法定公积金转为资本时，所留存的该项公积金不得少于转增前公司注册资本的25%。

企业提取的盈余公积主要可以用于弥补亏损和转增资本。

盈余公积的提取实际上是企业当期实现的净利润向投资者分配利润的一种限制。提取盈余公积本身就是属于利润分配的一部分，提取盈余公积相对应的资金，一经提取形成盈余公积后，在一般情况下不得用于向投资者分配利润或股利。企业提取的盈余公积的用途，并不是指其实际的占用形态，提取盈余公积也不是单独将这部分资金从企业资金周转过程中抽出。企业提取的盈余公积，无论是用于弥补亏损还是转增资本，只不过是企业所有者权益内部结构的转换，并不引起企业所有者权益总额的变动。其形成的资本可能表现为一定的货币资金，也可能为一定的实物资产。

（二）未分配利润

未分配利润是企业留待以后年度进行分配的结存利润，也是企业所有者权益的组成部分。未分配利润有两层含义：一是留待以后年度处理的利润；二是未指定用途的利润。

二、以前年度损益调整

以前年度损益调整，或者称前期调整，是指在前期由于某些特定的原因（如重大会计差错），以至于在前期衡量时发生错误，在本期确定后加以调整。前期调整应符合下列四个条件：① 可以辩明与前期营业活动直接相关；② 不是前期报表编制日以后发生的经济事项；③ 此种事项主要是企业以外的第三者所决定；④ 此事项在明确发生损失以前无法做出合理的估计。以前年度损益调整发生的差额，应调整“利润分配——未分配利润”账户。这种调整会引起留存收益期初数发生变动，也是财务报表分析的重要线索。

第五节　股东权益分析

一、股权结构分析

公司股权的构成是报表分析必须考虑的首要因素，股东对象、股东人数、股东背景以及股东间持股比例将对公司经营和发展影响深远。

公司的股权结构有如下几种情况：一是公司股权的高度集中，公司拥有一个绝对控股股东，该股东拥有绝对的控制权，在一股独大的情况下，公司的重大决策无疑由大股东来决定和影响，所以很可能出现侵害其他小股东利益的现象；二是股权高度分散，公司没有绝对的大股东，其所有权与经营权基本分离，某一股东一方影响全局的可能性降低；三是公司虽没有绝对控股股东，但存在相对控股股东，其重大经营和财务决策仍可能受制于某一集团。由于大股东对公司的重大决策、经营方向、盈利能力、资金投放等具有控制和影响力，所以，分析股权结构是所有者权益分析中极为重要的环节，基于各公司的情况各不相同，因此具体分析应结合具体情况加以进行。

（一）股权分置改革前的现象

我国上市公司的股权主要有国有股、法人股和流通股三种类型。在股权分置改革前，国有股和法人股不能上市流通，只能协议转让，即普遍存在股权分置，即同一上市公司的股份存在部分股份流通、部分股份非流通的现象。由于国家股存在投资人缺位问题，流通股中的中小股民缺乏说话的渠道和影响力，所以法人股股东一旦在董事会中占绝对优势，公司的经营和决策便很容易受到操控，出现控股股东擅权独断、无偿占用上市公司资金、利用关联交易转移资产等不利于公司发展和侵害小股东权益的情况。

（二）后股权分置时代可能出现的现象

2005 年我国开始实施股权分置改革，至 2007 年改革基本完成，上市公司非流通股与流通股实现同股同权、同股同利，并全部可以在证券市场上流通，至此，后股权分置时代开始了。这种变化客观上将促使上市公司的原有非流通股股东与流通股股东的利益趋同，有助于遏制上市公司盲目圈钱以及控股股东通过关联交易、占用资金等形式侵害流通股股东合法权益，另一方面它将进一步强化上市公司盈余管理和虚假披露的利益驱动机制。

股权分置改革后，随着价值投资理念的倡导、资本市场发展壮大的需要，并购重组活动将大大增加，在此基础上实施的股权激励制度也将促使管理层利益与股东的利益趋同，在此过程中，控股股东和上市公司很可能通过内幕交易、虚假陈述来达到操纵市场、获取更高收益的目的。与此相伴的，财务报表信息披露及其调控将会出现新的情况。

二、股本变动分析

如果公司当期的股本发生变动，则需进一步分析变动的由来和对未来发展的推动力。一般而言，股本变动由以下几个因素构成。

（一）股本增加

（1）增加发行股份，如增发、配股等；

（2）可转换债券实施转股；

（3）支付股票股利；

（4）企业因并购而发行股票。

（二）股本减少

（1）弥补亏损而减资；

（2）缩小经营规模而减资。

对于股本变动的分析应着重于股本增资的成本分析，新增资本有无合适的投资项目，新增资本的使用是否如承诺投放，资本使用有无改变方向等。增加发行股份，可转换债券实施转股和企业并购而发行的股票，会导致企业所有者权益实质上的增加；而支付股票股利则不会使企业的所有者权益有实质上的增加，只是所有者权益结构的变化。

课堂思考

1. 如果某企业任意盈余公积占比较大，留存收益增长较快，一般可以说明什么？

2. 企业赚钱了，股东得到什么？

思政映射

所有者权益从数量上讲就是企业的净资产。人生的净资产是你对社会的净贡献，这个净贡献就是责任和奉献大于获得和索取的差额，反映了人生的高度和厚度。一个生而为人的价值所在就是有高尚的情操、无私的奉献、不懈的追求。比如，科学家们放弃海外优越的生活条件，以身许国、隐姓埋名，在茫茫无际的戈壁沙漠，在人烟稀少的深山峡谷，风餐露宿、不辞辛劳，用惊人的毅力和勇气，在攀登科学高峰征程中创造了人间奇迹。这种无私奉献、攻坚克难、奋发图强才是真正的民族之魂和时代精神。而社会回馈他们的太少太少，有的科学家甚至没能等到鲜花和掌声，他们牺牲了自我和小家，成全了大我和国家，他们是国之脊梁，民族之幸，他们才是名副其实的国家精神造就者，他们为国家、为民族的人生净贡献无人企及，他们是我们的时代楷模。

本章小结

所有者权益是企业总资产超过总负债的部分，即净资产。所有者权益有四大部分：实收资本、资本公积、盈余公积和未分配利润。实收资本来源于投资者的投入，它是公司的永久性资本，不得用于分配股利。资本公积的来源比较复杂，但本质上也归属于投入资本。盈余公积和未分配利润又统称为留存收益，来源于企业的净利润，是企业历年的利润积累。所有者权益分析包括股东结构分析、股本变动分析、资本实力分析和分红潜力分析。股东结构分析在于揭示股东对象、股东人数、股东背景以及股东间持股比例对公司经营和发展的深远影响，而股本变动分析则在于分析变动的由来和对未来发展的推动力，资本实力和分红潜力分析是对企业资本保值增值、分红能力的分析。

对于人生而言，人生净资产的多少决定了人生的高度和厚度，每一个人都要有感恩的心，要有回馈社会的心。

练　习

第九章　资产负债表财务指标分析

学习目标

- 掌握财务分析指标构成；
- 熟悉营运能力分析指标；
- 熟悉短期偿债能力分析指标；
- 熟悉长期偿债能力分析指标；
- 熟悉增值能力分析指标。

学习重点

- 营运能力分析指标；
- 短期偿债能力分析指标；
- 长期偿债能力分析指标；
- 增值能力分析指标。

思政要求

- 坚持系统性、关联性和可比性；
- 定性与定量相结合的辩证分析。

第一节　营运能力分析

营运能力是指企业充分利用现有资源创造社会财富的能力，它可用来评价企业资产的使用效率和营运活力。企业营运能力分析，主要是通过销售收入与企业各项资产的比例关系，分析各项资产的周转速度，了解各项资产对收入的贡献程度。反映企业营运能力的财务指标主要有应收账款周转率、存货周转率、流动资产周转率、固定资产周转率、总资产周转率。

一、应收账款周转分析

在企业生产经营过程中，通常会有一些能够获取未来现金流入量的债权，包括应收账款、应收票据、其他应收款和预付账款等。对于大多数企业而言，这种债权主要来自向顾客赊销商品或劳务，顾客承诺在限定的时间内付款。这种债权在财务报表上通常归入应收账款和应收票据。一般来讲，应收票据在票据到期前由承兑人支付债务，故应收票据的流动性明显要强于应收账款。当企业采取较宽松的信用政策和收账政策时，其应收账款占用额就比较大，回收速度就比较慢，利用应收账款周转率和应收账款周转天数指标就可以反映出应收账款转化为现金的速度。

（一）应收账款周转率

应收账款周转率是指年度内应收账款转为现金的平均次数，它说明应收账款流动的速度。其计算公式如下：

$$\text{应收账款周转率}=\frac{\text{营业收入}}{\text{应收账款平均余额}} \tag{9-1}$$

公式中的营业收入数据来自利润表，是指扣除销售折扣和销售折让后的销售净额。应收账款平均余额是指未扣除坏账准备的应收账款金额，它是资产负债表中期初应收账款余额与期末应收账款余额的平均数。其计算公式如下：

$$\text{应收账款平均余额}=(\text{期初应收账款余额}+\text{期末应收账款余额})\div 2 \tag{9-2}$$

分析时应关注应收账款在年初或年末可能由于各种原因与平常相比会过高或过低。例如，在季节性较强企业中，大量销售集中在年末，或年末时销售大幅度下降，年末时大量地分期付款。因此，应收账款平均余额最好是用各月应收账款平均余额来计算。当然，外界信息使用者可能不易计算出指标。一般认为，该指标越高越好。该指标越高，表明收款迅速，在应收账款占用的资金就越少，坏账损失发生的可能性减少，企业经营越好，也表明了资产的流动性高，偿债能力强，可以节约收账费用。否则，资金过多地呆滞在应收账款上，影响企业正常的资金运转，降低资金使用效率。

应收账款周转率用于估计应收账款变现速度和管理效率。一般认为，应收账款周转率越高越好。因为它表明收账速度快，坏账损失可以减少，资产流动性就强，收账费用少。更为重要的是，应收账款周转率越高，企业资金周转越快。企业可以“少花钱，多赚钱”，从而实现“流动性与盈利性并增”的“双赢”局面。评价该比率的标准是企业的信用期限、行业平均水平等。如果实际周转率低于企业计划周转率，说明顾客拖欠较久，信用不佳，坏账损失的可能性就增大，同时也说明企业对应收账款的催收不力，有过多的营运资本呆滞在应收账款上。

财务报表分析者在分析应收账款周转率时，还可以结合应收账款的账龄分析，以便更好地分析应收账款的流动性。应收账款的平均挂账时间越短，其收回应收账款的可能性就越大，资产流动性就越强。

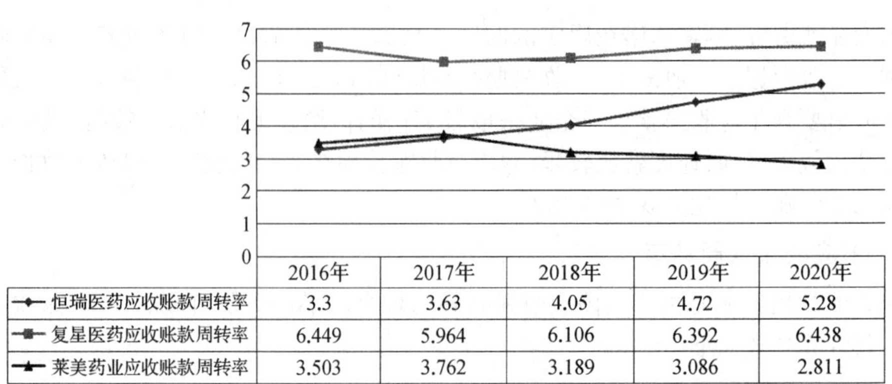

	2016年	2017年	2018年	2019年	2020年
恒瑞医药应收账款周转率	3.3	3.63	4.05	4.72	5.28
复星医药应收账款周转率	6.449	5.964	6.106	6.392	6.438
莱美药业应收账款周转率	3.503	3.762	3.189	3.086	2.811

图 9-1　2016—2020 年应收账款周转率变化对比图

（二）应收账款周转天数

应收账款周转天数表示应收账款周转一次所需要的天数。即企业产品销售出去开始至应收账款收回所需的天数。其计算公式为：

$$应收账款周转天数=\frac{360}{应收账款周转率} \tag{9-3}$$

【例 9-1】 根据恒瑞医药资产负债表及利润表资料，计算得出恒瑞医药 2019 年度和 2020 年度应收账款周转情况的财务指标情况，如表 9-1 所示。

表 9-1　恒瑞医药应收账款周转指标

项目 \ 年份	2019	2020
营业收入(万元)	2 328 858	2 773 460
期初应收账款(万元)	496 179	543 184
期末应收账款(万元)	490 625	507 369
平均应收账款(万元)	493 402	525 277
应收账款周转率(次)	4.72	5.28
应收账款周转天数	76.26	68.20
行业平均应收账款周转率(次)	4.47	4.50

数据来源：东方财富 Choice 数据

计算结果显示，恒瑞医药的应收账款周转率比行业平均速度略快。2020 年比 2019 年上升了 0.56 次，应收账款周转天数下降了 8.06 天，说明恒瑞医药应收账款在 2020 年收款速度有所提升，利用效率有所提高，应收账款占用的资金略有减少，发生坏账损失和坏账费用的可能性降低了，可以节约一些收账费用。

二、存货周转分析

企业可以通过存货周转率、存货周转天数、营业周期三个指标对存货的流动性进行分析。即从不同的角度和环节上找出存货管理中的问题，使存货管理在保证生产经营连续性的同时，尽可能少占用经营资金，提高资金的使用效率，增强企业短期偿债能力，促进企业管理水平的提高。

（一）存货周转率

存货周转率是指一定时期内存货转为现金或应收账款的平均次数，反映企业销售存货的能力。存货周转率有两种计算方式：一是以成本为基础的存货周转率，即存货周转率是一定时期主营业务成本与存货平均余额的比率，它主要用于流动性分析。二是以收入为基础的存货周转率，即存货周转率是企业一定时期的营业务收入与存货平均余额的比率，它主要用于获利能力分析。其计算公式如下：

$$存货周转率=\frac{营业成本}{存货平均余额} \tag{9-4}$$

$$存货周转率=\frac{营业收入}{存货平均余额} \tag{9-5}$$

$$存货平均余额=(期初存货+期末存货)\div 2 \tag{9-6}$$

在计算存货平均余额时应注意：如果企业的营业具有较大的季节性，根据期初和期末存货简单平均容易造成假象（有可能期末、期初存货偏低或偏高）。解决的方法就是采用各月月末的数字进行平均。这对于企业内部分析研究者来说容易做到，而对于外部分析者则很难做到。

存货周转率是衡量一个企业销售能力强弱和存货是否适量的指标。通常存货周转越快，如果是有利的经营，那么，利润率越大，营运资本用于存货的资金越少，因而，存货周转率与企业获利能力直接相关。企业可以“少花钱，多赚钱”，从而实现“流动性与盈利性并增”的“双赢”局面。如果存货周转慢，则可能表明存货中冷背残次货品增加，不适销对路；或者表明存货积压，冷背的风险增加；或者表明过多的营运资本在存货上呆滞起来，不能更多地供经营使用。但是，存货周转率并不是越高越好，过高的存货周转率，可能导致其他费用，如管理费用的增加，还可能导致存货不足和发生缺货的现象，引起停工待料等新问题。因此，分析一个企业存货周转率高低，应结合同行业的存货平均水平和企业过去的存货周转情况分析。总之，存货周转率低是企业经营情况欠佳的一种迹象。

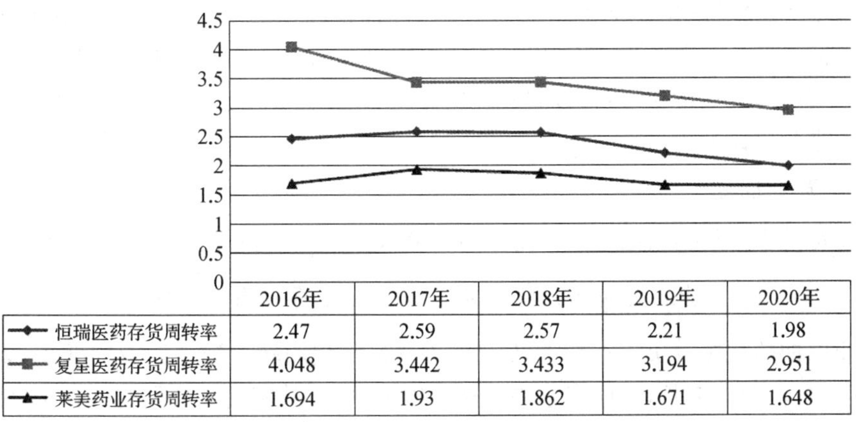

	2016年	2017年	2018年	2019年	2020年
恒瑞医药存货周转率	2.47	2.59	2.57	2.21	1.98
复星医药存货周转率	4.048	3.442	3.433	3.194	2.951
莱美药业存货周转率	1.694	1.93	1.862	1.671	1.648

图 9-2　2016—2020 年存货周转率变化对比图

（二）存货周转天数

存货周转天数是指存货周转一次所需要的天数，即存货转换为货币或应收账款所需要的天数。其计算公式为：

$$存货周转天数=\frac{360}{存货周转率} \tag{9-7}$$

在进行财务报表分析时，如果能够结合存货经济订货批量或存货结构进一步分析存货周转率，其效果和正确性就更好。

【例 9-2】 根据恒瑞医药资产负债表和利润表资料，计算得出恒瑞医药 2019 年度和 2020 年度的存货周转情况的财务指标，如表 9-2 所示。

表 9-2　恒瑞医药存货周转指标　　单位：万元

项　目	2019-12-31	2020-12-31
营业成本(1)	291 294.41	334 868.97
期初存货(2)	103 057.37	160 680.59
期末存货(3)	160 680.59	177 805.72
平均存货余额(4)	131 868.98	169 243.16
存货周转率(次)(5)=(1)÷(4)	2.21	1.98
存货周转天数(天)(6)=360÷(5)	162.97	181.94
行业平均存货周转率(次)	3.73	3.85

数据来源：东方财富 Choice 数据

计算结果显示，恒瑞医药的存货周转率相对较低，低于行业平均存货周转速度。2020 年年末的存货周转率比 2019 年年末降低了 0.23 次，存货周转天数则增加了 19 天。一般情况下，存货周转率越快，说明企业投入存货的资金从投入到完成销售的时间越短，资金的回笼速度越快。在企业资金利润率较高的情况下，企业就越能获得更高的利润。如若存货周转率慢，就反映出企业的产品可能不适销，有过多的呆滞存货影响资金的及时回笼。在不同行业，由于企业的经营性质不同，用以判断存货周转率的好坏标准也有差异，要衡量存货的周转速度快慢，可以将企业实际周转率与行业标准加以比较，也可以与连续几个年度进行对比来衡量。

（三）营业周期

营业周期是指从取得存货开始到销售存货并收回现金为止的这段时间。计算公式如下：

$$营业周期=应收账款周转天数+存货周转天数 \tag{9-8}$$

营业周期的长短取决于存货周转天数和应收账款周转天数。营业周期短，说明资金周转速度快；营业周期长，说明资金周转速度慢。例如，某家食品公司购买存货，然后将其销售并取得现金就是一个营业周期。食品公司存货资产的持有时间较短，表示其营业周期也较短，存货的变现能力就越强，或者说短期资产的流动性就越强。而有些企业从取得材料、加工制造成最后的商品，再通过销售渠道销售出去并收回现金，其营业周期可能要长得多，但它仍然短于一年。只有少数企业的营业周期会长于一年。

课堂思考

1. 如果把应收账款周转率(次数)计算公式中分子分母对调，其计算结果说明什么？
2. 如果计算存货占流动资产的比例，其计算结果能够说明什么？

三、流动资产周转分析

(一) 流动资产周转率

流动资产周转率是指企业一定时期的营业收入与流动资产平均余额的比率，即企业流动资产在一定时期内(通常为一年)周转的次数。其计算公式如下：

$$流动资产周转率=\frac{营业收入}{流动资产平均余额} \quad (9-9)$$

$$流动资产平均余额=(年初流动资产+年末流动资产)\div 2 \quad (9-10)$$

流动资产周转率反映流动资产的管理效率。该比率越高，意味着企业的流动资产周转速度越快，利用效果越好。在较快的周转速度下，就会相对节约流动资产，其意义相当于扩大流动资产投入，在某种程度上增强了企业的盈利能力。而周转速度减缓，则需要补充流动资产参加周转，形成资金浪费，降低企业盈利能力。分析研究影响流动资产周转的因素，查明周转加速或减缓的原因，以揭示资金周转落后的环节和呆滞的现象，寻求改进周转情况的途径，以达到促进资金的有效使用和节约的目的。

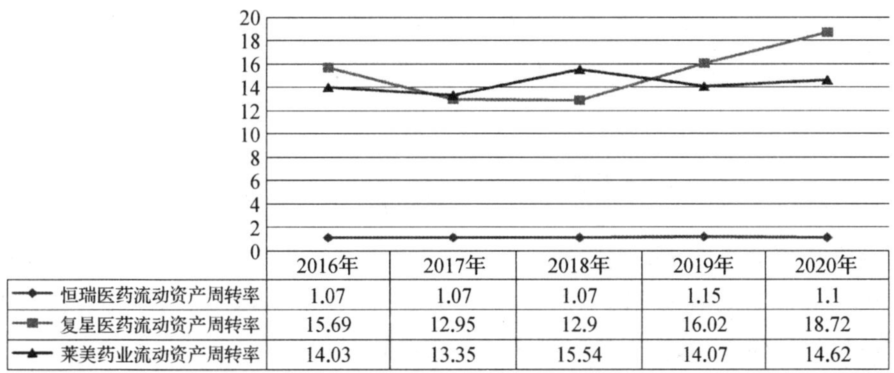

	2016年	2017年	2018年	2019年	2020年
恒瑞医药流动资产周转率	1.07	1.07	1.07	1.15	1.1
复星医药流动资产周转率	15.69	12.95	12.9	16.02	18.72
莱美药业流动资产周转率	14.03	13.35	15.54	14.07	14.62

图 9-3　2016—2020 年流动资产周转率变化对比图

(二) 流动资产周转天数

流动资产周转天数是指流动资产周转一次所需要的天数，即流动资产转换为货币或应收账款所需要的天数。其计算公式为：

$$流动资产周转天数=\frac{360}{流动资产周转率} \quad (9-11)$$

【例9-3】 根据恒瑞医药资产负债表及利润表资料，计算得出恒瑞医药2019年度和2020年度的流动资产周转情况的财务指标，如表9-3所示。

表9-3 恒瑞医药流动资产周转指标

单位：万元

项 目	2019-12-31	2020-12-31
营业收入(1)	2 328 857.66	2 773 459.87
期初流动资产(2)	1 806 939.21	2 231 130.48
期末流动资产(3)	2 231 130.48	2 805 003.60
平均流动资产(4)	2 019 035	2 518 067.04
流动资产周转率(次)(5)=(1)÷(4)	1.15	1.10
流动资产周转天数(天)(6)=360÷(5)	313.04	327.27

数据来源：东方财富Choice数据

计算结果显示，恒瑞医药的流动资产周转率总体比较缓慢。2020年比2019年减缓了0.05次，流动资产周转天数上升了14.23天，说明恒瑞医药流动资产在2020年流动速度有所下降，结合图9-3，可以看出恒瑞医药的流动资产周转率比同行的两家药企低很多，说明恒瑞医药的流动资产利用效率有待提高，流动资金周转率低就需要增加更多的流动资金参加周转，形成资金浪费，企业盈利能力降低了。

四、固定资产周转分析

（一）固定资产周转率

固定资产周转率是对长期资本投资的效益所作的分析，也是衡量企业固定资产周转情况的指标。该周转率高表明企业利用固定资产的效率高，闲置的固定资产就少。其计算公式为：

$$固定资产周转率=\frac{营业收入}{固定资产平均余额} \quad (9-12)$$

判断该比率的标准还应当联系企业的历史水平、同行业水平等。另外，固定资产周转率易受一些短期或临时性因素的影响。例如，生产能力过剩、季节性因素、突发性事件影响或供应中断等，这些均将影响固定资产周转率的水平。因此，在分析时必须给予注意。

固定资产周转率越高，表明企业固定资产周转速度越快，利用效率越高，即固定资产投资得当，结构分布合理，营运能力较强；反之，固定资产周转率低，表明固定资产周转速度慢，利用效率低，即拥有固定资产数量过多，没有先分利用，设备有闲置。企业在进行固定资产周转率分析时，应以企业历史最好水平和同行业平均水平作标准，进行对比分析，从中找出差距，努力提高固定资产周转速度。

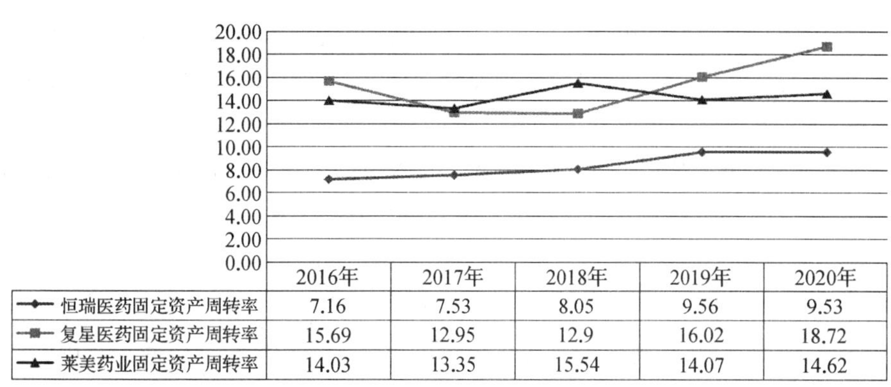

图 9-4　2016—2020 年固定资产周转率变化对比图

（二）固定资产周转天数

固定资产周转天数是指固定资产周转一次所需要的天数，即固定资产转换为货币或应收账款所需要的天数。其计算公式为：

$$\text{固定资产周期天数}=\frac{360}{\text{固定资产周转率}} \tag{9-13}$$

【例 9-4】 根据恒瑞医药资产负债表及利润表资料，计算得出恒瑞医药 2019 年度和 2020 年度的固定资产周转情况的财务指标，如表 9-4 所示。

表 9-4　恒瑞医药固定资产周转指标　　单位：万元

项　目	2019-12-31	2020-12-31
营业收入(1)	2 328 857.66	2 773 459.87
期初固定资产(2)	232 876.56	254 197.31
期末固定资产(3)	254 197.31	328 017.37
平均固定资产 (4)	243 536.935	291 107.34
固定资产周转率(次)(5)=(1)÷(4)	9.56	9.53
固定资产周转天数(天)(6)=360÷(5)	37.66	37.76

数据来源：东方财富 Choice 数据

计算结果显示，恒瑞医药的固定资产周转率总体比较缓慢。2020 年比 2019 年减缓了 0.03 次，固定资产周转天数上升了 0.1 天，说明恒瑞医药固定资产在 2020 年流动速度略有下降，结合图 9-4，可以看出恒瑞医药的固定资产周转率比同行的两家药企低一些，说明恒瑞医药的固定资产利用效率有待提高，固定资产周转率低，表明固定资产周转速度慢，利用效率低。拥有的固定资产没有得到充分的利用，设备有所闲置。

五、总资产周转分析

（一）总资产周转率

企业在一定的生产经营规模条件下，完成既定的任务所需要的资产，在某种程度上取决于资产的周转速度。资产周转的快慢与企业生产经营过程、资产管理、财务状况等方面相关。因此分析资产周转速度,可促使企业加强内部管理和工作质量的提高,促进企业全面、健康地发展。

总资产周转率是指企业一定时期的营业收入与资产总额的比率,它说明企业的总资产在一定时期内(通常为1年)周转的次数。其计算公式如下:

$$总资产周转率=\frac{销售收入}{资产平均余额} \tag{9-14}$$

该项指标周转越快,反映总的投资产生销售收入的能力越强。资产加速周转,有助于利润绝对额的增加。该项指标可用来分析企业全部资产的使用效率。如果企业总资产周转率较高,说明企业利用其全部资产进行经营的成果好,效率高,企业具有较强的销售能力;反之,如果总资产周转率较低,则说明企业利用其全部资产进行经营的成果差效率低,最终会影响企业的获利能力。如果企业的总资产周转率长期处于较低的状态,企业就应该采取措施提高销售收入或处置资产,以提高总资产利用率。

在使用周转率指标进行分析时,必须注意通货膨胀、存货计价、折旧方法、技术更新等因素的变化,会使得企业资产计价有不同的结果,从而会影响资产周转率指标。例如,在通货膨胀的情形下,不同时点购入的资产价值会受到资产购买时点的物价影响。又如,企业采用加速折旧法计提折旧,折旧计提的速度就快,资产的周转率改善的速度也快,但与实际效益的改善是无关。

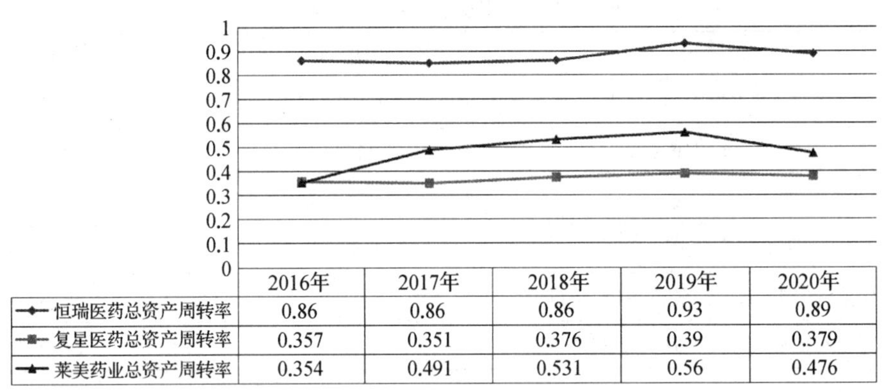

	2016年	2017年	2018年	2019年	2020年
恒瑞医药总资产周转率	0.86	0.86	0.86	0.93	0.89
复星医药总资产周转率	0.357	0.351	0.376	0.39	0.379
莱美药业总资产周转率	0.354	0.491	0.531	0.56	0.476

图9-5　2016—2020年总资产周转率变化对比图

(二)总资产周转天数

总资产周转天数是指总资产周转一次所需要的天数,即总资产转换为货币或应收账款所需要的天数。计算期天数取决于营业收入所涵盖的时期长短。最常用的计算期为1年,会计上统一每年按360天计算。其计算公式为:

$$总资产周转天数=\frac{360}{总资产周转率} \tag{9-15}$$

【例9-5】 根据恒瑞医药资产负债表及利润表资料,计算得出恒瑞医药2019年度和

2020 年度的总资产周转情况的财务指标，如表 9－5 所示。

表 9－5　恒瑞医药总资产周转指标　　单位：万元

项　目	2019－12－31	2020－12－31
营业收入(1)	2 328 857.66	2 773 459.87
期初总资产(2)	2 236 122.96	2 755 647.55
期末总资产(3)	2 755 647.55	3 472 958.99
平均总资产(4)	2 495 885.255	3 114 303.27
总资产周转率(次)(5)＝(1)÷(4)	0.93	0.89
总资产周转天数(天)(6)＝360÷(5)	387.10	404.50

数据来源：东方财富 Choice 数据

计算结果显示，恒瑞医药的总资产周转率总体不算低。2020 年比 2019 年略有减缓，下降了 0.04 次，总资产周转天数上升了 17.4 天，说明恒瑞医药总资产在 2020 年周转速度有所下降，结合图 9－5，可以看出恒瑞医药的总资产周转率比同行的两家药企高出一截，说明恒瑞医药的总资产利用效率不错，恒瑞医药利用其全部资产进行经营的成果较好，效率较高，企业具有较强的销售能力。

第二节　偿债能力分析

一、短期偿债能力分析

短期偿债能力是指企业用其流动资产偿付流动负债的能力，它反映企业偿付日常到期债务的实力。企业能否及时偿付到期的流动负债，是反映企业财务状况好坏的重要标志。对债权人来说，企业要具有充分的偿还能力，才能保证其债权的安全，按期取得利息，到期收回本金。对投资者来说，企业短期偿债能力的强弱意味着企业盈利能力的高低和投资机会的多少。企业短期偿债能力下降通常是盈利水平降低和投资机会减少的先兆，这意味着资本投资的流失。对企业管理者来说，企业短期偿债能力的强弱意味着企业承受财务风险的能力大小。对企业的供应商和消费者来说，企业短期偿债能力的强弱意味着企业履行合同能力的强弱。当企业短期偿债能力下降时，企业将无力履行合同，供应商和消费者的利益将受到损害。有时一个效益不错的企业，会由于资金周转不灵，偿还不了短期债务而导致破产。所以对短期偿债能力的分析，主要侧重于研究企业流动资产与流动负债的关系，以及资产的变现速度的快慢。因为大多数情况下，短期债务需要用货币资金来偿还，因而各种资产的变现速度也直接影响到企业的短期偿债能力。总之，短期偿债能力分析是财务报表分析的一项重要内容。

反映企业短期偿债能力的主要指标有营运资金、流动比率、速动比率、现金比率等。通过对这些指标的计算分析，可以评价企业短期偿债能力的强弱程度，以及对企业生产经营的适应情况。

（一）营运资金分析

企业能否偿还短期债务，要看有多少债务，以及有多少可变现的流动资产。流动资产越多，短期债务越少，则偿债能力越强。如果用流动资产偿还全部流动负债，企业剩余的就是营运资金。其计算公式如下：

$$营运资金=流动资产-流动负债 \tag{9-16}$$

营运资金实际上反映的是流动资产可用于归还抵补流动负债后的余额。营运资金越多则偿债越有保障，企业的短期偿债能力就越强，债权人收回债权的安全性就越高。

恒瑞医药2020年年末流动资产为2 805 004万元，流动负债为377 159万元，则：

营运资金＝2 805 004－377 159＝2 427 845（万元）

从动态上分析企业的短期偿债能力，就是将2019年年末（即2020年年初）的营运资金与2020年年末的营运资金进行对比，以反映企业的偿债能力变动情况。2019年年末营运资金为：

营运资金＝2 231 130－247 263＝1 983 867（万元）

从以上计算结果可看出，恒瑞医药2020年的营运资金状况比2019年要多443 978万元。公司的短期偿债能力有所增强，可以用于日常经营需要的资金变多。

正是为了便于分析短期偿债能力，才要求财务报表将流动资产和流动负债分别列示，并按流动性排序。营运资金是用于计算企业短期偿债能力的重要指标。企业能否偿还短期债务，要看有多少债务，以及有多少可以变现偿债的流动资产。当流动资产大于流动负债时，营运资金为正，说明营运资金出现溢余。此时，与营运资金对应的流动资产是以一定数额的长期负债或所有者权益作为资金来源的。营运资金数额越大，说明偿债的风险越小；反之，当流动资产小于流动负债时，营运资金为负，说明营运资金出现短缺。此时，企业部分长期资产以流动负债作为资金来源，企业偿债的风险变大。

我们分析营运资金，还需分析营运资金的合理性。所谓营运资金的合理性是指营运资金的数量多少为宜。短期债权人希望营运资金越多越好，这样就可以减少贷款风险。因为营运资金的短缺，会迫使企业为了维持正常的经营和信用，在不适合的时机且按不利的利率进行不利的借款，从而影响利息和股利的支付能力。但是过多地持有营运资金，也不是什么好事。高营运资金，意味着流动资产多而流动负债少。流动资产与长期资产相比，流动性强、风险小，但获利性差。过多的流动资产不利于企业提高盈利能力。除了短期借款以外的流动负债通常不需要支付利息。流动负债过少说明企业利用无息负债扩大经营规模的能力较差。因此，企业应保持适当的营运资金规模。

没有一个统一的标准用来衡量营运资金保持多少是合理的。不同行业的营运资金规模有很大差别。一般来说，零售商的营运资金较多，因为他们除了流动资产外没有什么可以偿债的资产。而信誉好的餐饮企业营运资金很少，有时甚至是一个负数，因为其稳定的收入可以偿还同样稳定的流动负债。制造业一般有正的营运资金，但其数额差别很大。由于营运资金与经营规模有联系，所以同一行业不同企业之间的营运资金也缺乏可比性。营运资金是一个绝对数，不便于不同企业间的比较，因此在实际中很少直接使用营运资金作为偿债能力的指标。因此,营运资金的合理性主要通过流动资产与流动负债的相对比较即流动比率来评价。

（二）流动比率

流动比率是指流动资产与流动负债的比率,表示每元流动负债有多少流动资产作为还款的保障。同时还表明当企业遇到突发性现金流出,如发生意外损失时的支付能力。它是个相对数,排除不同企业规模的影响,更适合企业之间以及本企业不同历史时期的比较。其计算公式为:

$$流动比率=\frac{流动资产}{流动负债} \tag{9-17}$$

该指标越大,表明公司短期偿债能力越强,企业财务风险越小,债权人的权益越有保证。由于流动资产中变现能力较差的存货、应收账款等在流动资产中约占一半,一般认为流动比率维持在 2∶1 左右较为合适。它表明了企业财务状况稳定可靠,除了满足日常生产经营的流动资金需要外,还有足够的财力偿付到期短期债务。流动比率高,不仅反映企业拥有的营运资金多,可用以抵偿债务,而且表明企业可以变现的资产数额大,债权人遭受损失的风险小。如果该比率过低,则表示企业可能难以如期偿还债务。

一般从债权人立场上说,流动比率越高越好,因为流动比率越高,债权越有保障,借出的资金越安全。但从经营者和所有者角度看,并不一定要求流动比率越高越好。过高的流动比率往往是由于以下原因造成的:① 由于企业对资金未能有效运用。② 由于企业赊销业务增多致使应收账款增多形成的。③ 由于产销失衡、销售不力致使在产品、产成品等积压造成的。应该说,这些原因造成较高的流动比率,并不是健康的财务状况。它不仅丧失机会收益,还会影响资金的使用效率和企业的获利能力。也就是说,可能是资金的使用效率较低的表现。

对于流动比率分析,可以从两个方面来进行:一是同本企业历史各期流动比率进行比较。这有利于发现问题,吸取历史的经验和教训,改善企业的偿债能力,并可对短期偿债能力的变动趋势做出分析。二是与同行业平均流动比率进行比较。同行业平均水平代表的是同行业标准,如果本企业的某一指标好于同行业标准,则说明企业在这一方面是处于行业平均水平之上。但这种比较通常并不能说明流动比率为什么这么高或低。

要找出过高及过低的原因,还必须分析流动资产和流动负债所包括的内容以及经营上的因素。有时流动比率很高,并不意味着企业有足够的现金或存款可用来归还到期债务。因为流动资产除了现金、银行存款、交易性金融资产等变现能力较好的资产外,还包括变现能力较差的存货、容易发生呆账的应收账款等。大量呆滞积压的存货,长时间无法收回的应收账款的存在,都会使流动资产增加,流动比率提高,而能用来偿还债务的库存现金、银行存款等并没有增加,有时反而减少。因此,作为债权人除了注意流动比率的数值外,还应关注企业现金流量的变化。一般情况下,营业周期、流动资产中的应收账款数额和存货的周转速度是影响流动比率的主要因素。

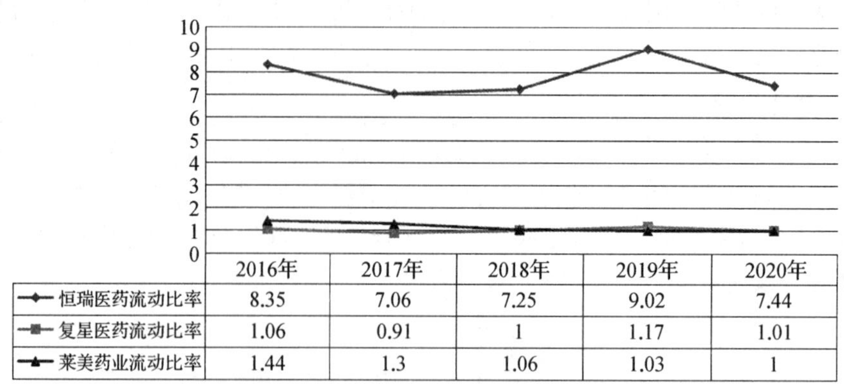

	2016年	2017年	2018年	2019年	2020年
恒瑞医药流动比率	8.35	7.06	7.25	9.02	7.44
复星医药流动比率	1.06	0.91	1	1.17	1.01
莱美药业流动比率	1.44	1.3	1.06	1.03	1

图 9－6　2016—2020 年总资产周转率变化对比图

进行流动比率分析时还应关注人为因素对流动比率指标的影响。由于债权人注重以流动比率衡量企业的短期偿债能力，所以有的企业为了筹借资金，有意在会计期末采用推迟购货，允许存货跌价，抓紧收回应收账款，尽可能在偿还债务以后再商借等方法，粉饰其流动资产和流动负债状况，提高流动比率。因此，作为债权人在进行报表分析时，除了观察流动比率和现金流量的变化之外，还应当对不同会计期间流动资产和流动负债状况的变化进行对比分析。

（三）速动比率

用流动比率来评价短期偿债能力有明显的局限性。流动比率只能表明企业流动资产与流动负债之间的关系，没有揭示流动资产的构成与素质。例如，存货积压和应收账款回收困难也会导致流动比率的提高，而这些情况实际上是企业偿债能力不足的表现。为了能更真实地揭示企业的短期偿债能力，我们还可以使用速动比率这一指标。速动比率就是要弥补流动比率的这些缺陷。它也称为酸性测验比率。速动比率是指从流动资产中扣除存货部分，再除以流动负债的比值。它可用于衡量企业流动资产中可以立即用于偿还流动负债的能力。其计算公式如下：

$$\text{速动比率}=\frac{\text{速动资产}}{\text{流动负债}} \tag{9-18}$$

公式中的“速动资产”是指几乎可以立即用来偿还流动负债的那些流动资产。速动资产是将流动资产扣除存货后资产的统称。它一般只包括库存现金、交易性金融资产、应收账款和应收票据等项目，不包括存货。其计算公式如下：

$$\text{速动资产}=\text{流动资产}-\text{存货} \tag{9-19}$$

计算速动比率时，之所以要扣除存货，是因为：① 在流动资产中存货的变现速度最慢；② 由于某种原因，部分存货可能已损失报废还没做处理；③ 部分存货已抵押给某债权人；④ 存货估价还存在着成本与合理市价悬殊的问题。

综上所述，从谨慎的角度来看，把存货从流动资产总额中减去，而计算出的速动比率反映的短期偿债能力更加令人信服。但这个指标也有其局限性：第一，速动比率只是揭示了速动资产与流动负债的关系，是一个静态指标。第二，速动资产中包含了流动性较差的应收账款，使速动比率所反映的偿债能力受到怀疑。第三，各种预付款项及预付费用的变现能力也很差。

由于速动资产的变现能力较强，通常认为正常的速动比率为1，即在无须动用存货的情况下，也可以保证对流动负债的偿还。如果速动比率小于1，则表明企业必须变卖部分存货才能偿还短期负债。对于短期债权人来说此比率越大，对债务的偿还能力就越强。但如果速动比率过高，则又说明企业因拥有过多的货币性资产，可能会失去一些有利的投资和获利机会。这个比率应在企业不同会计年度之间，不同企业之间以及参照行业标准进行比较，方能得出较佳的判断。

影响速动比率可信性的重要因素是应收账款的变现能力。账面上的应收账款不一定都能变成现金，实际坏账可能比计提的准备要多；季节性的变化，可能使财务报表的应收账款数额不能反映平均水平。所以，在评价速动比率指标时，还应结合应收账款周转率指标分析应收账款的质量。速动比率同流动比率一样，它反映的是会计期末的情况，并不代表企业长期的财务状况。它有可能是个别企业为筹借资金人为粉饰财务状况的结果，作为债权人应进一步对企业整个会计期间和不同会计期间的速动资产、流动资产和流动负债情况进行综合分析。

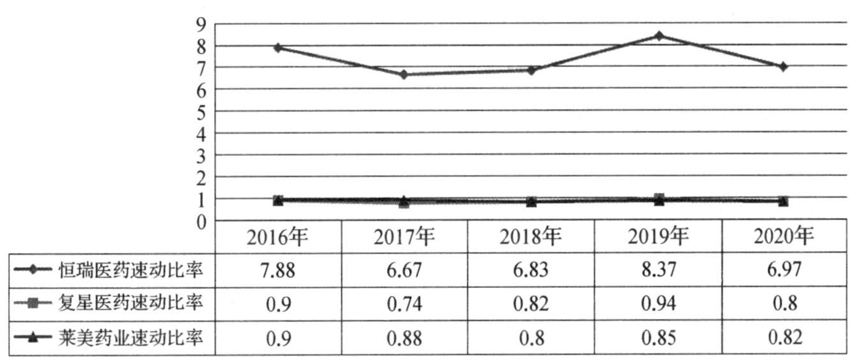

	2016年	2017年	2018年	2019年	2020年
恒瑞医药速动比率	7.88	6.67	6.83	8.37	6.97
复星医药速动比率	0.9	0.74	0.82	0.94	0.8
莱美药业速动比率	0.9	0.88	0.8	0.85	0.82

图9-7　2016—2020年总资产周转率变化对比图

（四）现金比率

现金比率是指现金类资产对流动负债的比率，它能反映企业直接偿付流动负债的能力。该指标的作用是表明在最坏情况下短期偿债能力如何。当企业面临支付工资日或大宗进货日等需要大量现金支付时，或者当企业陷入财务困境，其存货和应收账款被抵押或者流动不畅时，这一指标更能显示其重要作用。

该指标有如下两种表示方式：

（1）现金类资产仅指货币资金，其计算公式为：

$$现金比率=\frac{货币资金}{流动负债}\times 100\% \tag{9-20}$$

从债权人的角度来看，将现金类资产与流动负债进行对比，计算现金比率具有十分重要的意义。它比流动比率、速动比率更真实、更准确地反映企业的短期偿债能力。特别是当债权人，发现企业的应收账款和存货的变现能力存在问题的情况下，该比率就更有实际意义。

（2）现金类资产包括所有的货币资金和现金等价物，其计算公式为：

$$现金比率=\frac{货币资金+现金等价物}{流动负债}\times 100\% \qquad (9-21)$$

现金比率是最严格、最稳健的短期偿债能力衡量指标，它反映企业随时还债的能力。现金比率低，反映企业对目前一些要付的款项存在困难；现金比率高，表示企业可立即用于支付债务的现金类资产越多。但这一比率过高，表明企业通过负债方式所筹集的流动资金没有得到充分的利用，企业失去的投资获利机会可能越大，所以并不鼓励企业保留更多的现金类资产。

在评价企业流动性时，财务报表分析者较少重视现金比率。因为期望企业有足够的现金等价物和有价证券以偿还流动负债是不现实的。如果企业不得不以现金等价物和有价证券来确定其流动性，其偿债能力就可能被低估了。但对于一些存货和应收账款的流动速度很慢或具有高度投机性的企业，财务报表分析者就应该考虑其现金比率。例如，房地产开发公司以分期收款方式出售其房地产，相应的账款要在多年后才能收回，其现金比率的高低就显得非常重要了。

现金比率表示企业资产的即时流动性。过高的现金比率表明企业没有充分发挥现金的效用，现金应该用于企业的经营周转，而不是存在于现金状态以备付款。当然，对企业资产的流动性作出结论之前，必须对企业有一个更详尽的了解。企业可能对现金已经有了周全的使用计划，暂时出现现阶段的现金富余或不足，而导致现金比率的暂时性高或低。

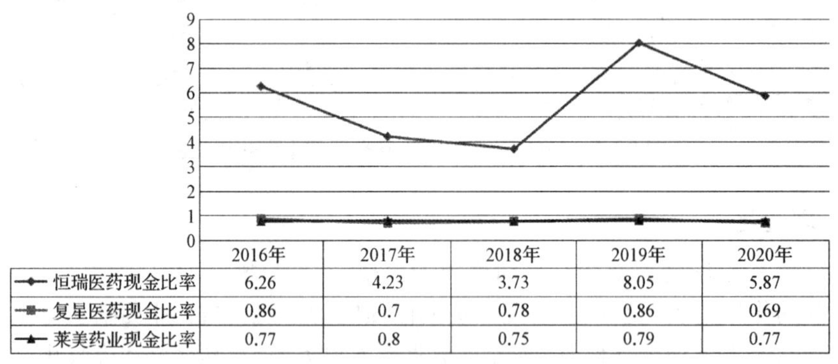

	2016年	2017年	2018年	2019年	2020年
恒瑞医药现金比率	6.26	4.23	3.73	8.05	5.87
复星医药现金比率	0.86	0.7	0.78	0.86	0.69
莱美药业现金比率	0.77	0.8	0.75	0.79	0.77

图 9-8　2016—2020 年现金比率变化对比图

课堂思考

某企业 2019—2020 年有关数据(金额单位：百万元)如下：

项　目 \ 年　份	2019	2020
流动资产	1 201.53	22 531.69
存货	208.50	2 053.76
速动资产	993.03	16 477.93
应收账款	249.05	12 191.77
流动负债	1 897.71	18 761.87
速动比率	0.52	0.88
流动比率	0.63	1.20
现金比率	0.39	0.23

从这一组数据的变化中可以有怎样的评价分析?

二、长期偿债能力分析

长期偿债能力是指企业偿还长期债务的能力。企业的长期债务是指偿还期在 1 年或者超过 1 年的一个营业周期以上的负债,包括长期借款、应付债券、长期应付款等。

长期偿债能力分析对于债权人来说,可以判断债权的安全程度,即是否能按期收回本金及利息;对于企业经营者来说,有利于优化资本结构,降低财务风险;对于投资者来说,可以判断其投资的安全性及盈利性;对于政府及相关管理部门来说,可以了解企业经营的安全性;对于业务关联企业来说,可以了解企业是否具有长期的支付能力,借以判断企业信用状况和未来业务能力,并做出是否建立长期稳定的业务合作关系的决定。企业对一笔债务,一般总是同时负担着偿还债务本金和支付债务利息两种责任。分析一个企业长期偿债能力,主要是为了确定该企业偿还债务本金和支付债务利息的能力。

长期偿债能力分析,主要是通过财务报表中的有关数据来分析权益与资产之间的关系,分析不同权益之间的内在关系,进而计算出一系列的比率,从而对企业的长期偿债能力、资本结构是否健全合理等做出客观评价。反映企业长期偿债能力的财务指标主要有资产负债率、产权比率、有形净值债务率、已获利息倍数。

(一) 资产负债率

资产负债率是指企业负债总额与资产总额的比率。它表明企业资产总额中,债权人提供资金所占的比重,以及企业资产对债权人权益的保障程度。其计算公式如下:

$$资产负债率=\frac{负债总额}{资产总额}\times 100\% \qquad (9-22)$$

对于该指标,应从以下几个方面进行分析:

(1) 从债权人的立场看,此指标应越低越好。该比率越低,即负债总额占全部资产的比例越小,表明企业对债权人保障程度越高,债权人投入资本的安全性越大。因此,债权人总是希望资产负债率越低越好，企业偿债有保证，贷款不会有太大的风险。

(2) 从所有者立场看，他们关心的主要是投资收益率的高低。在企业投资收益率高于借款利息率时，该比率越大越好。当企业经营前景欠佳，预期投资收益率可能小于借款利率，那么借入资金的一部分利息，要用所有者投入资本的利润来补偿，所有者权益因此会受到不良影响。所以，站在所有者的角度，在投资收益率高于借款利息率时，负债比例越大越好，否则反之。

(3) 从经营者的立场看，资产负债率越小，说明企业资金中来自债权人的部分越小；反之，来自自有资金的部分越多，则还本付息的压力就越小，财务状况越稳定，发生债务危机的可能性越小。该比率的高低在很大程度上取决于经营者对企业前景的信心和对风险所持的态度。通常，资产负债率大表明企业较有活力，而且对前景充满信心；反之，则表明企业比较保守，或对其前景信心不足。然而，资产负债率并非越高越好。当经济处于衰退期，负债比率高的企业有可能由于经济不景气，不能偿还到期债务而陷于困境。因此，当企业财务前景乐观时，应适当加大资产负债率；若财务前景不佳时，则应减少负债，以降低财务风险。企业应审时度势，权衡利害，把资产负债率控制在适当水平。

资产负债率是衡量企业负债水平及风险程度的重要标志。负债对于企业来说，一方面增加了企业的风险，借债越多，风险越大。另一方面，债务的成本低于权益资本的成本，增加债务可以改善获利能力。既然债务同时增加企业的利润和风险，企业管理者的任务就是在利润和风险之间取得平稳。一般地说，该指标50%比较合适，有利于风险与收益的平衡；如果该指标大于100%，表明企业已资不抵债，视为达到破产警戒线。但这并没有严格的标准。就是对同一个企业来说，处于不同时期，对资产负债率的要求也不一样。当企业处于成长期或成熟期时，企业的前景比较乐观，预期的现金流入也比较高。所以，企业应适当增大资产负债率，以充分利用财务杠杆的作用；当企业处于衰退期时，企业的前景不甚乐观，预期的现金流入也有日趋减少的势头。在这种情况下，企业应采取相对保守的财务政策，减少负债，降低资产负债率，以降低财务风险。所以具体标准需要根据企业的经营环境、经营状况和盈利能力等来评价。

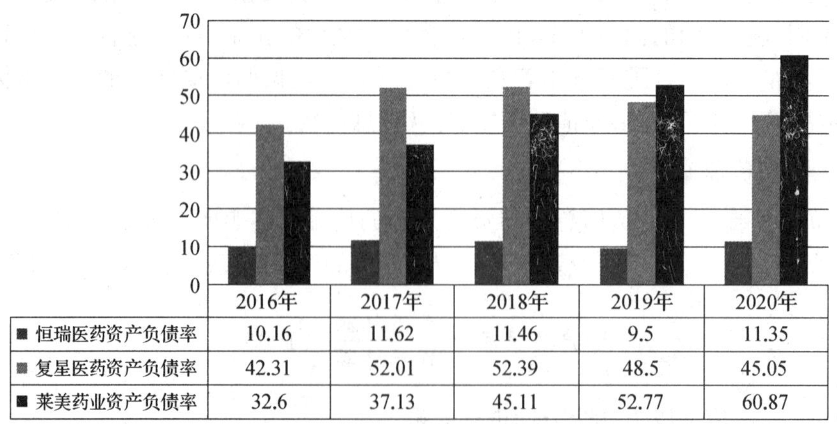

	2016年	2017年	2018年	2019年	2020年
■ 恒瑞医药资产负债率	10.16	11.62	11.46	9.5	11.35
■ 复星医药资产负债率	42.31	52.01	52.39	48.5	45.05
■ 莱美药业资产负债率	32.6	37.13	45.11	52.77	60.87

图 9-9　2016—2020 年资产负债率变化对比图

（二）产权比率

产权比率是指企业负债总额与所有者权益之间的比率，它反映投资者对债权人的保障程度。其计算公式如下：

$$产权比率=\frac{负债总额}{所有者权益}\times 100\% \quad (9-23)$$

根据经验标准，产权比率可分为五类，如表 9-6 所示。

表 9-6　产权比率分类　　单位：%

类　别	理想型	健全型	资金周转不灵	危险型	关门清算
产权比率	100	200	500	1 000	3 000

一般认为，该指标 1∶1 最理想。该项指标越低，表明企业的长期偿债能力越强，债权人承担的风险越小，债权人也就愿意向企业增加借款；反之亦然。产权比率高，是高风险、高报酬的财务结构；产权比率低，是低风险、低报酬的财务结构。当该指标过低时，表明企业不能充分发挥负债带来的财务杠杆作用；反之，当该指标过高时，表明企业过度运用财务杠杆，增加了企业财务风险。该指标必须与其他企业以及同行业平均水平对比才能评价指标的高低。

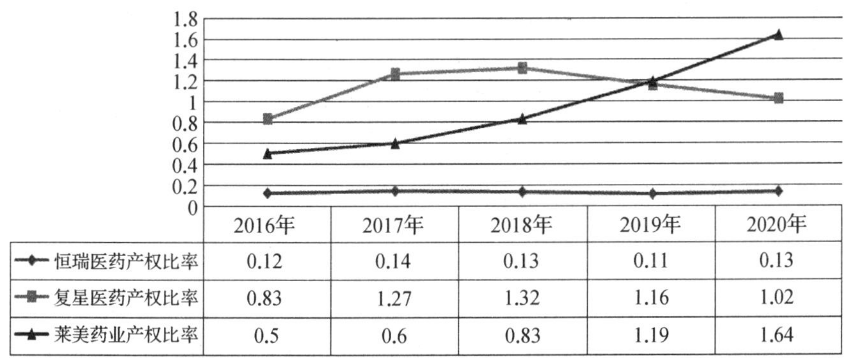

	2016年	2017年	2018年	2019年	2020年
恒瑞医药产权比率	0.12	0.14	0.13	0.11	0.13
复星医药产权比率	0.83	1.27	1.32	1.16	1.02
莱美药业产权比率	0.5	0.6	0.83	1.19	1.64

图 9-10　2016—2020 年产权比率变化对比图

（三）有形净值债务率

有形净值债务率是指企业负债总额与有形净值的百分比。有形净值是将商誉、商标、专利权以及非专利技术等无形资产从净资产中扣除，这主要是由于无形资产的计量缺乏可靠的基础，不可能作为偿还债务的资源。其计算公式为：

$$有形净值债务率=\frac{负债总额}{所有者权益-无形资产净值}\times 100\% \quad (9-24)$$

有形净值债务率实质上是产权比率的延伸，是评价企业长期偿债能力更为保守和稳健的一个财务比率。它将企业偿债安全性分析建立在更加切实可靠的物质保障基础之上，在企业陷入财务危机，面临破产等特殊情况下，使用该指标衡量企业的长期偿债能力更有实际意义。从长期偿债能力来讲，比率越低越好。

（四）已获利息倍数

已获利息倍数又称为利息保障倍数，是指企业经营业务收益与利息费用的比率，用以衡量企业偿付借款利息的能力，其计算公式如下：

$$已获利息倍数=\frac{息税前利润}{利息费用} \tag{9-25}$$

公式中的息税前利润是指利润表中未扣除利息费用和所得税之前的利润。它可以用利润总额加利息费用来测算。由于我国现行利润表利息费用没有单列，而是混在财务费用之中，外部报表使用人只好用利润总额加财务费用来估计。

公式中的分母利息费用是指本期发生的全部应付利息。不仅包括利润表中财务费用项目下的利息费用，还应包括计入固定资产成本的资本化利息。

已获利息倍数反映了企业盈利与利息费用之间的特定关系。一般来说，该指标越高，说明企业支付利息费用的能力越强，企业对到期债务偿还的保障程度也就越高。从长期来看，该比率至少应大于1。如果已获利息倍数过小，企业将面临亏损，偿债的安全性和稳定性将面临下降的风险。对于已获利息倍数指标的衡量，没有绝对的标准。这需要与其他企业，特别是同行业平均水平进行比较，来分析决定本企业的指标水平。同时，从谨慎性的角度出发，最好比较本企业连续几年的该项指标，并选择最低指标年度的数据，作为标准。原因在于，企业在经营好的年度要偿债，在经营不好的年度也要偿还大约同量的债务。某一个年度利润很高，已获利息倍数也会很高，但不能年年如此。采用指标最低年度的数据，可保证最低的偿债能力。

（五）影响长期偿债能力的其他因素

1. 担保责任

担保项目的时间长短不一，有的涉及企业的长期负债，有的涉及企业的短期负债。在分析企业长期偿债能力时，应根据有关资料判断担保责任带来的潜在长期负债问题。

2. 或有项目

或有项目是指在未来某个或几个事件发生或不发生的情况下，会带来收益或损失，但现在还无法肯定是否发生的项目。或有项目的特点是现存条件的最终结果不确定，对它的处理方法要取决于未来的发展。或有项目一旦发生，便会影响企业的财务状况，因此企业不得不对它们予以足够的重视。在评价企业长期偿债能力时，也要考虑它们的潜在影响。

课堂思考

对于资产负债率，债权人与投资人的立场是不一样的。债权人认为这一比率越低越好，而投资人认为这一比率越高对自己越有利。为什么？

第三节　增值能力分析

一、资本增长和企业价值

（一）资本保值增值率

资本保值增值率反映了所有者权益年末年初的增长比率。通过资本保值增值率可以看出一个公司的发展潜力，反映管理层是否通过经营实现了资本的保值与增值。

$$资本保值增值率=\frac{所有者权益年末数-所有者权益年初数}{所有者权益年初数}\times 100\% \quad (9-26)$$

为了说明上述指标的应用，以恒瑞医药 2016—2020 年资产负债表数据为例进行分析，如表 9－7 所示。

表 9－7　恒瑞医药所有者权益　　单位：万元

项目＼年份	2016	2017	2018	2019	2020
股本	234 745.97	283 264.8	368 586.21	442 281.42	533 171.7
资本公积	43 818.52	98 691.81	147 875.09	166 297.48	314 282.64
盈余公积	124 484.53	153 151.48	209 221.68	255 524.27	268 541.31
未分配利润	840 129.99	1 054 487.94	1 311 501.33	1 654 760.54	2 084 423.27
所有者权益合计	1 243 179.01	1 589 596.03	2 037 184.31	2 518 863.71	3 200 418.92

根据公式(9－26)，恒瑞医药 2020 年资本保值比率为：

资本保值增值率＝(3 200 418.92－2 518 863.71)÷2 518 863.71×100%＝27.06%

从恒瑞医药 2020 年的资本保值率看，其增值幅度较大。该指标可以与企业历年数据及同行企业相比较，以揭示其资本增值的速率，如图 9－11 所示。

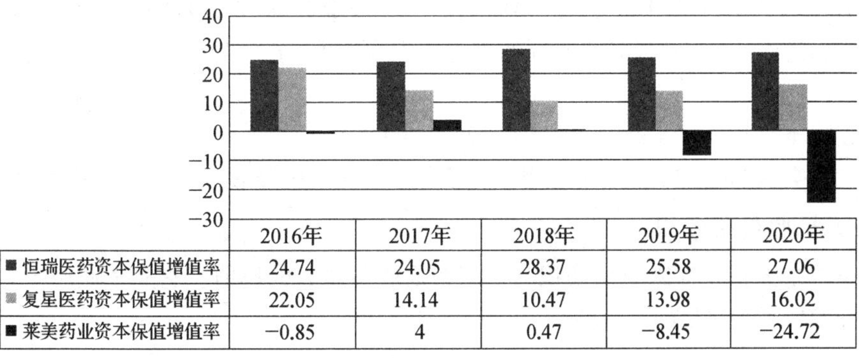

	2016年	2017年	2018年	2019年	2020年
■ 恒瑞医药资本保值增值率	24.74	24.05	28.37	25.58	27.06
■ 复星医药资本保值增值率	22.05	14.14	10.47	13.98	16.02
■ 莱美药业资本保值增值率	−0.85	4	0.47	−8.45	−24.72

图 9－11　2016—2020 年资本保值增值对比图

（二）每股净资产

每股净资产是期末净资产与期末普通股份总数的比值，也称为每股账面价值。其计算公式为：

$$每股净资产=\frac{期末净资产}{期末普通股股权} \tag{9-27}$$

这里“期末净资产”是指扣除优先股权益后的余额。每股净资产是公司价值的账面反映。由于每股净资产是基于历史成本计量的，既不反映净资产的变现价值，也不反映净资产的产出能力，它只是反映发行在外的每股普通股所代表的净资产成本即账面权益。

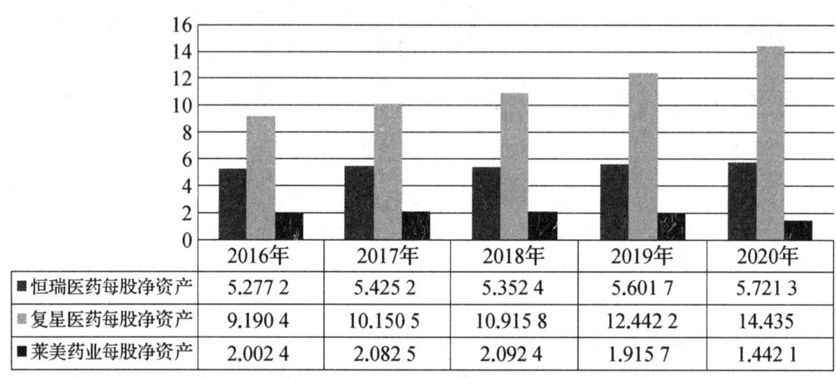

	2016年	2017年	2018年	2019年	2020年
■恒瑞医药每股净资产	5.277 2	5.425 2	5.352 4	5.601 7	5.721 3
■复星医药每股净资产	9.190 4	10.150 5	10.915 8	12.442 2	14.435
■莱美药业每股净资产	2.002 4	2.082 5	2.092 4	1.915 7	1.442 1

图 9-12　2016—2020 年每股净资产变化对比图

二、资本增长和分红潜力

（一）每股资本公积

每股资本公积是期末资本公积与期末普通股份总数的比值。其计算公式为：

$$每股资本公积=\frac{期末资本公积总额}{期末普通股股数} \tag{9-28}$$

资本公积是公司可用于发放股票股利的资本来源，因此，每股资本公积在一定程度上反映了公司送红股，即发行股票股利的潜力。根据表 9-7 数据，恒瑞医药 2020 年每股资本公积为：

每股资本公积＝314 282.64÷533 171.7＝0.59(元)

该指标会因为公司利用资本公积转送红股而下降，因吸收投资人投资而增加。

（二）每股盈余公积

每股盈余公积是期末盈余公积与期末普通股份总数的比值。它是企业历年利润积累的一部分，其计算公式为：

$$每股盈余公积=\frac{期末盈余公积总额}{期末普通股股权} \tag{9-29}$$

每股盈余公积的多少，反映了企业利润积累的实力。根据表 9－7 数据，恒瑞医药 2020 年每股盈余公积为：

每股盈余公积＝268 541.31÷533 171.7＝0.50(元)

该指标会因为公司利用盈余公积转送红股而下降，因利润留存而增加。

（三）每股未分配利润

每股未分配利润是期末未分配利润与期末普通股份总数的比值。和每股盈余一样，它反映企业历年利润的积累。其计算公式为：

$$\text{每股未分配利润}=\frac{\text{期末未分配利润总额}}{\text{期末普通股股权}} \qquad (9-30)$$

每股未分配利润也反映了企业继续分红的能力。根据表 9－7 数据，恒瑞医药 2020 年每股未分配利润为：

每股未分配利润＝2 084 423.27÷533 171.7＝3.91(元)

总之，一个企业资本实力雄厚、利润留存丰厚有助于企业长远的发展。上述指标在分析企业资本实力和分红实力上提供了简洁明了的财务指标。

思政映射

人生的报表不能用货币来计量，也不能用公式来指标化。人生的报表并不遵守配比原则，只强调对社会的付出，不强调向社会的索取，不能有对价的思想，对价从来就不应是确认人生价值的因素。因为社会责任的履行如果不是强制的就是自发的，是责无旁贷的。哪怕对价是零甚至是负数，也必须义无反顾地履行。人生的报表也不讲究重要性原则，给予或接受他人的帮助和情义，不论大小，均应反映，予以列报。因此，人生资产负债表的最好指标就是良知和责任心。

本章小结

企业营运能力分析，主要是通过销售收入与企业各项资产的比例关系，分析各项资产的周转速度，了解各项资产对收入的贡献程度。反映企业营运能力的财务指标主要有应收账款周转率、存货周转率、流动资产周转率、固定资产周转率、总资产周转率。企业偿债能力是指企业清偿到期债务的现金保障程度。偿债能力分析通常可分为短期偿债能力分析和长期偿债能力分析。反映企业短期偿债能力的主要指标有营运资金、流动比率、速动比率、现金比率等。反映企业长期偿债能力的财务指标主要有资产负债率、产权比率、有形净值债务率、已获利息倍数。有关企业保值增值能力分析的财务分析指标主要包括资本保值增值率，每股净资产、每股盈余公积、每股未分配利润、每股资本公积、每股红利和历年分红情况等。

人生往往不能像企业那样指标化、数量化，也不能像企业那样进行收入费用的配比。但是需要借助定量与定性相结合的辩证分析，借鉴系统性、关联性和可比性的分析方法，确立自己每个阶段的“增值模式”，其终极目的就是要使人生净资产最大化。

练　习

课后练习题，请扫描左侧二维码获取。

第三篇　利润表分析

第十章　利润表的基本分析

学习目标

- 熟悉利润表的各个项目及其构成内容；
- 熟悉并理解利润的不同表达项目；
- 掌握盈利能力的分析方法；
- 理解非经常性项目的特点和内容。

学习重点

- 盈利能力的分析方法；
- 利润的不同表达项目；
- 利润表传达的信息价值。

思政要求

- 树立正确的利益观、权力观和责任观；
- 凡事不能斤斤计较，要有豁达的人生观。

第一节　利润表的信息价值

编制利润表的主要目的是将企业经营成果的信息，提供给各种报表用户，以供他们作为决策的依据或参考。利润表的信息价值主要表现在以下几个方面。

一、可据以解释、评价和预测企业的经营成果和获利能力

经营成果通常指以营业收入、其他收入抵扣成本、费用、税金等的差额所表示的收益

信息。经营成果是一个绝对值指标，可以反映企业财富增长的规模。获利能力是一个相对值指标，它指企业运用一定经济资源（如人力、物力）获取经营成果的能力，这里，经济资源可以因报表用户的不同需要而有所区别，可以是资产总额、净资产，可以是资产的耗费（成本或费用），还可以是投入的人力（如职工人数）。因而衡量获利能力的指标包括资产收益率、净资产收益率、成本收益率以及人均实现收益等指标。经营成果的信息直接由利润表反映，而获利能力的信息除利润表外，还要借助于其他会计报表和注释附表才能得到。

通过比较和分析同一企业在不同时期，或不同企业在同一时期的资产收益率、成本收益率等指标，能够揭示企业利用经济资源的效率；通过比较和分析收益信息，可以了解某一企业收益增长的规模和趋势。根据利润表所提供的经营成果信息，股东、债权人和管理部门可解释、评价和预测企业的获利能力，据以对是否投资或追加投资、投向何处、投资多少等做出决策。

二、可据以解释、评价和预测企业的偿债能力

偿债能力指企业以资产清偿债务的能力。利润表本身并不提供偿债能力的信息，然而企业的偿债能力不仅取决于资产的流动性和资本结构，也取决于获利能力。企业在个别年份获利能力不足，不一定影响偿债能力，但若一家企业长期丧失获利能力，则资产的流动性必然由好转坏，资本结构也将逐渐由优变劣，陷入资不抵债的困境。因而一家数年收益很少，获利能力不强甚至亏损的企业，通常其偿债能力不会很强。

债权人和管理部门通过分析和比较利润表的有关信息，可以间接地解释、评价和预测企业的偿债能力，尤其是长期偿债能力，并揭示偿债能力的变化趋势，进而做出各种信贷决策和改进企业管理工作的决策，如维持、扩大或收缩现有信贷规模，应提出何种信贷条件等。管理部门则可据以找出偿债能力不强之原因，努力提高企业的偿债能力，改善企业的公关形象。

三、可据以做出经营决策

比较和分析收益表中各种构成要素，可知悉各项收入、成本、费用与收益之间的消长趋势，发现各方面工作中存在的问题，揭露缺点，找出差距，改善经营管理，努力增收节支，杜绝损失的发生，做出合理的经营决策。

四、可据以评价和考核管理人员的绩效

比较前后期利润表上各项收入、费用、成本及收益的增减变动情况，并查考其增减变动的原因，可以较为客观地评价各职能部门，各生产经营单位的绩效，以及这些部门和人员的绩效与整个企业经营成果的关系，以便评判各部门管理人员的功过得失，及时做出采购、生产销售、筹资和人事等方面的调整，使各项活动趋于合理。

利润表上述信息价值的发挥，与利润表所列示信息的质量直接相关。利润表信息的质量则取决于企业在收入确认、费用确认以及其他利润表项目确定时所采用的方法。由于会计程序和方法的可选择性，企业可能会选用对其有利的程序和方法，从而导致收益偏

高或偏低。例如，在折旧费用、坏账损失和已售商品成本等方面都可按多种会计方法计算，产生多种选择，影响会计信息的可比性和可靠性。另一方面，利润表中的信息表述的是各类业务收入、费用、成本等的合计数以及非重复发生的非常项目，这也会削弱利润表的重要作用。

第二节　利润表整体分析

一、利润表增减变动分析

利润表增减变动分析，即利润表的水平分析或趋势分析或横向分析，就是将利润表的实际数与对比标准或基数进行比较以揭示利润变动差异。通过分析可以揭示利润增减变动的基本情况，以及导致利润增变动的主要原因，从而对企业的经营情况做出判断。利润表增减变动分析的核心工作是编制利润的水平分析表，然后根据不同的分析目的选择比较标准。比较标准既可以是本企业的上期实际数也可以是报告期的计划数或预算数，还可以是可比企业的同期实际数。如果分析的目的是为了评价各项目增减变动情况，揭示本年与上年对比产生差异的原因，则比较标准可选择本企业的上期实数；如果分析的目的是为了评价各项目预算完成情况，则比较标准可选择报告期的计划数或预算如果分析的目的是为了评价企业的盈利是否具有竞争力，则比较标准可选择可比企业的同期实际数。仍以恒瑞医药 2019 年、2020 年利润表的相关数据为例，编制恒瑞医药利润增减变动分析表(见表 10 - 1)。

表 10 - 1　恒瑞医药利润增减变动分析表　　金额单位:万元

项　目	2019 年	2020 年	增减额	增减(%)
一、营业收入	2 328 858	2 773 460	+444 602	+19.09
减:营业成本	291 294	334 869	+43 575	+14.96
税金及附加	21 634	25 696	+4 062	+18.78
销售费用	852 497	980 252	+127 755	+14.99
管理费用	224 118	306 666	+82 548	+36.83
研发费用	389 634	498 896	+109 262	+28.04
财务费用	−13 382	−18 174	−4 792	+35.81
利息收入	12 714	29 027	+16 313	+128.31
加:公允价值变动损益	3 753	1 650	−2 103	−56.05
投资收益	30 927	34 142	+3 215	+10.40
其他收益	18 971	20 759	+1 788	+9.42
二、营业利润	614 968	700 707	+85 739	+13.94

续 表

项 目	2019年	2020年	增减额	增减(%)
加:营业外收入	81	107	+26	+32.10
减:营业外支出	9 473	11 266	+1 793	+18.93
三、利润总额	605 576	689 548	+83 972	+13.87
减:所得税费用	72 931	58 659	−14 272	−19.57
四、净利润	532 645	630 889	+98 244	+18.45
五、其他综合收益	290	−1 170	−1 460	−503.45
六、综合收益总额	532 935	629 719	+96 784	+18.16
七、每股收益				
(一) 基本每股收益	1.20	1.19	−0.01	−0.83
(二) 稀释每股收益	1.20	1.19	−0.01	−0.83

(一) 毛利额分析

毛利额即营业收入减去营业成本的差额,反映企业初始盈利能力。从表中可知,恒瑞医药 2019 年、2020 年分别实现毛利 2 037 564 万元、2 438 591 万元,同比增加 401 027 万元,增长 19.68%,高于营业收入、营业利润、利润总额、净利润的增长幅度。毛利增长的主要原因是营业收入的增幅高于营业成本的增幅,具体原因则需要深入分析恒瑞医药各种产品营收和成本情况。

(二) 营业利润分析

营业利润反映企业全部业务盈利能力,既包括主营业务和其他业务的利润,也包括公允价值变动净收益和对外投资净收益。从表中可知,恒瑞医药 2019 年、2020 年营业利润分别实现 614 968 万元、700 707 万元,增长 13.94%,低于营业收入 19.09%的增长幅度,说明经营性期间费用增长过快,营业总成本增长达 20.52%。其中,管理费用增长 36.83%、研发费用增长 28.04%、税金及附加增长 18.78%,变动幅度较大,应当进一步深入分析。另外,利息收入、其他经营收益也对营业利润产生了影响。

(三) 利润总额分析

利润总额是企业税前财务成果,反映企业投入产出的效率和管理水平的高低,反映企业综合盈利能力。从表中可知,恒瑞医药 2019 年、2020 年利润总额分别为 605 576 万元、689 548万元,增加 83 972 万元、增长 13.87%,而同期营业利润的增幅为 13.94%,说明营业外收支因素对利润总额的影响不大。但要注意企业 2020 年营业外支出达 11 266 万元,增加 1 793 万元,增长 18.93%,应进一步分析。

(四) 净利润分析

净利润是企业最终财务成果,综合反映企业的经营业绩,归属于企业所有者,也是利润分配的主要来源。从表中可知,恒瑞医药 2019 年、2020 年净利润分别为 532 645 万元、

630 889万元，增加 98 244 万元，增长 18.45%，高于利润总额 13.87%的增幅，说明所得税因素是导致净利润增幅高于利润总额增幅的主要原因。究竟是所得税率调低还是减免事项或是税收返回等因素所致，都应视具体情况而定。

二、利润表结构分析

利润表结构分析，即利润表的垂直分析或纵向分析，是通过计算利润表中各项目或各因素在营业收入中所占的比重，来揭示各环节的利润构成、利润水平和成本费用水平，从而洞悉企业盈利能力的一种分析方法。利润表结构变动分析的核心工作是编制利润表的垂直分析表，具体方法通常是以利润表中的"营业收入"为共同基数，定为 100%，然后再求出表中各项目金额占"营业收入"的比重即结构比率，形成纵向比较分析表。

利润表结构变动分析的主要目的，是将原本不易比较的绝对数，转换为同一基础上的相对数，以便比较；将报告期与前一期或前几期的共同比利润表加以比较，从中看出各项目共同比数字（即百分比）的变化，据此找出导致报告期利润构成较前期发生变动的主要项目是哪些。我们可以根据不同的分析目的选择不同比较标准。比较标准可以是本企业的上期实际数，则分析的目的在于评价各项目增减变动情况揭示本年与上年对比产生差异的原因；也可以是报告期的计划数或预算数，则分析的目的在于评价各项目预算完成情况；还可以是可比企业的同期实际数，则分析的目的在于评价企业的盈利是否具有竞争力。

（一）利润表的结构分析表编制

编制利润表的结构分析表，需要计算的分析指标也有两个：一是各项目占营业收入的比重；二是各项目比重的变动程度，即各项目的报告期比重减去各项目的比较标准比重。现根据恒瑞医药利润表资料，编制利润结构分析表（见表 10－2）。

表 10－2　恒瑞医药利润结构分析表　　金额单位：万元

项　目	金　额		结构(%)		结构变动(%)
	2019 年	2020 年	2019 年	2020 年	
一、营业收入	2 328 858	2 773 460	100	100	—
减：营业成本	291 294	334 869	12.51	12.07	－0.44
税金及附加	21 634	25 696	0.93	0.93	—
销售费用	852 497	980 252	36.61	35.34	－1.27
管理费用	224 118	306 666	9.62	11.06	＋1.44
研发费用	389 634	498 896	16.73	17.99	＋1.26
财务费用	－13 382	－18 174	－0.57	－0.66	－0.09
利息收入	12 714	29 027	0.55	1.05	＋0.5
加：公允价值变动损益	3 753	1 650	0.16	0.06	－0.1
投资收益	30 927	34 142	1.33	1.23	－0.1

续 表

项 目	金 额		结构(%)		结构变动(%)
	2019 年	2020 年	2019 年	2020 年	
资产处置收益	124	298	0.01	0.01	—
资产减值损失	−547	−728	−0.02	−0.03	−0.01
信用减值损失	−1 323	−670	−0.06	−0.02	+0.04
其他收益	18 971	20 759	0.81	0.75	−0.06
二、营业利润	614 968	700 707	26.41	25.26	−1.15
加:营业外收入	81	107	0	0	—
减:营业外支出	9 473	11 266	0.41	0.41	—
三、利润总额	605 576	689 548	26	24.86	−1.14
减:所得税费用	72 931	58 659	3.13	2.12	−1.01
四、净利润	532 645	630 889	22.87	22.75	−0.12
五、其他综合收益	290	−1 170	0.01	−0.04	−0.05
六、综合收益总额	532 935	629 719	22.88	22.71	−0.17
七、每股收益					
(一) 基本每股收益	1.20	1.19	0	0	—
(二) 稀释每股收益	1.20	1.19	0	0	—

(二) 利润表结构分析

(1) 毛利额分析。从表中可知,恒瑞医药 2019 年、2020 年毛利率分别为 87.49%、87.93%,增长 0.44%,主要是由于营业成本占营业收入的比例下降 0.44%。恒瑞医药毛利率较高,盈利性较好。

(2) 营业利润分析。从表中可知,恒瑞医药 2019 年、2020 年营业利润率分别为 26.41%、25.26%,减少 1.15%,主要是由于管理费用增长 1.44%、研发费用增长 1.26%所致。企业可以重点来研究管理费用增长过快的合理性。

(3) 利润总额分析。从表中可知,恒瑞医药 2019 年、2020 年利润率分别为 26%、24.86%,减少 1.14%,与营业利润率下降幅度大体相当。主要是营业外收支占营业收入的比率变化甚微。

(4) 净利润分析。从表中可知,恒瑞医药 2019 年、2020 年净利润率分别为 22.87%、22.74%,减少 0.13%,但好于营业利润、利润总额的变化幅度,主要是企业所得税费用占营业收入的比例下降 1.01%所致。企业可以进一步分析所得税费用减少的主要原因。

在上面的分析中,仅涉及两年的数据。事实上,我们可以把更多期间的结构分析表放在一起,来观察利润构成项目的变动趋势。另外,利润表的结构分析表可以进行行业内公司间的分析,因为它剔除了规模等因素的影响。但是,一般不宜用于跨行业公司间的分析，因为不同行业公司的成本费用构成可能会有很大差异。

三、利润表趋势分析

对企业利润的增减变动分析，既可以是短期的，即仅对最近两期利润表的数据进行比较分析编制利润水平分析表；也可以是长期的，即选取若干期(通常不少于 5 期)的利润表的数据进行比较，编制利润表趋势分析表。这样可以更加准确地观察企业利润构成项目的长期发展趋势，揭示企业经营活动规律及特征，发现企业经营过程中的业绩与问题。用于进行趋势分析的数据可以是绝对值，也可以是比率或百分比数据，常用的方法有定基趋势分析、环比趋势分析。

(一) 定基趋势分析

利润表项目定基趋势分析的基本公式是定基动态比率＝分析期数值＋固定基期数值。当上期为零或负数时，不可用该公式。恒瑞医药利润表定基趋势分析表如表 10－3 所示。

表 10－3　恒瑞医药利润表定基趋势分析表　　金额单位:万元

项　目	2016 年	2017 年	2018 年	2019 年	2020 年
一、营业收入	100	24.72	57.01	109.93	150.00
减:营业成本	100	28.94	62.73	103.04	133.42
税金及附加	100	25.15	16.84	6.75	26.79
销售费用	100	19.24	48.55	95.90	125.26
管理费用	100	30.28	－28.24	－1.11	35.31
研发费用					
财务费用	100	－77.92	－25.49	－19.35	9.53
利息收入					
加:公允价值变动损益					
投资收益	100	162.56	1 581.18	1 997.07	2 215.09
资产处置收益					
资产减值损失					
信用减值损失					
其他收益					
二、营业利润	100	25.91	51.99	103.34	131.69
加:营业外收入	100	－94.60	－98.67	－97.45	－96.63
减:营业外支出	100	17.45	128.61	120.98	162.82
三、利润总额	100	24.76	49.31	100.98	128.84
减:所得税费用	100	23.02	15.54	92.44	54.78

续 表

项　目	2016 年	2017 年	2018 年	2019 年	2020 年
四、净利润	100	25.01	54.17	102.20	139.50
五、其他综合收益	100	−93.48	−689.20	73.40	−789.71
六、综合收益总额	100	24.93	53.70	102.19	138.90
七、每股收益					
（一）基本每股收益	100	3.26	−0.36	8.70	7.79
（二）稀释每股收益	100	3.40	0.23	8.84	7.94

从利润表定基趋势分析表可知：① 与 2016 年相比，2017 年至 2020 年，营业收入逐年递增，分别增长 24.72%、57.01%、109.93%、150%，营业业绩增长趋势明显。与此同时，营业利润分别增长 25.91%、51.99%、103.34%、131.69%，增长趋势明显，除 2017 年增幅略高于营业收入增幅外，其他年份均略低于营业收入增幅，说明营业成本费用的增长是导致营业利润略低于营业收入增幅的主要因素。利润总额分别增长 24.76%、49.31%、100.98%、128.84%，除 2017 年外，其他年份的增幅均低于营业利润增幅，说明营业外收支的变动是主要影响因素。净利润分别增长 25.01%、54.17%、102.20%、139.50%，均高于利润总额的增幅，说明所得税费用是主要影响因素。② 随着营业收入的不断增长，成本费用也发生了变化。营业成本分别增长 28.94%、62.73%、103.04%、133.42%，其中前两年的增幅高于营业收入的增幅，而后两年的增幅低于营业收入增幅，特别是 2020 年，营业收入增幅高于营业成本增幅近 17 个百分点，趋势向好。③ 需要关注的是销售费用逐年递增，尤其是 2020 年增幅达 125.26%。管理费用在 2018 年、2019 年两年连续下降的情况下，2020 年比 2016 年增长 35.31%。

（二）环比趋势分析

利润表环比趋势分析是以每一分析期的前期数值为基期数值而计算出来的动态比率，通常，基期应确定为一个有特殊意义的期间。其计算公式为环比动态比率=（分析期数值−前期数值）÷前期数值。恒瑞医药利润表环比趋势分析如表 10－4 所示。

表 10－4　恒瑞医药利润表环比趋势分析　　金额单位：万元

项　目	2017 年	2018 年	2019 年	2020 年
一、营业收入	24.72	25.89	33.70	19.09
减：营业成本	28.94	26.20	24.77	14.96
税金及附加	25.15	−6.64	−8.63	18.77
销售费用	19.24	24.58	31.87	14.99
管理费用	30.28	−44.92	37.81	36.83
研发费用			45.90	28.04
财务费用	−77.92	237.53	8.23	35.81

续　表

项　目	2017年	2018年	2019年	2020年
利息收入			81.25	128.30
加:公允价值变动损益				−56.04
投资收益	162.56	540.30	24.74	10.40
资产处置收益		27.68	−41.34	140.77
资产减值损失				33.00
信用减值损失				−49.39
其他收益		4.91	16.36	9.42
二、营业利润	25.91	20.72	33.79	13.94
加:营业外收入	−94.60	−75.39	91.68	32.22
减:营业外支出	17.45	94.65	−3.34	18.93
三、利润总额	24.76	19.68	34.60	13.87
减:所得税费用	23.02	−6.08	66.55	−19.57
四、净利润	25.01	23.33	31.16	18.44
五、其他综合收益	−93.48	−9 140.59	129.37	−503.79
六、综合收益总额	24.93	23.03	31.55	18.16
七、每股收益				
(一)基本每股收益	3.26	−3.51	9.09	−0.83
(二)稀释每股收益	3.40	−3.51	9.09	−0.83

从表中可知:① 2017—2020年间,恒瑞医药营业收入逐年递增,但2020年增幅明显下降,仅为19.09%,低于期间的平均值。与此同时,营业总成本增幅均高于营业收入增幅,尽管2020年营业总成本增幅有所回落,但已然高于营业收入的增幅。说明企业在成本费用控制方面还有改善的空间。营业利润、利润总额和净利润的增幅不稳定,特别是2020年,这三个指标值均低于营业收入的增幅,说明成本费用是导致这一结果的主要原因。② 各项成本费用的变动不稳定,有的年份高于营业收入的增幅,有的年份则低于营业收入的增幅。特别是2020年,管理费用、研发费用和财务费用均以较大的幅度高于营业收入的增长,这是导致利润增长不快的主要原因,企业应加强成本费用的控制。

课堂思考

某企业2020年年末有关数据如下:净利润同比增长23.1%、利润总额同比增长25.16%、营业利润同比增长65.37%、营业收入同比增长37.6%。导致这一结果的主要原因可能有哪些?

第三节　盈利能力的分析

一、盈利能力的大小分析

盈利能力是指企业赚取利润的能力。盈利能力是企业生存发展的基础，是企业内外有关各方都关心的核心问题。投资者依据其决定投资去向，判断企业能否保全其资本；债权人通过盈利状况的分析以准确评价企业债务的偿还能力，控制信贷风险；盈利能力更是评价与考核企业经营者经营能力的核心指标；盈利水平还是职工集体福利能否得到提高的重要保障。因此，对企业盈利能力分析十分重要。在盈利能力分析中，为了能客观地反映企业正常的经营业绩，保证各期比率具有一定的可比性，在计算比率前应当剔除非正常因素给企业带来的收益或损失。比如：非主营业务所产生的巨额损益，已经或将要停止的营业项目，重大事故或法律更改等的特别影响，以及会计准则和会计制度变更带来的累计影响等因素。盈利能力的大小是一个相对的概念，相对于不同的投资规模和不同的收入水平，会得到一个相对的盈利指标。相对数比绝对数更有分析的实际意义，更能反映资产运用的结果及企业的经营绩效。反映盈利能力大小的分析指标有以下几个。

（一）销售毛利率

$$\text{销售毛利率}=\frac{\text{销售毛利}}{\text{销售收入}}\times 100\% \tag{10-1}$$

$$=\frac{\text{销售收入}-\text{销售成本}}{\text{销售收入}}\times 100\% \tag{10-2}$$

$$=1-\text{销售成本率} \tag{10-3}$$

销售毛利率表示 1 元销售收入扣除销售成本后，有多少钱可用于各项期间费用和形成最终的利润，反映企业产品或商品销售的初始获利能力，没有足够大的毛利率便不能盈利。通常，毛利率随行业的不同而高低各异，但同一行业的毛利率一般相差不大，与同行业的平均毛利率比较，可以揭示企业在定价政策、产品或商品推销或生产成本控制方面存在的问题。企业之间在存货计价和固定资产折旧方法等会计处理方法的差异也会影响销售成本，进而影响毛利率的计算，这一点应在企业之间的横向比较时加以注意。

【例 10 - 1】 根据 2016—2020 年江苏恒瑞医药股份有限公司利润表数据，计算得出江苏恒瑞医药股份有限公司 2016—2020 年的销售毛利率指标，并将其与同行业的复星医药和莱美药业进行比较，以全面反映其销售毛利率，具体情况如表 10 - 5、表 10 - 6、图 10 - 1 所示。

表 10－5　2016—2020 年恒瑞医药销售毛利率指标　　单位：%

项目＼年份	2016	2017	2018	2019	2020
营业收入(万元)(1)	1 109 372.41	1 383 562.94	1 741 790.11	2 328 857.66	2 773 459.87
营业成本(万元)(2)	143 463.14	184 987.71	233 456.81	291 294.41	334 868.97
销售毛利率(3)＝[(1)－(2)]÷(1)	87.07	86.63	86.60	87.49	87.93

资料来源：根据恒瑞医药历年年报整理计算得出。

从表 10－5 可以看出，恒瑞医药的销售毛利率从 2016 年以来非常稳定，说明企业连续五年销售状况一直处于良好状态。

表 10－6　三家综合类公司 2016—2020 年销售毛利率对比表　　单位：%

公司＼年份	2016	2017	2018	2019	2020
恒瑞医药(600276)	87.07	86.63	86.60	87.49	87.93
复星医药(600196)	54.08	58.94	58.39	59.64	55.69
莱美药业(300006)	41.82	48.84	60.79	71.76	68.10

资料来源：根据恒瑞医药、复星医药和莱美药业历年年报整理计算得出。

从图 10－1 可以看出，同行业的企业(如复星医药和莱美药业)与之相比仍有较大差距，复星医药和莱美药业近五年的销售毛利率均低于恒瑞医药，但两者的情况又不尽相同，莱美药业的销售毛利率变动较大，整体呈持续增长趋势，而复星医药的销售毛利率增长缓慢，较为稳定，说明企业主营销售没有出现较明显的增长点。

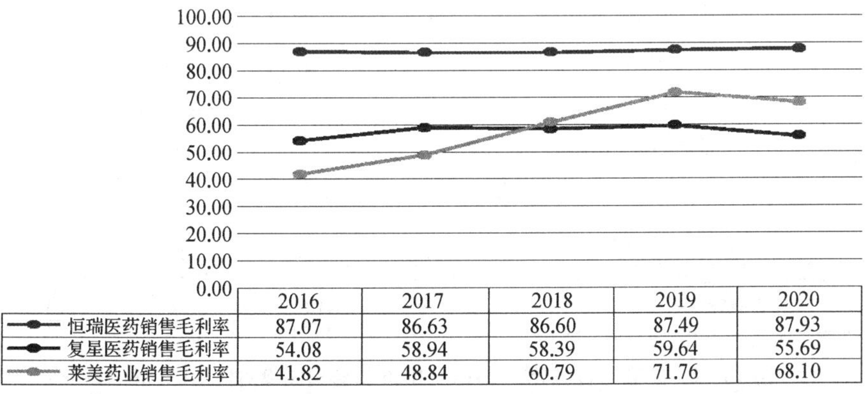

图 10－1　三家综合类公司 2016—2020 销售毛利率对比图(单位：%)

(二) 销售成本率

销售成本率是销售成本与销售收入之间的比率，反映了销售收入中销售成本所占的份额。其计算公式为：

$$销售成本率=\frac{销售成本}{销售收入}\times 100 \tag{10-4}$$

$$=1-销售毛利率 \tag{10-5}$$

销售成本率等于1减去销售毛利率。销售毛利率或销售成本率是商品售价与生产成本各种组合关系的反映，而售价和成本又直接受销售数量的影响。所以，假如企业的销售毛利率或销售成本率发生了变化，其原因可从以下几方面分析：① 原材料、中间产品的成本支付给工人的工资等是否增加了；② 薄利的商品是否卖多了；③ 分析是生产技术、营销手段过时还是新开发投产的新产品的成本过高了；④ 是否是会计制度或准则中有关存货和折旧等处理方法变更引起企业当期利润减少；等等。所有这些原因都有可能引起企业的销售成本率和销售毛利率的变化。

表 10-7　三家综合类公司 2016—2020 年销售成本率情况表　　单位：%

公司 \ 年份	2016	2017	2018	2019	2020
恒瑞医药（600276）	12.93	13.37	13.40	12.51	12.07
复星医药（600196）	45.92	41.06	41.61	40.36	44.31
莱美药业（300006）	58.18	51.16	39.21	28.24	31.90

资料来源：根据表 10-6 计算得出。

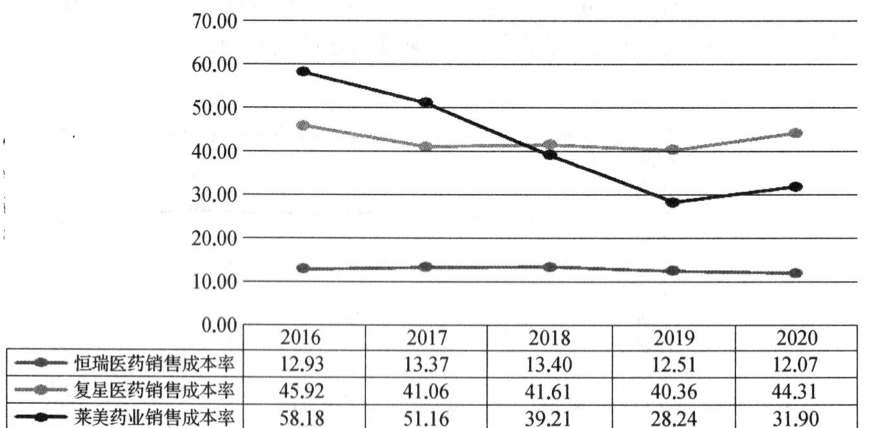

图 10-2　三家综合类公司 2016—2020 销售成本率对比图(单位：%)

(三) 销售净利率

$$销售净利率=\frac{净利润}{销售收入}\times 100 \tag{10-6}$$

销售净利率反映了每1元销售收入所能带来的净利润。销售净利率是衡量企业在一定时期内盈利能力如何的主要指标。从公式(10－6)可以看出，要想提高企业销售净利率，就要使净利润的增长速度快于销售收入的增长速度，也就要求企业在增加销售收入的同时，必须改进经营管理水平，寻求降低成本费用的合理途径，才能使企业的销售净利率得以提高。在分析该指标的变化时，应结合企业销售收入的增减变化和成本费用的升降情况，找出引起销售净利率变化的具体因素。在对一个企业的销售净利率进行分析时，应与同行业的企业比较，与本企业以往时期水平比较，进行合理评价，进而分析原因。对销售净利率的变化，要分析它是由什么因素变化引起的，是成本费用比重的升降，还是销售收入的增减，或二者皆有，然后再寻找解决办法。

【例10－2】 根据2016—2020年江苏恒瑞医药股份有限公司利润表数据，计算得出江苏恒瑞医药股份有限公司2016—2020年的销售净利率指标，并将其与同行业的复星医药和莱美药业进行比较，以全面反映其销售净利率(在计算指标时不含少数股东权益，下同)，具体情况如表10－8、表10－9、图10－3所示。

表10－8　2016—2020年恒瑞医药销售净利率指标　　单位：%

项目＼年份	2016	2017	2018	2019	2020
净利润(万)(1)	263 419.48	329 295.33	406 118.43	532 645.18	630 889.31
营业收入(万元)(2)	1 109 372.41	1 383 562.94	1 741 790.11	2 328 857.66	2 773 459.87
销售净利率(3)＝(1)÷(2)	23.74	23.80	23.32	22.87	22.75

资料来源：根据恒瑞医药历年年报整理计算得出。

表10－9　三家综合类公司2016—2020年销售净利率对比表　　单位：%

公司＼年份	2016	2017	2018	2019	2020
恒瑞医药(600276)	23.74	23.80	23.32	22.87	22.75
复星医药(600196)	22.02	19.35	12.12	13.10	13.00
莱美药业(300006)	0.13	3.59	5.83	−8.68	−21.76

资料来源：根据恒瑞医药、复星医药和莱美药业历年年报整理计算得出。

从表10－8的数据可以看出，江苏恒瑞医药股份有限公司近五年销售净利率整体水平较高，但从2017年起缓慢下降，说明江苏恒瑞医药股份有限公司近四年获利能力存在较小程度的降低。但从图10－5可以看出，恒瑞医药近五年的销售净利率远远高于同行业。

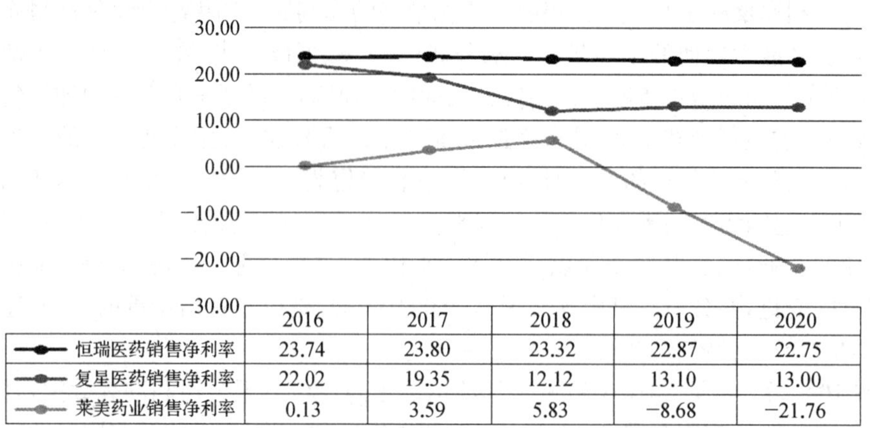

	2016	2017	2018	2019	2020
恒瑞医药销售净利率	23.74	23.80	23.32	22.87	22.75
复星医药销售净利率	22.02	19.35	12.12	13.10	13.00
莱美药业销售净利率	0.13	3.59	5.83	−8.68	−21.76

图 10－3　三家综合类公司 2016—2020 销售净利率对比图(单位:%)

(四) 成本费用利润率

成本费用利润率是企业一定期间的利润总额同企业成本费用总额的比率。成本费用利润表示企业每付 1 元成本费用可获得多少利润,体现了经营耗费所带来的经营成果。成本费用利润率是综合反映企业成本效益的重要指标,该指标说明企业每付出 1 元成本及费用所取得的利润越多,劳动消耗的效益越高;反之,则说明每耗费 1 元成本及费用实现的利润越少,劳动消耗的效益越低。通过该指标的分析可以促使企业通过降低成本费用水平为增强企业的盈利能力。其计算公式为:

$$\text{成本费用利润率}=\frac{\text{利润总额}}{\text{成本费用总额}}\times 100\% \tag{10-7}$$

成本费用总额主要包括营业成本、营业税金及附加、期间费用。

如利润中还包括其他业务利润,而其他业务利润与成本费用关系不大,分析时可将其他业务利润扣除。

成本费用因素对利润的影响分析。若对利润指标做进一步分析,一般有两种途径:一种是可以从单价、变动成本、销售量、固定成本等本量利的基本因素上去分析。在实际工作中由于主营业务涉及的产品一般比较稳定,单价、变动成本等因素变化不大(除非产品有较高的附加值或原材料价格波动较大),因此,只需将销售量、固定成本与以前年度进行对比分析即可。另一种途径是进行盈利结构分析。从利润表的构成项目入手,先做销售收入的多期比较,看看与往年相比,本期的销售额有无较大变化,再将其他项目转换为销售收入的百分比,看利润表的各项比重中哪些项目变化较大,并进一步分析其原因。对营业外收支、投资收益也不例外。在结构百分比的基础上也可以结合一些财务指标来分析。

【例 10－3】 根据 2016—2020 年江苏恒瑞医药股份有限公司利润表数据,计算得出江苏恒瑞医药股份有限公司 2016—2020 年的成本费用利润率指标,如表 10－10 所示。

表 10-10　2016—2020 年恒瑞医药成本费用利润率指标　　单位：%

项　目 \ 年　份	2016	2017	2018	2019	2020
利润总额(万元)(1)	301 318.47	375 918.88	449 907.96	605 576.15	689 548.00
成本费用总额(万元)(2)	808 413.83	1 022 359.97	1 323 434.16	1 765 794.86	2 128 204.63
成本费用利润率(3)=(1)÷(2)	37.27	36.77	34.00	34.29	32.40

资料来源：根据恒瑞医药历年年报整理计算得出。

这一比率越高，说明企业为取得收益付出的代价越小，企业的获利能力越强。通过这一比率不仅可以评价企业获利能力高低，也可以评价企业经营管理水平和对成本费用的控制节约能力。从表 10-10 的数据可以看出，江苏恒瑞医药股份有限公司近五年成本费用利润率逐步下降，说明该公司的企业经营管理水平和对成本费用的控制节约能力缓慢降低。

二、盈利能力的质量分析

盈利质量是指财务报告反映的盈利与企业经营质量之间的相关性。财务报表信息使用者不仅关注企业盈利的大小，更会着重关注企业盈利的质量。只有健康的盈利才有可持续性。但是，利润表作为反映企业一定会计期间内经营成果的报表，其利润是以权责发生制为基础编制的结果，利润表中相关指标受会计政策、会计方法及会计估计等因素的影响较大，因此，在分析企业盈利质量时，应该结合现金流量表中的相应数据，对企业的盈利水平做进一步的修正和检验，从而结合企业的实际盈利水平做全面的质量分析与评价。反映盈利质量的分析指标主要有以下几个。

（一）盈利现金比率

$$\text{盈利现金比率}=\frac{\text{经营活动产生的现金净流量}}{\text{净利润}} \tag{10-8}$$

盈利现金比率反映企业本期经营活动产生的现金净流量与净利润之间的比率关系的大小，反映了企业自身获得现金的能力。它可以反映上市公司收益的质量。该指标可大体上反映会计利润的现金保障水平，该比值越高利润质量越好。当该比率大于 1 时，说明该企业所有的净利润都是有充足的现金作保障的。当该比率小于 1 时，说明该企业尚有净利润没实现的现金收入。若比值远远小于 1，则应关注该公司利润的真实性，是否有人为操纵利润之嫌。

【例 10-4】 根据 2016—2020 年江苏恒瑞医药股份有限公司利润表及现金流量表数据，计算得出江苏恒瑞医药股份有限公司 2016—2020 年的盈利现金比率指标，如表 10-11 所示。

表 10-11　2016—2020 年恒瑞医药盈利现金比率指标

项　目 \ 年　份	2016	2017	2018	2019	2020
经营活动产生的现金净流量(万元)(1)	259 262.84	254 738.54	277 421.27	381 683.29	343 193.48

续 表

项 目 \ 年 份	2016	2017	2018	2019	2020
净利润(万元)(2)	263 419.48	329 295.33	406 118.43	532 645.18	630 889.31
盈利现金比率(3)=(1)÷(2)	0.98	0.77	0.68	0.72	0.54

资料来源:根据恒瑞医药历年年报整理计算得出。

(二) 销售收现比率

$$销售收现比率=\frac{销售商品提供劳务收到的现金}{营业收入} \tag{10-9}$$

销售收现比率是企业销售商品、提供劳务收到的现金与营业收入的比率。该指标反映企业获取现金的能力。比率等于或基本等于1,说明本期销售收到的现金与本期的销售收入基本一致,没有形成挂账,资金周转良好;该比率大于1,即本期收到的销售现金大于本期主营业务收入,不仅当期销售全部变现,部分前期应收款项也被收回,这种状况应与应收款项的下降相对应;该比率小平1,即本期销售收到的现金小于当期的主营业务收入,说明账面收入高,而变现收入低,应收款项增多,必须关注其债权资产的质量和信用政策的调整。若该比率连续几期下降且都小于1,则预示可能存在大量坏账损失,利润质量的稳定性会受到不利影响。

【例10-5】 根据2016—2020年江苏恒瑞医药股份有限公司利润表及现金流量表数据,计算得出江苏恒瑞医药股份有限公司2016—2020年的销售收现比率指标,如表10-12所示。

表10-12 2016—2020年恒瑞医药销售收现比率指标

项 目 \ 年 份	2016	2017	2018	2019	2020
销售商品提供劳务收到的现金(万元)(1)	1 312 233.75	1 403 286.75	1 715 720.88	2 327 984.33	2 415 587.22
营业收入(万元)(2)	1 109 372.41	1 383 562.94	1 741 790.11	2 328 857.66	2 773 459.87
销售收现比率(3)=(1)÷(2)	1.18	1.01	0.99	1.00	0.87

资料来源:根据恒瑞医药历年年报整理计算得出。

(三) 收益现金比率

$$收益现金比率=\frac{每股现金流量}{每股收益} \tag{10-10}$$

$$每股现金流量=\frac{经营活动产生的现金净流量}{发行在外的普通股股数} \tag{10-11}$$

总体而言,由于利润指标受会计政策的影响较大,所以现金流量信息对于盈利水平分析极具价值。利润指标与现金流量信息相互结合不仅有助于减少会计政策选择和人为估计的影响,而且有助于准确评定利润的质量,了解经营的态势并预测未来的趋势。

利用现金流量评定利润质量应结合若干年的利润表、资产负债表和有关报表附注作全面分析。一般来讲，经营活动现金流量为正数并逐年上升，说明企业有足够的资源抵偿债务，其投资价值在上升，股东回报较好。但单个会计期的经营活动现金流量为负数也可能是企业销售激增、营运资金上升所致，因为营运资金过度增长必然抵消利润对经营活动现金流量的贡献。相反，经营活动现金流量长期为负数或逐年下降，公司一定在经营上存在问题，如收入确认不实际，应收账款回收呆滞等，这可以比较销售毛利率与现金毛利率分析评价，并预测趋势扭转的可能。

【例 10－6】 根据 2016—2020 年江苏恒瑞医药股份有限公司利润表及现金流量表数据，计算得出江苏恒瑞医药股份有限公司 2016—2020 年的收益现金比率指标，如表 10－13 所示。

表 10－13　2016—2020 年恒瑞医药收益现金比率指标

项　目＼年　份	2016	2017	2018	2019	2020
经营活动产生的现金净流量（万元）(1)	259 262.84	254 738.54	277 421.27	381 683.29	343 193.48
发行在外的普通股股数(2)	533 171.70	442 281.42	368 586.21	283 264.80	234 745.97
每股现金流量(3)＝(1)÷(2)	0.49	0.58	0.75	1.35	1.46
每股收益(4)	1.10	1.14	1.10	1.20	1.19
收益现金比率(5)＝(3)÷(4)	0.44	0.51	0.68	1.12	1.23

资料来源：根据恒瑞医药历年年报整理计算得出。

三、盈利能力的稳定性分析

盈利能力的稳定性是指在企业多个连续的会计期间盈利水平的波动程度。

盈利稳定性在一定程度上反映企业盈利的风险程度。如果企业盈利水平很高，但缺乏稳定性，某种方面说明企业盈利质量存在问题，需引起分析者的进一步关注其波动的原因。一个企业在一定盈利水平的基础上，盈利能力能不断攀升，应是企业盈利稳定性的充足表现。盈利的稳定性首先取决于收支结构的稳定性。当收入和支出同方向变动时，只有收入增长不低于支出增长，或者收入下降不超过支出下降，盈利才能具备稳定性；当收入和支出反方向变动时，收入增长而支出下降，盈利稳定。反之，不稳定。除此之外，收入和支出各项目所占比重不同，会对盈利稳定性产生一定影响。一般来说，如果主营业务的收支较为稳定，包括两者的关系和增长的势头较为稳定，则企业的盈利稳定性就有了根本保障。

反映企业盈利稳定性的指标主要有以下几个。

（一）稳定系数

$$\text{稳定系数}=\frac{\text{营业利润}-\text{非经常性损益}}{\text{税前利润}} \tag{10－12}$$

稳定系数反映了企业利润总额中有多少是由经常性收益带来的，是评价企业盈利能力稳定性的重要指标。当稳定系数趋于1时，说明企业盈利主要靠自身的经营，利润的可靠性或稳定性较大，但同时也反映企业的盈利手段比较单一。当稳定系数远大于1时，说明企业非经常性收益出现较大的损失，需对企业以后年度的盈利进行深入分析预测。若本期的损失是由营业外净损失造成，对企业前景可持相对乐观的态度，若损失是由投资决策失误造成，则要看该企业的管理人员是否及时修正了方针。当营业利润为负数、税前利润为正数，或稳定系数远小于1时，说明企业的利润主要靠营业外收入，显然企业的经营成果为非日常经营活动的收益，该收益具有偶发性，因而这种收益极不稳定。当营业利润和税前利润都为负数时，企业的亏损主要是本身经营失败所造成的，这是本质原因，其次才是营业外损益的影响。

稳定系数同其他财务比率一样，没有一个统一的合理变动范围，它因行业不同而不同，所以评价一个企业的盈利稳定性应与同类型企业和本企业以前水平相比较，才能反映企业报告期的盈利稳定性。当然，若企业的补贴收入和以前年度损益调整项目对企业利润影响很大时，分析中也应加以考虑，以求得一个客观的评价。

【例 10－7】 根据2016—2020年江苏恒瑞医药股份有限公司利润表资料，计算得出江苏恒瑞医药股份有限公司2016—2020年的稳定系数指标，如表10－14所示。

表 10－14 2016—2020 年恒瑞医药稳定系数指标

项目 \ 年份	2016	2017	2018	2019	2020
营业利润(万元)(1)	302 433.36	380 782.12	459 665.39	614 967.93	700 707.23
非经常性损益(万元)(2)	1 474.78	19 579.16	41 309.44	50 022.31	55 199.69
税前利润(万元)(3)	301 318.47	375 918.88	449 907.96	605 576.15	689 548.00
稳定系数(4)＝((1)-(2))÷(3)	1.00	0.96	0.93	0.93	0.94

资料来源：根据恒瑞医药历年年报整理计算得出。

（二）非经常性损益比率

$$非经常性损益比率=\frac{非经常性损益}{利润总额}\times 100\% \qquad (10-13)$$

该项指标揭露了企业运用股权转让、固定资产处置、投资收益等非经常性交易获得利润的情况。非经常性利润通常对未来年度的贡献较小，不具有延续性，因此不能用来预测企业未来的获利能力。该指标通常过高说明企业主营业务不振，通过一些“临时客串”的非经常性损益，如出售资产或者持有的股权以及与子公司的关联交易进行利益输送等。这些都是不可能持续的行为。

该指标通常不宜过高，过高说明该公司的业绩明显是虚假的，需要非经常性交易才能保持盈利能力。该指标为负数，如果负数的绝对值较大，也不好，说明该年度有大量的非经常性损失，如对外投资失败等。

【例 10－8】 根据2016—2020年江苏恒瑞医药股份有限公司利润表资料，计算得出江苏恒瑞医药股份有限公司 2018—2020 年的非经常性损益比率指标，如表 10－15 所示。

表 10－15　2018—2020 年恒瑞医药非经常性损益比率指标

项　目＼年　份	2018	2019	2020
非经常性损益(万元)(1)	41 309.44	50 022.31	55 199.69
利润总额(万元)(2)	449 907.96	605 576.15	689 548.00
非经常性损益比率(3)＝(1)÷(2)	0.09	0.08	0.08

资料来源：根据恒瑞医药历年年报整理计算得出。

（三）主营业务收入增长率

$$主营业务收入增长率=\frac{主营业务收入增长额}{期初主营业务收入}\times 100\% \qquad (10-14)$$

主营业务收入增长率反映企业经营业务的稳定性，它是收益稳定增长的基础。通常用近三年这一指标的增长情况来说明。如果三年持续增长，说明企业经营业务的稳定性较好，企业获利能力比较稳定；反之，如果三年连续下降或者有两年增长率为负，说明企业的经营业务不稳定，企业的获利能力也难以稳定。该指标的计算以不含税的销售收入为好，因税收上缴国家，不构成企业利润。在通货膨胀较高时，要将主营业务收入增长率与通货膨胀率结合比较，看增长率是否超过通货膨胀率。

【例 10－9】 根据 2016—2020 年江苏恒瑞医药股份有限公司利润表资料，计算得出江苏恒瑞医药股份有限公司 2016—2020 年的主营业务收入增长率指标，如表 10－16 所示。

表 10－16　2016—2020 年恒瑞医药主营业务收入增长率指标　　单位：%

项　目＼年　份	2016	2017	2018	2019	2020
主营业务收入(万元)	1 109 372.00	1 383 563.00	1 742 790.00	2 328 858.00	2 773 460.00
主营业务收入增长率	19.08	24.72	25.89	33.70	19.09

资料来源：根据恒瑞医药历年年报整理计算得出。

（四）净利润增长率

净利润增长率是指企业本期净利润额与上期净利润额的比率。净利润是指在利润总额中按规定缴纳了所得税后公司的利润留成，一般也称为税后利润或净收入。

净利润增长率反映了企业实现价值最大化的扩张速度，是综合衡量企业资产营运与管理业绩，以及成长状况和发展能力的重要指标。

$$净利润增长率=\frac{(本期净利润-上期净利润)}{上期净利润}\times 100\% \qquad (10-15)$$

【例 10－10】 根据 2016—2020 年江苏恒瑞医药股份有限公司利润表资料，计算得出江苏恒瑞医药股份有限公司 2016—2020 年的净利润增长率指标，如表 10－17 所示。

表 10－17　2016—2020 年恒瑞医药净利润增长率指标　　单位：%

项目 \ 年份	2016	2017	2018	2019	2020
净利润(万元)	263 419.48	329 295.33	406 118.43	532 645.18	630 889.31
净利润增长率	18.44	25.01	23.33	31.16	18.44

资料来源：根据恒瑞医药历年年报整理计算得出。

（五）营业利润增长率

$$营业利润增长率=\frac{(本期营业利润-上期营业利润)}{上期营业利润}\times 100\% \qquad (10-16)$$

三项期间费用和经营活动的盈利水平对营业利润的高低影响巨大，企业对于费用的管理和控制的优劣从该项利润估量上可见一斑。对营业利润的衡量常与费用规模、管理水平、营销与产品质量、债务与筹资费用、经营活动的盈利持续性相结合。

$$\begin{aligned}营业利润=&营业收入-营业成本-营业税金及附加-销售费用-管理费用-\\&财务费用-信用减值损失+公允价值变动收益(-公允价值变动损失)+\\&投资收益(-投资损失)+资产处置收益(-资产处置损失)+其他收益\end{aligned} \qquad (10-17)$$

【例 10－11】 根据 2016—2020 年江苏恒瑞医药股份有限公司利润表资料，计算得出江苏恒瑞医药股份有限公司 2016—2020 年的营业利润增长率指标，如表 10－18 所示。

表 10－18　2016—2020 年恒瑞医药营业利润增长率指标　　单位：%

项目 \ 年份	2016	2017	2018	2019	2020
营业利润(万元)	302 433.36	380 782.12	459 665.39	614 967.93	700 707.23
营业利润增长率	18.19	25.91	20.72	33.79	13.94

资料来源：根据恒瑞医药历年年报整理计算得出。

四、投资盈利能力的分析

（一）总资产报酬率

$$总资产报酬率=\frac{(利润总额+利息支出)}{平均资产总额}\times 100\% \qquad (10-18)$$

$$=\frac{息税前利润}{平均资产总额}\times 100\% \qquad (10-19)$$

总资产报酬率指企业一定时期内获得的报酬总额与平均资产总额的比率。总资产报酬率表示企业包括净资产和负债在内的全部资产的总体获利能力，是评价企业资产运营效益的重要指标。

总资产报酬率表示企业全部资产获取收益的水平，全面反映了企业的获利能力和投入产出状况。通过对该指标的深入分析，可以增强各方面对企业资产经营的关注，促进企业提高单位资产的收益水平。

一般情况下，企业可据此指标与市场利率进行比较，如果该指标大于市场利率，则表明企业可以充分利用财务杠杆，进行负债经营，获取尽可能多的收益。总资产收益率反映企业资产利用的综合效果。该比率越高，表明资产利用的效率越高，说明企业在增收节支和节约资金使用等方面取得了良好的效果。企业的总资产来源于所有者投入资本和举债两个方面。利润的多少与企业资产的多少、资产的结构、经营管理水平有着密切的关系。总资产收益率是一个综合指标，为了正确评价企业经济效益的高低，挖掘提高利润水平潜力，可以用该项指标与本企业前期、计划值、本行业平均水平和本行业内先进企业进行对比，分析形成差异的原因。总资产收益率主要取决于总资产周转速度的快慢以及销售利润大小。如果企业的销售利润率越大，资产周转速度越快，则总资产收益率越高。因此，提高总资产收益率可以从两方面入手：一方面加强资产管理，提高资产利用率；另一方面加强销售管理，增加主营业务收入，提高利润水平。

【例 10 - 12】 根据 2016—2020 年江苏恒瑞医药股份有限公司资产负债表及利润表资料，计算得出江苏恒瑞医药股份有限公司 2016—2020 年的总资产报酬率指标，并将其与同行业的复星医药和莱美药业进行比较，以全面反映其总资产报酬率，具体情况如表 10 - 19、表 10 - 20 所示。

表 10 - 19　2016—2020 年恒瑞医药总资产报酬率指标　　单位：%

项　目＼年　份	2016	2017	2018	2019	2020
利润总额(万元)	301 318.47	375 918.88	449 907.96	605 576.15	689 548.00
利息支出(万元)	22 051 741.53	29 161 198.31	36 233 849.92	47 639 885.83	55 897 342.42
息税前利润	22 353 060.00	29 537 117.19	36 683 757.88	48 245 461.98	56 586 890.42
资产总额	1 433 005.87	1 803 938.48	2 236 122.96	2 755 647.55	3 472 958.99
平均资产总额	1 291 337.96	1 618 472.18	2 020 030.72	2 495 885.26	3 114 303.27
总资产报酬率	17.31	18.25	18.16	19.33	18.17

资料来源：根据恒瑞医药历年年报整理计算得出。

表 10 - 20　三家综合类公司 2016—2020 年总资产报酬率对比表　　单位：%

公　司＼年　份	2016	2017	2018	2019	2020
恒瑞医药(600276)	17.31	18.25	18.16	19.33	18.17
复星医药(600196)	7.36	5.79	4.28	4.92	4.71

续　表

年份 公司	2016	2017	2018	2019	2020
莱美药业 (300006)	0.05	1.68	2.90	−4.61	−10.95

资料来源：根据恒瑞医药、复星医药和莱美药业历年年报整理计算得出。

从表 10－19 的数据可以看出，江苏恒瑞医药股份有限公司近五年总资产报酬率总体而言呈上升趋势，说明企业近五年获利能力在不断提高，同时也说明该公司的资产周转速度不断提高，资产利用率高。根据对图 10－4 的分析，我们知道，复星医药和莱美药业近五年的总资产报酬率远远低于恒瑞医药。

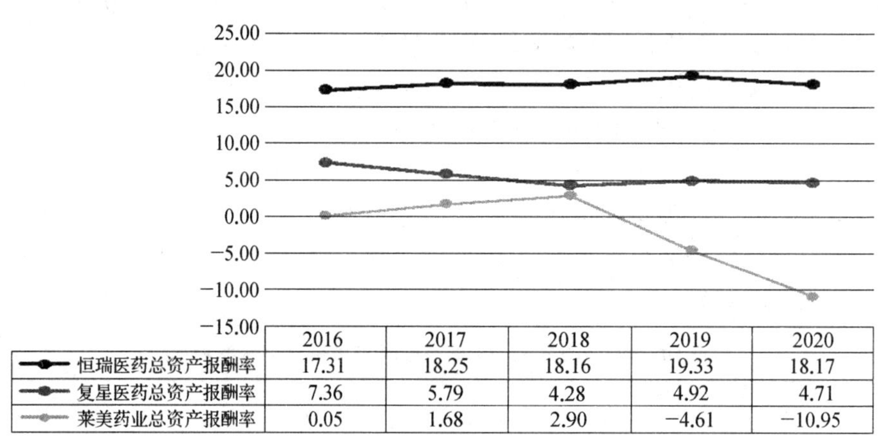

	2016	2017	2018	2019	2020
恒瑞医药总资产报酬率	17.31	18.25	18.16	19.33	18.17
复星医药总资产报酬率	7.36	5.79	4.28	4.92	4.71
莱美药业总资产报酬率	0.05	1.68	2.90	−4.61	−10.95

图 10－4　三家综合类公司 2016—2020 总资产报酬率对比图(单位：%)

（二）净资产收益率

$$净资产收益率=\frac{净利润}{平均净资产总额}\times 100\% \qquad (10-20)$$

净资产收益率是指企业一定时期内的净利润同平均净资产总额的比率。净资产收益率充分体现了投资者投入企业的自有资本获取净收益的能力，突出反映了投资与报酬的关系。净资产收益率是评价企业自有资本及其积累资金，获取报酬水平的最具综合性与代表性的指标，又称权益净利率，反映企业资本运营的综合效益。该指标通用性强，适应范围广，不受行业局限。在我国上市公司业绩综合排序中，该指标居于首位。通过对该指标的综合对比分析，可以看出企业获利能力在同行业中所处的地位，以及与同类企业的差异水平。一般认为，企业净资产收益率越高，企业自有资本获取收益的能力越强，运营效益越好，对企业投资人、债权人的保证程度越高。这里的平均净资产总额为期初净资产与期末净资产的简单算术平均数。

【例 10－13】 根据 2016—2020 年江苏恒瑞医药股份有限公司利润表资料，计算得出江苏恒瑞医药股份有限公司 2016—2020 年的净资产收益率指标，并将其与同行业的复星医药和莱美药业进行比较，以全面反映其净资产收益率，具体情况如表 10－21、表 10－22 所示。

表 10－21　2016—2020 年恒瑞医药净资产收益率指标　　单位：%

项目＼年份	2016	2017	2018	2019	2020
净利润(万元)	263 419.48	329 295.33	406 118.43	532 645.18	630 889.31
净资产(万元)	1 287 439.19	1 594 321.48	1 979 773.85	2 493 752.76	3 078 700.19
净资产收益率	20.90	20.93	20.61	21.51	20.75

资料来源：根据恒瑞医药历年年报整理计算得出。

表 10－22　三家综合类公司 2016—2020 年净资产收益率对比表　　单位：%

公司＼年份	2016	2017	2018	2019	2020
恒瑞医药(600276)	20.90	20.93	20.61	21.51	20.75
复星医药(600196)	24.74	25.49	22.18	24.71	23.12
莱美药业(300006)	0.43	3.28	5.77	－9.97	－27.90

资料来源：根据恒瑞医药、复星医药和莱美药业历年年报整理计算得出。

从表 10－21 的数据可以看出，江苏恒瑞医药股份有限公司近五年净资产收益率变化较小，说明企业近五年投资额的盈利能力变化较小。根据对图 10－5 的分析，我们知道，复星医药近五年的净资产收益率略高于恒瑞医药，而莱美药业近五年的净资产收益率远低于恒瑞医药。

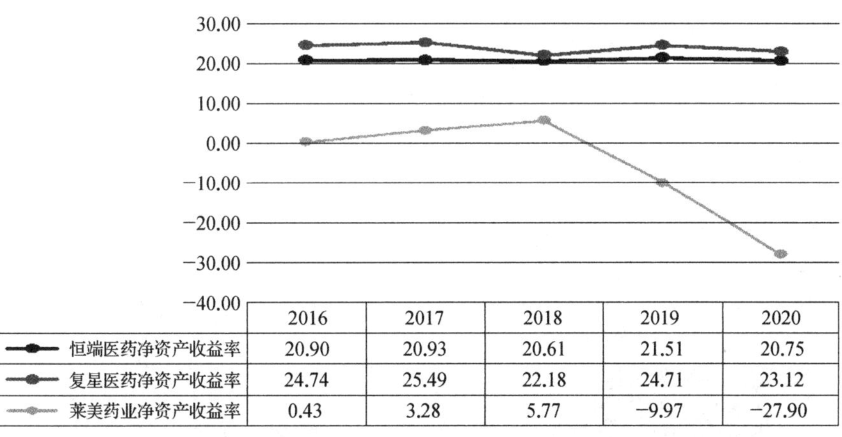

	2016	2017	2018	2019	2020
恒瑞医药净资产收益率	20.90	20.93	20.61	21.51	20.75
复星医药净资产收益率	24.74	25.49	22.18	24.71	23.12
莱美药业净资产收益率	0.43	3.28	5.77	−9.97	−27.90

图 10－5　三家综合类公司 2016—2020 净资产收益率对比图(单位：%)

课堂思考

1. 有人说利润质量高的企业一般是实行持续、稳健的会计政策，利润主要是主营业务创造，且会计上所反映的收入能够很快转化成现金。你怎么理解这句话？

2. 影响净资产收益率的因素有哪些？为什么说净资产收益率是反映企业盈利能力的核心指标？

思政映射

人生利润表中收入和费用的含义与会计利润表上的含义是迥然不同的。人生报表的收入可以理解为对社会责任和奉献增加或获得和索取减少，而费用则可以理解为从社会获得和索取的增加或责任和奉献的减少。如此理解，我们为社会、为单位、为家庭、为他人付出的辛劳、汗水和心血，不是人生利润表的费用，而是我们对社会的奉献，应当计入人生利润表的收入。而我们从社会获得的地位、金钱和荣誉，不应视为人生利润表的收入，而是我们向社会的索取和社会给予我们的馈赠，应当计入人生利润表的费用。从这个角度来理解，我们才能够真正懂得为什么要有担当、什么是担当、为什么要有爱心、什么是爱心，才会真正理解责任和奉献的力量，才不会怨天尤人，牢骚满腹。

本章小结

利润表中的收入包括营业收入、公允价值变动收益、投资收益、营业外收入等；费用包括营业成本、税金及附加、销售费用、管理费用、财务费用、资产减值损失、营业外支出、所得税费用等。分析企业盈利能力的财务指标有反映盈利能力大小的财务指标，如销售毛利率、销售成本率、销售净利率、成本费用利润率；反映盈利能力质量的财务指标，如盈利现金比率、销售收现比率、收益现金比率；反映盈利能力稳定性的财务指标，如稳定系数、非经常性损益比率、主营业务收入增长率、净利润增长率、营业利润增长率；反映投资盈利能力的财务指标，如总资产报酬率、净资产收益率。

人生利润表的收入可以理解为为社会、为单位、为家庭、为他人付出的辛劳、汗水和心血，费用可以理解为从社会获得的地位、金钱和荣誉。只有当我们为社会付出的多于从社会索取的，人生才有意义。

练　习

第十一章　收入费用分析

学习目标

- 掌握各项收入确认的原则；
- 掌握各项费用确认的原则；
- 掌握收入的分析方法；
- 掌握费用的分析方法；
- 了解收入费用的会计操控手法。

学习重点

- 商品销售收入的确认原则和时点；
- 收入的分析方法；
- 费用的分析方法。

思政要求

- 要有执行准则制度的意识和自觉；
- 要有正确的权利观和责任观。

第一节　收入与费用的确认

一、收入的确认

企业应当在履行了合同中的履约义务，即在客户取得相关商品控制权时确认收入。取得相关商品控制权是指能够主导该商品的使用并从中获得几乎全部的经济利益，包括有能力阻止其他方主导该商品的使用并从中获得经济利益。

取得商品控制权必须同时具备三个要素：一是能力，即客户必须拥有现时权利，能够主导该商品的使用并从中获得几乎全部经济利益。如果客户只能在未来某一期间主导该商品的使用并从中获益，则表明其尚未取得该商品的控制权。二是主导该商品的使用。客户有能力主导该商品的使用，是指客户有权使用该商品，并能够允许或阻止其他方使用该商品。三是能够获得几乎全部的经济利益。客户可以通过多种方式直接或间接获得商品的经济利益,如直接使用、消耗、出售或持有该商品,使用该商品间接提升其他资产价值。

企业与客户之间的合同同时满足下列条件的,企业应当在客户取得相关商品控制权时确认收入:

(1) 合同各方已批准该合同并承诺将履行各自义务;

(2) 该合同明确了合同各方与所转让的商品或提供劳务(统称转让商品)相关的权利和义务;

(3) 该合同有明确的与所转让的商品相关的支付条款;

(4) 该合同具有商业实质,即履行该合同将改变企业未来现金流量的风险、时间分布或金额;

(5) 企业因向客户转让商品而有权取得的对价很可能收回。

二、费用的确认

费用是指企业在日常活动中发生的、会导致所有者权益减少的、与向所有者分配利润无关的经济利益的总流出。为销售商品、提供劳务等日常活动所发生的经济利益的流出。企业应当将当期已销产品或已提供劳务的成本转入当期的费用。费用类项目包括利润表中所有引起企业净利润下降的因素,如营业成本、管理费用、财务费用、销售费用、营业外支出以及所得税费用等。

费用应按照权责发生制和配比原则确认,凡应属于本期发生的费用,不论其款项是否支付,均应确认为本期费用;反之,不属于本期发生的费用,即使其款项已在本期支付,也不确认为本期费用。除此以外,确认费用还应遵循划分收益性支出与资本性支出原则。

(一) 营业成本

营业成本反映企业确认销售商品、提供劳务等主营业务收入时应结转的成本,以及除主营业务以外的其他经营活动所发生的支出,包括销售材料的成本、出租固定资产的折旧额、出租无形资产的摊销额、出租包装物的成本或摊销额等。在不同类型的企业里,营业成本有不同的表现形式。在制造业或工业企业,营业成本表现为已销售产品的生产成本;商品流通企业则表现为已销商品的成本。

工业企业产品销售成本是指已售产品的实际生产成本,它是根据已销产品的数量和实际单位成本计算出来的。在确认生产费用时,首先应划分生产费用和非生产费用的界限。生产费用是指与企业日常生产经营活动有关的费用,如生产产品过程所发生的原材料费用、人工费用;非生产费用是指不属于生产费用的费用,如用于购买固定资产所发生的费用,不属于生产费用。其次,应当分清生产费用与产品成本的界限,生产费用与一定的时期相联系,与生产的产品无直接关联;产品成本与一定品种和数量的产品相联系,而不论发生在哪一期。第三,应当分清生产费用与期间费用的界限。生产费用应当计入产品成本;而期间费用直接计入当期损益。

在确认费用时,对于确认为期间费用的费用,必须进一步划分为管理费用、销售费用和财务费用。对于确认为生产费用的费用,必须根据该费用发生的实际情况分别不同的费用性质将其确认为不同产品所负担的费用;对于几种产品共同发生的费用,必须按受益原则，采用一定方法和程序将其分配计入相关产品的生产成本。任意压低或提高在产品成本和产成品成本不仅会影响资产负债表，而且会影响利润表。

（二）税金及附加

税金及附加是指企业日常活动应负担的税金，具体包括消费税、城市维护建设税、资源税，以及教育费附加等相关税费。

（1）消费税是对在我国境内生产、委托加工和进口规定的烟、酒、化妆品等应税消费品的单位和个人征收的一种税。消费税的征收根据不同的应税消费品以固定的比例税率或定额税率来计算。

（2）城市维护建设税是国家对缴纳增值税、消费税的单位和个人就其实际缴纳的“三税”金额为计税依据而征收的一种税。

$$\text{应纳城市维护建设税}=(\text{实缴增值税}+\text{实缴消费税})\times\text{税率} \tag{11-1}$$

（3）资源税是国家对在我国境内开采矿产品或生产盐的单位和个人征收的一种税。资源税的应纳税额，一般按照应税产品的课税数量和规定的单位税额计算。

$$\text{资源税应纳税额}=\text{课税数量}\times\text{单位税额} \tag{11-2}$$

（4）教育费附加是为了加快发展地方教育事业、扩大地方教育经费的资金来源而征收的一种税。它以各纳税单位和个人实缴的增值税和消费税的税额为计税依据，按 3% 的附加率计征。

$$\text{应纳教育附加}=(\text{实缴增值税}+\text{实缴消费税})\times\text{税率} \tag{11-3}$$

（三）期间费用

期间费用是指企业当期发生的费用中的重要组成部分，是指本期发生的、不能直接或间接归入某种产品成本的、直接计入损益的各项费用。期间费用不受企业产品产量或商品销量增减变动影响，不能直接或间接归属于某个特定对象，这些费用应按发生期间确定其归属期，并在发生的当期全部从利润中扣除。

第二节　收入与费用分析

一、收入类项目的分析

收入是企业在销售商品、提供劳务和让渡资产使用权等日常经营活动中产生的经营利益的总流入。在市场经济条件下，收入作为影响利润指标的重要因素，越来越受到企业和投资者等众多信息使用者的重视。收入的多少直接关系到企业的生存和发展实际状况，所以经常对企业的各种收入进行结构上、横向和纵向上的分析，有利于信息使用者全面深入地判断企业盈利的真实情况。

（一）营业收入分析

营业收入是指反映企业经营主要业务和其他业务所确认的收入总额。营业收入由主营业务收入和其他业务收入两部分构成。其中主营业务收入是指企业确认销售商品、提供劳务等主营业务的收入，是企业利润形成的主要来源。其他业务收入是指企业主营业务收入以外所形成的经济利益的流入，如材料物资及包装物销售、无形资产出租、固定资产出租、包装物出租等。其他业务收入是企业从事除主营业务以外的其他业务活动所取得的收入，具有不经常发生，每笔业务金额一般较小，占收入的比重较低等特点。

营业收入是利润表的第一个指标，也是最重要的一个财务指标。因为营业收入是所有盈利的基础，是分析企业利润的起点。可以通过以下指标来分析企业的营业收入情况。

1. 营业收入的结构分析

营业收入比重是指营业收入占总收入的比重，属于经常性损益。企业的总收入包括经常性收益和非经常收益两部分构成。经常性收益是指与企业正常经营业务有直接关系，以及与正常经营业务相关，影响报表使用人对公司经营业绩和盈利能力做出正常判断的各项交易和事项产生的收益。非经常性损益是指公司发生的与经营业务无直接关系，以及虽与经营业务相关，但由于其性质、金额或发生频率，影响了真实、公允地反映公司正常盈利能力的各项收入、支出。证监会在《公开发行证券的公司信息披露规范问答第1号——非经营性损益》中特别指出，注册会计师应单独对非经常性损益项目予以充分关注，对公司在财务报告附注中所披露的非经营性损益的真实性、准确性与完整性进行核实。非经常性损益是公司正常经营损益之外的一次性或偶发性损益。

经常性收益的核心部分就是营业收入，营业收入的比重直接反映了企业盈利能力的质量和企业盈利能力的稳定性。对企业来说，使营业收入比重始终保持在一个较高的水平，无疑是十分重要的。

【例 11-1】 根据 2016—2020 年江苏恒瑞医药股份有限公司利润表资料，计算得出江苏恒瑞医药股份有限公司 2016—2020 年的营业收入比重指标，如表 11-1 所示。

表 11-1　2016—2020 年恒瑞医药营业收入比重分析表

项目＼年份	2016	2017	2018	2019	2020
营业收入（万元）	1 109 372.41	1 383 562.94	1 741 790.11	2 328 857.66	2 773 459.87
总收入（万元）	1 114 018.96	1 403 313.46	1 790 156.49	2 391 675.16	2 857 793.93
营业收入占总收入比率（%）	99.58	98.59	97.30	97.37	97.05

资料来源：根据恒瑞医药历年年报整理计算得出。

从表 11-1 可以看出，恒瑞医药的营业收入比重从 2016 年至 2020 年呈逐渐下降态势，而营业收入与总收入基本都在增长，说明恒瑞医药的营业收入占总收入比率处在下降状态，但总体比例还是比较高的。

2. 营业收入增长情况分析

【例 11-2】 根据 2016—2020 年江苏恒瑞医药股份有限公司利润表资料，整理得出江苏恒瑞医药股份有限公司 2016—2020 年的收入类项目增减变化，如表 11－2 所示。

表 11－2　2016—2020 年恒瑞医药收入类项目增减变动分析表　　单位：万元

项　目 ＼ 年　份	2016	2017	2018	2019	2020
营业收入	1 109 372.41	1 383 562.94	1 741 790.11	2 328 857.66	2 773 459.87
投资收益	1 474.78	3 872.20	24 793.78	30 927.15	34 142.45
营业外收入	3 171.77	171.36	42.18	80.85	106.90
利润总额	301 318.47	375 918.88	449 907.96	605 576.15	689 548.00

资料来源：根据恒瑞医药历年年报整理计算得出。

根据表 11－2 数据我们可以看出，恒瑞医药的营业收入、利润总额呈上升态势，营业外收入、投资收益在 2016 年、2017 年表现异常外，近三年也呈上升态势，说明企业近年整体经营状况良好。

3. 销售成本费用率

$$销售成本费用率=\frac{成本费用总额}{销售收入}\times 100\% \tag{11-4}$$

销售成本费用率用于考察每 1 元销售收入耗费成本、费用是多少。

【例 11－3】　根据 2016—2020 年江苏恒瑞医药股份有限公司利润表资料，计算得出江苏恒瑞医药股份有限公司 2016—2020 年的销售成本费用率指标，如表 11－3 所示。

表 11－3　2016—2020 年恒瑞医药销售成本费用率分析表

项　目 ＼ 年　份	2016	2017	2018	2019	2020
成本费用总额(万元)	808 413.83	1 022 359.97	1 323 434.16	1 765 794.86	2 128 204.63
营业收入(万元)	1 109 372.41	1 383 562.94	1 741 790.11	2 328 857.66	2 773 459.87
销售成本费用率(%)	72.87	73.89	75.98	75.82	76.73

资料来源：根据恒瑞医药历年年报整理计算得出。

（二）投资收益分析

投资收益主要有下列几种来源：① 金融资产处置收益；② 金融资产持有期间取得的利息；③ 长期股权投资转让收益；④ 权益法确认的长期股权投资收益；⑤ 成本法确认的长期股权投资收益等。

如果企业投资收益以前三种为主，则投资收益与现金流量基本相当，投资收益质量较好。但如果企业以长期股权投资和长期债权投资为主的情况下，企业利润表中投资收益代表的是在权责发生制下确认的会计收益，而其产生现金流入却有可能很少，如果这部分收益占利润总额比重过高，说明企业的盈利质量不高，盈利持续能力有问题，风险较大。

【例 11－4】　根据 2016—2020 年江苏恒瑞医药股份有限公司利润表资料，通过图 11－1 我们可以更清晰地看出恒瑞医药投资净收益的变动趋势。

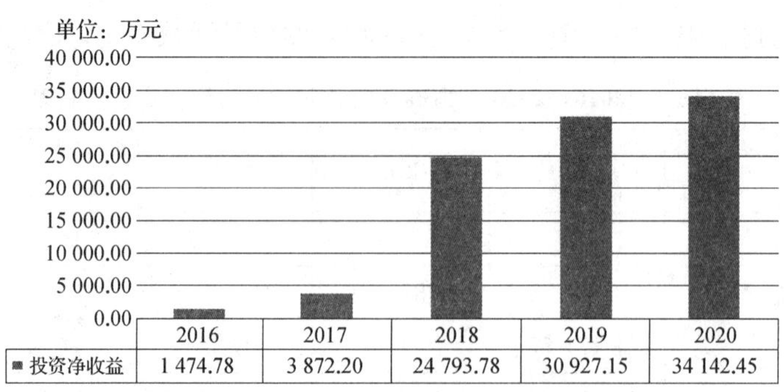

	2016	2017	2018	2019	2020
■投资净收益	1 474.78	3 872.20	24 793.78	30 927.15	34 142.45

图 11-1　恒瑞医药投资净收益的变化趋势图

（三）公允价值变动损益分析

公允价值变动收益是企业交易性金融资产、交易性金融负债，以及采用公允价值模式计量的投资性房地产、衍生工具、套期保值业务等公允价值变动形成的应计入当期损益的利得或损失。公允价值变动损益的增减只会引起利润总额的变动，但不会引起现金流量是变动。如果某企业公允价值变动损益占净利润的比例过大，则在一定程度上说明企业主营业务盈利能力不足。分析人员在分析该项目时，还应注意企业获取的相关资产的公允价值是否合理，是否将不适合使用公允价值的资产或负债划分为此类，企业在出售相关资产或偿付相关负债时，前期发生的公允价值变动损益是否已计入投资收益。

（四）营业外收入分析

营业外收入核算企业发生的与其经营活动无直接关系的各项净收入，主要包括罚没利得、与日常活动无关的政府补助利得、确实无法支付而按规定程序经批准后转作营业外收入的应付款项等。这部分的收入数额较大并不是坏事，它使企业净利润增加，还增加了企业分配利润的能力。但是，营业外收入的稳定性是较差的，企业不能根据这部分收益来预测将来的净收益水平。其次，如果营业外收入对利润总额的比例过大，说明企业的盈利结构出了问题，至少是增加了不稳定的因素。

【例 11-5】 根据 2016—2020 年江苏恒瑞医药股份有限公司利润表资料，通过图 11-2 我们可以更清晰地看出恒瑞医药营业外收入的变化趋势。

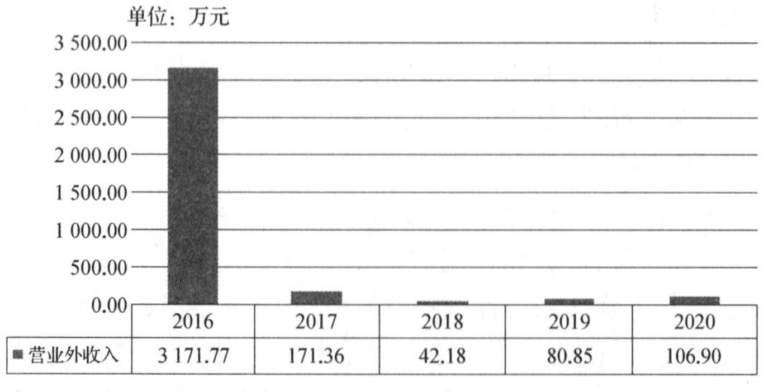

	2016	2017	2018	2019	2020
■营业外收入	3 171.77	171.36	42.18	80.85	106.90

图 11-2　恒瑞医药营业外收入的变化趋势图

二、费用类项目的分析

费用是企业在销售商品、提供劳务等日常活动中所发生的经济利益流出。费用是利润表的减项，主要包括营业成本、销售费用、管理费用、财务费用、信用减值损失、公允价值变动损益及营业外支出等。

（一）营业成本分析

营业成本是企业已销售产品和提供劳务的实际成本。对营业成本的分析有助于信息使用者了解企业成本控制的能力和成本变动的趋势。更重要的是营业成本的升降会直接影响到企业的营业利润和利润总额的高低。营业成本提高则营业利润、利润总额下降；反之，营业成本下降，则营业利润和利润总额有提高。在不同类型的企业里，营业成本有不同的表现形式。在工业企业，营业成本的多少主要取决于已销产品的实际生产成本，实际生产成本又是根据已销产品的数量和实际单位产品成本计算出来的，所以单位产品生产成本是进行财务分析时应关注的重点。

【例 11－6】 根据 2016—2020 年江苏恒瑞医药股份有限公司利润表资料，通过图 11－3 我们可以更清晰地看出恒瑞医药营业成本的变化趋势。

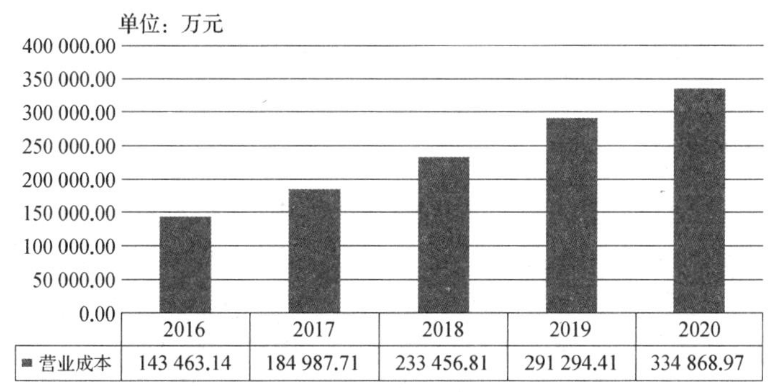

	2016	2017	2018	2019	2020
■ 营业成本	143 463.14	184 987.71	233 456.81	291 294.41	334 868.97

图 11－3　恒瑞医药营业成本的变化趋势图

（二）销售费用分析

销售费用是指企业在销售商品过程中所发生的费用，包括运输费、装卸费、包装费、保险费、展览费和广告费以及为销售本企业商品而专设的销售机构（含销售网点、售后服务网点等）的职工工资、类似工资性质的费用、业务费等经营费用。

销售费用作为一种期间费用，应与企业的营业收入变动情况结合起来分析。从长期来看，销售费用的变动与营业收入的增减变动应是同方向的，增减速度相近的。如果销售费用的增长速度超过了营业收入的增长速度，应进一步分析销售费用的增长较快的明细项目，如果是企业广告费的支出大额增加，应对其作用的期间合理的分析。根据我国会计准则的规定，企业广告费在发生时全额计入当期损益，无疑会大额增加当期的销售费用，但广告费的实际影响和效应不一定在当期就完全体现在营业收入的增加上，所以，分析人员对此应当慎重分析。反之，如果营业收入的增长速度超过了销售费用的增长速度，有可能是管理层对诸如广告费、营销人员的工资和福利等费用采取有效的控制措施，也有可能是企业的销售规模效应的体现。但是，一味地追求降低企业的销售费用，减少相关销售开支，对企业的长期发展有可能产生不利影响。

（三）管理费用分析

管理费用是指企业为组织和管理生产经营活动而发生的各项费用，包括企业的董事会和行政管理部门在企业的经营管理过程中发生的或者应由企业统一负担的公司经费（包括行政管理部门职工工资、修理费、材料消耗、低值易耗品摊销、办公费和差旅费等）、工会经费、待业保险费、劳动保险费、董事会费（包括董事会成员津贴、会议费和差旅费等）、聘请中介机构费、咨询费、业务招待费、房产税、车船使用税、土地使用税、印花税、技术转让费、矿产资源补偿费、无形资产摊销、职工教育经费、研究与开发费、排污费等。其中诸如工会经费、房产税、车船使用税、土地使用税、印花税、技术转让费、矿产资源补偿费等费用是相对固定的，其金额的大小在一定范围和期间内是没有变化的，管理层对这部分固定性管理费用可控程度较低。而对于诸如董事会费、聘请中介机构费、咨询费、业务招待费、研究与开发费等管理费用，管理可控能力就比较高，管理层可以通过一定的措施达到有效合理地控制这部分费用的支出，从而提高管理费用的整体使用效率。但是，过分地控制或降低这类费用，可能对企业的长期发展不利，甚至会影响有关人员的工作积极性。一般认为，企业的经营规模没发生较大变动时，企业的管理费用也不会变动过大。如果某些企业的管理费用在某些年份出现巨变，则有利用管理费用调节利润之嫌，分析人员应对巨变的具体原因做深入的分析。

（四）财务费用分析

财务费用是指企业在筹资过程中发生的各项费用，包括利息支出（生产经营中发生的不应计入固定资产成本中的利息费用）、汇兑损益、金融机构手续费等。

对财务费用进行质量分析应当细分内部结构，观察企业财务费用的主要来源。首先，应将财务费用的分析与企业资本结构的分析相结合，观察财务费用的变动是源于企业短期借款还是长期借款。其次，对于借款费用中应当予以资本化的部分是否已经资本化，或者借款费用中应当计入财务费用的是否企业对其进行了资本化。如果企业存在外币业务，应关注汇率变动对业务的影响，观察企业对外币资产和债务的管理能力。

【例 11－7】 根据 2016—2020 年江苏恒瑞医药股份有限公司利润表资料，通过图 11－4我们可以更清晰地看出恒瑞医药期间费用的变化趋势。

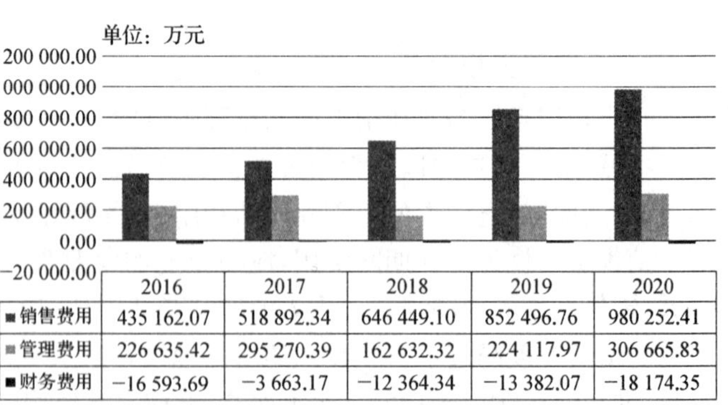

	2016	2017	2018	2019	2020
销售费用	435 162.07	518 892.34	646 449.10	852 496.76	980 252.41
管理费用	226 635.42	295 270.39	162 632.32	224 117.97	306 665.83
财务费用	−16 593.69	−3 663.17	−12 364.34	−13 382.07	−18 174.35

图 11－4　恒瑞医药期间费用的变化趋势图

（五）资产减值损失分析

利润表中资产减值损失项目的构成以及增减变动情况，通常在财务报表附注中，以编制资产减值准备明细表的形式加以说明。具体包括存货跌价准备、长期股权投资减值准备、固定资产减值准备、无形资产减值准备、商誉减值准备等。

分析人员应当关注企业资产减值明细表中具体每项资产减值准备的计提是否充分，是否存在企业计提不足或过度计提的状况，并且与历史资产减值情况进行对比，如果资产减值发生异常变化，并且都朝一个方向调整，有可能是企业利用资产减值准备达到集中亏损或扭亏为盈的目的。

（六）营业外收支分析

营业外收支包括营业外收入和营业外支出。营业外收入核算企业发生的与其经营活动无直接关系的各项净收入，主要包括罚没利得、与日常活动无关的政府补助利得、确实无法支付而按规定程序经批准后转作营业外收入的应付款项等。营业外支出核算企业发生的与其经营活动无直接关系的各项净支出，主要包括罚款支出、捐赠支出、非常损失等。营业外收支是企业偶发的利得和损失，属于非经常性收益。一般来说，其发生的金额较小，对企业利润的影响不大。但如果某个期间企业的营业外收入较大，分析人员应关注发生的原因，并且在分析时，应把营业外收支从利润总额中剔除。

【例 11－8】 根据 2016—2020 年江苏恒瑞医药股份有限公司利润表资料，通过图 11－5 我们可以更清晰地看出恒瑞医药营业外收支的变化趋势。

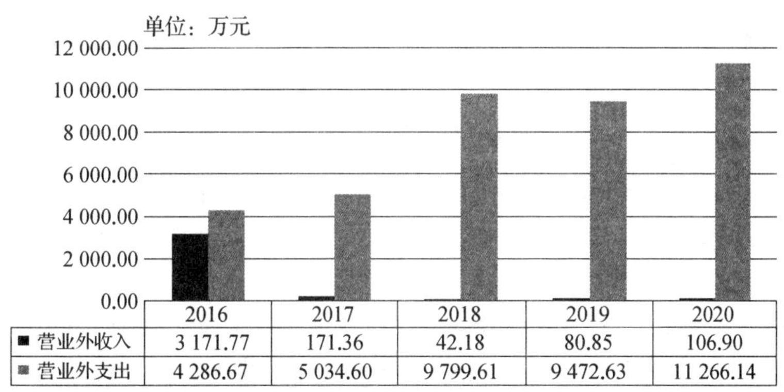

	2016	2017	2018	2019	2020
■ 营业外收入	3 171.77	171.36	42.18	80.85	106.90
■ 营业外支出	4 286.67	5 034.60	9 799.61	9 472.63	11 266.14

图 11－5　恒瑞医药营业外收支的变化趋势图

课堂思考

1. 分析权责发生制下净利润与经营活动现金流产生差异的原因及其影响。
2. 为什么分析营业利润增长率的同时要分析营业收入的增长情况？

第三节　收入费用的会计操控

利润表往往是会计师运用一系列会计选择、会计估计和会计政策后所提供的一组“数字”，这组“数字”究竟有多真实？分析人员有必要对报表进行深层次的研究，才能进一步了解报表中所反映的收入、费用和利润的真实面目。利用收入与费用的计量对利润表进行粉饰已经是不少上市公司驾轻就熟的必用法宝了，下面把近年来最常用的一些操控手法做一个归纳与总结。

一、虚构收入

虚构收入是最普遍的一种会计操控行为，具体有以下几种做法：一是白条出库，作销售入账；二是对开发票，确认收入；三是虚开发票，确认收入。

这些手法非常明显是违法的，但有些手法从形式上看是合法，但实质是非法的，这种情况非常普遍。例如，上市公司利用子公司按市场价格销售给第三方，确认该子公司销售收入，再由另一公司从第三方手中购回，这种做法避免了集团内部交易必须抵消的约束，确保了在合并报表中确认收入和利润，达到了操纵收入的目的。此外，还有一些利用阴阳合同虚构收入，如公开合同上注明货款是 100 万元，但秘密合同上约定实际货款为 150 万元，另外 50 万元虚挂，这样虚增了 50 万元的收入，这在关联交易中非常普遍。

【案例 11－9】

龙昕科技涉嫌虚增营业收入

根据证监会发布的《中国证监会行政处罚决定书》(〔2021〕54 号)，2016 年 7 月、8 月，龙昕科技与康尼机电接触，筹划资产重组。2017 年 6 月 13 日，证监会正式受理此次重大资产重组申请材料。10 月 12 日，证监会通过此次重大资产重组申请。

2015 年至 2017 年，龙昕科技通过虚开增值税发票或未开票即确认收入的方式，通过客户欧朋达科技(深圳)有限公司、深圳市东方亮彩精密技术有限公司等 11 家公司，在正常业务基础上累计虚增收入 90 069.42 万元(2015 年至 2017 年 6 月累计虚增收入 54 674.53 万元)。其中，2015 年虚增收入 14 412.5 万元，占龙昕科技总收入 22.02%；2016 年虚增收入 30 647.53 万元，占龙昕科技总收入 30.09%；2017 年 1—6 月虚增收入 9 614.5 万元，占龙昕科技总收入 21.51%；2017 年虚增收入 45 009.4 万元，占龙昕科技总收入 40.59%。

龙昕科技虚增收入导致各年期末形成大量虚假应收账款余额，2015 年年末虚假应收账款余额 13 176.95 万元，2016 年年末虚假应收账款余额 7 820.1 万元，2017 年 6 月末虚假应收账款余额 11 921.49 万元；2017 年年末虚假应收账款余额 21 492.14 万元。

同时，龙昕科技按正常业务毛利率水平，虚假结转成本。其中，2015 年虚增成本 8 843.59 万元，2016 年虚增成本 18 759.73 万元，2017 年 1—6 月虚增成本 7 298.96 万元，2017 年虚增成本 27 624.49 万元。导致龙昕科技 2015 年虚增利润 5 568.91 万元，2016 年虚增利润 11 887.8 万元，2017 年 1—6 月虚增利润 2 315.54 万元，2017 年虚增利润 17 384.91 万元。

此外，为平衡结转的虚假成本，龙昕科技倒算出需采购的原材料数据，进行虚假采购，虚假采购的款项主要支付给龙冠真空和德誉隆。

二、提前或推迟确认收入

提前确认收入是上市公司操纵利润的惯用手法。提前确认收入具体做法有：一是在存有重大不确定性时确定收入；二是完工百分比法的不适当运用；三是在仍需提供未来服务时确认收入；四是提前开具销售发票，以美化业绩。

在实际操作中，企业提前确认收入与应收账款的增加息息相关，一些企业为了达到增加利润的目的，与经销商签订虚假的销售合同，计入应收账款，从而增加收入和增加利润；或者企业直接利用开具假发票、白条出库等手段进行收入虚增。在房地产和高新技术行业，提前确认收入的现象非常普遍，如房地产企业，往往将预收账款作销售收入，滥用完工百分比法等。以工程收入为例，按规定工程收入应按进度确认收入，多确认工程进度将导致多确认利润。

推迟确认收入，也称递延收入，是将应由本期确认的收入递延到未来期间确认，与提前确认收入一样，延后确认收入也是企业盈利管理的一种手法。这种手法一般在企业当前收益较为充裕，而未来收益预计可能减少的情况下时有发生。

【案例 11－10】

永安林业通过提前确认收入，虚增利润

根据福建证监局发布的《中国证券监督管理委员会福建监管局行政处罚决定书》(〔2021〕3 号)，2016 年度，福建永安市森源家具有限公司对 4 个项目，通过采取提前确认收入、延迟结转成本等方式，提前确认营业收入 27 783 954 元，提前确认营业成本 20 976 048.96 元，导致永安林业 2016 年年度报告的财务数据存在虚增营业收入 27 783 954 元，虚增营业成本 15 842 388.69 元，虚增净利润 7 880 072.7 元，占当年净利润 129 117 934.27 元的比例达 6.10%。同时导致永安林业 2017 年年度报告的财务数据存在虚减营业收入 27 783 954 元，虚减营业成本 20 084 396.10 元，虚减 2017 年净利润 4 864 899.61 元，占当年净利润 71 280 009.64 元的比例达 6.83%。

2017 年度，福建森源(系永安林业原全资子公司)及永安森源对 7 个项目，通过采取提前确认收入、延迟结转成本等方式，提前确认营业收入 77 595 800.84 元，虚增营业收入 7 005 392.40 元，提前确认营业成本 36 962 416.25 元，导致永安林业 2017 年年度报告的财务数据存在虚增营业收入 84 601 193.24 元，虚增营业成本 36 962 416.25 元，虚增利润 43 068 852.95元。

结合上述 2016 年度提前确认营业收入、延迟结转营业成本等相关事项对 2017 年度的影响，福建森源与永安森源上述事项导致永安林业 2017 年年度报告的财务数据存在虚增营业收入 56 817 239.24 元，虚增营业成本 16 878 020.15 元，虚增净利润 27 436 740.1

元，占当期披露净利润 71 280 009.64 元的比例达 38.49%。

三、递延费用及推迟确认费用

费用资本化主要是借款费用及研发费用，而递延费用则非常之多，如广告费、职工买断身份款费等。例如，将研究发展支出列为长期待摊费用；或将一般性广告费、修缮维护费用或试车失败损失等递延。在新建工厂实际已投入运营时仍按未完工投入使用状态进行会计核算，根据现行会计政策，在完工投入使用前的新建工厂工人工资等各项费用、贷款利息均计入固定资产价值而非当期损益。通过此方法可调增利润。又如，费用不及时报账列支而虚挂往来，按正常程序，发生的加工费、差旅费等费用应由职工先借出，在支付并取得发票后再报账冲往来计费用。在年末若职工借款较大，应关注是否存在该情况。

四、开发性支出资本化

新会计准则规定，从 2007 年年报开始，开发性支出可以有条件资本化。因此，部分企业开始利用这一规定进行不当的降低费用进而增加利润。技术开发费用只有在能够认定技术开发成功或确定持续能够为企业带来利益时，才能进行资本化，计入无形资产而不用计入当期费用。但在实际操作中，部分企业将满足资本化的条件的研发费用资本化处理，或者将费用周期进行延长，将开发费用在各期摊销，最大程度上降低每期摊销额，都可以达到减少对利润的冲减，实现虚增利润的目的。

利用权责发生制、收入和成本配比等会计原则，对已经发生的费用或损失，本应为收益性支出，却通过长期待摊费用、开办费、在建工程、待处理流动资产损失或待处理固定资产损失等科目予以资本化，形成大量虚拟资产。利用虚拟资产作为“蓄水池”，不及时确认、少摊或不摊发生的费用和损失，成为上市公司进行利润操纵的常用手法。

其中最为突出的便是利息费用资本化。上市公司通过利息费用资本化来操纵利润的表现有两种：① 以某项资产还处于试生产阶段为借口，甚至拿出当地政府职能部门对“在建工程”的定性，利息费用年年资本化，虚增资产价值和利润；② 在建工程中利息费用资本化数额和损益表中反映的财务费用，远远小于企业平均借款余额应承担的利息费用，利息费用还通过其他方式被消化利用，最终都被拐弯抹角地资本化并形成资产。

【案例 10 - 11】

研发费用资本化成利润调节利器

2017 年之前，尚品宅配研发费用都费用化了，抵减当期利润。2018—2019 年，尚品宅配更改了会计政策，历史上第一次将研发费用资本化，而且资本化的比率呈现逐年增加的趋势。2019 年，尚品宅配的研发费用资本化金额超 1 亿元，不得不说，这样会计处理后的净利润是有瑕疵的。参考同行，索菲亚的会计政策始终没有变化，研发费用资本化的比例极小，而欧派家居的则全部费用化。假设没有研发费用资本化，尚品宅配 2019 年是完不成业绩考核的。2019 年尚品宅配的研发费用资本化金额超 1 亿元，这样会计处理后的净利润有虚增嫌疑。

五、滥提减值准备

资产减值准备的计提已经成为企业调节利润的重要砝码。上市公司利用计提准备操纵盈余的方式主要有：一是集中在某一年巨额计提准备，造成当年巨亏，来年可轻装上阵，不提或少提准备，为利润增长埋下伏笔；二是不计提或少计提资产减值准备，虚增利润；三是往年先多提资产减值准备，当年部分冲回，以调控盈余。2007 年执行的新准则在一定程度上遏制了第三种行为，新准则规定：资产减值损失一经确认，在以后的会计期间不得转回。但是，新准则就资产减值准备如何计提、计提比例的选择等，要求企业结合自身实际情况来判断的，这依然给企业操纵利润、粉饰报表提供了机会。

另外，现行准则只规范长期资产减值的会计处理问题，这部分减值准备不能转回，而一些比较短期的减值或者跌价准备可以转回，主要有存货跌价准备、坏账准备、债权投资减值准备、消耗性生物资产跌价准备、贷款损失准备、未担保余值减值准备、递延所得税资产减值准备等。所以，利润操纵空间仍然存在。

【案例 11－12】

ST 德豪未合理计提减值准备

根据安徽证监局发布的《中国证券监督管理委员会安徽监管局行政处罚决定书》(〔2021〕6 号)，根据 LED 芯片行业外部环境和公司经营情况，2018 年年底，德豪润达 LED 芯片业务相关非流动性资产存在明显减值迹象，但德豪润达未对该部分资产合理计提资产减值准备，导致 2018 年年报少计提资产减值准备 2 910 586 411.77 元，虚增 2018 年度利润 2 910 586 411.77 元。

2018 年年报披露前，德豪润达已得知地方政府部门决定停止拨付政府补助，该剩余 10 000 万元其他应收款无法收回，应全额计提坏账准备。德豪润达在 2018 年年报中对该项其他应收款按照账龄分析法计提坏账准备 5 000 000.00 元，少计提 95 000 000.00 元，虚增 2018 年年度利润 95 000 000.00 元。根据《企业会计准则第 13 号——或有事项》第四条的规定，该所涉未决诉讼事项应当确认为预计负债，但德豪润达未予计提，导致 2018 年年报少计提预计负债 452 971 200.00 元(按 2018 年 12 月 31 日汇率 1 美元＝6.863 2 元人民币计算)，虚增 2018 年年度利润 452 971 200.00 元。

综上，德豪润达少计提资产减值准备 2 910 586 411.77 元，少计其他应收款坏账准备 95 000 000.00 元，未计提未决诉讼预计负债 452 971 200.00 元，合计虚增 2018 年年度利润 3 458 557 611.77元，导致 2018 年年报存在虚假记载。

六、制造非经常性损益事项

非经常性损益是指公司正常经营损益之外的、一次性或偶发性损益，如资产处置损益、临时性获得的补贴收入等。非经常性损益虽然也是公司利润总额的一个组成部分，但由于它不具备长期性和稳定性，因而对利润的影响是暂时的。非经常性损益项目的特殊性质，为公司管理盈利提供了机会，特别应关注的是，有些非经常性损益本身就是虚列的。

具体操控行为有以下五种。

（一）其他业务利润

其他业务是企业在经营过程中发生的一些零星的收支业务，其他业务不属于企业的主要经营业务，但对于一些公司而言，它对公司总体利润的贡献确有“一锤定千斤”的作用。

【案例 11－13】

根据一汽夏利公布出的历年年报，其 2013 年经审计的净利润为－479 916 678.29 元，2014 年为－1 659 130 507.88 元，即连续两年净利润为负值，2015 年 4 月公布上年度财报后触发了深交所关于风险警示的规章要求，即日起被实施退市风险警示特别处理，即正式戴帽，股票名称从“一汽夏利”变化成为“ST 夏利”。2015 年为关键的“扭亏”年，ST 夏利 2015 年整年经营活动现金流量净额与扣非净利润一直为负，且从第一季度开始呈持续下降趋势，虽在第四季度出现小幅度回升但并未起到决定性作用，反而在这种情况下，ST 夏利在第四季度摆脱亏损，起死回生。ST 夏利 2015 年财务报表最终被注册会计师出具了带强调事项段的无保留审计意见，审计报告中指出一汽夏利 2015 年度经审计利润总额为 3 093.8 万元，但是非经常性收益占到了 160 002.24 万元，且营运资本为－1 198 151.82 万元。

（二）投资收益

我国投资准则将投资定义为：企业为通过分配来增加财富，或为谋求其他利益，而把资产让渡给其他单位所获得的另一项资产。因此，投资通常是企业的部分资产转给其他单位使用，通过其他单位使用投资者投入的资产创造的效益后分配取得的，或者通过投资改善贸易关系等达到获取利益的目的。当然，在证券市场上进行投资所取得的收益实际上是对购入证券的投资者投入的所有现金的再次分配的结果，主要表现为价差收入，以使资本增值。但企业往往利用投资收益使之成为掩盖企业亏损的重要手段。

【案例 11－14】

ST 北文虚假转让投资份额收益权

根据北京证监局发布的《中国证券监督管理委员会北京监管局行政处罚决定书》（〔2021〕10 号），经查，《大宋宫词》《倩女幽魂》投资份额收益权转让未真实发生，交易资金系由北京文化授权娄晓曦全权负责的舟山嘉文喜乐股权投资合伙企业（有限合伙）提供。娄晓曦安排、组织、实施上述虚假转让投资份额收益权，虚构资金循环，流回世纪伙伴。

世纪伙伴虚假转让《大宋宫词》《倩女幽魂》投资份额收益权，导致北京文化在 2018 年年度报告中虚增收入合计 46 037.74 万元，占当期营业收入（追溯调整前）比例为 38.20%，虚增净利润 19 108.02 万元，占当期净利润（追溯调整前）比例为 58.94%。北京文化 2018 年年度报告存在虚假记载。

（三）关联交易引致的营业外收支净额

关联交易是指存在关联关系的经济实体之间的购销业务。倘若关联交易以市价作为交易的定价原则，则不会对交易的双方产生异常影响。而事实上，有些公司的关联交易采取了协议定价的原则，定价的高低一定程度上取决于公司的需要，使得利润在关联公司之间转移。

【案例 11－15】

宁波东力隐瞒关联关系及关联交易

根据证监会发布的《中国证监会行政处罚决定书》(〔2021〕2 号)，2016 年 12 月 12 日，宁波东力董事会审议通过重组方案。宁波东力 2015 年度经审计的合并财务报表期末资产净额为 107 921.90 万元，本次交易拟购买年富供应链 100％股权的交易价格为 216 000 万元。宁波东力于 2017 年 8 月将年富供应链纳入合并财务报表。

2014 年 7 月至 2018 年 3 月，年富供应链存在虚增营业收入、利润，虚增应收款项，隐瞒关联关系及关联交易等行为。年富供应链向宁波东力提供了含有上述虚假信息的财务报表，导致宁波东力 2016 年 12 月 13 日披露的《深圳市年富供应链有限公司审计报告及财务报表(2014 年 1 月 1 日至 2016 年 9 月 30 日止)》(以下简称《审计报告及财务报表》)和《交易报告书(草案)》、2017 年 7 月 15 日披露的《交易报告书(修订稿)》、2018 年 4 月 26 日披露的 2017 年年度报告和 2018 年第一季度报告存在虚假记载，2017 年年度报告存在重大遗漏。

2014 年 7 月至 2018 年 3 月，年富供应链虚增营业收入 348 217.81 万元，相应虚增营业利润 43 613.43 万元。其中，2014 年虚增营业收入 3 627.41 万元，相应虚增营业利润 3 627.41万元，占年富供应链当期披露营业利润的 84.50％；2015 年虚增营业收入 9 114.41 万元，相应虚增营业利润 9 114.41 万元，占年富供应链当期披露营业利润的 71.96％；2016 年 1 月至 9 月虚增营业收入 3 678.45 万元，相应虚增营业利润 3 678.45 万元，占年富供应链当期披露营业利润的 75.64％；2017 年虚增收入 107 040.43 万元，相应虚增营业利润 10 121.87万元，占宁波东力当期披露营业利润的 56.54％；2018 年第一季度虚增收入 119 809万元，相应虚增营业利润 6 359.16 万元，占宁波东力当期披露营业利润的 108.72％。

根据《刑事判决书》(〔2019〕浙 02 刑初 138 号)、《刑事裁定书》(〔2020〕浙刑终 70 号)和宁波容达会计师事务所有限公司出具的司法鉴定意见，年富供应链因经营不善，形成对东莞康特尔云终端系统有限公司、山东富宇蓝石轮胎有限公司、PSONS 公司共计 31 653.62 万元的应收款项无法收回。年富供应链未计提坏账准备，而是将上述坏账转为年富供应链对其关联公司的虚假应收款项，由此在 2016 年 9 月 30 日虚增应收款项 31 653.62 万元，在 2017 年和 2018 年第一季度虚增应收款项 31 653.62 万元，导致宁波东力披露的《审计报告及财务报表》、2017 年年度报告和 2018 年第一季度报告存在虚假记载。

（四）调整以前年度损益

在利润表中，“以前年度损益调整”这个科目反映的是企业调整以前年度损益事项而对本年利润的影响额。因此，一些公司也因此而“置之死地而后生”。

【案例 11－16】

耀华玻璃在 1997 年度出现业绩严重滑坡，利润总额仅有 143 万元。但在利润表中，却出现了高达 3 434 万元的以前年度损益调整。对此公司也给予了充分的解释：根据地方财政的有关文件对部分负责科目进行清理。一是“玻璃熔窑之一九机窑停产清理，不存在更新及大修理问题”，经批准将以前年度“预提的熔窑复置金扣除清理费用的余额 1 180 万元冲销”；二是根据有关文件要求，“公司所欠的财政委托贷款利息就地核销，故将以前年度已计入财务费用的应核销利息进行调整，计 1 574 万元”；三是“因 1997 年度公司经营效益欠佳，根据公司统一实行的工效挂钩办法，按年终财政部门清算的工资下浮额相应调整下浮工资，调整以前年度累计计提的效益工资计 680 万元”。

（五）补贴收入

在市场经济条件下，许多地方政府为了不让本地的上市公司失去宝贵的上市资格，也往往运用“看得见的手”，对上市公司进行补贴和帮助，一些公司也因此得到巨额补贴而实现了扭亏目标。

【案例 11 - 17】

***ST 沪科：补贴助扭亏**

*ST 沪科 2016 年 4 月 25 日晚间发布了 2015 年年报，去年公司实现营业收入 19 017.16万元，同比下降 68.15%，归属于上市公司股东净利润 3 499.16 万元，同比扭亏。由于 2015 年实现了盈利，公司于 2016 年 4 月 25 日向上海证券交易所提出了撤销对公司股票实施“退市风险警示”的申请。年报显示，*ST 沪科营业收入同比减少的主要原因是，报告期内公司产品下游市场需求大幅萎缩，钢材价格深度下跌，产品销量及销售价格同比大幅下降；大宗商品贸易业务开展相对较少，营业收入同比大幅下降。而扭亏主要是靠报告期内公司子公司上海异型钢管有限公司收到财政补贴资金人民币 9 000 万元。该笔财政补贴系与收益相关的政府补助，故作为营业外收入全额计入当期损益。

依靠补贴，*ST 沪科似乎满足了撤销退市风险警示的条件。因 2014 年度经审计的期末净资产为负值，且 2013 年度、2014 年度两个会计年度经审计的净利润连续为负值，公司股票自 2015 年 4 月 29 日起被上海证券交易所实施“退市风险警示”。但是从主营来看，*ST 沪科仍需努力。公司 4 月 25 日晚间公布的一季报显示，公司一季度营业收入为 1 934.36 万元，同比下降了 50.17%，亏损了 744.21 万元，亏损额相对于去年同期还有所亏大。

课堂思考

1. 企业收入操纵的主要方法有哪些？如何找出收入异常的预警信号？
2. 如何理解利息费用资本化与利息费用费用化？

思政映射

收入费用的确认与核算是非常敏感和重要的内容，直接影响到企业的业绩好坏。人生利润表的收入和费用同样非常重要，它决定着个体的社会净贡献是增加还是减少。然后人生报表的收入和费用不仅内涵不同，而且确认原则也不同，这些确认原则中映射着很多人生的道理。例如，摒弃了会计上的收入费用观，其基本要求是收入与费用配比且要收入大于费用，否则是没有意义的。而从人生价值来讲，所有的付出和奉献不求回报，甚至是“得不偿失”也是义无反顾。“两弹一星”等时代楷模的精神足以说明。再如，会计上的审慎性原则强调宁愿高估费用也不能高估收入，而人生的审慎性原则强调谨慎行使社会权利，积极履行社会义务。套用会计上《源自客户合同的收入》准则，人生的收入可以理解为《源自社会契约的收入》。这份社会契约体现了个体对社会的权利和责任，社会权利的行使、社会责任的履行，厘定了我们人生的内涵和外延。人生的收入应当在履行社会责任时确认，费用应当在行使社会权利时确认。只有当行使的权利大于履行的责任，才需要确认亏损合同。再如，人生的利润表也应当关注营业外收支的分析，营业外收入是超越自己的义务对社会的额外奉献，如义务献血、慈善捐赠、关心弱者、见义勇为、环境保护等。营业外支出是超越自己的权利向社会的额外索取，如挥霍无度、浪费资源、贪污受贿、德不配位、沽名钓誉等。人生的营业外收支折射出的是情怀大小，境界高低。

本章小结

收入和费用的分析一要考察收入和费用入账是否符合会计原则，二要分析各项收入费用的变化趋势以及对利润的影响。具体分析有收入费用的定期趋势分析、环比趋势分析、收入的构成分析和费用的构成分析，通过上述分析从而发现分析线索，并对线索做进一步的挖掘。

人生的收入和费用与会计上的收入和费用其含义不同，确认的原则也不同，映射出的是豁达的人生观和正确的业绩观。

练　习

第四篇　现金流量表分析

第十二章　现金流量表的基本分析

学习目标

- 了解现金流量表的内容和基本结构；
- 理解现金流量表的勾稽关系；
- 掌握现金流量表的初步分析；
- 了解现金流量表的用途；
- 了解现金流量表与企业生命周期的关系。

学习重点

- 利用现金流量表分析企业的偿债能力、利润质量；
- 现金流量表的趋势分析；
- 学习现金流量分析的生命周期理论和波士顿矩阵。

思政要求

- 要有服务社会、奉献社会的意识和能力；
- 爱心和心血可以看作是人生现金流量表中的现金及等价物。

第一节　现金流量表的信息价值

一、能够提供现金流量的动态信息

现金流量表的编制基础为现金，它避免了应计制情况下因营运资金的增减变化而发生的信息操纵，使现金流量这一信息能比较客观地反映企业的资金流转情况。所以，企业

比较难以在现金流量表上利用会计原则的弹性空间操纵现金收支信息，现金流量相关信息均有对应的银行存款对账单等凭证供验证。

二、能反映资产的流动性和支付能力

传统上分析企业的偿债能力往往以资产负债表上的流动资产和流动负债的对应关系作为衡量标准。但是，即使企业不存在操纵利润的因素，营运资金仍无法很好地说明公司资产的流动性和支付能力。

流动资产包括货币资金、应收及预付款项、存货等。这些项目的流动性是不同的，典型的如应收账款，若难以从客户收回，纵然金额较大，仍不能说明公司的流动性好，有较强的偿债能力。库存积压的存货也属类似情况。现金流量从资金角度很好地补充反映了企业的偿债能力。

三、能从一个侧面评价企业利润的质量

利润质量的高低，可用利润的增长趋势、主营业务利润占利润总额的比重等来反映，也可通过经营活动现金流量与本期净利润的比较加以说明。由于会计处理包含了许多主观判断，如折旧方法与年限、坏账准备提取比例、存货计算方法等。因此，会计利润有一定的局限性。实际工作中，很可能利润数额较大，但没有相应的现金流入。销售大量发生，形成企业利润，但却出现巨额的应收账款不能回收。这种缺乏现金流支撑的利润难以为企业的持续发展提供资金上的支持和盈利上的质量保障，所以现金流信息就显得尤为重要。

四、有助于管理层有效管理现金

经营管理者通常十分关注现金流量信息，对管理层来说，维持流动性是和计量利润一样重要的。通过有效的现金管理，可以解决企业经营中各种各样的问题。例如，通过正确地预测现金收支的金额与时期，可以把借款减少到最低限度，从而节约利息支出。还有，如果能够通过企业内部的努力产生更多的现金，就不需要新增加外部的融资了。

综上所述，现金流量是反映企业最基本最重要经济事项的指标。它有助于经营者有效地管理现金，提高资金使用效率，有助于财务报表使用者评价企业的经营活动产生现金的能力、评价企业的偿债能力、支付股利的能力、评价企业的利润质量，有助于投资人进行投资的决策判断。

第二节　现金流量表的基本分析

一、偿债能力分析

将现金流量与债务有关数据结合，计算相关指标可以考察企业以现金流量为保障的短期和长期偿债能力大小。

(一) 现金流动比率

现金流动比率是经营活动现金流量净额与流动负债的比率,该比率同样反映了企业偿债能力的即付能力。

$$现金流动比率=\frac{经营活动现金流量净额}{流动负债}\times 100\% \tag{12-1}$$

指标值越大,表明企业的短期偿债能力越强。如果现金比率大于 1,表明企业即使不动用其他的流动资产,仅以当期产生的现金流量就能满足偿还短期债务的需要,但是一般情况下,债务不可能同时到期,所以通常要求比率在 0.4 以上比较理想,如指标为负值,则指标没有实际意义。

我们根据恒瑞医药及有关同行业的现金流量表及资产负债表的数据,进行表 12-3 中现金流量比率同行业的对比。

表 12-3　2020 年现金流动比率同行业比较分析表

项　目 \ 公　司	恒瑞医药	复星医药	莱美医药
经营活动现金流量净额(万元)	344 000.00	258 000.00	22 450.00
流动负债(万元)	378 000.00	2 487 000.00	170 100.00
现金流动比率(%)	91.01	10.37	13.20

从表 12-3 中可以看出,恒瑞医药的现金流动比率遥遥领先于同行业,说明恒瑞医药偿还债务能力较强,企业财务风险较低。

(二) 现金负债总额比率

现金负债总额比率是指经营活动现金流量净额与负债平均余额的比率,用来反映企业经营活动现金流量净额对负债整体上的保障程度。现金债务总额比率越高,表明企业偿还整体债务的能力越强。

$$现金债务总额比率=\frac{经营活动现金流量净额}{负债平均余额} \tag{12-2}$$

我们根据 2020 年恒瑞医药及有关同行业的现金流量表及资产负债表的数据,进行表 12-4 中现金债务总额比率同行业的对比。

表 12-4　2020 年现金债务总额比率同行业分析比较表

项　目 \ 公　司	恒瑞医药	复星医药	莱美医药
经营活动现金流量净额(万元)	344 000.00	258 000.00	22 450.00
负债平均余额(万元)	328 000.00	3 731 000.00	188 200.00
现金债务总额比率(%)	104.88	6.92	11.93

从表 12-4 中可以看出,由于恒瑞医药的负债主要由流动负债为主,故现金债务总额

比率与现金流动比率相近，所以恒瑞医药的偿还债务能力在行业还是领先的。

（三）到期债务本息偿付比率

到期债务本息偿付比率是指经营活动现金流量净额对本期到期债务本金和利息的比率，由于针对本期到期债务本金和利息，该比率同样也反映了企业偿债能力的即付能力。其计算公式如下：

$$到期债务本息偿付比率=\frac{经营活动现金流量净额}{本期到期债务本金+本期债务利息} \tag{12-3}$$

这个指标值要求至少大于 1，否则意味着企业必须通过其他方法筹集资金偿还到期的债务本金及利息。由于利息费用不易从报表中准确取值，故不取值计算。

（四）现金流量利息保障倍数

现金流量利息保障倍数是指经营活动现金流量净额与利息费用的比率，反映企业偿还利息费用的倍数。其计算公式如下：

$$现金流量利息保障倍数=\frac{经营活动现金流量净额}{利息费用} \tag{12-4}$$

利息费用的偿还是偿还负债的第一要求，显然现金流量利息保障倍数比利息保障倍数更能反映企业偿还利息的能力，特别是企业息税前利润和经营活动现金流量净额相差较大时，使用现金流量利息保障倍数更稳健，更保守。该指标需要母公司的利息费用，而利息费用数据很难在上市公司年报中获得，故这里就不计算了。

二、利润质量分析

将企业的现金流量与资产负债表、利润表等有关的数据结合起来计算的指标能够反映企业盈利质量的高低。由于经营活动是盈利的主要来源，故该类指标中现金流量是指，经营活动产生的现金流量净额或销售商品、提供劳务收到的现金。现金流量表反映盈利质量的比率主要有营业利润现金保证率、经营活动现金比率、销售收现比率和资产现金回收率。

（一）营业利润现金保证率

营业利润现金保证率主要反映经营活动产生的现金净流量与当期净利润的差异程度，即当期实现的净利润中有多少是有现金保证的。其计算公式如下：

$$营业利润现金保证率=\frac{经营活动现金流动净额}{净利润}\times 100\% \tag{12-5}$$

该指标能真实反映企业的盈利质量，是衡量净利润质量的常用指标。一般情况下，净利润越多，经营活动产生的现金净流量越大，盈利质量就越好，净利润现金含量就越高。

我们根据 2020 年恒瑞医药及有关同行业的现金流量表及资产负债表的数据，进行表 12-5 中营业利润现金保证率同行业的对比。

表 12-5　2020 年营业利润现金保证率同行业分析比较表

项目＼公司	恒瑞医药	复星医药	莱美医药
经营活动现金流量净额(万元)	344 000.00	258 000.00	22 450.00
净利润(万元)	631 000.00	394 000.00	－34 770.00
营业利润现金保证率(%)	54.52	65.48	－64.57

从表 12-5 中可以看出，由于医药制造行业属于弱周期行业的行业情况，恒瑞医药公司在营业利润现金保证率保持在同行业水平上，盈利质量较好。

（二）销售收现比率

销售收现比率反映企业产品销售既可能采用现销方式，也可能采用赊销方式，而销售收入中有多少是以现销的方式实现的，直接关系到销售的质量，进而关系到盈利的质量。销售收现比率是衡量企业通过销售回笼现金能力的指标，其计算公式如下：

$$销售收现比率=\frac{销售商品,提供劳务收到的现金}{营业收入(主营业务收入)}\times 100\% \qquad (12-6)$$

该指标数值至少超过 1，指标数值越高，说明公司盈利能力和盈利质量越高。

我们根据 2020 年恒瑞医药及有关同行业的现金流量表及资产负债表的数据，进行表 12-6 中销售收现比率同行业的对比。

表 12-6　2020 年销售收现比率同行业分析比较表

项目＼公司	恒瑞医药	复星医药	莱美医药
销售商品、提供劳务收到的现金(万元)	2 773 460.00	258 000.00	22 450.00
营业收入(主营业务收入)(万元)	2 416 000.00	3 031 000.00	158 400.00
销售收现比率(%)	114.80	8.51	14.17

从表 12-6 中可以看出，恒瑞医药公司在销售业务中的现销能力是领先于同行业的，但在销售过程中仍然存在部分挂账的现象，说明行业与客户议价还价空间确实有限。在此背景下，能够接近于 113%，充分说明了该企业在同行具有竞争力。

使用销售获现比率分析企业的利润质量（或盈利能力、获现能力）时，应当注意以下几点：

第一，关注分母是采用主营业务收入，还是采用营业收入。有的教材对该指标采用营业收入，我们认为公式中的分母采用主营业务收入较营业收入好，这样更能反映主营业务收入的获现能力。因此，销售获现比率的公式是销售获现比率＝销售商品、提供劳务收到的现金＋主营业务收入。第二，指标的比值判断标准。如果销售获现比率等于 113%，说明企业本期销售商品、提供劳务收到的现金与主营业务收入一致，没有形成挂账，周转良好；如果该指标大于 113%，说明企业信用政策合理，产品销售形势较好，收益质量较高，同时说明企业销售收入实现后所增加的资产转换现金速度快、质量高；如果该指标小于

113%，说明企业账面收入高，实际收到的现金少，挂账较多，企业主营业务收入没有创造相应的现金流入，此时应该更加关注企业债权资产的质量。

（三）资产现金收益率

资产现金收益率反映的是对资产利用效率的一种评价，它反映了每一元资产所能够获得的现金流量，从现金流的角度说明了资产的周转速度，其计算公式如下：

$$资产现金收益率=\frac{经营活动现金流量净额}{平均总资产余额}\times 100\% \qquad (12-7)$$

一般来说，该指标越高，表明企业资产的利用效率越高，资产获现能力越强，企业的盈利能力、盈利质量越好。

我们根据2020年恒瑞医药及有关同行业的现金流量表及资产负债表的数据，进行表12－7中销售收现比率同行业的对比。

表12－7　2020年资产现金收益率同行业分析比较表

项　目 \ 公　司	恒瑞医药	复星医药	莱美医药
经营活动现金流量净额（万元）	344 000.00	258 000.00	22 450.00
平均总资产余额（万元）	3 114 000.00	7 990 500.00	332 450.00
资产现金收益率（%）	11.05	3.23	6.75

从表12－7可以看出，恒瑞医药的总资产现金收益率与同业相比，优势非常显著，说明企业资源利用效率较高，资源使用的获现能力较同业强。

净资产现金收益率是指企业经营活动产生的净现金流量与平均净资产的比率。其计算公式如下：

$$净资产现金收益率=\frac{经营活动现金流量净额}{平均净资产余额}\times 100\% \qquad (12-8)$$

该指标反映企业利用净资产获取现金的能力，该指标值越高说明公司盈利能力、盈利质量和获现能力越好。

我们根据2020年恒瑞医药及有关同行业的现金流量表及资产负债表的数据，进行表12－8中营业利润现金保证率同行业的对比。

表12－8　2020年净资产现金收益率同行业分析比较表

项　目 \ 公　司	恒瑞医药	复星医药	莱美医药
经营活动现金流量净额（万元）	344 000.00	258 000.00	22 450.00
平均净资产余额（万元）	2 787 000.00	4 259 000.00	144 300.00
净资产现金收益率（%）	12.34%	6.06%	15.56%

从表12－8可以看出，恒瑞医药的净资产现金收益率同样很出色，该数据不仅远远超

过同行业，相对于其他行业也是优秀者，毫不逊色。

三、现金流量变化类型

由于特定时期的现金收支很容易大起大伏，如企业可以通过在会计期末变卖资产或举债增加现金存量，现金流量净额并不重要，重要的是现金流量要素的趋势和各个要素之间的关系。

经营活动、投资活动和筹资活动产生的现金流量之间的关系，因企业的行业特点、企业的成熟度等而异。按照各个活动分类产生的现金流量是正数还是负数，企业的现金流量状态呈八大类型，具体类型如表12-9所示。

表12-9　现金流量的类型

序　号	经营活动净现金流	投资活动净现金流	筹资活动净现金流	类　型
1	+	+	+	类型1
2	+	+	−	类型2
3	+	−	+	类型3
4	+	−	−	类型4
5	−	+	+	类型5
6	−	+	−	类型6
7	−	−	+	类型7
8	−	−	−	类型8

注："+"代表现金净流量为正数，"−"代表现金净流量为负数

表12-9给出了八种现金流量关系的类型。由八种现金流量的类型可以分析出每一类型下企业现金流量的特点，具体分析如下。

(1) 类型1。

企业筹资能力强，经营与投资收益良好，是一种较为理想的状态。此时应警惕资金的浪费，把握良好的投资机会

(2) 类型2。

企业进入成熟期。在这个阶段产品销售市场稳定，已进入投资回收期，经营及投资进入良性循环，财务状况安全，但很多外部资金需要偿还，以保持企业良好的融资信誉。

(3) 类型3。

企业高速发展扩张时期的表现。这时产品的市场占有率高，销售呈现快速上升趋势，造就经营活动中大量货币资金的回笼，当然为了扩大市场份额，企业仍需要大量追加投资，仅靠经营活动现金流量净额远不能满足所追加投资，必须筹集必要的外部资金作为补充。

(4) 类型4。

企业经营状况良好，可在偿还前欠债务的同时继续投资，但应密切关注经营状况的变化，防止由于经营状况恶化而导致财务状况恶化。

（5）类型5。

企业靠举债维持经营活动所需资金，财务状况可能恶化；投资活动现金流入增加是一个亮点，但要分析是来源于投资收益还是投资收回。如果是后者，企业面临的形势将更加严峻。

（6）类型6。

企业衰退时期的症状：市场萎缩，产品销售的市场占有率下降，经营活动现金流入小于流出，同时企业为了应付债务不得不大规模收回投资以弥补现金的不足。如果投资活动现金流量来源于投资收益还好，如果来源于投资收回，则企业将会出现更深层次的危机。

（7）类型7。

有两种情况：① 企业处于初创期阶段，企业需要投入大量资金，形成生产能力，开拓市场，其资金来源只有举债融资等筹资活动；② 企业处于衰退阶段，靠举债维持日常生产经营活动，如不能渡过难关，则前途不乐观。

（8）类型8。

这种情况往往发生在盲目扩张后的企业，由于市场预测失误等原因，造成经营活动现金流出大于流入，投资效益低下造成亏损，使投入扩张的大量资金难以收回，财务状况异常危险，到期债务不能偿还。

上述分类可以作为现金流量分析、判断的一般性思考。“一般性”的内涵是：有关的分类说明建立在固定资产投资是投资活动现金的主要用途这一假设上。

如果投资现金流量的主要内容是证券投资，则企业的状况将不同于上述分类所示。如类型3的投资内容为证券投资，不反映企业经营状况的不良；如类型6的投资内容为证券投资，不反映企业将来发展能力的高低。总之，具体分析时应该参考其他财务数据和信息综合评价现金流量的变动，绝不可以生搬硬套类型。表12-10为2016—2020年恒瑞医药的现金流量类型。

表12-10　2016—2020年恒瑞医药的现金流量类　　单位：万元

年份 活动分类	2016	2017	2018	2019	2020
经营活动	259 262.84	254 738.54	27 7421.27	381 683.29	343 193.48
投资活动	−264 959.06	−337 556.31	−285 550.96	−194 544.04	179 782.88
筹资活动	−19 489.04	21 954.09	−36 839.14	−71 850.85	29 118.83
现金流量净额	−25 185.26	−60 863.68	−44 968.83	115 288.4	552 095.19
类　型	类型4	类型3	类型4	类型4	类型1

2016年恒瑞医药经营活动良好，经营活动产生的现金流量为259 262.84万元，多项新药物获批准许临床试验，该项目投资现金流量为2 649 959.06万元，该公司筹资活动产生现金流量−19 489.04万元。但是经营策略比较保守，现金流量净额−25 185.26万元，大量资金用于理财而不是拓宽发展，属于类型4。

2017年筹集大量资金，因而筹集活动产生的现金流量为21 954.09万元，为研发新产品做准备，拓展市场，该活动产生现金流量为337 556.31万元，属于类型3。

2018 年公司研发出特种药物，具有良好疗效，经营收益有所增长，经营产生的现金流量 277 421.27 万元。恒瑞医药意识到过度依赖仿制药的危害，转变发展战略，逐渐由仿制药转向创新药发展，投资产生现金流量 285 550.96 万元。但是不能立即通过抢占新药市场扭转当前局面，从而不利于筹资，属于类型 4。

2019 年招聘大量销售人员，销售费用猛增，该公司当年经营活动产生的现金流量为 381 683.29 万元，投资活动产生现金流量为－194 544.04 万元。董事长陷入丑闻，公司涉及多起向医生等相关人员行贿事件，导致公司筹资困难，本年度筹资活动产生现金流量－71 850.85 万元，数额持续降低。该年现金流量净额为 115 288.4 万元，数额由负转正，属于类型 4。

2020 年董事长换人，调整发展方向，开始转型，拓宽国际市场，海外业务量加大，经营活动产生的现金流量为 343 193.48 万元。但同时市值大幅缩水，是因为国家对抗肿瘤新药研发乱象的整治，对外投资，当年投资活动产生现金流量为 179 782.88 万元，筹资活动产生现金流量为 29 118.83 万元，该活动产生现金流量为 552 095.19 万元，筹资力度加大，属于类型 1。

课堂思考

1. 有人认为，现金流量表相对资产负债表和利润表来说不易造假，你同意这种说法吗，为什么？

2. 企业将应收票据向银行贴现所得到的现金流量，是划分为经营活动产生的现金流量，还是划分为筹资活动产生的现金流量，为什么？

第三节　现金流量表的趋势分析

一、纵向结构分析

（一）现金流入的结构分析

现金流入的结构反映的是企业各项目业务活动的现金流入比重，即分别以经营活动产生的现金流入量、投资活动产生的现金流入量、筹资活动产生的现金流入量为关键项目，并以此项目的数据作为基数（即为 100%），然后将各类中的现金流入项目都以这个关键项目的百分比形式表示。通过现金流入构成分析，可以明确企业的现金来源，如表 12－11 所示。

表 12－11　恒瑞医药 2020 年现金流入结构分析　　单位：万元

项　目	金　额	部分结构百分比
经营活动现金流入	2 453 656.18	100.00%
销售商品、提供劳务收到的现金	2 415 587.22	98.45%

续　表

项　目	金　额	部分结构百分比
收到其他与经营活动有关的现金	37 997.6	1.55%
投资活动现金流入	2 999 022.7	100.00%
收回投资所收到的现金	2 964 524.61	98.85%
取得投资收益所收到的现金	34 142.45	1.14%
处置固定资产所收回的现金净额	355.64	0.01%
筹资活动现金流入	132 029.23	100.00%
吸收投资所收到的现金	132 029.23	100.00%
借款所收到的现金	0	0.00%
收到的其他与筹资活动有关的现金	0	0.00%
现金流入合计	5 584 708.11	100.00%

（二）现金流出的结构分析

现金流出的结构反映的是企业各项目业务活动的现金流出比重，即分别以经营活动产生的现金流出量、投资活动产生的现金流出量、筹资活动产生的现金流出量为关键项目，并以此项目的数据作为基数(即为100%)，然后将各类中的现金流出项目以这个关键项目的百分比形式表示。通过现金流出构成分析，可以明确企业的现金流分别用于三项活动的哪些具体方面，如表12－12所示。

表12－12　恒瑞医药2020年现金流出结构分析　　单位:万元

项　目	金　额	部分结构百分比
经营活动现金流出	2 110 462.7	100.00%
购买商品、接受劳务支付的现金	114 784.97	5.44%
支付给职工以及为职工支付的现金	562 843.45	26.67%
支付的各项税费	302 251.33	14.32%
支付的其他与经营活动有关的现金	1 130 582.94	53.57%
投资活动现金流出	2 819 239.82	100.00%
购建固定资产所支付的现金	55 432.85	1.97%
投资所支付的现金	2 763 806.97	98.03%
筹资活动现金流出	10 2910.4	100.00%
偿还债务所支付的现金	0	0.00%
分配股利、利润或偿付利息所支付的现金	101 712.71	98.84%
支付其他与筹资活动有关的现金	1 197.68	1.16%
现金流出合计	5 032 612.92	100.00%

二、横向结构分析

（一）编制企业现金流量趋势分析表

恒瑞医药横向结构百分比现金流量表如表 12－13 所示。

表 12－13　恒瑞医药横向结构百分比现金流量表　　单位：万元

项　目 ＼ 年　份	2019	2020	增加百分比
一、经营活动产生的现金流量：			
销售商品、提供劳务收到的现金	2 327 984	2 415 587	3.76%
其他与经营活动有关的现金	32 655	37 998	16.36%
现金流入小计	2 360 640	2 453 656	3.94%
购买商品、接受劳务支付的现金	10 8505	11 4785	5.79%
支付给职工以及为职工支付的现金	393 057	562 843	43.20%
支付的各项税费	242 824	302 251	24.47%
支付其他与经营活动有关的现金	1 234 571	1 130 583	−8.42%
现金流出小计	1 978 956	2 110 463	6.65%
经营活动产生的现金流量净额	381 683	343 193	−10.08%
二、投资活动产生的现金流量：			
收回投资收到的现金	2 687 717	2 964 525	10.30%
取得投资收益收到的现金	30 736	34 142	11.08%
处置固定资产、无形资产和其他长期资产收回的现金净额	120	356	195.53%
现金流入小计	2 718 573	2 999 023	10.32%
购建固定资产、无形资产和其他长期资产支付的现金	56 135	55 433	−1.25%
投资支付的现金	2 856 982	2 763 807	−3.26%
支付其他与投资活动有关的现金			
现金流出小计	2 913 117	2 819 240	−3.22%
投资活动产生的现金流量净额	−194 544	179 783	−192.41%
三、筹资活动产生的现金流量：			
吸收投资收到的现金	9 701	132 029	1 260.94%
其中：子公司吸收少数股东投资收到的现金	9 701	14 910	53.70%
现金流入小计	9 701	132 029	1 260.94%

续　表

项　目 \ 年　份	2019	2020	增加百分比
偿还债务支付的现金	0	0	0
分配股利、利润或偿付利息支付的现金	81 089	1017 13	25.43%
支付其他与筹资活动有关的现金	463	1 198	158.57%
现金流出小计	81 552	102 910	26.19%
筹资活动产生的现金流量净额	−71 851	29 119	−140.53%
四、汇率变动对现金及现金等价物的影响	1 231	−8 908	−823.80%
五、现金及现金等价物净增加额	116 519	543 187	366.18%
加:期初现金及现金等价物余额	386 573	503 092	30.14%
期末现金及现金等价物余额	503 092	1 046 279	107.97%

（二）分析企业经营活动的现金流量变动趋势

由表 12－11,可以对恒瑞医药经营活动现金流量变动趋势做出如下分析。

1. 分析经营活动现金流入量趋势

恒瑞医药的经营活动现金流入量 2019 年为 2 360 639.74 万元,2020 年增至 2 453 656.18 万元,其变动额为 93 016.44 万元,变动率为 3.94%。其增长的主要原因是收到其他与经营活动有关的现金产生的。

2. 分析经营活动现金流出量趋势

恒瑞医药的经营现金流出量 2019 年为 1 978 956.45 万元,2020 年增至 2 110 462.70 万元,增加了 131 506.25 万元,增长率为 6.65%。其主要原因是支付给职工以及为职工支付的现金增加而造成的。

3. 分析经营活动现金净流量趋势

恒瑞医药 2019 年的经营活动现金净流量为 381 683.29 万元,2020 年为 343 193.48 万元,增长额为－38 489.81 万元,增长率为－10.08%。主要是经营活动现金流入量小于现金流出量所导致的。

（三）分析企业投资活动的现金流量变动趋势

1. 分析投资活动现金流入量趋势

恒瑞医药 2019 年的投资活动现金流入量为 2 718 572.92 万元,2020 年为 2 999 022.70 万元,增长率为 10.32%,其增长的主要原因是收回投资收到的现金产生的。

2. 分析投资活动现金流出量趋势

甲公司 2019 年投资活动的现金流出量为 2 913 116.97 万元,2020 年为 2 819 239.82 万元,增长额为－93 877.15 万元,增长率为－3.22%,该公司的投资活动的现金流出量呈下降趋势,其主要原因是投资支付的现金减少。

3. 分析投资活动现金净流量趋势

恒瑞医药投资活动产生的现金流量净额逐年增加。2019 年为－194 544.04 万元，2020 年为 179 782.88 万元。变动额为 374 326.92 万元，变动率为－192.41％。2019 年和 2020 年这两年投资活动产生的现金流量净额由负转正的原因是收回投资收到的现金增加以及投资支付的现金减少。

（四）分析企业筹资活动的现金流量变动趋势

1. 分析筹资活动现金流入量趋势

恒瑞医药 2019 年筹资活动现金流入量为 9 701.31 万元，2020 年 132 029.23 万元，增长额为 122 327.92 万元，增长率为 1 260.94％，通过分析可知 2020 年该公司筹资力度加大，获得了大量现金。

2. 分析筹资活动现金流出量趋势

恒瑞医药 2019 年筹资活动现金流出量为 81 552.16 万元，2020 年为 102 910.40 万元，增长为 21 358.24 万元，变动率为 26.19％，筹资活动现金流出量发生变化主要是因为分配股利、利润或偿付利息所支付的现金而造成的。

3. 分析筹资活动现金净流量趋势

恒瑞医药 2019 年筹资活动产生的现金流量净额为－71 850.85 万元，2020 年筹资活动产生的现金流量净额为 29 118.83 万元。变动额为 100 969.68 万元，变动率为－140.53％，2020 年筹资活动产生的现金流量净额的增加是由于当年大量吸收投资收到的现金增加。

第四节　现金流量分析的相关理论

一、生命周期理论

企业的生命周期大致可分为四个阶段：初创阶段、成长阶段、成熟阶段和衰退阶段。一个企业可能因竞争程度和竞争实力的不同而经历其中全部的阶段或只是经历部分阶段。不同阶段的企业其成本态势、利润优劣和对现金的需求各不相同如图 12－4 所示。

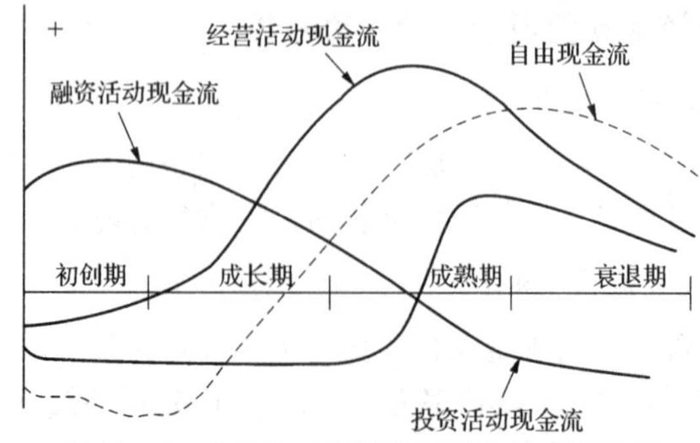

图 12－4　企业生命周期不同阶段的现金流量

（一）初创阶段企业的现金特征

企业在生命周期的不同阶段在现金流量上也有不同的表现。处于发展阶段的企业，因竞争者少，利润高，成本也高，是饥渴的现金使用者，需要大量的现金来购买厂房设备和支付员工工薪，同时销售收回的现金却较少。该阶段体现的现金流量状况通常是：投资活动活跃，投资活动用去的现金流量远大于经营活动产生的现金流量；存在着大量对外筹资需求，筹资活动产生的现金流量巨大，由于净利润尚低，

固定资产折旧、各种摊销和应计费用对经营活动产生的现金流量的贡献较大；现金变动额有时还会表现为净增加。所以对于这一类企业的价值评判应结合资本规模、技术力量、发展前景、盈利能力和营销能力进行分析。

（二）成长阶段企业的现金特征

进入成长阶段，企业面临新竞争者的加入，竞争趋于激烈，但是，其产品往往还没有形成差别性，客户也没有对某个企业的产品有所偏好。等进入饱和阶段，行业增长速度普遍下降，利润开始下降；但企业的效率提高，成本降低，客户开始注意差别性，具有独特优势、独特产品的企业在争夺市场份额方面居领先地位。处于这种不断增长阶段的企业，其现金需求远远超出其产生现金的能力，必须不断地扩充厂房设备以迅速发展，达到规模经济的生产，否则等待它们的不是被兼并便是经营失败。该阶段表现出的现金流量的特点有经营活动现金逐年大幅度增长，对折旧、摊销和应计费用的依赖依旧，经营活动产生的现金流量净额大大低于投资活动需要的现金流量，筹资活动引入的现金流量仍相当巨大。稳定增长的企业基本上能够实现依赖内部（如折旧额）为增长筹资。随着大部分潜在市场被渗透，企业追回生产能力的速度放慢。

（三）成熟阶段企业的现金特征

在成熟阶段，企业面临市场缓慢增长和竞争日益加剧的局面。在这个阶段的企业往往以低价格策略扩大销售，同时销售支出大幅增加。成熟阶段的企业对资本的需求较小，顾客对其产品的需求增长缓慢，公司不需要在扩大生产能力方面迈太大的步子。成熟阶段的企业尽管通常介入多种行业，但销售额增长缓慢。同时，多元化经营导致重组频繁，重组费用高昂。该阶段的企业常步入的误区是：产品陈旧过时，无法满足顾客对改善辅助性服务、拓宽产品选择范围的需求。因此，该阶段现金流量的特点是：净利润和折旧额、摊销额之和常常足以抵偿投资支出。营运资金变动对经营活动产生的现金流量的影响甚微。富余的现金流量净增加额会使企业能够支付大量的股利给股东和偿还借款。筹资活动产生的现金体现为巨额流出。成熟期的战略重点是尽可能实现财务报酬最大化。因此，在这一阶段，应该利用利润和投资报酬率等指标评价企业，同时还应关注企业的边际利润水平。

（四）衰退阶段企业的现金特征

在衰退阶段，一些企业因竞争失败离开本行业或破产。处在衰退阶段的企业通常也是净现金使用者，即现金变动额体现为净减少，但原因与成长阶段的企业有所不同。处在成长阶段的企业因为拥有太多的有吸引力的投资机会而耗用现金，而处在衰退阶段的企业则源于其低盈利能力而降低创造现金能力所致，微薄的净利润和折旧等无法满足再投

资所需的资金。为弥补现金流量不足,企业常常要增加债务或清理证券投资和其他资产,从而出现大额的投资、筹资活动产生的现金流入量,衰退阶段的企业会倾向于保留股利和举债以维持生存。分析这一阶段的企业,应特别重视其当前现金流量和未来现金流量的预期,以及决定未来盈利和现金流的核心竞争能力。

总之,全面仔细地分析过去现金流量的变动趋势、投资方向,将是有效预测企业未来现金流量的第一步。要想对企业偿债能力和获取现金能力做出正确评价,还需结合经济整体发展状况、企业所处行业的前景和性质、竞争对手情况、企业管理当局的管理水平以及企业竞争实力等多方面资料。

二、波士顿矩阵

波士顿矩阵(BCG Matrix)为现金流量表提供一个新的视角,是由美国著名的管理学家波士顿咨询公司创始人布鲁斯·亨德森(Bruce Henderson)于 1970 年首创的一种用来分析和规划企业产品组合的方法。这种方法的核心在于,解决如何使企业的产品品种及其结构适合市场需求的变化,并如何将企业有限的资源有效地分配到合理的产品结构中去,以保证企业收益,是企业在激烈竞争中能否取胜的关键。

企业的产品可以分为四类:明星产品,现金牛产品,瘦狗产品,问题产品,它们与市场份额和整体市场成长性的相互关系如图 12-5 所示。

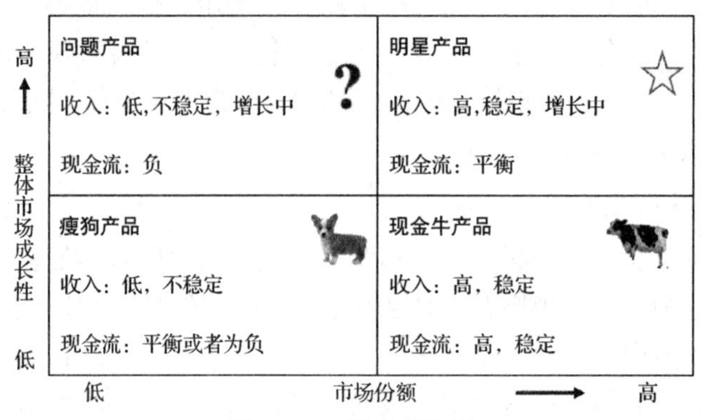

图 12-5 波士顿矩阵

(一) 明星产品

这是企业产品处于成长时期的最佳状态。在这一象限里,企业的产品市场具有很高的成长性,且企业产品的市场占有率很高。拥有这类产品的企业,其销售收入具有很高的成长潜力,但现金流量并不十分充裕。现金明星的"强项"在于创造利润,而非现金。

(二) 现金牛产品

这是企业产品处于成熟时期的次优状态。在这一象限里,企业产品的市场占有率虽然很高,但产品市场处于产品生命周期的成熟阶段,成长性较低,产品所需的支持成本也较低。拥有这类产品的企业,其销售收入的成长性有限,但现金流量十分充裕。现金牛产品"吃进去的是青草,挤出来的是现金"。

（三）问题产品

这是企业产品处于成长时期的次优状态。在这一象限里，尽管企业的产品市场处于高速成长阶段，但企业产品因缺乏竞争力或促销不力，市场占有率偏低，且产品的开发和销售需要大量的资金支持。拥有这类产品的企业，其销售收入成长潜力充满不确定性，现金流量缺乏稳定性，有时甚至入不敷出。问题产品麻烦不断，投入多，产出少。“调教”得好，问题小孩可以转化为现金明星，“调教”得不好，问题产品可能转化为瘦狗产品。

（四）瘦狗产品

这是企业产品处于衰退时期的最差状态。在这一象限里，企业的产品市场不断萎缩，企业产品的市场占有率很低，产品的开发和销售需要大量的资金支持。拥有这类产品的企业，其销售收入每况愈下，现金流量入不敷出、捉襟见肘。现金瘦狗非但“挤不出”现金，反而“吃掉”现金。

通过运用波士顿矩阵与现金流量表分析，使和达公司明确了产品定位和发展方向，对于企业投资的选择起到了举足轻重的作用。但波士顿矩阵仅仅是一个工具，问题的关键在于要解决如何使企业的产品品种及其结构适合市场需求的变化。

课堂思考

1. 生命周期不周阶段的企业现金流量具有什么特点？

2. 在对现金流量表的研究过程中，我们经常发现对一家成长型的、极具发展潜力的企业来说现金净流量很可能是负数。而对一个经营连续亏损、已纳入清算或停业计划的企业现金流量倒有可能是净增加的。这一现象是什么原因造成的？

思政映射

物质层面的人生现金流量表反映了个体的财务自由度，而精神层面的人生现金流量表则记述了个体对社会的服务与付出。与会计上的现金流量一样，人生的现金流量表也可以分成三类。可以把爱心和心血看作是人生现金流量表中的现金及等价物；把个体服务社会、贡献社会的付出和回报，比作是人生的经营活动现金流量净额；把个体提高服务社会、奉献社会能力的投入与产出，比作为人生的投资活动现金流量净额；把筹措服务社会、奉献社会资源的成本与收益，比作为人生筹资活动现金流量的净额。人生最大的成就，不是以金钱和地位衡量，而是一生中你善待过多少人、帮助过多少人，有多少人怀念你、感恩你、铭记你。生意的账簿记录的收入与费用，两者相减就是盈利，人生的账簿，记录着爱与被爱，两者相加便是成就。把世俗的报表编得光彩夺目，充其量只能说明世俗人生经营得成功，但不足以证明你把精神人生过得灿烂辉煌。唯有把精神层面的现金流量表书写得熠熠生辉，才能实现从经济动物向社会公民的升华。

本章小结

现金流量是评价企业财务状况和绩效的一个重要标准，也是评价企业偿债能力和企业盈利质量的重要部分。通过对现金流量趋势的分析可以使报表使用者了解企业财务状况的变动过程及其变动原因，能够分析企业获取收益的质量等，并在此基础上预测企业未来的财务状况，为企业的决策提供依据；通过计算和对比涉及现金流量表数据的相关比率，揭示现金流量表所蕴含的对利益相关者决策有用的偿债能力、盈利能力、支付能力以及财务弹性等方面的信息。同时让学习者了解现金流量的分类，处于不同生命周期的企业可能具有的现金流量特征，会计政策选择、营运资金变动对现金流量的影响，经营活动现金流量与净利润的关系。

爱心和心血可以看作是人生现金流量表中的现金及等价物，同样可以人生经营活动的现金净流量、人生投资活动的现金净流量和人生筹资活动的现金净流量，当然与企业会计上讲的现金流量是迥然不同的。

练　习

课后练习题，请扫描左侧二维码获取。

第十三章　现金流量分析

学习目标

- 掌握经营活动现金流量分析的主要要点；
- 掌握投资活动现金流量分析的主要要点；
- 掌握筹资活动现金流量分析的主要要点；
- 了解现金流量的会计操控手段。

学习重点

- 影响经营活动现金流量的主要因素；
- 学习直接法和间接法下的经营活动现金流量表；
- 理解经营活动、投资活动与筹资活动的关系；
- 学习直接法和间接法下的经营活动现金流量表。

思政要求

- 要有责任担当和奉献社会的人生自觉；
- 要有追求人生净流量最大化的能力和水平。

第一节　经营活动现金流量分析

经营活动现金流量上升是企业健康的象征，它昭示公司销售增长、现金流改善和经营趋于成长。

一、经营活动产生的现金流量

（一）经营活动现金流入

经营活动现金流入主要包括以下三个方面。

（1）销售商品、提供劳务收到的现金。该项目反映报告期内上市公司因销售商品、提供劳务而实际收到的现金，包括销售收入及应向客户收取的增值税销项税额。本期实际收到的现金，既包括本期销售商品或提供劳务收到的现金，也包括本期收到前期销售商品或提供劳务应收的现金,以及本期预收的款项。如果发生销货退回,无论是本期销售的商品本期退回还是前期销售的商品本期退回,因退货支付的现金都从本期收到的现金中扣除。另外,公司销售需用的材料和代购代销业务等取得的收入,作为其他业务收入计入营业收入,所收到的现金也在本项目反映。

如果公司经营情况稳定,每年收回以前年度的赊销金额与本年度赊销金额应大致相当,而每年因预收货款而产生的现金流量,与当年因交付前期预收款的货物而实现的销售收入也应相对稳定,那么就可以用销售商品、提供劳务收到的现金数额与利润表中的营业收入相比,判断公司销售的收现情况。在公司虚构收入的情况下,通常不会收到货款,从而表现为异常低的营业收入收现比。

(2) 收到的税费返还。该项目反映上市公司收到返还的各种税费,如收到返还的增值税、消费税、所得税、关税及教育费附加等。

(3) 收到其他与经营活动有关的现金。该项目反映上市公司除了上述各项目外,收到的其他与经营活动有关的现金流入。例如,公司通过经营租赁活动收到的租金等。

(二) 经营活动现金流出

上市公司经营活动现金流出主要包括以下几方面。

(1) 购买商品、接受劳务支付的现金。该项目反映公司购买商品、接受劳务实际支付的现金,包括本期购买商品和接受劳务支付的现金(包括价款和增值税进项税额)、本期支付前期购入商品和接受劳务的应付未付款项,以及本期为购买商品和接受劳务而预付的款项。对于本期发生的购货退回收到的现金,应从本项目中扣除。

(2) 支付给职工以及为职工支付的现金。该项目反映上市公司本期实际支付给职工的工资、奖金、各种津贴和补贴等,以及为职工支付的“五险一金”等。

(3) 支付的税费,以及本期支付以前发生的税费和预缴的税费。公司支付的税费通常包括所得税、增值税、消费税、印花税、房产税、土地增值税、车船使用税、教育费附加等。一般不包括计入固定资产价值实际支付的耕地占用税等。本期退回的增值税、所得税在“收到的税费返还”项目反映。

(4) 支付其他与经营活动有关的现金。该项目反映公司除上述各项目外,支付的其他与经营活动有关的现金流出。例如,公司支付的经营租赁的租金、差旅费、业务招待费、保险费、罚款支出等。

二、不同计算方法下的经营活动现金流量表

(一) 直接法

所谓直接法是指通过现金收入和现金支出的主要类别列示经营活动的现金流量。直接法是指通过现金流入和支出的主要类别直接反映来自企业经营活动的现金流量的报告方法。采用直接法报告现金流量,可以揭示企业经营活动现金流量的来源和用途,有助于预测企业未来的现金流量。以江苏恒瑞医药有限公司为例,其 2016—2020 年现金毛利率和销售毛利率如表 13 - 1 所示。

表 13－1　2016—2020 年恒瑞医药现金毛利率和销售毛利率　　单位：万元

项目 \ 年份	2016	2017	2018	2019	2020
现金流量表：					
销售收现额	1 312 233.8	1 403 286.8	1 715 720.9	2 327 984.3	2 415 587.2
购货付现额	151 887.19	72 279.38	85 678.85	108 504.53	114 784.97
现金毛利	1 160 346.6	1 331 007.4	1 630 042	2 219 479.8	2 300 802.3
现金毛利率(%)	88.43	94.85	95.01	95.34	95.25
利润表：					
销售收入	1 109 372.4	1 383 562.9	1 741 790.1	2 328 857.7	2 773 459.9
销售成本	143 463.14	184 987.71	233 456.81	291 294.41	334 868.97
销售毛利	965 909.27	1 198 575.2	1 508 333.3	2 037 563.3	2 438 590.9
销售毛利率(%)	87.07	86.63	86.60	87.49	87.93
其他比率：					
销售收现率(%)：(销售收现/销售额)	118.29	101.43	98.50	99.96	87.10
购货付现率(%)	105.87	39.07	36.70	37.25	34.28
(购货付现/销售成本)					

数据来源：恒瑞医药公司 2016－2020 年财务报表。

从图 13－1 中我们可以看出，恒瑞医药现金毛利从 2016 年起逐年稳步增长，2020 年增长了近一倍。现金毛利率整体处于缓慢上升趋势，并高于销售毛利率，这说明产品竞争力得到提高，与创新药销售比例提高有关。同时这是一个很好的征兆，说明企业很好地控制了现金和营运资金。销售收现率自 2016 年至 2020 年逐年下降，说明公司内部信用管理制度出现问题。购货付现率波动较大，2016 年至 2020 年呈大幅下降的趋势，表明赊购较多，虽节约了现金，充分利用了财务杠杆效应，但增加了负债，加大了公司以后的偿债压力。图 13－1 显示了江苏恒瑞医药股份有限公司 2016—2020 年经营活动现金流量净额的变动情况。

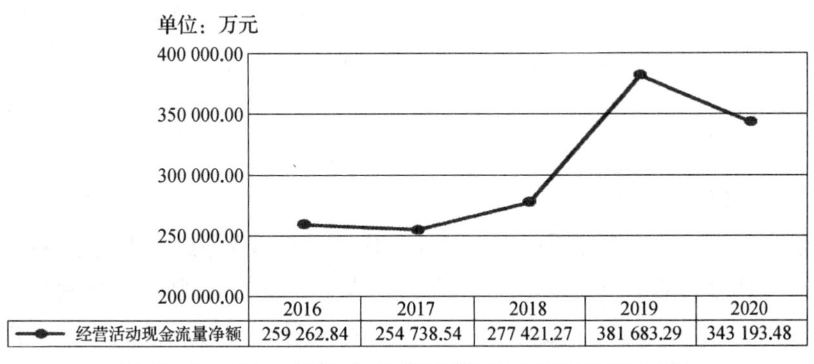

图 13－1　2016—2020 年恒瑞医药投资经营活动现金流量

（二）间接法

间接法是在企业当期取得的净利润的基础上，通过有关项目的调整，从而确定出经营活动的现金流量。采用间接法报告现金流量，可以揭示净收益与净现金流量的差别，有利于分析收益的质量和企业的营运资金管理状况。我国会计准则中规定，经营活动现金流量的列报在正表中采用直接法，同时要求在现金流量表补充资料中用间接法披露将净利润调节为经营活动的现金流量。

一般来说，企业经营活动产生的现金流量与净利润之间并不协调一致。其中最重要的一个原因是净利润的计算是以权责发生制为基础，而经营活动产生的现金流量只计算其中有现金收支的部分，即以收付实现制为基础。此外两者所含的项目还有重大的差别。例如，处置投资或固定资产所产生的利得或损失包含在净利润中，而处置这些投资或资产所产生的现金流量却反映为投资活动产生的现金流量。

由于净利润和经营活动产生的现金流量之间的确定基础不一致，于是产生了如何把握两者之间关系的疑问和需求。现金流量表的间接法顺应这种需求，将净利润调整为经营活动产生的现金流量。

我国的《企业会计准则 31 号——现金流量表》要求企业采用直接法列示经营活动产生的现金流量，同时在附注中披露将净利润调节为经营活动现金流量的信息。而根据第 7 号国际会计准则(IAS 7)和美国 95 号财务会计准则(SFAS 95)的要求，企业可以在直接法和间接法中任选一种，作为报告经营活动产生的现金流量的基础，大多数企业选样的是间接法，将权责发生制下确定的净利润调节为收付实现制下经营活动产生的现金流量。我国同时采用直接法和间接法报告经营活动现金流量，一方面可以向财务报表使用者提供更加充分的信息，另一方面增加了企业的遵从成本。

不论是直接法，还是间接法，报告的经营活动现金流量都是相等的，两种方法各有利弊。按直接法列示经营活动产生的现金流量优点是直截了当，易于理解，能够反映企业现金流量的来踪去迹，缺点是编制成本较高。按间接法列示经营活动产生的现金流量，优点是可节省大量的编制成本，缺点是编制过程不够直观，需要有一定的会计基础知识方能理解。

三、经营活动产生的现金流量的质量分析

经营活动是企业经济活动的主体，经营活动产生的现金流量体现了企业“自我造血”的功能。因此，在企业各类现金流量中，经营活动现金流量显得尤为重要。对经营活动现金流量的质量分析同样如此，下面，我们从真实性、充足性、合理性、稳定性和成长性五个方面对其质量进行分析。

（一）真实性分析

判断企业经营活动现金流量的真实性比较困难。但我们仍然可以通过对比上市公司中报和年报的经营活动现金流量，考察经营活动现金流量的均衡性，初步判断经营活动现金流量的真实性。其基本原理是，在考虑一些行业本身销售特点导致现金回笼特点的前提下，感性判断企业经营活动现金流量的回笼形态是否与行业自身现金回笼特点相符合，

从而判断企业是否存在异常现金流的现象。另外如果企业出现大额预收账款，分析者也应该保持警惕，警惕企业通过虚构预收账款交易，粉饰主营业务现金流量。当企业有大量关联交易时，应注意分析企业可能存在借助关联方归还借款、占用关联方资金、现金流量项目类别归属错误等事项来粉饰经营活动现金流量的情形。

（二）充足性分析

经营活动现金流量的充足性，是指企业是否具有足够的经营活动现金流量满足其正常运转和规模扩张的需要。在企业的初创期或扩张转型期，企业暂时出现经营活动现金流量为负，是企业在发展过程中不可避免的正常状态。在其他时期，如果企业经营活动产生的现金流量仍然十分有限，其质量自然不会太高，而且影响企业的未来发展。对于企业经营活动现金流量的充足性分析，既可以从绝对值的角度也可以从相对值的角度进行分析判断。

1. 从绝对量的角度衡量充足性

以绝对量的角度衡量经营活动现金流量的充足性，主要是通过分析经营活动现金流量能否延续现有的经营规模，来判断经营活动现金净流量是否正常，也就是判断企业能否维持简单再生产。主要从以下两个方面来分析判断：

第一，通过计算经营现金净流量的多少来分析判断。如果企业仅靠内部积累维持当前的生产经营能力，其经营活动现金流入量就必须能够抵补当期经营活动的现金流出量（即付现成本）、以“固定资产折旧、无形资产和其他长期资产摊销额”为表现形式的前期支付的需要在当期和以后各期收回的长期资产支出，以及前期支付需要当期损益的摊销（主要是待摊费用）或已计入当期损益但尚未支付的费用（主要是预提费用）等支出。因此，用绝对值衡量经营活动现金流量是否充足，可用下面的公式来计算衡量：

$$\begin{matrix}\text{经营活动}\\\text{现金流量}\end{matrix} \geqslant \left(\begin{matrix}\text{本期}\\\text{折旧额}\end{matrix} + \begin{matrix}\text{无形资产及其他}\\\text{长期资产摊销额}\end{matrix} + \begin{matrix}\text{待摊费用}\\\text{摊销额}\end{matrix} + \begin{matrix}\text{预提费用}\\\text{提取额}\end{matrix}\right)$$

公式的左边是已经扣除了付现成本后的经营活动现金净流量，公式的右边是企业的非付现成本。如果上式成立，我们基本可以判断该企业的经营活动现金流量是比较充足的。

以 2020 年恒瑞医药数据为例，企业当年经营活动现金净流量为 343 193 万元，非付现成本为 19 763 万元，则上式成立，说明 2020 年恒瑞医药经营活动的现金流量十分充足。

根据企业的实践经验，处于正常发展状态和运行状态的企业，一般在年度存货周转速度达到两次以上时，经营活动产生的现金流量净额应当大于核心利润的 1.2 倍。因此，只有当企业年存货周转率超过两次且经营现金流量净额大于核心利润的 1.2 倍时，经营活动现金流量才属正常且具有充足性，现有规模下的简单再生产才能得以持续。值得注意的是，在企业经营周期超过一年的情况下，企业各个会计年度的现金流量的分布可能会出现与核心利润的分布有较大差异的情况。

第二，用自由现金流量来衡量。经营活动现金净流量虽然能够揭示企业“造血功能”的强弱，但即使是正值的经营活动现金净流量也未必能够说明企业有足够的现金用于还本付息或支付股利。因此，衡量企业还本付息和支付现金股利能力在现实生活中更加广为人知的指标是“自由现金流量”。一般认为，自由现金流量有广义和狭义之分。广义的自由现金流量等于经营活动产生的现金净流量减去维持经营规模的资本性支出，可用于衡量企业还本付息和支付现金股利的能力。狭义的自由现金流量等于经营活动产生的现金净流量减去维持现有经营规模的资本性支出和现金股利，可用于衡量企业利用内部现金资源进行扩张，把握市场机遇或应对市场逆境的能力。狭义的自由现金流量不考虑偿还长期债务的因素，而是假设长期债务最终将由长期资产或偿债基金偿还。为了在反映充足性的同时更好地反映企业财务弹性，本章使用狭义的自由现金流量，其计算公式如下：

狭义自由现金流量＝经营活动产生的现金净流量－（资本支出＋现金股利）

狭义的自由现金流量，可以用来评估企业的财务弹性（即评估企业利用内部现金资源把握市场新出现的机遇和应对市场突发逆境的能力）和利用内部资源进行扩展的能力。

2. 从相对量的角度衡量充足性

以相对量的角度衡量经营活动现金流量的充足性，主要是通过了解经营活动现金流量能否满足扩大再生产的资金需要，来分析判断其充足性。具体是分析经营活动现金流量对企业投资活动的支持力度，以及对筹资活动的风险规避水平。可以通过计算现金流量充裕（足）率、经营现金流量对资本支出比率、经营现金流量对借款偿还比率、经营现金流量对股利支付比率，以及折旧摊销影响比率等典型指标来分析判断。值得注意的是，反映企业经营活动现金流量充足性的指标中，最重要、信息量最大的是现金流量充足率，其他比率提供的基本都是单方面信息，分析者可以根据需要选择使用。

(1) 经营现金流量对资本支出比率。经营现金流量对资本支出比率是指企业经营活动现金流量净额相对于企业购建固定资产现金支出的比率，其计算公式是：

经营现金流量对资本支出比率＝经营活动现金净流量÷购建固定资产现金支出

该比率用来衡量企业利用经营活动产生的现金流量进行固定资产更新改造的能力。该比率越大，表明企业更新改造固定资产的能力越强。这个比率其实就是广义自由现金流量的另一个表现形式。

(2) 经营现金流量对借款偿还比率。经营现金流量对借款偿还比率是指企业经营活动现金流量净额相对于企业偿还借款本息的比率，其计算公式是：

经营现金流量对借款偿还比率经营活动现金净流量÷偿还借款现金流出

该比率用于衡量企业利用当年经营活动产生的现金流量偿还银行借款的能力。比率越高，表明企业偿还银行借款的能力越强。

(3) 经营现金流量对股利支付比率。经营现金流量对股利支付比率是指企业经营活动现金流量净额相对于企业支付现金股利的比率，其计算公式是：

经营现金流量对股利支付比率＝经营活动现金净流量÷支付股利的现金流量

该比率用于衡量企业利用当年经营活动产生的现金流量发放现金股利的能力。比率越高，表明企业发放现金股利的能力越强。

(4) 折旧摊销影响比率。折旧摊销影响比率是指企业经营活动现金流量净额中长期资产的定期折旧和摊销的比例，其计算公式是：

折旧摊销影响比率＝(折旧费用＋摊销费用)÷经营活动产生的现金净流量

从财务的角度，企业长期资产的定期折旧和摊销是企业现金的来源之一，显然，该种性质的现金与企业通过销售创造的现金具有不同的经济意义。因此，分析者有必要知道企业在剔除折旧、摊销后创造现金的能力。折旧摊销影响比率从反向衡量了企业经营活动产生的现金净流量有多大比例来自长期资产的定期折旧和摊销。该比率越小，表明企业的现金流量质量越高，净利润与经营性现金流量的差异越小。

（三）合理性分析

对经营活动现金流量的合理性分析，主要包括对企业经营活动现金流入是否顺畅、经营活动现金流出是否恰当、经营活动现金流入量与流出量结构是否合理，以及经营活动现金流入量与流出量之间是否规模匹配与协调四个方面的分析。

1. 经营活动现金流入的顺畅性分析

判断企业经营活动现金流入是否顺畅，应当重点分析考察经营活动现金流入的“销售商品、提供劳务收到的现金”这一主要的关键的项目的规模。一般来说，该项目规模较大且稳定或稳定增长，则说明其流入顺畅。该项目的规模大小与企业营业收入的规模、所采取的信用政策和企业实际的回款状况等因素直接相关。此外，分析者还应当考虑企业所处行业的结算特点、企业与经销商和消费者之间的议价能力以及市场竞争状况等因素对其造成的不同影响，并结合利润表中的营业收入、资产负债表中的商业债权(应收账款和应收票据)以及预收款项等项目的期初、期末余额的变化情况加以分析和判断。

2. 经营活动现金流出的恰当性分析

判断企业经营活动现金流出量是否合理、恰当，应当重点分析考察经营活动现金流出中“购买商品、接受劳务支付的现金”这一主要的关键的项目规模。该项目的规模主要取决于企业营业成本的规模、采购规模、相应的采购政策和企业的实际付款状况等因素，并同时考虑企业所处行业的结算特点、企业与供应商之间的议价能力以及市场竞争状况等因素对其造成的不同影响，看其流出是否合理、有无过度支付行为。分析人员可以借助于利润表中的营业成本、资产负债表中的商业债务(应付账款和应付票据)、存货以及预付款项等项目的期初、期末余额的变化情况加以分析和判断。

3. 经营活动现金流量结构的合理性分析

特定企业在年度之间以及不同企业之间，由于经营特点与管理方式的差异，无论经营活动的现金流入量还是现金流出量，其各自的内部结构会有显著不同。我们可以从现金流入和现金流出的两个方面来考察其结构的合理性：第一，就经营活动现金流入量结构的合理性来看，以对外投资管理为主的企业，其“购买商品、提供劳务收到的现金”，一般不会有太大的规模；而以产品经营为主，且主营业务的市场能力较强的企业，其“购买商品、提供劳务收到的现金”理应成为经营活动现金流入量的主体。第二，就经营活动现金流出量结构的合理性来看，人工成本较高、外购原材料和燃料需求不高的企业，其“购买商品、接受劳务支付的现金”会显著低于为职工支付的现金；人工成本不高、外购原材料和燃料占生产成本比重较高的企业，其“购买商品、接受劳务支付的现金”会显著高于为职工支付的现金；对于主要从事对外投资管理，而子公司资金主要由本公司提供的企业，那么，“支付的其他与经营活动有关的现金”就会成为其经营活动现金流出量的主体。

4. 经营活动现金流入和现金流出的匹配性分析

企业经营活动现金流入量和现金流出量在规模和时间上能尽量做到相互匹配，其现金流量质量一定会较高。这样就能实现现金流入与流出的同步协调，企业就能够设计和采用恰当的信用政策，合理地安排供货和其他现金支出，有效地组织销售回款和其他现金流入，从而最大限度地减少其在现金周转方面的压力，或减少现金的闲置浪费，提高现金的利用效率。

（四）稳定性分析

稳定是一个企业持续经营并得以发展的前提条件。经营活动现金流量主要来自企业自身开展的经营活动，主营业务突出、收入稳定是公司运营良好的重要标志。而持续平稳的现金流量，则是企业正常运营和规避风险的重要保证。因此，对经营活动现金流量的稳定性分析，关键应当从企业各会计期间的经营活动现金流量规模是否存在剧烈波动、内部构成是否基本符合所处行业的特征，以及是否存在异常变化情况三个方面来把握和判断。如果一个企业经营活动现金流入结构比较合理，则企业销售商品、提供劳务收到的现金明显高于其他经营活动流入的现金，且稳定程度较高。这样企业就较易于保持现金的顺畅周转状态，提高企业的资金使用效率，因此，可以认为这样的经营活动现金流量质量较好。

如果一个企业经营活动现金流量的规模和结构经常出现明显波动，则企业主营业务的获现能力可能存在问题，经营风险较大，现金预算管理难度较大，经营活动现金流量的稳定性就较差。

如果维持企业运行和支撑企业发展的大部分资金由非核心业务活动提供，企业缺少稳定可靠的核心业务的经营现金流量来源，则说明企业的核心竞争实力或者主营业务的获现能力较差，经营现金流量的质量就会更差。企业若想维持正常经营，只能借助筹资活动来应对现金短缺的风险。

以 2020 年恒瑞医药现金流量表为例分析得出，企业销售商品、提供劳务收到的现金明显占总经营活动流入现金的 98.45%，由此可知，企业活动现金流入结构比较合理，且稳定程度较高。可以认为恒瑞医药当年经营活动现金流量质量较好。

（五）成长性分析

经营活动现金成长性，可以通过经营活动现金净流量成长比率来衡量。其计算公式是：

$$\text{经营活动现金净流量成长比率}=\text{本期经营活动净流量增加额}\div\text{上期经营活动现金净流量}$$

该指标反映企业经营活动现金流量的变化趋势和具体的增减变动情况。

一般来说，该比率小于1，说明企业经营活动现金流量处于萎缩状态，企业现金流量质量有下降的趋势，通常处于衰退阶段的企业可能出现此状态；该比率等于或者接近于1，说明企业经营现金流量较前期没有明显增长，经营活动现金流量成长能力不强，成熟期后期阶段的企业容易出现此状态；该比率越大(超过1)表明企业的成长性越好，经营活动现金流量的质量也会越好。但即使该比率超过1，分析者也要关注企业经营活动现金流量的增长模式。

以2019年、2020年恒瑞医药数据为例，企业当年经营活动现金净流量成长比率为0.90，由此可知恒瑞医药现金流量质量有下降趋势，提醒企业管理者要多关注此方面的动态变化。

常见的经营活动现金流量增长模式有负债主导型、资产转换型和业绩推动型。其中，负债主导型，即经营活动现金流量的增长主要得益于当期经营性应付项目的增加，即企业通过延缓应付款项的支付来提高经营现金净流量。在此模式下，一方面可能反映了企业的强势竞争地位，另一方面剔除这些应付款后经营活动现金净流量是否依然是正值且不断成长也是分析者应该思考的问题。而资产转换型，即经营活动现金流量的增长主要依赖于当期经营性应收项目和存货的减少。事实上，通过经营性应收项目突击减少和降价销售使得存货突击减少，也是公司常用的粉饰经营现金流量的一种方式，分析时应该明白，该方式下的现金流量质量仍然是不高的。最后，业绩推动型，即经营活动现金流量的增长主要来源于销售业绩的真实提高，此种状态才是较为理想的状态。

需要说明的是，对成长性的分析，连续两期的数据远远不够，企业至少需要根据5年经营活动现金净流量的主要数据构造水平分析表用以判断经营活动现金净流量的成长性以及预测未来的变化趋势。

第二节　投资活动现金流量分析

一、投资活动现金流量

投资活动产生的现金流量说明企业因权益性投资、固定资产交易、无形资产交易而产生的现金流量数额及其构成情况，反映企业的未来现金创造能力和利用内部资金进行投资的能力。评价投资现金流量应连续观察几个会计期间，检查其投资支出是增加还是减少，投资方向选择是否正确。企业为了保证经营现金的创造能力，需要重置消耗、磨损以及陈旧化了的固定资产。同时为了企业成长，需要继续对产生未来现金的领域加以投资。一般情况下，财务健全的企业其取得固定资产所需的资本支出大于出售或报废固定资产的成本，成长性企业的投资现金流量多数是负数。当然，企业处置一部分的事业部或者子公司会引起投资现金流量转为正数，如果这种处置是为了短期弥补经营现金流量的不足时，必须特别警觉。

如图13-2所示，2016—2019年恒瑞医药在投资活动产生的净额逐年增加，以2016年度为100%计，2017年度为127.4%，2018年度为107.8%，2019年度为73.72%。从

2016—2019 年平均数来看，固定资产投资是相对稳定的，维持原有的生产能力；2019 年投资活动现金流出总计 93 亿元，2020 年同期数据为 187 亿元，减少了一半，主要投资支付现金减少了 100 亿元，年报中没有找到投资支付现金的辅助说明，通常是购买银行理财产品，"购建固定资产、无形资产和其他长期资产支付的现金"13.3 亿元，增加了近 10 亿元，说明公司在股权投资和理财产品上收回现金，投入固定资产上，公司的质量正在变重，同时也说明可能在产能上予以突破。图 13－2 显示了恒瑞医药有限公司 2016—2020 年投资活动现金净额的变动情况。

正确测算企业为了维持合适的固定资产需要多少现金很困难。计算成本自由现金流量这种测算至少要区分需要重置的消耗、磨损以及陈旧化了的固定资产所必需的资本支出和由于成长引起的投资所必需的资本支出，而这种区分对企业外部的分析者来说是很困难的判断。一种可利用的方法是把过去的平均折旧额作为每期必须重置的固定资产的金额。物价上涨时，固定资产的重置价值多少要比原来的资产成本高。为了维持现有的生产力不使其缩小，企业必须将高于折旧费的投资用于固定资产。

	2016年	2017年	2018年	2019年	2020年
投资活动产生的现金流量净额	−264 959	−337 556	−285 551	−194 544	179 783

图 13－2　2016—2020 年恒瑞医药投资活动现金流量

自由现金流量是现金流量分析中极为重要的一个概念，它可以计量企业满足所有必需的现金支出以后可供自主使用的现金，企业的自由现金流量越大，财务状况就越好。它有助于企业拥有支撑企业发展、债务归还和红利发放的充足现金流量。自由现金流量的计算数据取自现金流量表，但其具体的计算方法说法不一，尚无统一定义。计算方法之一是，它是经营活动产生的现金流量净额减去维持企业现有生产能力的资本性支出之差，即：

$$FCF_1 = CFO - \text{资本支出净值} \tag{13-1}$$

式(13－1)中，FCF_1 为自由现金流量 1；CFO(Cash Flow Operating)为经营活动现金流量。在式(13－1)中，资本支出净值等于固定资产使用成本，即折旧。如果历史成本折旧确实很好地计量了固定资产生产能力的使用，则自由现金流量 1 正好等于经营活动现金流量减去维持一般再生产费用后的可供企业自主使用的现金。然而，历史成本折旧本身具有人为任意设定的弊端，所以其计算的折旧成本恰好足以重置同样经营设备的情况在理论上可能，但实际上却不大可能存在。

替代折旧作为资本性支出的方法是将维持现有生产能力的新增资本性支出部分也包括在计算中。这种计算方法逻辑性合理但具体操作性不强，实务工作中很难分清哪部分资本性支出是用于扩展生产能力，哪部分是用于重置生产能力。为简化起见，实际工作中的自由现金流量计算以经营活动现金流量减去全部资本支出为准，即 CFI(Cash Flow Investing)，投资活动现金流量净额：

$$FCF_2 = CFO - CFI \quad (13-2)$$

式(13-2)中，FCF_2 为自由现金流量 2；CFI 为投资活动现金流量，包括出售投资产生的收支，多元化经营引发的购并和其他投资。

表 13-2 是根据恒瑞医药股份有限公司 2018—2020 年现金流量表计算的自由现金流量数据。

表 13-2　2018—2020 年恒瑞医药投资现金流量计算　　单位:万元

项　目 \ 年　份	2018	2019	2020
经营活动产生的现金流量净额	277 421.27	381 683.29	343 193.48
固定资产折旧	37 284.19	61 095.44	43 936.52
自由现金流量 1	240 137.08	320 587.85	299 256.96
经营活动产生的现金流量净额	277 421.27	381 683.29	343 193.48
投资活动产生的现金流量净额	−285 550.96	−194 544.04	179 782.88
自由现金流量 2	−8 129.69	187 139.25	522 976.36

数据来源:恒瑞医药公司 2018—2020 年财务报表。

由上表可知，2018—2020 三个年度的自由现金流量 1 均为正数。从固定资产折旧的趋势来看，2019 年度为 2018 年度的 163%，2020 年度为 2019 年度的 118%，该公司自由现金流量 1 的趋势在 2019 年度大幅上升后于 2020 年度又产生一定程度的回落，表中三年自由现金流量 1 的变化趋势与折旧较为相似。由此可知，自由现金流量 1 的变化主要受经营现金流量和折旧的影响。说明企业创造的经营现金仍能弥补固定资产的投资。

自由现金流量 2 连续三年皆为正数。究其原因，是由于三个年度经营活动和投资活动产生的都是现金净流入。

二、投资活动产生的现金流量的质量分析

对投资活动现金流量的质量分析，我们主要应关注投资活动现金流出量的战略吻合性和现金流入量的盈利性。

(一) 投资活动现金流出量的战略吻合性分析

企业投资活动的现金流出量应与企业发展战略相吻合，这种分析主要体现在，对内扩张或调整的战略吻合分析、对外扩张或调整的战略性分析和对内对外投资相互转移的战

略性分析三个方面。

1. 对内扩张或调整的战略吻合性分析

对“购建固定资产、无形资产和其他长期资产支付的现金”项目和“处置固定资产、无形资产和其他长期资产而收到的现金”项目，是现金流量表中分别反映对内扩张投资活动现金流出量与流入量的两个重要项目。通过比较与分析这两个项目之间的规模，可以判断对内投资活动是否体现企业经营活动发展的战略要求。一是如果前者小于后者，则通常表明企业收缩主业经营战线和规模的战略意图。如果资金紧张或者市场前景暗淡，则表明企业被迫选择收缩经营战略或收缩主业经营规模。当然判断这种“收缩”行为的经济后果，还需要结合产品周期、竞争态势等市场环境、宏观经济环境，以及对外投资的战略安排等因素做进一步分析，才能得出可靠的结论。二是如果前者大于后者，则通常表明企业基于原有生产经营规模，试图通过对内扩张战略来进一步提升市场占有率和增强主业的竞争实力。倘若原有资产结构中经营性资产占据主要地位，那么，这种对内扩张态势表明，企业将继续坚持“经营主导型”经营战略。三是如果两者均具有较大规模，且彼此规模相当，通常表明企业正处在长期经营性资产的大规模置换与优化阶段，可能是企业战略转型或资产更新换代的要求所致。呈现这样的状态，将意味着企业改善技术装备水平，提高产品适应市场能力和增强企业核心竞争力。至于这种转型或调整的实施效果如何，还有待后续期间的核心利润和经营活动现金流量的表现加以检验。

2. 对外扩张或调整的战略性分析

“投资所支付的现金”项目和“收回投资所收到的现金”项目，是现金流量表中分别反映对外扩张投资活动现金流出量与流入量的两个重要项目。通过对这两个项目数据的比较与分析，可以判断企业对外投资活动是否体现企业发展战略的基本要求。其一，如果前者小于后者，则企业当期的对外投资通常会呈现总体收缩的势头。分析人员应在关注所收回投资的盈利性的同时，重点关注这种收缩的真正意图。弄清这种收缩，主要是针对效益不好或发展前景暗淡的投资对象等不良资产的主动处置，它还是企业在资金紧张等情况下的一种被动选择。对这种投资战线收缩的分析，还要持续关注它对企业未来盈利能力和未来现金流量的影响。其二，如果前者大于后者，则企业的当期对外投资通常呈现总体扩张的态势。分析人员应关注企业新的投资方向，考量这种投资动向是否会对提升企业行业竞争实力或者分散经营风险产生积极影响。考察这种变化最终是否对企业未来盈利能力和未来现金流量带来的积极影响。其三，如果两者均具有较大规模，且彼此规模相当，表明企业正处在对外投资的结构性调整阶段。分析人员应密切关注这种投资战略调整对企业未来盈利能力和未来现金流量带来的影响。

3. 对内对外投资相互转移的战略性分析

企业可能会在某些情况下进行对内投资和对外投资之间的某种战略调整，这通常表现在：第一，在大规模“处置固定资产、无形资产和其他长期资产”的同时，进行大规模“投资支付”；第二，在大规模“收回投资”的同时，进行大规模“购建固定资产、无形资产和其他长期资产”。这两种情况的出现，往往意味着企业正在进行盈利模式的转变，以及“经营主导型”与"投资主导型”之间的战略调整。因此，分析人员分析时应结合行业市场环境和宏观经济环境等因素来判断其对企业未来发展带来的影响。总之，分析人员进行投资活动现金流出量的战略吻合性分析时，应该根据企业所处的发展阶段和公司所处的内外部环境变化，在考虑投资活动现金流出量的合理性以及后续收益能力的基础上做进一步判断。

（二）投资活动现金流入量的盈利性分析

一般来说，投资收益按其所属的时间划分，大体上可分为两类：一类是持有期间收益，比如持有股权期间分得的现金股利；另一类是处置收益，比如处置子公司获得的收益。显然前者具有持续性，据此增加的净利润也具有持续性；后者是偶发行为，此时因投资收益增加的净利润不具有持续性，盈利质量较差。因此，投资活动现金流入量的盈利性分析，从内容上看，主要包括企业收回投资成本（包括对外投资本金和处置固定资产、无形资产和其他长期资产的变现价值）和取得投资收益收到的现金。首先，就“收回投资成本”而言，可通过分析报表附注有关投资收益的明细项目中处置各类投资取得的投资收益情况以及营业外收入或营业外支出的明细项目，来考察“收回投资成本”过程中所体现的盈利性。为此，分析人员应重点比较变现价值与投资初始成本的差额大小来进行判断。其次，就“取得投资收益收到的现金”而言，应主要通过对比投资收益附注中有关“成本法、权益法核算的长期股权投资收益”和现金流量表中“取得投资收益收到的现金”的差额大小，来分析判断投资收益的现金含量和现金获取能力。

第三节　筹资活动现金流量分析

一、筹资活动现金流量

对筹资活动产生的现金流量进行解释更为困难，因为不能根据筹资现金流量是正数还是负数来判断是好还是不好。判断筹资现金流量的好坏，需要结合其他信息。一般而言，企业对外筹资一要注意分析其资本成本，即分析举债或发行股票筹资利弊得失；二要分析筹资投放对象，并将其与经营现金流量和投资现金流量比较。如果企业筹资以后，经营现金流量常年不佳，又没有大的投资或投资失败，则对企业的长久发展非常不利。图 13 - 3 显示了恒瑞医药有限公司 2016—2020 年筹资活动现金净额的变动情况。

筹资活动产生的现金流量净额从 2017 年的 2.19 亿元减至 2018 年的－3.68 亿元。基于这种情况，恒瑞药业解释说，这主要是由于与同一时期相比，利润分配的现金支付额增加，以及对所收资本的股权奖励减少所致。

筹资活动现金流出不断增加，影响恒瑞医药投资活动的资金来源，筹资活动的现金外流增加也反映了这些活动的效率低下，筹资活动对投资活动帮助有限。但随着筹资现金流出的大幅增加，未来公司所需资金一定程度也上依赖于筹资活动，高融资成本和当前国内经济形势的不确定性增加，使得恒瑞药业面临较大大的资金压力。一旦融资活动的现金流入受到限制，其发展可能受到很大影响。

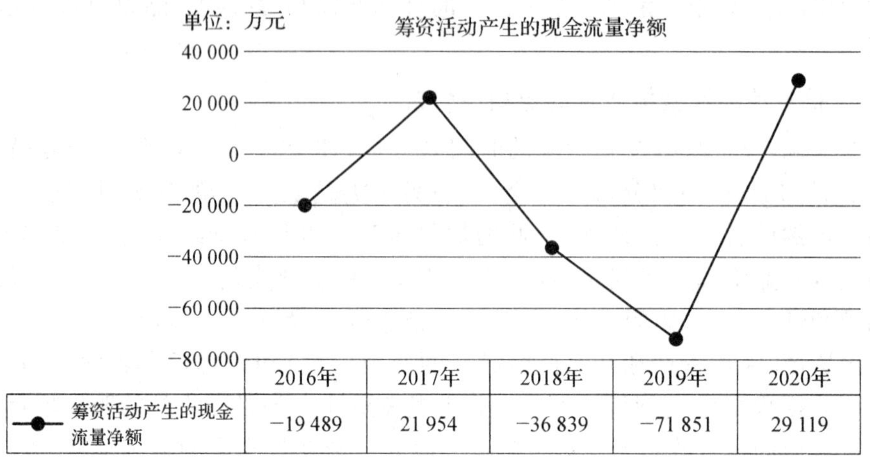

图 13－3　2016—2020 年恒瑞医药筹资活动现金流量

二、筹资活动产生的现金流量的质量分析

筹资活动产生的现金流量类似于输血，同样无法采用稳定的指标去衡量。分析其质量，其实也就是分析其状态是否适应企业不同发展阶段的需求。筹资活动现金流量在总体上应该与企业经营活动现金流量、投资活动现金流量周转的状况相适应，并在满足企业经营活动和投资活动现金需求的同时，尽量降低融资成本，避免不良融资行为。因此，筹资活动现金流量的质量分析应从筹资活动现金流量的适应性分析、企业筹资渠道与方式的多样性分析，以及筹资行为的恰当性分析三个方面进行。

（一）筹资活动现金流量的适应性分析

筹资活动现金流量的适应性分析，是指对筹资活动现金流量与经营活动、投资活动现金流量周转状况的适应性分析。企业在不同的发展阶段，需要不同的筹资方式。创业初期，企业可能更多地采用投资者追加投资的方式筹款，此时能否吸引风险投资是企业走上发展之路的重要因素。逐渐成长的企业，由于业绩提升，资产规模扩大，适当的负债成为企业重要的筹资方式。进入成熟期之后企业外部筹资需求量锐减，筹资活动主要表现为还本付息和发放现金股利回报投资者。

如何判断企业的筹资活动是否适应不同生命阶段经营活动和投资活动的周转状况，主要根据经营活动和投资活动对现金需求量的大小来判断。第一，在企业经营活动和投资活动现金流量净额之和小于零，且企业没有储备足够的现金可以动用时，说明企业需要筹资活动及时足额筹集到相应数量的资金，以满足经营活动和投资活动的资金需求。第二，在企业经营活动和投资活动现金流量之和大于零时，说明企业可能需要降低现金余额，避免现金闲置状态出现，此时需要企业及时调整筹资规模和速度，并积极归还借款本金。在消耗经营活动和投资活动积累的现金的同时，能降低资本成本，提高企业的经济效益。第三，在债务融资到期时，当企业没有足够的自有资金积累的情况下，企业应有能力适时举借新债或者通过其他渠道筹集到资金，以保证如期偿还到期债务。从分析者角度，完全可以借鉴前文中相关财务比率判断企业筹资活动的适应性。

（二）筹资渠道与筹资方式的多样性分析

资本成本是企业筹资活动中需要考虑的一个主要问题。不同筹资渠道及筹资方式，其筹资成本与筹资风险相差很大。如果想要将资本成本降至较低水平，同时将财务风险保持在适当的范围内，企业必须从实际出发，选择适合企业发展的筹资渠道和筹资方式，合理确定筹资规模、期限和还款方式，实现筹资渠道和方式的多样化。因此，筹资渠道和筹资方式的多样性，成为筹资活动中现金流量的一大质量特征。当然，从企业某一期间的现金流量表分析观察，筹资活动现金流量的多样性的质量特征不可能非常明显。因此，分析人员应当通过连续若干个会计期间的现金流量表的整体、综合与比较分析，判断其是否采用了不当筹资方式，是否可能对公司未来的业绩和公司价值产生影响。

（三）筹资行为的恰当性分析

筹资行为的恰当性分析是考察企业是否存在超过实际需求的过度融资、企业资金是否存在被其他企业无效益占用等不良融资行为，并进一步分析某种不良融资行为背后真正的融资动机。首先，在筹资活动现金流量大于零的情况下，分析人员应着重分析企业的筹资活动是否已经纳入企业的发展规划，是否与企业未来的发展战略相一致。其次，应判断企业筹资行为是企业管理层以扩大投资和经营活动为目标的主动筹资行为，还是企业因投资活动和经营活动的现金流出失控、企业不得已的筹资行为。再者，应结合考虑企业所处生命周期的具体阶段，分析企业是否存在过度融资的现象。最后，在关注诸如筹资当期是否出现合并报表的巨额“其他应收款”等无效益占用的情形时，还应重视对筹资成本(包括借款利息和现金股利)的现金支付状况、到期债务的偿还状况等方面的分析。

例如，2016 年至 2020 年恒瑞医药现金流对比，筹资活动产生的现金流量净额从 2017 年的 2.19 亿元减至 2018 年的－3.68 亿元。基于这种情况，恒瑞医药解释说，这主要是由于与同一时期相比，利润分配的现金支付额增加，以及对所收资本的股权奖励减少所致。

筹资活动现金流出不断增加，影响恒瑞医药投资活动的资金来源，筹资活动的现金外流增加也反映了这些活动的效率低下，筹资活动对投资活动帮助有限。但随着筹资现金流出的大幅增加，未来公司所需资金一定程度也上依赖于筹资活动，高融资成本和当前国内经济形势的不确定性增加，使得恒瑞药业面临较大大的资金压力。一旦融资活动的现金流入受到限制，其发展可能受到很大影响。。图 13－4 显示了恒瑞医药有限公司 2016—2020 年筹资活动现金净额的变动情况。

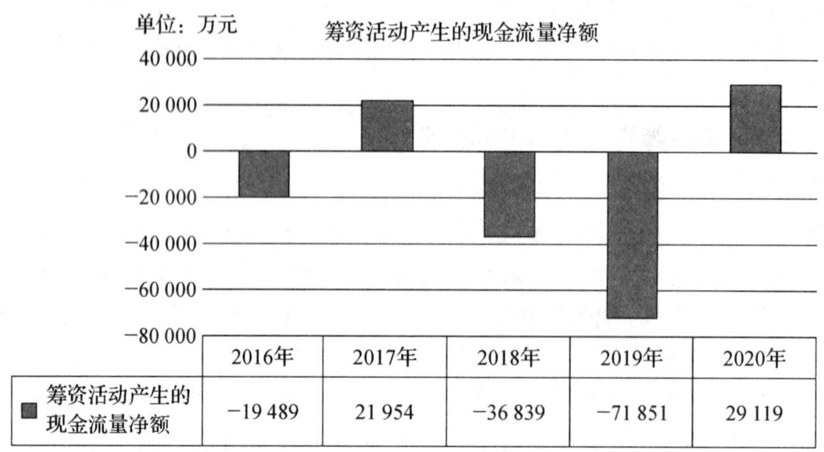

图 13－4　2016—2020 年恒瑞医药筹资活动产生的现金流量对比图

课堂思考

1. 能否仅通过现金流量表来分析企业的偿债能力？若能的话，请尝试设计评价指标和评价标准。

2. 在企业战线明显收缩和大量处置不良固定资产的情况下，企业的现金流量会产生什么样的变化？一般会通过什么样的指标来呈现？

3. 运用非现金的投资活动和筹资活动可以帮助企业暂时缓解当期现金紧张的压力，但很有可能会对企业未来的现金流量状况产生负面影响，请举例说明。

4. 在投资活动中“投资支付的现金”与“收回投资收到的现金”之间的规模比较，可以反映企业对外投资的什么战略特征？

思政映射

人生精神层面的现金流量表可以诠释成是以服务社会、奉献社会的爱心和心血为现金及其等价物的。因此，围绕服务社会、奉献社会开展诸如经营活动、投资活动和筹资活动。奉献社会、服务社会是最成功的人生，不仅是为社会付出爱心和心血，而且要不断地充实自己、提高自己，不断地去筹措为社会服务的资源，以便能够在更高层次、更高质量上奉献社会、服务社会。这其中也是充满着人生的现金流。慈心为民，善举济世才是最富足的人生，你可以在世俗世界里不富裕，但在精神世界里应当是富足的。人生的富足不是你积累了多少财富，而是你一生中奉献社会、服务人民付出了多少爱心和心血。相互尊重、平等相待才是最真诚的人生，在全力解决物质贫困的同时，我们还应当充分关注精神世界的贫困问题，用关爱之心来暖化精神世界的冷漠，用互助互爱来化解精神世界的隔阂。唯有如此，我们才能拥有一个充满和谐和真诚的人生。

本章小结

通过本章的学习，我们进一步了解了经营活动、投资活动和筹资活动现金流量的具体内容以及各活动产生现金流量项目的编制和分析，掌握了影响经营活动现金流量、投资活动现金流量和筹资活动现金流量的主要因素，为投资者正确分析现金流量表提供理论依据。

人生的现金流量当然与企业的经营活动、投资活动、筹资活动的内涵是截然不同的。这里只是诠释精神层面的流量。人生也应当把实现精神层面的现金净流量最大化作为人生努力的目标。

练　习

课后练习题，请扫描左侧二维码获取。

第五篇　前景分析

第十四章　企业可持续性分析

学习目标

- 理解企业可持续性的内涵；
- 掌握可持续性指标的计算及分析；
- 了解企业价值创造的内涵。

学习重点

- 企业增长能力指标的计算及分析；
- 证券价值的计算及分析。

思政要求

- 持续提升服务社会、奉献社会的能力和水平；
- 以平衡的心态做人，以进取的心境做事。

第一节　企业可持续性概述

一、企业可持续性内涵

在企业管理和相关经济学的文献中，企业可持续成长是经常用到的概念，但是迄今为止国内外理论界还没有给出确切的定义。关于企业可持续发展的定义目前国内外主要有以下几种观点：

彼得·德鲁克从创新的视角认为企业可持续发展是企业在自身发展过程中，通过创新使其不断注入新的活力，始终保持竞争的优势，实现长盛不衰战略目标。在不断扩大市场和利润份额的同时，坚持与环境变化相适应，在内部资源有效配置的基础上，持续的增加盈利和扩大企业规模。

英国学者菲利普·赛德勒从可持续性的经济范畴认为企业可持续是为充分满足投资者对企业发展所做投资的预期回报，并且是一个企业保持持续竞争力以及创造充足的附加值的能力。从这个定义可以看出，赛德勒认为企业可持续成长本质上是一种能力体现。

国内早期学者对企业可持续性主要使用"企业可持续发展"一词进行分析探讨。比较有代表性的观点有刘力钢把企业可持续发展定义为企业在追求生存和发展的过程中，既要考虑企业经营目标的实现，又要企业始终保持持续的盈利增长，保证企业长盛不衰；芮明杰等认为，所谓可持续发展，是指企业在可预见的未来能在更大规模上支配资源，占领更大的市场份额以取得良好的发展。

近年来国内学者更多使用"企业可持续成长"概念来刻画企业可持续性。比较有代表性的定义有李占祥认为可持续成长是指企业在一个较长的时期内由小变大，由弱变强的不断变革的过程；汤学俊认为企业可持续成长是指企业在竞争中不断进行量的扩张和质的飞跃的持续存活过程。

上述国内外学者关于企业可持续成长概念的论述，大多只给出企业可持续成长概念一个较笼统的文字定义，描述了企业可持续成长的过程和表现，或者说只给出了企业可持续成长的某一两个维度的定义刻画。最常见的分析是仅仅从企业规模的单一维度进行分析，正如国内学者张维迎等也认为企业成长，最显而易见地表现在规模的持续扩张。经济学家对企业规模变化的经验研究至少可以追溯到吉布拉(Gibrat，1931)。但是随着研究的深入，学者们开始意识到以往研究的不足，Birley and Westhead(1990)就批评企业成长问题的以往学术研究仅仅考虑企业规模单一维度的企业成长概念，主张采用多维的标准。遗憾的是他们并没有给出具体的多维概念框架。

企业可持续成长的问题本质上可以理解为企业在面对深刻的社会和经济变革甚至自然环境变化时怎样才能取得持续成功的问题。从这个实质上分析，吴中超认为从创新理论、利益相关者理论和动态能力观等理论的视角看，企业可持续成长是企业在动荡且不确定的生存环境下，在市场竞争中由小变大、由弱变强，为持续生存与利益相关者和谐共存，并为其所处的复杂系统中各利益相关方面带来价值增值的一种动态过程与能力。这个定义包含了以下四个维度的内涵：时间特征维度("持续性"维度)、空间特征维度(企业"物质成长"维度)、动态特征维度(企业"精神成长"维度)和价值特征维度("利益兼容"维度)。

二、企业可持续发展的财务驱动因素

企业在持续发展过程中必然受到来自外部环境与内部环境的共同影响，由于"外生变量"企业不容易掌控，企业增长速度主要由企业"内生变量"决定。企业增长速度是管理层通过对投资、筹资、营运和分配四大基本财务政策的运用，是对企业关键内生变量：销售净利率、资产周转率、权益乘数、留存收益率控制的结果。激进的财务政策会加速企业增长，但会引发较大财务风险；保守的财务政策能降低财务风险，但可能导致增长不足问题。企业在发展过程中应根据可持续增长的财务原理，协调搭配选择四大财务政策，实现企业增长的可持续性。

（一）融资政策

筹资政策是关于企业资金融资渠道与方式的选择、资本结构确立及财务风险管理等方面的原则性规定，筹资政策的核心是资本结构的优化。企业融资政策对企业的增长速度具有决定性影响，企业应在资金成本与风险之间进行均衡，合理选择其筹资政策类型，支持企业的发展。

1. 冒险型融资政策

由于外部权益融资的制度性约束，我国企业发展的资金投入主要依赖银行信贷资金。企业提高权益乘数，可以获取更多债务资金来支持企业取得高于可持续增长率的增比，但这种冒险型政策只能在企业发展过程中作为阶段性策略采用，同时只有当企业资产收益率高于债务资本利息率时，债务资金的利用才能为企业带来价值增值，否则会损害股东利益，严重时会陷入财务困境。

2. 保守型融资政策

当企业在未来发展具有较大不确定性时，应主要采用权益融资方式，降低权益乘数，但这种低风险高成本的保守融资政策，会稀释每股收益并分散股东控制权。同时过于保守的融资政策，无法充分利用财务杠杆，并会导致企业增长不足。

（二）投资政策

投资政策是为了使企业在长时期内的生存和发展，在充分估计影响企业内外环境的各种影响因素基础上，对企业长期投资所作做出的总体规划。投资政策关系到企业有限的资源能否得到合理配置及有效利用，关系到企业未来发展方向、规模及前景，对增强企业盈利能力起到至关重要的作用，决定着企业未来价值的增长。企业在投资过程中除要关注投资项目的经济性外，还必须充分认识企业对社会、环境所应承担的社会责任，只有实现投资的经济效益、社会效益与环境效益统一，才能增强企业核心竞争力。

1. 外延型投资政策

企业要实现跨越式增长，可采用并购投资扩张途径来打通产业链的上下游，进行资源有效整合，消除资源、市场等发展瓶颈约束，提升内在竞争力，拓展企业价值链，实现做大做强的目标。但企业在外延投资谋求快速扩张过程中，能否建立一套科学、合理、健全的内部控制和风险管理机制来有效防控由并购定价、融资、支付等财务行为所引发的财务风险就成为企业能否持续、稳健发展的关键。

2. 内涵型投资政策

企业主要将资本投向企业内部的更新改造、技术创新、节能减排、新产品研发、企业流程再造、财务成本控制等项目，以提升企业内在竞争力，从企业内部挖掘增长动力。

（三）股利政策

股利政策是有关是否发放股利、股利支付比率、支付方式、支付时间等方面的分配制度。股利政策的制定需要兼顾企业未来发展对资金需要和股东对本期收益的要求。股利政策可以看作是融资政策的补充，其核心是股利支付率的确立。

1. 高股利政策

企业采用将大部分净利润分配给投资者的高股利政策，有利于增强股东信心，减少自由现金流量代理成本，抵御恶意收购。但当企业面临投资机会时，需要更高成本的外部权益融资，影响企业投资收益，也增大企业财务压力。

2. 低股利政策

企业采用将净利润大部分留存在企业内部的低股利政策，可以减轻企业对外部资金的依赖，为企业筹集相对较外部权益融资更低成本的发展资金。但企业不恰当采用低股利政策，根据信号传递原理，会给投资者传递企业经营业绩不佳的信号，投资者可能“用脚投票”；同时从公司治理视角，企业保持过多自由现金流量，可能会导致经营者过度投资，不利于企业价值提升。

（四）营运资本管理政策

根据可持续增长的财务原理，合理的营运资本管理政策是顺应经济周期与考虑企业所处发展阶段并基于企业可持续发展前提的风险与报酬之间权衡的结果。合理选择营运资本管理政策，提高营运资本运作效率，在不增加资源投入情况下，可加速企业增长。

1. 冒险型营运资本管理政策

企业发展比较稳定，经营风险较小时，可采用净营运资本小于零，主要以短期负债来筹措全部流动资产和部分固定资产所需的资金策略。这种策略特点是可以通过加速资金周转速度，充分发挥财务杠杆作用，来提高财务效率，但要求企业构建“速度至上”为主导的、多样化的风险防控体系来防范冒险型策略所带来的财务风险。

2. 保守型营运资本政策

保守型营运资本政策指企业的净营运资本大于零，以长期负债或权益资本来满足固定资产和长期性流动资产的资金需求，用短期负债来融通临时性流动资产的资金需求策略。这种高营运资本的策略以较多的流动资产堆积构筑了财务风险的防火墙，但同时也屏蔽了企业通过加速资金周转，调整资产结构、优化短期融资方式以获取额外财务收益的可能性。

三、企业可持续发展的财务策略

可持续增长率为管理者在管理增长过程中进行财务策略选择提供了依据。企业在发展过程中，由于环境变化及企业发展战略与自身成长周期，企业增长速度可能会围绕可持续增长率而上下波动，出现高增长、低增长与混合增长的情况。管理层应采用定性与定量结合方法，分析不同增长速度的成因及增长效率，选择促进有效增长的财务策略来及时进行增长的动态调控，保障企业的可持续发展。

（一）提升企业资产运营水平

企业资产运营能力反映了企业资产利用的效率，是企业可持续发展的原动力。企业可以通过加强资产管理来提升营运能力。根据企业发展战略合理配置资产，杜绝为无效增长而投入资产；优化企业资产结构，在保证必要流动性前提下，加大固定资产，特别是无形资产的配置;增强存量资产收益,即在不增加资产条件下,通过加快应收账款、存货等流动资产与固定资产的周转速度,提高资产使用效率来增加收益;进行企业业务流程再造,减少收益低于资本成本的资产占用,剥离低效资产;与优势互补企业进行资产重组,增强营运能力。

(二) 提高企业盈利能力

盈利能力是企业生存与发展的灵魂,根据 Myers 的定义,企业价值等于现有资产的价值加上未来增长机会的价值。企业未来增长的价值主要依赖未来不确定性的投资,因此对于新增资金的投资,应根据企业发展战略规划,兼顾企业社会责任来合理选择回报率高于企业加权平均资本成本的投资项目。防止不以经济性为前提的盲目扩张及过度投资;对存量资产应加强财务成本控制,加强财务计划执行过程中的控制水平,加速资金周转速度,确立成本关键控制点,加大成本控制力度,提高存量资产的盈利性;增强企业盈利能力的根本还在于加大研发与技术和管理创新,增强企业核心竞争力;加强企业财务治理,不断提高企业盈利质量,提升财务能力。

(三) 增强企业再融资能力

当企业出现阶段性有效高速增长时,企业的再融资能力是支持快速增长的保障。企业应加强自身信用建设,优良的信用可以为企业融资摒除障碍;企业应设立相对保守的资本结构,以保证企业有充足的借贷能力;企业股利支付率的确立应先保证企业增长所需要的资金;企业应处理好供应链上合作伙伴关系,争取所有可能的自然性融资额度;以现金、短期投资和未使用的信用额度来维持企业融资的灵活性;必要时寻找现金流充沛企业合作或实施并购;处理好企业资金运动过程所引发财务关系;注重企业现金流管理,进行财务流程再造,不断提升财务管理水平。

(四) 加强企业风险管理

全球经济一体化,使企业面临更加激烈的竞争,企业发展中的风险加剧。同时企业在发展中,如果盲目超速增长,可能带来公司价值贬损,财务资源紧张和管理能力缺乏,使公司发生危机的概率加大。由于涉及较多外生变量的经营风险企业防控比较困难,根据杠杆配置原理,企业必须加强由负债融资所引发的财务风险控制。企业必须增强风险观念,根据成长周期,动态调控企业增长速度,及时调整与优化企业资本结构;把握财务杠杆正反作用翻转的临界点,在企业资产投资收益率不稳定时,不盲目采用提高财务杠杆的方法来提升企业的增长率;加强企业内部控制,建立风险控制点;建立企业风险预警体系并加以落实。

(五) 改进企业增长不足

当企业实际增长率小于可持续增长率,出现增长不足时,则意味着企业有现金盈余而无投资机会。若为短期现象,企业可通过短期投资方法进行调节,为培育新增长点积蓄能量。为防止长期增长不足所引发的增长衰竭与被兼并,则应检讨与调整企业的战略规划,同时有计划地在其他更具活力的行业里寻找有价值的投资机会,也可采用购买增长方法,对约束企业增长的资源、技术、市场等瓶颈行业或企业进行并购,但应做好并购风险的防范工作。与此同时,对于多余的现金,企业在与债权人达成协议后,可提前偿还债务,降低财务杠杆，也可提高股利支付率或回购股票，增强市场对企业未来发展的信心，提升企业的形象，提高敌意收购的壁垒。

课堂思考

1. 从财务策略的角度如何实现企业可持续发展？
2. 当前企业可持续发展遇到的主要困难、机遇是什么？

第二节　可持续增长分析

一、企业增长能力分析

企业增长能力分析可以从增长能力指标分析和可持续增长战略分析两个方面进行。

（一）增长能力指标分析

增长能力指标分析就是通过运用财务指标对企业的未来增长能力和企业未来的发展趋势加以评估。企业的增长能力主要包括规模的扩大能力、销售收入的增加能力、盈利水平的提高能力和净资产的增长能力。通常，增长能力指标分析包括三个步骤。

1. 量化分析增长率的各个变量

这个量化分析用于描述隐含在数据背后的增长类型，具体方法可以是简单的指数系列，也可以是复杂的数学模型。例如，可以计算主营业务收入增长率、净利润增长率、总资产增长率和资本积累率，运用趋势分析的方法来量化企业的各种增长率，从而来判断企业的成长性。

（1）营业收入增长率。

在运用营业收入增长率分析上市公司的成长性时，需要注意以下几个方面：

① 该指标大于 0 并不表示公司具有成长性，因为营业收入的增长可能是源于企业产品或服务价格的上涨，而非销售量的增加或市场份额的提升。从本质上来看，企业的成长性应体现为业务量的扩张，即产品销售数量的增加或市场份额的提升。因此在通货膨胀严重时期使用该指标进行分析可能导致错误的结论。

② 该指标通常不适用于企业之间的比较，因为增长率的计算受到基期数据的影响。如果企业上期主营业务收入数额较小，即使营业收入增长额较小，也可能导致一个较高的增长率。因此，对该指标的纵向比较分析可能比横向比较分析更为有效。有时也可以与行业规模相当的主要竞争对手或行业平均水平进行比较。

③ 营业收入增长率可能会受到收入短期波动的影响。如果某期收入因为特殊原因（如自然灾害等）特别小，即使下期收入仅是恢复到一个正常的水平，也可能导致出现一个较高的增长率。同样，如果上期收入水平因为特殊原因特别高，那么即使本期回落到正常的水平也必然导致一个负的增长率。为了降低营业收入短期波动指标产生的影响，可以

计算最近三年的平均增长率，计算公式如下：

$$三年收入平均增长率=\left(\sqrt[3]{\frac{营业收入t}{营业收入t-3}}-1\right)\times 100\% \quad (14-1)$$

利用三年收入平均增长率指标，可以在一定长度上减少收入短期波动带来的影响，更好地反映公司营业收入的增长情况及其稳定性。

④ 由于不同的行业所处的发展阶段不同，不同行业的营业收入增长率也存在一定的差异。

(2) 总资产增长率。

企业内生成长理论认为：企业成长具有内生性，企业成长的根本原因在于其拥有的资源、能力和知识等。因此，资产与企业的成长性直接相关。实践中，资产的多少也是反映企业规模的一个财务指标。资产的规模的变化情况及变动趋势反映了企业的成长性。在具体分析企业的成长性时，可以用总资产增长率来进行衡量，该指标的计算公式如下：

$$总资产增长率=\frac{本期期末总资产-上期期末总资产}{上期期末总资产}\times 100\% \quad (14-2)$$

总资产增长率反映了企业资产总量的扩张，该指标越大，说明企业在一定时期内资产经营规模的扩张速度越快。对于一家具有成长性的企业来说，伴随着企业的快速发展，其资产规模也必然持续增长。在利用该指标进行分析时，需要注意以下方面：

① 虽然总资产增长率的大小反映了企业成长性的高低，但是在分析时必须关注高增长率背后可能隐藏的风险。例如，如果企业规模的扩张主要源于负债融资，而负债规模的增加可能性会导致较高的财务风险，一旦资金链断裂将会给一家过速扩张的企业带来毁灭性的打击。因此，这时必须关注企业的偿债能力。

② 在新会计准则下，企业公司资产负债表中列示的一些资产以公允价值计量，如交易性金融资产、可供出售金融资产、投资性房地产等。因此，市场的波动可能会影响到该指标的计算结果。另外，还需要注意会计政策选择所可能带来的影响。

③ 该指标在进行同行业企业间的比较时，应关注企业之间是否具有可比性。

④ 与主营业务收入增长率类似，该指标了可能会受到资产由于异常原因所导致的短期波动的影响。为减少这种短期波动影响，可以计算三年平均总资产增长率。计算公式如下：

$$三年平均总资产增长率=\left(\sqrt[3]{\frac{期末总资产t}{期末资产t-3}}-1\right)\times 100\% \quad (14-3)$$

另外，作为总资产增长率指标的补充，还可以计算企业固定资产增长率，以反映企业固定资产投资的增长情况。对于制造业企业来说，较高固定资产增长率表明企业产能的扩张。计算公式如下：

$$固定资产增长率=\frac{本期期末固定资产-上期期末固定资产}{上期期末固定资产}\times 100\% \quad (14-4)$$

⑤ 由于企业所处的行业不一样，不同行业的总资产增长率也有所不同。

【例 14-1】 根据第四章表 4-2 的 2016—2020 年江苏恒瑞医药股份有限公司资产负债表资料，计算得出江苏恒瑞医药股份有限公司 2016—2020 年的总资产增长率指标，如表 14-1 所示。

表 14-1　2016—2020 年恒瑞医药总资产增长率指标

项　目 \ 年　份	2016	2017	2018	2019	2020
总资产(万元)	1 433 005.87	1 803 938.48	2 236 122.96	2 755 647.55	3 472 958.99
总资产增长率(%)	24.64	25.88	23.96	23.23	26.03

资料来源：根据表 4-2 数据计算所得。

根据表 14-1 的数据得出江苏恒瑞医药股份有限公司 2016—2020 年的总资产增长率的变动趋势，如图 14-1 所示。

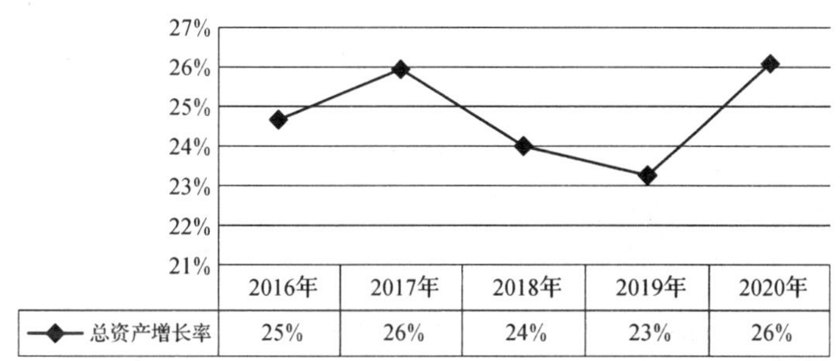

图 14-1　恒瑞医药总资产增长率变动趋势图

(3) 资本积累率。

资本积累率即股东权益增长率，是指企业本期股东权益相对于上期股东权益的增长百分比，反映企业当年资本的积累能力，是评价企业成长性的重要指标。计算公式如下：

$$\text{资本积累率}=\frac{\text{本期期末股东权益}-\text{上期期末股东权益}}{\text{上期期末股东权益}}\times 100\% \qquad (14-5)$$

从会计核算的角度来看，企业股东权益的变动，可能是源于企业所持有的可供出售金融资产等公允价值变动、企业净利润的留存以及增发配股融资等。如果是可供出售金融资产的公允价值上升导致资本公积增加，进而导致股东权益增加，这并不能代表企业的成长性；如果股东权益增加源于企业的利润留存，则体现了资本积累的本质，表明企业可能具有良好的成长性；如果股东权益的增加源于投资者的追回投资，则表明企业更多依赖外延式的扩张。另外，如果股东权益的增加源于利润留存，则资本积累率还反映了投资者投入资本的保值和增值。

通常认为，资本积累率指标越大，表明企业资本积累越多，其应对风险及持续发展能力也就越大。由于权益资本为企业债务融资提供保证，股权权益的增加也意味企业债权人的利益有了更大的保障。成长性的企业由于存在较多的资金需求，可能会较少发放现金股利，那么利润留存也就较大，资本积累率也会较高。

另外，与前面两个指标类似，为了减少异常原因导致的股东权益短期波动所带来的影

响,同样可以计算三年平均资本积累率,它体现了企业资本在三年内的平均积累情况,可以更好地反映企业的成长性。计算公式如下:

$$三年平均资本积累率=\left(\sqrt[3]{\frac{期末股东权益t}{期末股东权益t-3}}-1\right)\times 100\% \quad (14-6)$$

【例 14-2】 根据第四章表 4-2 的 2016—2020 年江苏恒瑞医药股份有限公司资产负债表资料,计算得出江苏恒瑞医药股份有限公司 2016—2020 年的资本积累率指标(在计算指标时不含少数股东权益),如表 14-2 所示。

表 14-2 2016—2020 年恒瑞医药资本积累率指标

项 目 \ 年 份	2016	2017	2018	2019	2020
股东权益(万元)	1 287 439.18	1 594 321.48	1 979 773.85	2 493 752.76	3 078 700.19
资本积累率(%)	24.30	23.84	24.18	25.96	23.46

资料来源:根据表 4-2 数据计算所得。

根据表 14-2 的数据得出江苏恒瑞医药股份有限公司 2016—2020 年的总资产增长率的变动趋势,如图 14-2 所示。

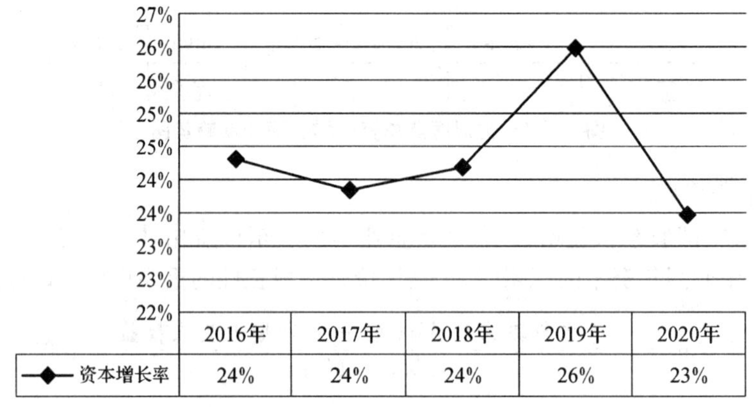

图 14-2 恒瑞医药资本积累率变动趋势图

(4) 净利润增长率。

净利润增长率的含义见第十章第三节盈利能力的分析中,其计算公式如式(10-15)所示。

净利润是企业经营活动的最终成果,净利润多,企业的经营效益就好;净利润少,企业的经营效益就差。净利润的连续增长是企业成长性的基本特征。如果净利润增长率增幅较大,表明企业经营业绩突出,市场竞争能力强;反之,净利润增幅小甚至出现负增长,则表明不具有良好的成长性。

需要注意的是,在净利润的计算中,包括了投资收益、营业外收入等。因此,可能会观察一家企业主营业务没有什么起色,但是净利润却有大幅的增加,其原因就在于企业投资收益或营业外收入的大幅增加所致。

净利润增长率的例题见第九章表 9－14 和图 9－6。

根据上述对企业增长能力指标的分析，现以 2008—2012 年江苏恒瑞医药股份有限公司为例，说明其成长性，如图 14－3 所示。

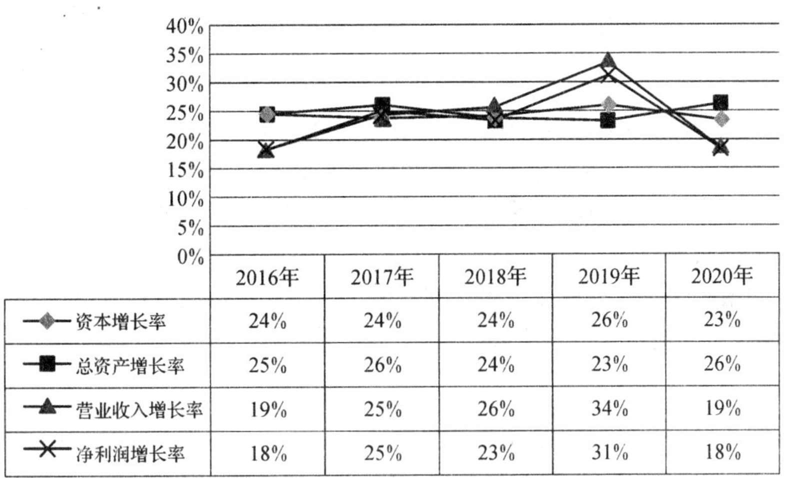

	2016年	2017年	2018年	2019年	2020年
资本增长率	24%	24%	24%	26%	23%
总资产增长率	25%	26%	24%	23%	26%
营业收入增长率	19%	25%	26%	34%	19%
净利润增长率	18%	25%	23%	31%	18%

图 14－3　恒瑞医药增长能力指标变动趋势图

2. 说明各种增长来源

各种增长来源既包括增长来源的定量分析，也包括定性分析。分析的对象是各种增长来源之间的相互关系、企业经营特点、财务特点和所研究会计期间的外部环境。

3. 结合其他数据分析

为了预测未来的增长水平和可能的财务和经营成果，除了使用前述的分析方法外，还应结合其他数据，如预测的行业增长率、企业扩张计划等。

（二）可持续增长战略分析

企业为了达到可持续增长，通常需要运用销售政策、资产营运政策、融资政策和股利政策等经济政策。前两者构成了企业的经营战略，后两者构成了企业的财务战略。而在具体的分析过程中，往往借助于“可持续增长率”这个综合指标全面衡量企业综合利用这些经济政策所能够获得的预期增长速度。

1. 可持续增长率分析

可持续增长率是衡量企业利用经济杠杆能够获取的持续增长效果。可持续增长率是指不增发新股并保持目前经营效率和财务政策的条件下，企业能够实现的增长速度。可持续增长率可以以可持续资产增长率、可持续销售增长率和可持续股利增长率等指标来表示。按照上述对可持续增长率的解释，其中隐含着三个假设：假设企业能够以允许的最快速度发展；企业经理人不愿意或不能够筹集新权益资本；现有目标资本结构与股利政策不变。在这些假设条件下，企业的利润要想以过去的增长速度持续增长，就必须增加销售收入，而在企业资产周转率一定的条件下，增加销售收入必须依赖于资产的相应增长。而要增加资产，在不对外进行权益资本融资的条件下，其来源渠道不外乎企业内部积累和对外债务融资。在不改变目标资本结构和的条件下，债务的增加又取决于其本身的盈利能力和既定的股利政策。根据这些条件，可持续增长率的计算公式为：

$$\frac{\text{可持续}}{\text{增长率}}(g)=\frac{\text{股东权益}}{\text{增长率}}=\frac{\text{净资产}}{\text{收益率}}\times\left(1-\frac{\text{股利}}{\text{支付率}}\right) \tag{14-7}$$

在式(14－7)中，净资产收益率、股利支付率根据当年资产负债表和利润表计算。根据式(14－7)可以得出结论：企业在保持目前经营和财务战略的条件下，企业的利润在下一年度最多只能按照 g 的速度增长。或者说，企业未来一年的利润增长率不可能大于本年度净资产收益率，也就是说，如果企业不发股利的话，可持续增长率最多等于净资产收益率。可持续增长率越高，意味着企业的未来利润的增长速度越快；反之，则越慢。但并不是说企业的增长率不可以高于或低于可持续增长率，而是说企业现有的销售收入水平可以继续保持，而且整体呈增长趋势。

2. 可持续增长率的因素分析

可持续增长率的计算公式是在假设企业经营战略和财务战略不变的前提下推导出来的。根据前面内容的叙述，净资产收益率可以进一步分解。因此，可持续增长率可以分解为：

$$\frac{\text{可持续}}{\text{增长率}}=\frac{\text{销售}}{\text{利润率}}\times\frac{\text{资产}}{\text{周转率}}\times\frac{\text{权益}}{\text{乘数}}\times\left(1-\frac{\text{股利}}{\text{支付率}}\right) \tag{14-8}$$

从式(14－8)可以看出，影响企业可持续发展的因素有销售利润率、资产周转率、权益乘数和股利支付率，或者说是受销售政策、资产营运政策、融资政策和股利政策等经济政策的影响。而销售利润率、资产周转率、权益乘数则是杜邦分析体系中对净资产收益率的分解。由此可见，持续增长率与杜邦财务分析体系具有共同因素。这样，在具体分析可持续增长率的影响因素时，我们可以利用杜邦财务分析体系。一般来讲，销售利润率越高、资产周转率越快、权益乘数越大、股利支付率越低，可持续增长率就越高；反之，可持续增长率越低。

3. 可持续增长的战略分析

如前所述，可持续增长率受到销售利润率、资产周转率、权益乘数和股利支付率的影响，其中，销售利润率、资产周转率是企业经营管理绩效的综合体现，反映企业经营管理战略，决定于企业的综合实力；而权益乘数、股利支付率则分别体现了企业的融资政策和股利政策，反映出企业财务战略的成效，取决于企业风险与收益的权衡观念。企业的综合实力和对风险与收益的权衡观念，决定了企业的增长速度。因此，企业要实现预期的可持续增长率目标，就必须运用好经营战略和财务战略。而可持续增长率的战略分析就是在利用财务报表数据分析的基础之上，结合企业外部市场环境分析和企业内部实际情况，分析影响企业可持续增长率的因素，从而确定企业今后的增长目标，并相应调整企业的经营战略和财务战略，以实现企业预定的增长目标。

(1) 经营战略分析。

经营战略分析的实质就是研究提高企业销售利润率和资产周转率的途径。销售利润率反映企业销售收入为企业带来多大的利润，而资产利润率反映企业单位资产所能创造的销售收入。前者代表企业的获利能力，后者代表企业的营运效率，而两者都是影响企业可持续增长的重要因素。因此，企业的经营战略分析可以借鉴杜邦分析体系将销售利润率和资产周转率进一步分解，找出影响其变化的具体原因，从而有效寻找出提高销售利润率和资产周转率的途径。

企业销售利润率的高低在一定意义上表现为企业控制产品价格和成本的能力。这是由企业所处的行业和企业竞争战略所决定的。因此，销售利润率的分析必须以行业和战略分析为基础。一般来说，在具有较强垄断性的企业，其控制产品价格和产品成本的能力比较强，其销售利润率也往往较高。采取成本领先战略的企业，其销售利润率比采取差异化战略的企业要低。在此基础上，可以将影响销售利润率水平的因素进一步分解成毛利率、经营费用和税收负担三个主要因素，并对这三个主要因素进行深入分析。

同样道理，在分析资产周转率时也需要与行业和竞争战略结合起来分析。例如，资本密集程度不同的企业，其资产周转率也不相同，采取成本领先战略的企业其资产周转率一般要比采取差异化竞争战略的企业要高。另外，对资产周转率分析也需要对资产的各构成部分从占用量上是否合理、资产的构成部分的周转快慢进行分析，寻找改善资产周转率的途径。

(2) 财务战略分析。

财务战略分析的实质就是研究资本结构与股利政策对实现企业可持续增长的途径。在实践中，经常出现企业的增长目标与实际可增长率不一致的情形。可增长目标高于实际增长率时，企业将面临资金短缺问题，当增长率目标低于实际增长率时，企业将面临资金多余问题。前者多发生在处于初创期和成长期的企业，后者多发生在处于成熟期和衰退期的企业。鉴于这种主要讨论企业的持续增长问题，因此，主要研究后者的财务战略分析。例如，企业内部产生的资金在支付股利后，可能无法为实现增长率目标提供资金支持。此时，企业除了考虑调整经营战略外，还可以考虑运用财务战略，通过改变企业的资本结构和股利政策实现增长目标。当然，相对于经营战略而言，运用财务战略所取得的增长并不可取。因为，运用融资政策和股利政策具有一定的局限性。一般而言，如果企业主要依赖这些财务战略获取较高的利润增长，说明企业的净资产收益质量正在下降，企业增长率具有潜在的不确定性。

企业可以运用的财务战略包括增加权益资本、提高财务杠杆、降低股利支付率等。

① 增加权益资本是指如果企业愿意并且能够在资本市场增发股票，就能够为企业的发展提供充足的资金。但采用增加权益资本战略对企业来说具有一定的局限性：首先，在资本市场不发达的地方，该战略很难实施；其次，即使存在发达的资本市场，对于规模较小和效益不佳的企业而言，由于难以满足股票增发或上市的条件，或者不能被广大投资者所接受而无法大量发行股票，此时该战略的实施效果会不尽如人意；最后，即使有些企业能够采取该战略，但由于权益资本成本较高，并且权益筹资会导致流通在外股票数量增加，从而稀释每股权益和企业控制权，因此，也往往使得股东不愿意采取这种战略。

② 提高财务杠杆就是提高负债融资的比例，可以为企业的发展提供充裕的资金。但这种战略的运用也受到限制。运用债务融资存在上限，因为企业的债务融资比例越高，则

偿债压力越大，偿债能力越小，此时债务融资的资本成本就会随之上升，且再融资也就越困难。

③ 降低股利支付率就是要尽可能多地利用企业内部产生的资金，与财务杠杆相反。但选择这种财务战略必须考虑投资者对股利和投资前景的期待。如果投资者认为企业具有良好的投资机会，他们愿意接受企业降低股利支付率的政策；但是，如果投资者认为企业的投资前景不佳，那么，股利支付率的下降可能激起他们的不满，从而导致股票价格下跌或出现董事会改组等现象。另外，依靠降低股利支付率这种内部融资途径可能能满足企业的大规模的资金需要，因为企业内部积累资金的速度一般较慢。

二、证券价值分析

我们知道，购买企业发行的证券就是购买企业的未来。因此，证券价值分析是从另一个视角反映企业的未来发展前景。

（一）价值的含义

会计上所讲的价值有多个概念，包括账面价值、清算价值、持续经营价值、市场价值、内在价值等。证券价值分析的"价值"指的是内在价值。证券的内在价值是投资者获得的现金流入量按要求的收益率在一定期间内折现的现值。内在价值本质是一种经济价值。

账面价值包括资产的账面价值和企业账面价值。资产账面价值是指资产的入账价值。在现行会计模式下，资产按历史成本入账。实际上，资产的账面价值就是企业资产负债表按历史成本列示的各项资产的数值。企业账面价值是企业资产负债表列示的各项资产价值与各项负债价值之差，即资产净价值。

清算价值指一项或一组资产从正在经营的企业组织中分离出来单独出售所能获得的货币额。

持续经营价值是指企业作为一个正在持续经营的组织出售时所能获得的货币额。一般而言，清算价值与持续经营价值是不相等的。对于经营管理不善的企业可能其清算价值大于持续经营价值。在证券估价过程中，人们通常假设企业是持续经营的企业，也就是说，企业能为证券持有者提供持续的现金流入量。如果这个假设条件不成立，那么，企业的证券价值就是其清算价值。

市场价值是指一项资产或类似资产在公开市场上进行交易时的市场价格或交易价格。这是市场上买卖双方进行竞价后产生的双方都能接受的价格。对于一个企业而言，市场价值就是清算价值与持续经营价值中较大者。

内在价值是在对所有影响价值的因素进行合理估计后，该资产或证券应得的价值。如果证券市场是有效的，信息是完全充分披露的，那么，证券的市场价值与内在价值应该是相等的。如果两者不相等，投资者的套利行为将促使市场价值向内在价值回归。遗憾的是，在这个世界上，从没有出现过完全有效、信息完全披露的市场。

（二）证券价值分析的基本原理

根据上述讨论，证券的价值就是未来预期的现金流入量的现值。这样，所有与证券相关的现金流入量都要按投资者要求的收益折算为现值。因此，证券价值受到资产的特征和投资者要求的收益率两个因素的影响，其价值分析主要涉及如下过程：

(1) 对资产或证券的特征进行评估，比如资产或证券的预期现金流入量、持有时间和持有风险等。

(2) 估计投资者要求的收益率，它体现了投资者对资产或证券的特征的评估最低要求的收益率。

(3) 将资产或证券按投资者要求的报酬率折算为现值。

以上分析过程可以用下列基本模型来表示：

$$V=\sum_{t=1}^{n}\frac{CI_{t}}{(1+i)^{t}} \tag{14-9}$$

式中，V 表示证券价值；CI_t 表示 t 时间得到的现金流入量，i 表示必要的收益率；n 表示现金流量发生的次数。

根据这个基本模型，证券价值分析主要包括三个基本步骤：

第一步：估计证券的未来预期现金流入量；

第二步：估计投资者要求的收益率；

第三步：利用上述模型计算证券价值分析。

（三）证券价值分析

由于证券包括债券和股票两大类，因此，证券价值分析也就包括债券价值分析与股票价值分析。

1. 债券价值分析

债券在发行时就确定了票面利率和还本付息的期限。因此，债券的现金流量包括两个部分：定期收到的利息(I_t)和到期还本的到期价值(MV)。证券价值 V_b的计算公式为：

$$V_{b}=\sum_{t=1}^{n}\frac{I_{t}}{(1+K_{b})^{n}}+\frac{MV}{(1+K_{b})^{n}} \tag{14-10}$$

式中，n 表示债券利息支付次数；K_b表示投资者要求的收益率。

例如，假设有一个投资者，对某种债券要求的收益率为 12%，该债券的面值为 1 000 元，票面利率为 12%，5 年后到期。那么，其内在价值为：

$$V_{b}=\sum_{t=1}^{5}\frac{1\,000\times12\%}{(1+12\%)^{t}}+\frac{1\,000}{(1+12\%)^{5}}=1\,000(\text{元})$$

如果投资者要求的投资收益率从 12%提高到 15%，那么，该债券的内在价值为：

$$V_{b}=\sum_{t=1}^{5}\frac{1\,000\times12\%}{(1+15\%)^{t}}+\frac{1\,000}{(1+15\%)^{5}}=899.24(\text{元})$$

如果投资者要求的收益率从 12%下降为 9%，那么，该债券的内在价值为：

$$V_{b}=\sum_{t=1}^{5}\frac{1\,000\times12\%}{(1+9\%)^{t}}+\frac{1\,000}{(1+9\%)^{5}}=1\,116.80(\text{元})$$

如果不考虑市场的其他影响因素，上述确定的债券内在价值就是债券的发行价格。

如果用债券的市场价格 P_b替代债券的内在价值 V_b，即市场价值等于内在价值，计算

得到的折现率 K_b 就是对该债券的预期收益率。这个预期收益率实际上就是债券持有者债券到期日的收益率，称为到期收益率。即：

$$P_b = \sum_{t=1}^{n} \frac{I_t}{(1+K_b)^n} + \frac{MV}{(1+K_b)^n} \tag{14-11}$$

采用内插法可以计算出上述公式中的 K_b 值。如果不考虑发行债券所涉及的税项和费用项目，K_b 值就是债券筹资的资本成本。

从上述债券估价公式可以得到：

债券价值与投资者要求的收益率的呈现相反方向运行，即要求收益越高，债券价值越低；反之亦然。这就是利率风险。

投资者要求的收益率高于债券票面利率，债券市场价值低于债券面值，债券折价发行；投资者要求的收益率低于票面利率，债券市场价值高于债券面值，债券溢价发行；投资者要求收益率等于债券票面利率，债券市场价值等于债券面值，债券平价发行。

当债券接近到期日时，债券市场价值向面值回归。到期日，债券市场价值等于债券面值。

长期债券的利率风险高于短期债券。

债券价值对市场利率的敏感性与债券未来预期现金流量期限结构有关。货币时间价值观念在这里起作用。

如果发行的是永久债券，即没有到期日，将无限期支付利息，比如英国统一公债。其价值计算公式为：

$$V_b = I_t \div K_b \tag{14-12}$$

如果债券属于零息债券，即在到期前的各个期间都不向债券持有者支付利息，而是以大大低于面值的价格出售。两者之间的差额就是债券持有者的收益。其价值计算公式为：

$$V_b = \frac{MV}{(1+K_b)^n} \tag{14-13}$$

2. 股票价值分析

股票根据其权利不同分为普通股和优先股。相应地，股票估价也分为普通股估价和优先股估价。

优先股在发行时没有规定到期日，但是，它存在固定支付股利的性质。这与永久债券类似。正是由于这个特征，优先股价值分析类似于永久债券价值分析。其价值 V_{ps} 的计算公式为：

$$V_{ps} = \sum_{t=1}^{\infty} \frac{D_t}{(1+K_{ps})^t} = \frac{D_t}{K_{ps}} \tag{14-14}$$

式中，D_t 表示优先股每期的预期股利；K_{ps} 表示优先股股东要求的收益率。

例如，某公司发行一笔优先股，每年现金股利为每股 3.64 美元，没有到期日。投资者要求的收益率为 7.28%。那么，该优先股的内在价值为：

$V_{ps}=3.64\div 7.28\%=50$(美元)

同样地，如果以市场价值 V_{ps} 代替内在价值，可以得到优先股股东预期收益率：

$$K_{ps}=D_t\div V_{ps} \tag{14-15}$$

从另一角度看，如果不考虑发行优先股所涉及的费用项目，这个优先股股东预期收益就是优先股筹资的资本成本。

普通股没有到期日，且长期持有。但普通股的未来现金流量具有更大的不确定性。因此，普通股价值分析模型为：

$$V_{cs}=\frac{D_1}{1+K_{cs}}+\frac{D_2}{(1+K_{cs})^2}+\cdots+\frac{D_n}{(1+K_{cs})}+\cdots+\frac{D_\infty}{(1+K_{cs})^\infty} \tag{14-16}$$

如果普通股的股利率逐年增长，且永续固定增长，并假设增长率为 g。其实，这种假设对许多企业来讲是脱离实际的，但是，对于成熟型企业也许是合理的。普通股价值分析模型为：

$$V_{cs}=\frac{D_0\times(1+g)}{1+K_{cs}}+\frac{D_0\times(1+g)^2}{(1+K_{cs})^2}+\cdots+\frac{D_0\times(1+g)^\infty}{(1+K_{cs})^\infty} \tag{14-17}$$

如果假设 K_{cs} 大于 g，对公式(14－17)两边同时乘以 $(1+K_{cs})\div(1+g)$，并将两个结果对减，便得到：

$$V_{cs}=\frac{D_1}{K_{cs}-g}\text{，这里，}D_1=D_0\times(1+g) \tag{14-18}$$

例如，某投资者计划投资购买 A 公司的股票。A 公司去年每股支付的股利是 1 元。根据有关信息，该投资者预计 A 公司年股利增长率为 10%，A 公司股票的 β 系数为 2，证券市场所有股票的平均收益率为 15%，现有国库券利率为 8%。请计算 A 公司股票的内在价值。

投资者要求的收益率＝8%＋2×(15%－8%)＝22%

预期每股股利＝1×(1＋10%)＝1.1(元)

A 公司股票的内在价值＝1.1÷(22%－10%)＝9.17(元)

课堂思考

1. 财务战略分析包括哪些内容？
2. 如何进行股票的价值分析？

思政映射

个体服务社会、奉献社会绝不是一时一事，更不是权宜之计，而是一种源自内心的自觉和追求。服务社会、奉献社会也要与时俱进，不断地通过学习、培训等方式方法提升自己服务社会、奉献社会的能力和水平，更好地付出自己的爱心和心血，实现成功的人生。

本章小结

成长性体现了企业在一定时期的发展状态以及未来的发展前景，是信息使用者特别是投资者做出经济决策时需要考虑的一个重要方面。本章主要介绍了企业可持续性的内涵、可持续性相关概念的关系、企业可持续发展的财务驱动因素及财务策略，同时从企业增长能力和证券价值两方面重点进行了企业可持续增长分析。通过对可持续性的理论及实务分析，可以帮助企业在其生产经营过程中，通过优化资源配置，提升管理水平，抓住行业发展机会不断成长壮大，进而提高实现企业价值增长的能力。

个体服务社会、奉献社会的能力和水平也需要一个持续提升的过程，需要与时俱进。

练　习

第十五章　投资报酬分析

学习目标

- 掌握投资报酬率的计算方法；
- 能够运用投资报酬率对企业的财务报表进行分析；
- 了解影响投资报酬率的因素，掌握因素变化对投资报酬率高低的影响；
- 了解杜邦财务分析体系的分析方法及存在的缺陷。

学习重点

- 投资报酬率计量指标的计算方法；
- 杜邦财务分析体系核心指标的分解及运用分析。

思政要求

- 奉献社会、服务人民是人生最大的投资；
- 人生要有正确的投资回报观，有时没有回报就是最大的回报。

第一节　投资报酬分析概述

一、投资报酬分析的指标

投资报酬率是分析企业业绩的一个综合分析指标。所谓投资报酬率（Return On Investment）是指投资报酬（收益）与投入资本之间的比率，可以反映企业向长期资金提供者支付报酬和企业吸引未来资金提供者的能力。分析者可从投资的角度来分析企业的业绩，判断企业是否经营成功、是否具有吸引资金、偿还债务和回报投资者的能力。

二、投资报酬分析的意义

（一）投资报酬率是衡量企业盈利能力的标准

财务报表分析者关注企业的盈利能力，但不能只是关注净利润的多少。一家投资额为数亿元的大企业和一家投资额为数百万元的企业若净利润相等，并不能说明两家企业的盈利能力相等。所以，在分析企业的盈利能力时，需要将净利润与投入资本相对比，以消除绝对数比较的弊病。投资报酬率还可以传递从不同融资来源的各个方面投入资本的盈利情况，是比较不同规模企业盈利能力的有效指标。

（二）投资报酬率是评价企业管理绩效的指标

企业经营的成败主要依赖于管理人员的决策和管理才能。一个企业能否获得合理的投资报酬率，关键在于管理人员能否有效利用各种资源，适时地做出恰当的决策，以实现企业的目标。因此，投资报酬率可以作为评价一个企业管理层管理绩效的指标。

（三）投资报酬率可以作为利润预测的工具

投资报酬率反映一个企业过去某一期间利润与投入资本的比例关系。根据这一比率，财务报表分析者可以对企业未来的盈利进行预测。虽然决定投资报酬率的各个因素在未来具有不确定性，但是财务报表分析者可以根据已有的资料分析未来可能变化的因素，来预测企业未来期间的利润情况。

（四）投资报酬率是进行内部决策与控制的工具

企业在一定的会计期间内，往往有多个投资方案，而各个投资方案产生的投资报酬率又不尽相同。在一个具有良好的管理制度的企业中，对于每一个投资方案所达到的投资报酬率，都应该严格评估。企业的管理人员可根据各个投资方案的投资报酬率进行投资决策，还可以作为对有关“利润中心”进行绩效评定和奖惩的依据。

第二节　投资报酬率的计算与分析

一、投资报酬率的计算

运用投资报酬率对企业的业绩进行分析的基本公式是：

$$\text{投资报酬率}=\frac{\text{投资报酬}}{\text{投入成本}}\times 100\% \tag{15-1}$$

然而，在式(15－1)中对于如何计算分子和分母并没有完全一致的意见。由于财务报表使用者有不同的观点和目的，所以存在这些差异是正常的。本节将阐述几种被广泛接受的投资报酬分析方法。

（一）投入资本

计算投资报酬率公式中的投入资本没有统一的计量标准，对投入资本使用的不同的计量指标反映了财务报表使用者不同观点和分析目的。一个企业的投入资本一般包括流动负债、长期负债、所有者权益。

1. 总资产观念

将企业的总资产作为投入资本来计算投资报酬率，称为总资产观念。在这种观念下，以企业的全部资金来源，即负债和所有者权益的总和，作为投入资本的基数来评估企业的投资收益。它不考虑资产、资金的来源渠道，反映了一个企业从所有受托资产或融入资金中得到的报酬率。总资产观念下的投资报酬率也称为“总资产报酬率”。总资产报酬率是在投资报酬分析中应用最广泛的一个财务指标。

在总资产观念下，有以下几个略有争议的问题：

(1) 第一种观点认为：对于“非生产性资产”应做出调整。持有这种观点的学者认为，由于某些非生产性资产，包括闲置资产、过剩存货、在建工程、超额资金和递延费用等，对企业的当期利润没有任何贡献，所以在计算投资报酬率时应该将它们从投入资本中剔除。

这种观点有助于企业内部管理和控制，而对评估企业整体投资报酬情况就不太适合。管理当局从股东和债权人处受托的资金，必须得到有效的管理和利用，企业长期的获利能力与企业接受的任何资金或资产应该都有关系。

(2) 第二种观点认为：应将无形资产排除在投入资本的总数之外。这种观点源于对无形资产价值及其获利能力的不确定性考虑。将无形资产排除在外的这种观点没有被大多数人接受。因为无形资产虽然没有实物形态，但实质上却有价值存在。在会计上，如果无形资产的账面价值超过了其未来的使用价值，也已经通过提取减值准备而调减了账面价值，在计算投资报酬率时再次调整缺乏依据和说服力。

(3) 第三种观点认为：在投入资本中应该包括可折旧资产的累计折旧额，即在计算资产报酬率时投入资本的基数中应该将累计折旧加回。持这种观点的人认为，如果不把累计折旧加回，在连续的期间中，利润将会与一个不断减少的投资基础相比较。这样，即使利润稳定不变，投资报酬率也将不断提高而不能正确反映企业平衡的经营业绩。而且，他们还认为将累计折旧加回可以缓解通货膨胀对资产历史计量的影响。

对此，持反对意见的人认为：首先，计算投资报酬率所用的分子——利润是扣除了折旧费用后的数值，相对应的分母——投入资本也应该扣除累计折旧，否则无法体现配比原则。其次，也必须承认，随着资产使用年数的增加，维修费用通常也会增加，这往往抵销了投入资本基数的下降。另外，通货膨胀时期，只有在财务报表重新编制的基础上计算投资报酬率才是合理的，仅仅将累计折旧加回，这样粗略的调整很可能比不调整更容易歪曲企业真实的业绩。

2. 长期资金观念

长期资金观念是将长期负债和所有者权益之和作为投入资本的基数。这种观念与“总资产”观念相比，在投入资本的基数中剔除了流动负债。理由是流动负债的资金往往无法被企业长期利用，投资报酬的分析更多是用于长期资产的投资决策分析，所以长期资金观念对于投资报酬率的计算成本就集中在两种长期融资提供者——长期债权人和股东的身上。这种观念下的投资报酬率又称为“长期资本报酬率。

3. 所有者权益观念

以所有者权益作为投入资本的基数来计算报酬率意味着以权益资本持有者为中心考察投入资本的回报情况。但是，在企业发行优先股的情况下，由于优先股通常获得固定的报酬率，所以优先股的股本一般排除在投入资本之外。所有者权益观念下的投资报酬率又称为“普通股权益报酬率”或“净资产收益率”。

（二）投资报酬率的计算方法

1. 总资产观念

在总资产观念下，投入资本指总资产，即负债和所有者权益之和。相对应的投入资本所产生的收益包括净利润与扣税后全部利息之和。在这种观念下，投资报酬率的计算公式为：

$$总资产报酬率=\frac{净利润+全部利息\times(1-所得税税率)}{平均总资产}\times 100\% \quad (15-2)$$

其中，

$$平均总资产=\frac{期初资产总额+期末资产总额}{2}\times 100\% \quad (15-3)$$

在学习总资产观念时，理解总资产报酬率时要将式(15－2)与第十章的总资产报酬率中的式(10－18)进行比较，掌握这两个公式的区别，理解这两个公式的内涵。

2. 长期资金观念

在长期资金观念下，重点考察的是长期资金的获利情况。由于投入资本的基数只包括长期负债和股东权益而不包括流动负债，因此式(15－1)中的分子也应该只包含净利润和扣税后长期负债的利息之和，而不应包括短期负债的利息费用。在这种观念下，投资报酬率的计算公式为：

$$长期资本报酬率=\frac{净利润+长期负债利息(1-所得税税率)}{平均长期负债+平均股东权益}\times 100\% \quad (15-4)$$

式中的平均长期负债和平均股东权益一般分别用长期负债和股东权益的期初数和期末数之和再除以 2 计算得到。

3. 所有者权益观念

在所有者权益观念下，投入资本是股东所投入的资本，因此，对应的收益也就只应该是净利润。在这种观念下，投资报酬率的计算公式为：

$$净资产收益率=\frac{净利润}{平均股东权益}\times 100\% \quad (15-5)$$

前面提到，在企业发行优先股的情况下，由于优先股的股东通常获得固定的报酬率，因此优先股的股本一般排除在投入资本的基数之外。相对应地，优先股的股利也不应包括在净利润中。在这种情况下，净资产收益率的计算公式为：

$$净资产收益率=\frac{净利润-优先股股利}{平均普通股股东权益}\times 100\% \quad (15-6)$$

这种计算方法在实务界被广泛采用。总资产报酬率从债权人和所有者两方面来共同考察整个企业的盈利水平，而净资产收益率则是从企业所有者的角度来考察企业盈利水平的高低。

二、投资报酬分析

（一）投资报酬率的影响因素分析

1. 影响投资报酬率的内部因素

根据投资报酬率的计算公式可知，影响投资报酬率的因素既有投入资本，也有利润的影响。然而对于不同的财务报表使用者，对这两大因素又有不同的内容和解释。以总资产报酬率为例，影响总资产报酬率的因素可能有以下几点：

（1）净利润。

净利润是总资产报酬率的正向影响因素。净利润越大，总资产报酬率也就越高。净利润一般是由营业利润、投资收益和营业外收支净额扣除期间费用和所得税构成的。财务报表使用者可以通过对盈利的结构分析，了解不同业务的盈利水平和盈利能力，判断它们对企业总盈利水平的贡献程度。

有一点需要注意的是：盈利的稳定性表明了企业盈利水平变动的基本态势，是判断企业盈利质量的重要依据。有的企业某会计年度的盈利水平可能很高，但如果盈利波动很大则对盈利预期有负面的影响。盈利的稳定必最终表现为净利润的稳定性，即净利润在一定区间内上下波动或者在某一基点上呈现稳定上升的趋势。

（2）利息费用。

利息费用一般作为期间费用入账或通过资本化计入资产成本。但无论哪种情况，利息费用都不包含在企业的净利润之内。由于投入资本的基数中包含了负债，在计算总资产报酬率时，应该将利息费用加回到净利润中，这样才能完整地体现投入资本的回报情况。利息费用对总资产报酬率的影响也是正向的，利息费用越高，计算得到的总资产报酬率也就越高。

（3）所得税税率。

所得税税率对总资产报酬率的影响主要通过净利润以及作为与利息费用的权数来起作用。企业某一会计期间享受的所得税税收优惠会对净利润产生有利的影响，当税率降低时，计算总资产报酬率的公式中利息费用的权数也会增加。所得税税率对总资产报酬率起反向作用。

（4）平均总资产。

平均总资产对总资产报酬率的影响是反向的，即在其他因素不变的前提下，平均总资产的占用额越大，总资产报酬率就越低。从财务报表分析的角度来看，总资产占用数额的多少直接影响着资产的运用效率，而资产占用结构的状况也对企业的资产流动性、经营风险等方面具有广泛的影响。

2. 影响投资报酬率的外部因素

净利润、利息费用、所得税税率和平均总资产是影响一个企业投资报酬率高低的内部因素，是可以量化的会计指标。在企业的实际经营中，还有一些外部因素也会对企业的投资报酬率产生一定的影响。

(1) 行业发展情况。

一个企业所处的行业环境会影响企业投资报酬率的高低。高利润的行业可能会有普遍的高投资报酬率,高投资报酬率又会吸引众多的厂商加入,当行业供求平衡或供过于求时就会出现生产能力过剩的情况,这时竞争力差的厂商就会面临投资报酬率下降而被淘汰出局的威胁。因此,财务报表分析者在对企业进行投资报酬率分析时,应该结合其行业发展的总体水平来考虑,将个别企业的投资报酬率与行业的平均水平相比较,来判断企业的盈利能力和管理绩效。

(2) 产品竞争优势。

在分析企业的投资报酬率时,还要结合企业的产品竞争优势来具体分析。一个企业如果掌握某项其他企业没有的专利技术,或者其产品是有别于其他企业的差别性产品,在这一领域具有绝对的产品竞争优势,那么即使企业现在的投资报酬率不高,企业在该行业市场上也有相当的竞争力优势。在以后的发展中,企业便有机会充分利用其优势得到较好的发展。

(3) 产品结构。

缺乏竞争优势的企业一旦产品结构单一,往往会面临一定的经营风险。因此,在市场竞争中,许多企业会选择多元化的竞争战略。在这种情况下,企业的产品结构将会直接影响到企业投资报酬率的高低。企业的产品结构合理,有助于其充分利用现有的资源,多元化的产品结构也在一定程度上降低了企业的经营风险。企业投资报酬率的提高还取决于产品结构与盈利能力的合理配置,产品之间相互的支持,生产能力的充分利用,产品优势组合的充分发挥等。

(4) 成本控制能力。

一个企业的盈利不仅与其营业收入有关,还受成本、费用的影响。企业的成本、费用控制能力直接影响到企业的销售净利率。如果一个企业的内部管理不健全,没有合理成本和费用的控制制度与措施,那么对企业进一步扩大生产能力、对企业的发展也将形成制约。

(5) 发展前景。

关注一个企业不仅应关注它的现状,也应关注其发展前景。有些企业已经跻身朝阳产业,如 2001 年后的房地产、钢铁、铝业企业等,这些行业由于投资过热经常受到宏观调控的影响,如果某一企业厕身其中但是不具备相应规模和其他相关优势,则很容易受到外来因素的冲击。或许随着竞争的加剧,它们不是发展壮大而是被吞并和收购,因此,财务报表分析者应结合企业发展前景来综合分析。

(二) 投资报酬分析考虑的其他问题

财务报表分析者在进行投资报酬分析时,还有以下几个因素需要考虑。

1. 投入资本的账面价值与市场价值

在计算投资报酬率时,投入资本的基数应该以账面价值为准还是以市场价值为准?由于受到各种条件的限制,财务报表分析者难以获得企业各方面的详细资料,在计算投资报酬率分析指数时一般以财务报表中所列的资产的账面价值作为投入资本的基数,而不考虑市场价值或公允价值。

但是,资产的账面价值有时难以公允地反映资产的真实价值。企业有些资产往往由于市场竞争、技术进步等因素,其资产价值已大大下降。也有企业因无形资产等未列示于财务报表中而实际资产价值高于账面数。在这种情况下,财务报表分析者应该广泛地搜集与企业有关的资料,对于那些偏离公允价值较严重的项目进行适当调整,以正确评价企业的财务状况和盈利能力。

2. 投资者与企业对投资基数的不同理解

计算投资报酬率时,投资者与企业由于所关注的目标不同,所以两者对于投入资本基数的观点也有所不同。一般投资者更关注其投入企业的资本即个人的投资成本的回报情况。但是,作为财务报表分析者,特别是在投资者众多的情况下,难以就每个投资者的投资报酬情况进行分析,而是站在企业的立场,总体衡量企业的盈利能力,评价企业的管理绩效。

3. 平均投入资本的计算

不论采用哪种观念计算投资报酬率,在确定投入资本的基数时,相比较某个时点的资本数而言,使用平均投入资本更加合理一些。财务报表分析,通常将某一会计期间的期初数加期末数之后除以 2,作为该会计年度的平均投入资本。如果资料齐全,分析者可以将投入资本的基数以月平均数计算,以获得更精确的数字。

4. 所得税问题

财务报表分析者在计算投资报酬率时,一般要以扣除所得税后的余额作为投资报酬。但不同国家、不同地区的税率可能不同,甚至同一企业在不同的会计期间也可能适用不同的所得税税率。因此,财务报表分析者在对不同企业或同一企业不同期间的投资报酬率、企业的盈利能力进行比较时应该考虑到不同企业所得税税率的影响。

（三）投资报酬分析的局限性

投资报酬率是财务报表分析者常用的分析指标,可以用来评价企业的盈利能力和管理人员的管理绩效,简明、易懂、易算。但这一指标也存在着明显的不足:第一,投资报酬率没有考虑货币时间价值和风险价值,第一年的会计收益与最后一年的会计收益被看作具有同等的价值;第二,投资报酬率是按投资项目账面价值计算的,当投资项目存在机会成本时,其判断结果与净现值指标等差异很大,有时甚至会得出相反的结论,影响投资决策的正确性。因此,实际运用时应结合净现值、内含报酬率等其他财务评价指标来综合考虑,以有效分析投资项目的未来效益。

【案例 15－1】

投资报酬分析

现对处于同一行业(综合类)的恒瑞医药(600276)、复星医药(600196)和莱美药业(300006)三个企业 2020 年投资报酬情况进行分析。三个企业 2020 年的有关资料如表

15－1 所示。

表 15－1　三个企业 2020 年有关资料　　单位:万元

项　目＼公　司	恒瑞医药	复星医药	莱美药业
营业收入(1)	2 773 459.87	3 030 698.13	158 352.99
净利润(2)	630 889.31	393 997.98	－34 465.59
平均总资产(3)	3 114 303.27		332 461.70

数据来源:根据中财网 http://quote.cfi.cn/quote.aspx? contenttype＝lrfpb_x&stockid＝1508&jzrq＝2008 三个企业 2020 年报表数据整理得出。

根据表 15－1 的数据可以计算出三个企业的销售净利率、总资产周转率和总资产报酬率。计算结果如表 15－2 所示。

表 15－2　三个企业 2020 年投资报酬相关指标　　单位:%

项　目＼公　司	恒瑞医药	复星医药	莱美药业
销售净利率＝(2)÷(1)	22.74	13	－21.77
总资产周转率(次)＝(1)÷(3)	0.89	0.38	0.03
总资产报酬率＝(2)÷(3)	20.26	4.93	－0.62

数据来源:根据表 15－1 数据计算得出。

从表 15－1 的数据我们可以看出,恒瑞医药和复星医药的营业收入远远高于莱美药业。从表 15－2 我们看到,莱美药业的总资产报酬率也远远低于恒瑞医药和复星医药。它们的构成因素——销售净利率和总资产周转率的组合决定了其总资产报酬率的值。在财务报表分析中,应该结合多个因素来进行分析,以找到提高投资报酬率的方法。

课堂思考

1. 净资产收益率为什么要扣除优先股股利?
2. 除了教材中提到的投资报酬分析的局限性,你认为还有哪些?

第三节　杜邦财务分析体系

一、杜邦财务分析体系原理

财务报表分析的最终目的在于全方位地了解企业经营理财的状况,并借以对企业经济效益的优劣做出系统的、合理的评价。单独分析任何一项财务指标,都难以全面评价企业的财务状况和经营成果,要想对企业财务状况和经营成果有一个总的评价,就必须进行相互关联的分析,采用适当的标准进行综合性的评价。所谓综合指标分析就是将运营能力、偿债能力、获利能力和发展能力指标等诸方面纳入一个有机的整体之中，全面地对企业经营状况、财务状况进行揭示与披露，从而对企业经济效益的优劣做出准确的评价与判断。综合指标分析的方法很多，杜邦财务分析体系是其中应用比较广泛的方法之一。

杜邦财务分析体系(The Du Pont System)是由美国杜邦公司创立的，因成功地应用到企业财务报表分析中并在分析企业的经营成果、财务状况等方面取得良好的效果而得名。该体系以净资产收益率为核心，通过反映企业经营状况、营运能力以及财务状况指标之间的内在联系，建立起一个综合性很强、可逐级向下分解的金字塔形的财务分析体系，以达到综合分析企业财务活动和经营活动的目的。杜邦财务分析体系的结构如图 15 - 1 所示。

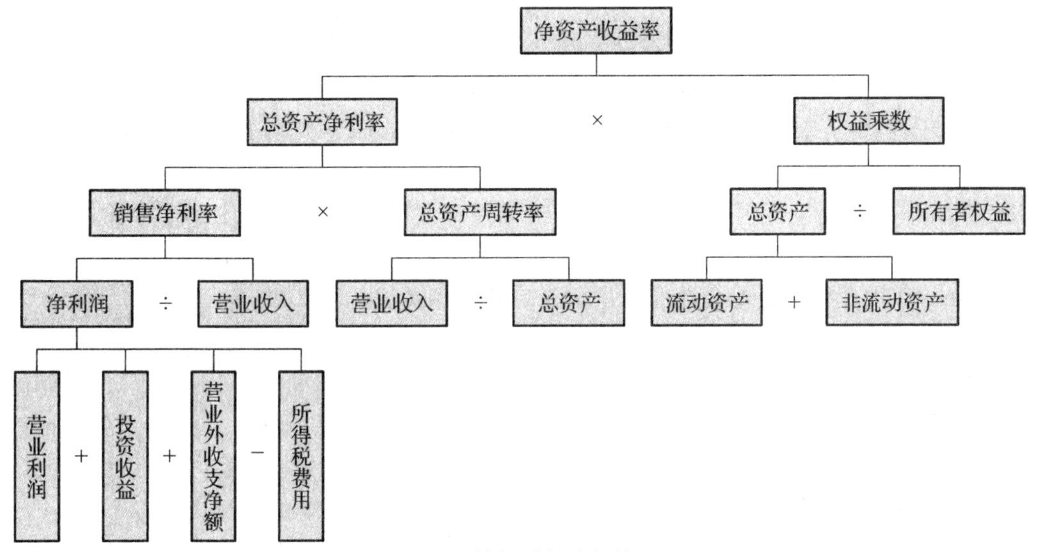

图 15 - 1　杜邦财务分析体系图

净资产收益率 = 销售净利率 × 总资产周转率 × 权益乘数　　(15 - 9)

(1) 净资产收益率是一个综合性最强的财务比率，是杜邦财务分析体系的核心。

其他各项指标都是围绕这一核心，通过研究彼此间的依存制约关系，而揭示企业的获利能力及其前因后果。财务管理的目标是使所有者财富最大化，净资产收益率反映所有者投入资金的获利能力，反映企业筹资、投资、资产运营等活动的效率，提高净资产收益率是实现财务管理目标的基本保证。该指标的高低取决于销售净利率、总资产周转率与权益乘数。

(2) 销售净利率反映了企业净利润与营业收入的关系。

提高销售净利率是提高企业盈利的关键，主要有两个途径：一是扩大营业收入；二是降低成本费用。

(3) 总资产周转率揭示企业资产总额实现营业收入的综合能力。

企业应当结合营业收入分析企业资产的使用是否合理，资产总额中流动资产和非流动资产的结构安排是否适当。此外，还必须对资产的内部结构以及影响资产周转率的各具体因素进行分析。

(4) 权益乘数反映所有者权益与总资产的关系。

权益乘数越大，说明企业负债程度较高，能给企业带来较大的财务杠杆利益，但同时也带来了较大的偿债风险。因此，企业既要合理使用全部资产，又要妥善安排资本结构。

通过杜邦财务分析体系自上而下的分析，不仅可以揭示出企业各项财务指标间的结构关系，查明各项主要指标变动的影响因素，而且为决策者优化经营理财状况，提高企业经营效益提供了思路。提高净资产收益率的根本在于扩大销售、节约成本、合理投资配置、加速资金周转、优化资本结构、确立风险意识等。

二、运用杜邦财务分析体系的必要性

杜邦财务分析体系在综合分析企业财务报表中的作用越来越显著，被世界各国引用和借鉴。改革开放以来，我国经济迅猛发展，这给我国企业带来了难得的发展机遇。随着“引进来”和“走出去”战略的进一步实施，特别是我国加入世界贸易组织以后，我国企业所涉及的业务明显呈现出复杂化和多元化的趋势，原有的财务报表分析体系明显无法有效地对现有企业的经营状况和财务状况做出评价，以至于无法使企业和信息使用者做出正确的决策。因此，杜邦财务分析体系在我国的应用有其必要性，具体体现在以下几点：

第一，我国现行的企业会计准则是国务院及其相关机构于 2006 年颁布，并且于 2007 年 1 月 1 日实施的。该会计准则大部分借鉴国际会计准则的相关规定，并与国际会计准则基本趋同，有利于规范企业的会计确认、计量与报告，提高会计信息的质量。但是新的会计准则与原有会计准则差异很大，原有的财务报表分析体系明显有些滞后。我国可以吸收借鉴国际会计准则，同样也可以吸收借鉴国外的财务报表分析体系，这样以弥补我国财务报表分析的缺陷与不足，对企业的财务决策以及发展有重要的意义。

第二，从财务报表分析理论研究方面来说，我国财务报表分析理论研究起步较晚且比较落后，没有形成一个系统、全面的财务分析体系的框架，不能全面、综合地分析企业的财务和经营状况。杜邦财务分析体系以净资产收益率为核心，这一指标具有很强的综合性，可以系统、全面、综合地分析企业的财务和经营状况。因此，借鉴杜邦财务分析体系，有利于促进我国对财务报表分析理论的研究，同时，可以进一步促进我国企业的发展。

第三，目前在我国财务报表分析的实务操作中，大部分企业财务报表指标分析已借鉴外国的经验，在分析企业的偿债能力、盈利能力、营运能力和发展能力等方面取得了良好的效果，但在财务报表综合分析中，大部分企业采用的分析方法是沃尔综合评分法。然而运用这一分析方法有其明显的不足，该分析方法选择流动比率、净资产负债率、总资产/固定资产、销售成本/存货、应收账款周转率、固定资产周转率、净资产周转率等七个指标作为主要的财务指标，但是为什么选择这七个指标缺乏理论基础，同时这七个指标的赋权也缺乏说服力。因此，在我国借鉴国外的财务综合分析方法有其必要性。

三、传统杜邦财务分析体系存在的缺陷

传统杜邦财务分析体系的显著特点是以净资产收益率为核心，将若干个可以反映企

业盈利状况、财务状况和营运状况的比率按照某种内在的联系建立一个系统的、综合的、金字塔形状的财务指标体系，并且能够层层往下分解，逐渐覆盖企业活动的每一个环节，以实现系统、全面评价企业的盈利状况、经营成果和财务状况的目的。虽然传统杜邦财务分析体系具有上述多种优点，但是随着科技的不断进步，企业的不断发展以及经济业务的多元化和复杂化，尤其是在当今“现金为王”的时代，传统杜邦分析体系已暴露出很多缺陷，不利于企业做出正确的财务决策和经营决策。其存在的缺陷体现在以下三个方面。

（一）没有考虑现金流量

从该体系的核心公式和基本框架中，我们可以看出其中缺乏现金流量表的内容，在当今这个“现金为王”的时代，如果忽视现金流量，可能会使企业面临财务困境。资产负债表和利润表的编制是建立在权责发生制基础上的，容易被操纵，缺乏现金流量表中的信息，就不能够真实的反映企业的财务状况。该体系以净资产收益率为核心，净资产收益率的高低是评价企业财务状况的综合标准，但一方面，这一指标容易被操纵，企业可以增加利润或者降低净资产来提高净资产收益率，从实务操作上来说，企业可以增加应收账款来扩大销售收入，同时，在筹资方式上尽可能地用负债筹资，而减少权益筹资，这样一来，净资产收益率会很高，然而财务风险就会加大。另一方面，在这个“现金为王”的时代，忽视现金流量表中的信息会使企业做出错误的决策。以上海浦东发展银行股份有限公司（股票代码：600000，以下简称：浦发银行）2010 年第一季度财务报表为例，具体数据如表 15－3 所示。

表 15－3　浦发银行 2010 年第一季度相关财务指标　　单位：万元

项　目	2010－03－31	2009－03－31	变动情况（%）
净资产收益率（%）	5.68	4.36	30.28
净利润（1）	410 600.25	296 044.35	38.70
经营活动现金净流量（2）	－7 442 252.94	3 350 421.29	－122.13
现金及现金等价物净增加额（3）	－3 474 025.97	1 124 811.05	－208.85
净利润经营活动现金含量（4）＝（2）÷（1）	－18.13	11.32	－60.16
净利润现金含量（5）＝（3）÷（1）	－8.46	3.80	－122.63

数据来源：根据中财网 http://quote.cfi.cn/quote.aspx? contenttype＝lrfpb_x&stockid＝1508&jzrq＝2008 上海浦东发展银行股份有限公司（600000）2009—2010 年报表数据整理得出。

通过表 15－3 可以看出浦发银行净资产收益率为 5.68%，上年同期净资产收益率为 4.36%；本期净利润经营活动现金含量为－18.13 万元，上年同期净利润经营活动现金含量为 11.32 万元；本期净利润现金含量为－8.46 万元，上年同期净利润现金含量为 3.80 万元。经过分析可以看出，浦发银行本期净资产收益率与上年同期相比增长了 30.28%，同时，本期净利润与上年同期相比增长了 38.80%，在不考虑现金流量的情况下，浦发银行 2010 年第一季度的财务状况不错。但是，在考虑现金流量的情况下，我们可以看出，浦发银行 2010 年第一季度现金及现金等价物净增加额却为负值，因而净利润现金含量和净利润经营活动现金含量这两个指标也都为负值，经过分析可以看出，浦发银行本期净利润经营活动现金含量与上年同期相比下降了 60.16%，同时，本期净利润现金含量与上年同期相比下降了 122.63%，因此我们可以看出：浦发 2010 年第一季度的经营状况和财务状况并不怎么乐观。所以，传统杜邦财务分析体系下净资产收益率这一指标就无法分析企业的现金流量状况，从而容易做出错误的决策。

（二）没有区分企业的经营活动和金融活动

企业的活动可以分为经营活动和金融活动，经营活动是一个企业销售商品或者提供劳务以及对生产经营性资产的投资活动等，金融活动是指企业的筹资以及对多余现金的利用等活动。对于一个生产制造型企业来说，判断其财务状况的好坏主要应看其经营活动，而不能被其表面的盈利所欺骗。如果一个制造业的企业今年利润很可观，但其利润的大部分来源于股票的买卖或者房地产的买卖等，我们不能认为该企业的财务状况和经营成果就好。以宇通客车股份有限公司（股票代码：600066，以下简称：宇通客车）为例，2009 年宇通客车公布了一份靓丽的年报：2008 年宇通客车实现归属于上市公司股东的净利润为 53 104.29 万元。从表面上看，宇通公司当年的效益是很好的，但经过分析可以知道，由于当期宇通公司处置了房地产子公司收益以及部分可供出售金融资产收益，共产生 35 300.11 万元的投资收益，卖地产和卖股票的收益额占宇通公司当年全年利润的 60%以上，这对于以生产汽车为主营业务的宇通公司来说，尽管其利润可观，但并不能说其当年的经营业绩就好。

（三）没有完全考虑指标的可比性

在计算总资产报酬率中“净利润”和“总资产”不配比。净利润是归属于股东的，而总资产一方面来源于债权人，另一方面来源于所有者，是所有资金提供者享有的，这样就造成了“净利润”与“总资产”之间的不匹配，该指标不能反映实际的总资产报酬率。

四、杜邦财务分析体系新框架的构建

（一）新构体系的基本框架分析

新构杜邦财务分析体系的基本框架与传统体系类似，都是以某一指标为核心，通过几种可以反映企业经营状况、财务状况和现金流量的指标之间的内在联系，建立起一个全面的、系统的、可以层层往下分解的、金字塔状的财务分析体系。新杜邦财务分析体系的基本框架如图 15－2 所示。

通过图 15－2 我们可以看出，该体系充分利用净资产现金率这一综合性财务指标，层层向下分解，形成一个综合性很强的、可逐级向下分解的金字塔形状财务分析体系，能直观、明了的反映企业的财务状况和经营成果和现金流量状况。

由图 15－2 我们可以看出，该体系的净资产现金率这一核心指标同样具有传统体系下净资产收益率的综合性特点。净资产现金率这一指标综合地反映了企业的获利能力、营运能力、财务决策和筹资方式以及获现能力等综合信息。税后经营净利润现金率是由调整后利润表的税后经营净利润除以现金流量表的经营活动净现金流量，能够综合反映利润表和现金流量表中的信息，可以概括企业的整个经营成果和现金流量；净经营资产周转率是调整后利润表中的销售收入除以调整后资产负债表中的平均净经营资产，把利润表和资产负债表的信息联系起来，反映企业的营运能力和经营资产的利用效率；税后经营净利率是税后经营净利润除以销售收入，综合反映利润表中经营活动的信息；净经营资产除以净资产反映的是调整后资产负债表中的信息，表明净经营资产、净负债和所有者权益之间的关系，可以反映最基本的财务状况、资本结构和偿债能力等，对于净资产现金率而言，净经营资产权益率起到杠杆的作用，因此，净资产现金率综合反映了企业资产负债表、利润表和现金流量表的信息，与传统杜邦财务分析体系相比，该体系更能全面地反映企业的财务状况和经营成果以及现金流量状况。

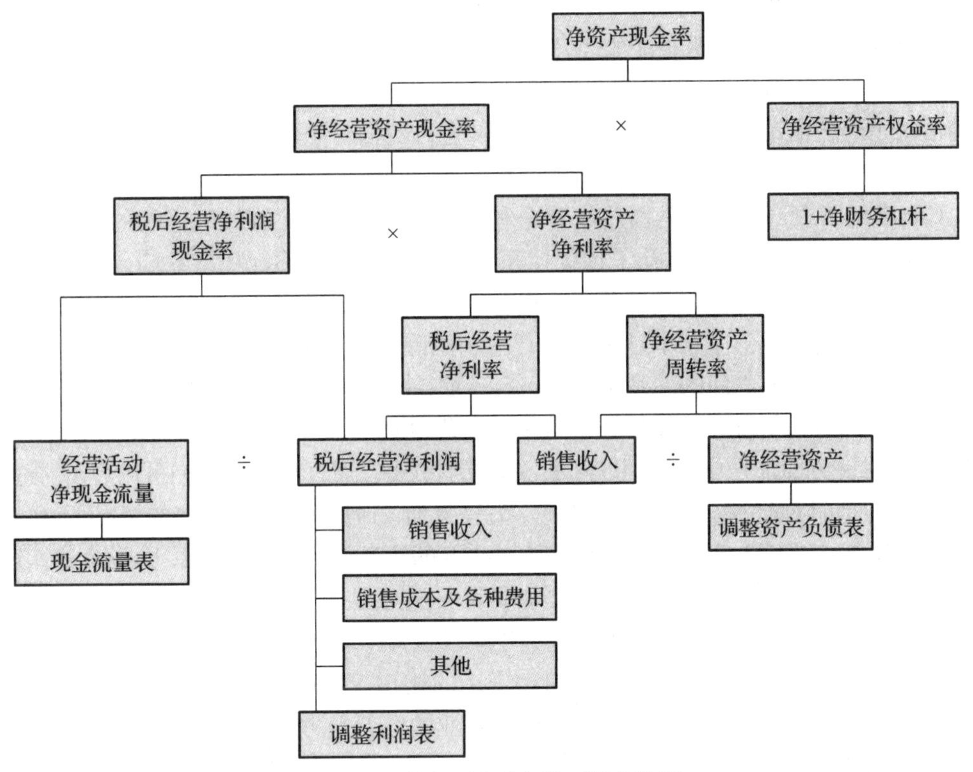

图 15－2　杜邦财务分析体系的新框架

（二）新构体系的核心公式分析

由图 15－2 我们可以看出，新构体系的核心公式为：

$$\text{净资产现金率}=\text{净经营资产现金率}\times\text{净经营资产权益率} \tag{15-10}$$

$$=\frac{\text{税后经营}}{\text{净利润现金率}}\times\frac{\text{净经营资产}}{\text{净利率}}\times\left(1+\frac{\text{净财务}}{\text{杠杆}}\right) \tag{15-11}$$

$$=\frac{\text{税后经营}}{\text{净利润现金率}}\times\frac{\text{税后经营}}{\text{净利率}}\times\frac{\text{净经营资产}}{\text{周转率}}\times\left(1+\frac{\text{净财务}}{\text{杠杆}}\right) \tag{15-12}$$

从该体系的核心公式可以看出：

(1) 净资产现金率等于经营活动净现金流量除以所有者权益，它是新构杜邦财务分析体系的核心，代表的是归属于所有者的净资产所拥有的来自企业经营活动的可支配现金流量，反映了净资产获得经营活动现金流量的能力，该指标越大，说明该企业净资产获得现金流量的能力越大，该指标越大越好。该体系与传统体系之间核心指标的区别在于，新构体系以经营活动净现金流量代替传统体系的净利润指标，这样一来，新构体系既体现了现金流量表的信息，同时，又比传统体系中净利润指标来得更加真实，因为经营活动净现金流量指标来自现金流量表，是在收付实现制基础上编制的，更加客观、更加真实。

(2) 税后经营净利润现金率是经营活动净现金流量除以税后经营净利润，它反映的是企业经营活动产生的净利润中，有多少现金保障，说明的是企业经营活动实现的净利润的质量，该指标大于1，说明企业的经营活动产生的净利润中有充足的现金保障，质量高。新构体系下，把企业的活动区分为经营活动和金融活动，对于一个生产型企业来说，其主要的活动是经营活动，经营活动的盈利能力和盈利质量对企业的发展来说具有十分重要的意义。

(3) 净经营资产净利率是税后经营净利润除以平均净经营资产，反映的是企业净经营资产的获利能力，该指标弥补了传统体系中总资产报酬率不配比的缺陷。该指标可以分解为税后经营净利率乘以净经营资产周转率，因此，可以从销售和经营资产管理两方面来进行分析。税后经营净利率是税后经营净利润除以销售收入，实质上反映了公司的经营净利润与销售收入之间的关系，净经营资产周转率是销售收入除以净经营资产，反映的是净经营资产的利用效率。如果想提高税后经营净利率，必须一方面加强销售管理，提高销售收入，另一方面加强成本控制以降低各种成本费用。通过该体系我们可以看出，提高销售收入一方面可以使税后经营净利率增长，另一方面，在净经营资产一定的情况下，也会提高净经营资产周转率，这对企业来说具有十分重要的意义。这和传统体系下，总资产报酬率的分析是类似的，但比传统体系的分析更加准确，更能反映出企业经营活动的效率。

(4) 净经营资产权益率等于净经营资产除以净资产，同时亦等于1加上净财务杠杆。净经营资产除以净资产是净经营资产与净资产的比重，反映的是企业净经营资产对净资产的贡献，从更深层次来说，该指标反映的是企业的经营能力。净财务杠杆是净负债除以净资产，该指标反映的是企业的资本结构，是企业金融活动的评价指标，比传统体系下计算的财务杠杆指标数据更准确。

【案例 15－2】

杜邦财务分析体系新框架案例分析——以苏宁电器为例

通过对杜邦财务分析体系新框架的构建，现以苏宁电器股份有限公司(股票代码：002024。以下简称：苏宁电器)2009年度财务报表为例，分别对传统杜邦财务分析体系和新构杜邦财务分析体系进行对比分析，以说明新构杜邦财务分析体系应用的优越性。

一、苏宁电器简介

苏宁电器1990年创立于江苏南京，是中国3C家电连锁零售企业的领先者，国家商务部重点培育的“全国15家大型商业企业集团”之一。截至2009年，苏宁家电连锁网络覆盖中国大陆30个省、300多个城市，以及中国香港和日本地区，拥有1 000多家连锁店，80

多个物流配送中心、3 000 家售后服点，经营面积 500 万平方米，员工大约 12 万人，年销售规模1 200 亿元。品牌价值 455.38 亿元，蝉联中国商业连锁第一品牌。名列中国上规模民企前三，中国企业 500 强第 54 位，入选《福布斯》亚洲企业 50 强，《福布斯》全球 2 000 大企业中国零售企业第一。2004 年 7 月，苏宁电器在深圳证券交易所上市。凭借优良的业绩，苏宁电器得到投资市场的高度认可，是全球家电连锁零售市场价值最高的企业之一。

二、运用传统杜邦财务分析体系分析

苏宁电器 2009 年度净资产现金率因素分析如表 15－4 所示。

表 15－4　苏宁电器 2009 年度净资产现金率因素分析表

项　目	净资产收益率(%)	销售净利率(%)	总资产周转率	权益乘数	变动情况(%)
2008	24.80	4.53	2.31	2.37	
第一次替代	28.07	5.13	2.31	2.37	3.27
第二次替代	19.78	5.13	1.63	2.37	−8.29
第三次替代	20.02	5.13	1.63	2.40	0.24
2009	20.02	5.13	1.63	2.40	

数据来源：根据中财网 http://quote.cfi.cn/quote.aspx? contenttype=lrfpb_x&stockid=1508&jzrq=2008 苏宁电器发展银行股份有限公司(600000)2008—2009 年报表数据整理得出。

由表 15－4 可以看出，苏宁电器净资产收益率比上年减少 4.78%，原因是：① 销售净利率增加 0.6%，使净资产收益率增加 3.27%；② 总资产周转率下降 0.68%，使净资产收益率降低 8.29%；③ 权益乘数增加 3%，使净资产收益率增加 0.24%。

根据上述原因分析可以看出，三项驱动因素发挥了不同的作用，净资产收益率下降的主要驱动因素是该企业总资产周转率下降 0.68%，使得净资产收益率降低 8.29%。具体分析如下。

（一）总资产周转率

从总资产周转率指标来看，该企业总资产周转率的下降，是其净资产收益率下降的主要驱动因素。通过分析企业的财务报表附注可以看出，总资产周转率下降的原因是由于应收账款周转率、存货周转率、流动资产周转率都下降。更进一步分析，在报告期内，“家电下乡”和“以旧换新”等一系列拉动内需政策的实施，在促进公司销售收入增长的同时，也带来了企业应收代垫财政补贴款的增加，因此，应收账款增加，导致应收账款周转率下降；2008 年年底，受经济不景气预期的影响，公司元旦旺季备货较为保守。2009 年下半年宏观经济起暖回升，公司针对传统元旦销售旺季，积极开展备货工作，由此带来期末存货的增加，因此，存货周转率下降；又由于报告期末，货币资金余额的增加，导致流动资产周转率下降，又由于报告期内，公司加大对物流基地、南京徐庄总部基地等固定资产的投入等等，使得报告期末总资产同比上升幅度较大，总资产周转率下降。

（二）销售净利率

从销售净利率指标来看，销售净利率增加是由于销售收入比去年增加 17%，成本费用比去年增加 16%，由于销售收入基数较大，净利润增加 32%，净利润增长的幅度大于销售收入增长的幅度，因此，销售净利率增加。通过报表附注可以看出，该企业在报告期内，销售费用增加，促销活动支出增加，使得销售收入增加，并且由于在报告期间，"家电下乡"和"以旧换新"等一系列拉动内需政策的实施，国家拨付的财政补贴款增加，使得净利润增加较大，并使得销售净利率增长 0.6%，说明企业销售和成本管理都比较到位。

（三）权益乘数

从权益乘数来看，权益乘数增长 3%，说明企业财务政策发挥积极的作用，但分析企业资产负债表发现，负债增加额较大，从增加比率较大的负债来看，较明显的是应付票据、应付账款、预收账款等，但是这些负债是不需要支付利息的，没有杠杆作用，又因为，本年没有短期借款和长期借款，因此，该企业的权益乘数实际的杠杆作用并没有这么大，这说明传统杜邦财务分析体系在计算杠杆作用时有不准确性的弊端。

三、运用新构杜邦财务分析体系分析

运用新杜邦财务分析体系，对苏宁电器 2009 年度财务数据进行分析时，首先要将资产负债表和利润表进行调整，区分经营活动损益和金融活动损益，按照调整后的财务报表数据计算新构杜邦财务分析体系的主要财务指标及其变动结果，具体数据如表 15 - 5 所示。

表 15 - 5　新体系下苏宁电器 2008—2009 年主要财务比率及其变动表

主要指标	2009	2008	变动情况
净资产现金率	0.37	0.42	−0.05
净经营资产现金率	0.37	0.41	−0.04
净财务杠杆	0.00	0.03	−0.03
1+净财务杠杆	1.00	1.03	−0.03
税后经营净利润现金率	1.94	1.83	0.11
净经营资产净利率	0.19	0.22	−0.03
税后经营净利率	0.05	0.04	0.01
净经营资产周转率	3.89	5.31	−1.42

数据来源：根据中财网 http://quote.cfi.cn/quote.aspx? contenttype=lrfpb_x&stockid=1508&jzrq=2008 苏宁电器发展银行股份有限公司(600000)2008—2009 年报表数据整理得出。

对于新构杜邦财务分析体系，同样采用连环替代法来计算各影响因素对净资产现金率的影响程度，计算结果如表 15 - 6 所示。

表 15 - 6　新体系下苏宁电器 2008—2009 年净资产现金率因素分析表

主要指标	净资产现金率	税后经营净利润现金率	税后经营净利率	净经营资产周转率	1+净财务杠杆	变动情况
2008	0.42	1.83	0.04	5.31	1.03	
第一次替代	0.45	1.94	0.04	5.31	1.03	0.03

续　表

主要指标	净资产现金率	税后经营净利润现金率	税后经营净利率	净经营资产周转率	1+净财务杠杆	变动情况
第二次替代	0.52	1.94	0.05	5.31	1.03	0.07
第三次替代	0.38	1.94	0.05	3.89	1.03	－0.14
第四次替代	0.37	1.94	0.05	3.89	1.00	－0.01
2009	0.37	1.94	0.05	3.89	1.00	

数据来源：根据表 15－5 数据整理计算得出

根据表 15－6 可以看出，新构杜邦财务分析体系中，净资产现金率下降 5%的影响因素是：① 税后经营净利润现金率增加 11%，使得净资产现金率增加 3%；② 税后经营净利率增加 1%，使得净资产现金率增加 7%；③ 净经营资产周转率下降 142%，使得净资产现金率下降 14%；④ 净财务杠杆下降 3%，使得净资产现金率下降 1%。

根据上述原因分析可以看出，净经营资产周转率下降 142%是净资产现金率下降的主要原因，同时净财务杠杆的下降，也使得该指标下降。这说明新构杜邦财务分析体系突出了企业经营资产的贡献程度和经营活动盈利的质量，分别通过净经营资产周转率和税后经营净利润现金率来反映，并且新构体系能够更加准确的计算企业实际的财务杠杆的作用。

新构体系下，该企业净资产现金率比上年减少 5%，经营活动净现金流量比去年增加 45%，净资产比去年增加 64%，再加上净资产基数大，因此，净资产现金率下降，这说明今年该企业的净资产获现能力降低，具体分析来看：

(1) 税后经营净利润现金率比去年增加 11%，使得净资产现金率增加 3%，说明税后经营净利润现金率对净资产现金率有积极的促进作用，同时也说明企业经营活动产生的净利润的质量比去年要好，经营活动净现金流量增加 45%，税后经营净利润比去年增加 37%。

(2) 税后经营净利率比去年增加 1%，使得净资产现金率增加 7%，说明税后经营净利润对净资产现金率有积极的促进作用，同时也说明该企业经营活动的获利能力比去年要好，主要是因为在报告期内，"家电下乡"和"以旧换新"等一系列拉动内需政策的实施，促进公司销售收入的增长，同时销售费用增加，促销活动支出增加，也使得销售收入增加，并且由于在报告期间，国家拨付的财政补贴款增加，使得净利润增加较大。

(3) 净经营资产周转率比去年下降 142%，使得净资产现金率下降 14%，这是净资产现金率降低的主要原因，这说明该企业对经营资产的利用效率比去年降低，销售收入比去年增加 17%，但是净经营资产却比去年增加 60%，通过调整资产负债表的构成可以看出净经营资产增加的主要因素是货币资金、应收账款、存货、在建工程、长期股权投资等增加幅度较大，主要是由于报告期末，货币资金余额的增加，"家电下乡"和"以旧换新"等一系列拉动内需政策的实施，在促进公司销售收入增长的同时，也带来了企业应收代垫财政补贴款的增加，因此，应收账款增加，2008 年年底，受经济不景气预期的影响，公司元旦旺季备货较为保守。2009 年下半年宏观经济起暖回升，公司针对传统元旦销售旺季，积极开展备货工作，由此带来期末存货的增加，又由于报告期内，公司加大对物流基地、南京徐庄总部基地等固定资产的投入等等，使得报告期末，经营资产同去年相比上升幅度较大。

(4) 从净财务杠杆来看，净财务杠杆比去年降低3%，使得净资产现金率降低1%，这说明企业的财务政策没有得到更好的发挥，杠杆作用较弱，从另一方面来说，该企业的财务风险较小。其中主要的原因是该企业今年没有短期借款和长期借款，再加上一年内到期的非流动负债降低，使得企业的实际的财务杠杆降低，这与传统体系相比，能够更加准确地看出企业实际的财务杠杆作用。

根据案例分析对比看出，新构杜邦财务分析体系以净资产现金率为核心，不仅可以反映企业现金流量表中的信息，了解企业盈利的质量，而且将企业的活动区分为金融活动和经营活动，以净经营资产周转率指标突出反映企业经营活动的成果，以税后经营净利润现金率来反映企业经营活动盈利的质量，并且能够更加准确地计算企业实际的杠杆作用，为企业做出正确的财务决策和经营决策提供更加有效的信息，进一步促进企业的发展。

课堂思考

1. 权益乘数与资产负债率有什么关系?
2. 杜邦分析的现实意义是什么?

思政映射

正如企业的经济增加值一样，人生也有一个增加值的问题。每个人的时间都是有限的，所以要做能使自己增值的事，即你觉得有价值并对你的生命价值、最高目标具有贡献的事情，也可以理解成能够帮助你实现更高人生价值的事。人生的增加值一定不是物质层面的条件和待遇，必定是精神层面的爱心和奉献。奉献社会、服务人民是人生的最大投资。人生的投资报酬应当是精神层面的，不能按照收入与费用匹配的要求，不能对价回收。有时没有回报可能就是最大的回报。

本章小结

追求利润是企业和投资者从事经营活动、投资活动的原动力。而企业能否获得合理的利润、盈利能力的高低和管理绩效情况都是财务报表分析者所关注的。投资报酬率是一个可以综合反映企业盈利能力和管理绩效的指标。本章介绍了几种投资报酬分析的观念、分析的方法，同时重点阐述了杜邦财务分析体系的原理，并指出其存在的缺陷，在此基础上构建了新的框架体系。通过对投资报酬的理论及实务分析，可以全面了解企业的盈利能力和管理绩效，也可以根据投资报酬分析寻求改善投资报酬率的途径。

人生也需要不断增加自己的爱心和奉献，追求更高层次的精神富足。

练　习

参考文献

[1] 中国注册会计师协会.财务成本管理[M].第一版.北京:中国财政经济出版社.2010.63-77.

[2] 张先治.财务分析[M].第三版.大连:东北财经大学出版社.2008.269-272.

[3] 何秋璐.我国上市公司杜邦财务分析理论研究[D].四川:西南科技大学.2009.

[4] 於鑫,黄鸿.杜邦财务分析体系的局限与改进思考[J].财税金融.2010(6).31.

[5] 赵玲.传统杜邦财务分析体系的局限性及改进[J].中国新技术新产品.2010(10).216.

[6] 常小梅.浅析改进财务分析体系[J].商业经济.2008(11).40-41.

[7] 赵娟.刍议杜邦财务分析体系的改进[J].中国乡镇企业会计.2010(8):75-76.

[8] 陈育俭.增长率、财务政策与企业可持续发展[J].内蒙古农业大学学报(社会科学版).2010,12(1):47-49.

[9] 吴中超.解读"企业可持续成长"的内涵、外延与本质特征[J].当代经济管理.2011,33(8):13-18.

[10] 葛干忠.企业可持续发展相关关系浅析[J].经济研究导刊.2011(4).17-18.

[11] 李刚.上市公司利用资产减值进行盈余管理研究[J].会计之友.2011(6).39-40.

[12] 周庆岩,张建平.现行会计准则下资产减值盈余管理的实证研究[J].会计之友.2013(4).42-45.

[13] 孙萍,张敏.中国上市公司盈余管理的手段及案例分析研究[J].经济研究导刊.2009(18).78-79.

[14] 许拯声.财务报表分析[M].北京:清华大学出版社;北京交通大学出版社,2008.

[15] 张新民,钱爱民.企业财务报表分析[M].北京:清华大学出版社,2011.

[16] 张铁铸,周红.财务报表分析[M].北京:清华大学出版社,2011.

[17] 戴欣苗.财务报表分析[M].北京:清华大学出版社,2005.

[18] 财政部会计司编写组.企业会计准则讲解[M].上海:立信会计出版社,2021.

[19] 张新民,钱爱民.财务报表分析[M].北京:中国人民大学出版社,2019.